本书受到国家社科基金项目"北极地区国际组织建章立制及中国参与路径研究"（项目批准号：14CGJ009）的资助，在此表示感谢！

Establishment of the Arctic International Organization and China's Participation Path

北极国际组织
建章立制及中国参与路径

肖洋 / 著

中国社会科学出版社

图书在版编目（CIP）数据

北极国际组织建章立制及中国参与路径／肖洋著 . —北京：中国社会科学出版社，2019.10
ISBN 978-7-5203-4282-7

Ⅰ.①北… Ⅱ.①肖… Ⅲ.①北极—国际组织—区域发展—研究 Ⅳ.①D813

中国版本图书馆 CIP 数据核字（2019）第 068467 号

出 版 人	赵剑英
责任编辑	赵　丽
责任校对	郝阳洋
责任印制	王　超

出　　版	中国社会科学出版社
社　　址	北京鼓楼西大街甲 158 号
邮　　编	100720
网　　址	http://www.csspw.cn
发 行 部	010-84083685
门 市 部	010-84029450
经　　销	新华书店及其他书店
印　　刷	北京明恒达印务有限公司
装　　订	廊坊市广阳区广增装订厂
版　　次	2019 年 10 月第 1 版
印　　次	2019 年 10 月第 1 次印刷
开　　本	710×1000　1/16
印　　张	21
插　　页	2
字　　数	328 千字
定　　价	96.00 元

凡购买中国社会科学出版社图书，如有质量问题请与本社营销中心联系调换
电话：010-84083683
版权所有　侵权必究

自　　序

北极治理堪称一个影响国际政治格局的战略问题。

以国际组织为核心的国际规范体系，彼此间的互动模式不仅包括竞争，还应包括消亡，更应包括合作甚至融合。当前北极治理的规范竞争态势已现实存在，研究这种国际规范体系间的竞争结局问题，其理论价值在于深化国际规范演变的进化与退化之辨。

北极地区国际组织的合法性与有效性在于对非北极国家的包容以及对国家间互信的培育上。国际规范中的标准设置权，是国际组织建章立制的权力基础，亦是国际规范体系之间围绕权威性展开博弈的核心议题。当前北极区域治理存在各级国际组织决定国际规范安排的基本框架，并遵循自下而上的规范演进原则。北极治理必然对相应议题领域的国际规范产生需求，但从全球治理的大背景来看，取决于这些国际组织在当前北极治理格局中进行规范供给的意愿与能力。

在具有天然局限性的北极治理框架中，相对过剩的国际规范供给，必然导致国际规范之间、供给国际规范的国际组织之间进行竞争，这亦是北极治理规范体系变迁的核心动力。国际规范的存续，取决于其背后的国际组织是否能在北极治理中拥有权威地位和物质资源。由于物质资源和权威地位都具有稀缺性，这就使得国际规范之间的激烈竞争，已经超过了国际规范自身的存续范畴，而是上升为供给国际规范的国际组织制度性参与北极治理的可持续性问题。

中国与北极的关系，正日益成为国内外学界方兴未艾的探索领域。中国不仅是北极事务的"利益攸关方"，也是北极治理的后来者，要融入以西方国家主导的北极治理格局，就需要借助北极地区国际组织来维护中国的北极利益。中国在北极地区国际组织的外交实践，应与中国从国际机制的"旁观者""遵守者"向国际机制的"参与者""建设者"的身份转变相适应。中国塑造北极治理规范的实践路径，将在以国际海事组织为代表的全球性国际组织和以北极理事会为代表的区域性国际组织等两个层面同时展开，并利用在全球治理机制中正式成员的身份优势，在涉北极的国际制度建设方面获取更大的发言权。可以预见，以北极理事会为代表的北极地区国际组织将是北极治理的核心平台，其规制设计的初衷在于维护北极国家的制度性霸权，并呈现出由"软法"向"硬法"演变的"刚性化"趋势。

　　北极离不开中国，中国又岂能忽视北极。北极治理，如同海雾茫茫背后若隐若现的巍峨冰山，似乎可探知其轮廓一二，但仍然有诸多变数有待浮现。当下，大国之北极竞争和合作，也仅是初露峥嵘，难以一笔写就。以他国为镜，同构于中国北极权益的自我认知过程，亦是中华民族阔步走向北极的前提。2019年初，北半球经历着严寒冬季，变化在自然赐予的宁静中慢慢酝酿。相信北极治理中的各方之力，也在冬日静暇里，屏息蓄力，静候春归。

　　新时代的中国战略视野愈发清明，不仅是深海冰原，更是星辰大海。构建基于中国政治哲学视角的全球格局体系，从而探索我们护持北极利益的途径，为世界规模的北极治理发挥积极的作用，是本书努力的方向。这种努力也是新一代青年学人的自我教育过程。一个民族的命脉，很大程度系于青年学人的德性修养与大局思维。与时俱进地研判全球战略格局体系，需要学者们在宏观视野的指导下进行精密研究。此一过程漫长且艰辛，但如钻木取火般令人充满希望。

　　建立起关于中国制度性参与北极事务的常识性结构，同时形成中国对于世界地缘战略格局的认知框架，是作者的写作初心。毕竟，我们对任何国际政治问题的关注，落脚点还是在于中国关怀，以及对这个古老民族的挚爱与祝福。

　　本书作为国家社会科学基金项目"北极地区国际组织建章立制及中国参与路径研究"（项目批准号为14CGJ009）的最终成果，结项鉴定等级为"良好",感谢学界同仁的抬举与厚爱!我愿奉己余生,致力于北极问题研究,伴随祖国负重前行,重启属于中华民族的荣耀时代。

肖　洋

2019 年于北京

目　　录

第一章　本书的研究设计与研究概要 ………………………… (1)
　第一节　研究初衷、核心问题与概念界定 ………………… (1)
　第二节　国际组织与北极治理的文献回顾 ………………… (12)
　第三节　前提假定、理论假设与推导过程 ………………… (29)
　第四节　研究价值、创新之处与研究思路 ………………… (37)

第二章　北极治理规范演化的解析路径 ……………………… (44)
　第一节　北极区域治理视域下的北极治理规范演化 ……… (44)
　第二节　国际规范体系视域下的北极治理规范演化 ……… (57)
　第三节　国际权力博弈视域下的北极治理规范演化 ……… (71)
　第四节　要素互动基础上的北极治理规范演化解析 ……… (77)

第三章　国际组织与北极治理的规范供给 …………………… (81)
　第一节　国际组织的主体性与北极治理的规范供给 ……… (81)
　第二节　国际组织的必要性与北极治理的规范需求 ……… (89)
　第三节　北极治理规范供给的多层次性与国际组织 ……… (105)
　第四节　北极治理规范供给过剩的根源与现实影响 ……… (117)

第四章　国际组织与北极治理的规范竞争 …………………… (125)
　第一节　国际组织合法性危机与北极治理规范竞争 ……… (125)
　第二节　国际组织权威性与北极治理规范体系竞争 ……… (132)
　第三节　北极海事管理与国际海事组织的权威护持 ……… (138)
　第四节　北极理事会的"柔性竞争力"与软法路径 ……… (153)

第五章　国际组织与北极治理的规范融合 ……………………（164）
- 第一节　国际组织的规范互动与北极治理规范融合 …………（164）
- 第二节　国际组织的利基选择与北极治理规范融合 …………（173）
- 第三节　北极航运的规范融合与《联合国海洋法公约》………（179）
- 第四节　北极航运治理与北极理事会的规范融合路径 ………（187）

第六章　国际组织与北极治理的标准设置 …………………（200）
- 第一节　国际组织的权威护持与北极治理标准设置 …………（200）
- 第二节　国际海事组织与北极航运治理的标准设置 …………（210）
- 第三节　北极理事会与北冰洋溢油治理的规范演化 …………（236）
- 第四节　北极理事会与北冰洋溢油治理的标准设置 …………（240）

第七章　国际组织与中国在北极治理中的规范性话语权 ……（249）
- 第一节　国际组织与中国的北极治理规范性话语权 …………（249）
- 第二节　中国在国际海事组织的规范性话语权解析 …………（258）
- 第三节　中国在北极理事会的规范性话语权解析 ……………（269）

第八章　中国参与北极地区国际组织建章立制的路径选择 …（279）
- 第一节　中国建设性参与北极治理规范构建的理念意涵 ……（279）
- 第二节　中国建设性参与北极治理规范构建的政策构架 ……（286）
- 第三节　中国建设性参与北极治理规范构建的路径选择 ……（297）

参考文献 ……………………………………………………………（308）

附录　《加强国际北极科学合作协议》(2017) ……………………（318）

后　记 ………………………………………………………………（329）

第 一 章

本书的研究设计与研究概要

北极,由于其严寒造成的低通达性,使之成为国际关系研究的"化外之地"。在冷战期间,北极地区的战略价值高度集中在军事安全领域,美苏争霸的时代背景,使之位于大国军事对峙的前沿地带,除了特定的事务和区域之外,北极都不是各类国际组织的重点活动范围。然而,1987年10月1日,戈尔巴乔夫进行了著名的"摩尔曼斯克讲话",呼吁东西方国家"将北极建成和平之极",[1] 随着北极地区军事紧张局势的缓解,国际组织迅速在北极地区活跃起来。后冷战时代,北极治理成为北极研究的核心领域,不仅涉及北极生态环境保护、原住民权益维护等非传统安全议题,而且始终伴随着相关国家的北极战略构想、防务力量布局、北极领土划界、北极航道管辖权有限调整等传统安全议题。当前,不管是政府间国际组织还是非政府组织,都积极参与北极治理进程,希冀在自身具有竞争优势的议题领域获取相关话语权。国际组织作为北极治理规范设计的主体力量,对北极治理的发展方向,尤其是北极地缘政治经济格局的演变趋势,具有不容忽视的影响力。所以,国际关系学界从全球治理的维度来思索北极治理的规范设计问题,就需要重视北极地区国际组织建章立制的过程。

第一节 研究初衷、核心问题与概念界定

一 研究初衷

北极治理研究,不能脱离全球治理的学术语境。早在20世纪90年代

---

[1] 郭培清、田栋:《摩尔曼斯克讲话与北极合作——北极进入合作时代》,《海洋世界》2008年第5期。

初，詹姆斯·N. 罗西瑙就将"无政府治理"（Governance without Government）的概念纳入后冷战时代国际关系研究，[①] 开启了将非国家行为体纳入全球治理规范体系建设研究视野的先河。然而，在主权国家仍然对全球政治具有强大影响力的今天，全球治理的概念始终具有模糊性。虽然以奥兰·扬为代表的制度主义学派，坚持认为全球治理的本质是全球新秩序的诞生，但并未精准界定此种新秩序的规范内容、议题范畴、价值观念等，更没有给出明晰且一致性的定义。这就为全球治理与国际管理实务预留了某种不言而喻的"呼应"关系，[②] 为全球治理的深化研究留下学术空间，同时也促使研究区域治理、次区域治理的学者，将研究议题领域从全球层面扩展到中微观层面。然而，这种分析方法的弊端也显而易见：全球治理研究在"议题的选择与内涵把控""治理规范的演进与退化因素""国际制度理论在全球治理中的解释效力"等方面，缺乏具有足够说服力的知识谱系。

北极治理是全球治理的重要组成部分，全球治理研究在方法论与国际关系理论层面存在的学术空白，在北极治理研究中亦有存在。具体表现在以下四个方面。

一是北极治理的概念模糊，难以有效检视北极治理的议题框架。北极治理的议题框架极其丰富，包括北极国家的建立信任措施（Confidence Building Measure）、跨国污染防治、海陆生态环境保护、北冰洋大陆架划界、北极航运、北极科考、北极经济开发等。虽然这些议题的研究基础都可归纳为全球治理的思维，但问题在于每个议题的治理形态，是否也会遵循相同思维脉络？这个问题的实质是北极治理是否会因议题选择的差异，而产生不同的内涵界定？虽然学界已经承认在北极治理的模式选择中，的确存在这种差异性，然而，大部分的学术成果还是未能将北极治理的规范设计与具体议题的治理脉络联系起来，未能完整阐述"议题设置差异—治理思路选择—治理规范演变"三者间的互动关系。

[①] ［美］詹姆斯 N. 罗西瑙主编：《没有政府的治理：世界政治中的秩序与变革》，张胜军、刘小林等译，江西人民出版社 2001 年版，第 4—6 页。

[②] James N. Rosenau, "Governance in the Twenty-First Century", *Global Governance*, Vol. 1, No. 1, 1995.

二是北极治理的议题存在内涵上的独特性,对北极治理规范的发展产生不同影响。由此引出的问题是:有哪些因素能够推动或阻碍北极治理规范的发展历程?这个问题的逻辑深意在于:如何解释北极治理的规范体系难以发挥应有的管理功效?规范的推广是否需要强制性?

三是在理解北极治理内涵的同时,可一并思考新自由制度主义视角下的国际制度理论和建构主义视角下的国际规范理论,在不同议题领域之中的解释力问题,以及国际合作在多边场合中的倍增效应。例如,国际制度理论的基本内核能否适用于北极治理的内涵?国际组织围绕北极治理进行的规范设计过程,能否作为国际规范理论进行内涵延伸的事实依据?以此观之,有助于提升国际制度理论和国际规范理论在北极治理问题上的复合解释力。

四是虽然北极治理的概念被广泛应用,但其模糊的内涵往往在理论层面难以被完全厘清,这使得一些学者们选择从北极治理的实践需要出发,探讨北极治理的范式选择与递进机理。例如马蒂耶斯·科尼格-阿尔基布吉归纳了八类治理方式:全球政府间主义(Global Intergovernmentalism)、全球超国家主义(Global Supranationalism)、直接霸权(Direct Hegemony)、间接霸权(Indirect Hegemony)、直接全球跨国主义(Direct Global Trans-nationalism)、授权性全球跨国主义(Delegated Global Transnationalism)、直接垄断(Direct Monopoly)、间接垄断(Indirect Monopoly)。[①] 以治理范式为基础倒逼北极治理的内涵扩展,无疑是一种新的学术思路,能够明晰北极治理规范的阶段化发展过程。

尽力探析上述四个尚待厘清的主题,是本书的研究初衷。本书希冀对北极治理规范的演变路径进行深入研究,从而达成下列目标:(1)提出合适的分析框架以阐释北极治理规范体系的发展历程。(2)厘清影响北极治理规范有效性的因素。(3)审视国际制度理论和国际规范理论在北极治理议题上的解释力。(4)探索北极治理范式选择的主导因素与发展趋势。

---

① Mathias Koenig-Archibugi, "Mapping Global Governance", David Held and Anthony McGrew, eds., *Governing Globalization: Power, Authority and Global Governance*. Malden: Polity Press, 2002, pp. 46–69.

二 核心问题

进入21世纪以来，随着北极气候环境的进一步暖化，北冰洋的海冰覆盖面积大幅缩小，北极航线已经具备通航的可行性，北极从人迹罕至的地理禁区逐渐变成国际政治经济实践的新兴场域。北极地理特征的快速改变，已经超过国际社会对北极治理的知识储备，大量新兴治理议题的出现，形成了对北极治理规范供给的巨大需求。在这一具有历史性变革的时代节点上，世界各国纷纷出台本国的北极战略，进行一系列的北极政策调整，并积极参与北极治理的规范设计过程。与此同时，国际组织作为全球治理的重要行为体，一方面及时完善涉及北极的既有国际规范，另一方面也开始构建针对北极地区的专门国际规范。可以说，北极治理的规范体系建设，已经从以北极国家的国别规范为主，逐渐向以国际组织出台的普适性国际规范转变。事实上，以国际组织为基础的多边平台，逐渐掌控着北极治理规范的演进路径，尤其是国际主要行为体，都高度关注北极地区国际组织的建章立制过程，围绕北极治理的规范构建主导权展开竞争。

因此，本书研究的核心问题是：国际组织如何影响北极治理规范的演进过程？可以这样认为，在2007年之前，北极的暖化趋势尚不明显，[①]北极治理更多的是从属于俄欧、俄美双边对话的范畴，议题范围局限在传统的军事互信措施、核废料处理等，相关的规范出台也只能视为双边政策协调的结果，非北极国家与国际组织难以参与北极事务。北极暖化的时代意义，不仅在于开辟了一条亚欧、美欧、亚美海上新航线，推动全球海运贸易重心的北移，更在于人类社会的活动区域，从中低纬地区向高纬地区偏移。坦言之，就当前全球性治理规范体系的地理覆盖范围，北极地已长期缺失，甚至可以说，《南极条约》框架下的南极治理进程，在规范设计领域都快于北极地区。抛开传统的地缘政治思维，北极治理不应从现有人类在北极地区的活动区域进行界限划定，毕竟这只包括北

---

① 从1999年到2009年，美国国家航空航天局通过持续卫星观测，发现北极冰雪覆盖率逐渐萎缩，其中2007年9月16日的北极冰雪覆盖面积为有记录以来的最低点，比历年平均值少了39%，从而推动北极治理问题的升温。

极圈以北至北冰洋沿线地区,而应从北极作为独特生态区域的角度出发,从全球和区域治理的维度,来审视北极治理的全球性价值。

北极治理的最终目标是建立稳定的北极秩序,支撑这个秩序的要素有三:北极地区的国际政治体系、北极地区的国际规范体系、北极地区的价值观念体系。[①] 国际规范体系是整个北极地区国际秩序的核心组成部分。在北极治理过程中,各类国际组织倡导国际规范时,会发生规范供给的非均衡性。即在不同的治理议题领域,国际组织倡导的国际规范数量与质量并不一致。例如在北极航运管理问题上,国际海事组织出台了强制性全球规范《极地水域船舶操作国际规则》(International Code of Safety for Ships Operating in Polar Waters),北极理事会也出台了《北极海洋石油污染预防与应对合作协议》(Agreement on Cooperation on Marine Oil Pollution Preparedness and Response in the Arctic)等强制性区域规范,其他各类区域性国际组织也出台了相应的管理规范,北冰洋沿岸国家更是构建出严格的北极航运管理规范体系。这些规范的概念内涵存在重叠,甚至会产生规范过剩的问题。我们知道,规范一旦在国际组织的倡导下诞生,其生命的轨迹,必然是规范在国际组织成员国中的扩散与内化。这就会产生一种困境:当一个国家同时具有若干国际组织成员国的身份,那么这些国际组织围绕同一议题出台不同的国际规范时,尤其是这些国际规范存在竞争关系时,该国该如何抉择?然而,在具有较高政治敏感度的议题上,国际组织的规范倡导与供给能力则相对有限,从而出现规范缺失的现象。由此引出以下思辨:北极地区国际组织进行规范倡导,是否会出现议题选择集聚现象?如果出现议题集聚,那么是否会导致规范供给过剩?如果规范供给过剩,各个国际组织出于规范推广的考虑,则必然与其他国际组织展开规范竞争,规范竞争的过程是零和博弈还是共存博弈,这将决定北极治理规范的演化趋势,是走向成长还是消亡。因此,北极地区国际组织的建章立制实践,本质上是一种"规范供给—规范竞争—规范有效"的过程,那么笔者提出的研究问题,也可以这样理解:在北极地区国际组织展开规范竞争的背景下,什么因素影响北极治理规范的有效性?

[①] 杨剑:《北极治理新论》,时事出版社 2014 年版,第 12—15 页。

当前北极治理秩序的变迁，仍在北极国家与国际社会共同维持的可控范围之内。因此，要深入分析北极地区国际组织在北极治理中的作用，则需认真研究各类国际组织规范倡导的议题偏好，包括这些国际组织的决策体系结构、政治倾向、影响力消涨趋势等。在后续研究过程中，笔者提出了"北极区域治理"（Arctic Regional-Governance）、"国际规范倡议体系"（International Normal Advocacy System）、"规范性话语权"（Normative Discourse Power）等概念，以其作为解析国际组织与北极治理规范体系互动过程的基本路径。为了厘清北极治理规范演化各个阶段的内涵，以及规范供给过剩导致的规范竞争，对北极治理成效的影响，本书选择北极环境治理、北极航运治理等案例，探讨北极地区国际组织围绕这两类治理议题所展开的规范竞争，以及针对北极渔业、北极科研、北极非军事化等中高级治理议题的规范设计所产生的溢出效应。由北极理事会倡导的北极环境治理规范，以及以国际海事组织倡导的北极航运治理规范，都属于具有强制性的"硬法"范畴，其作为北极治理规范体系的两大支柱，具有先验性的示范作用。然而，这两大规范都是经过激烈的竞争才得以扩散并被相关国家内化，这就引出笔者对以下两个问题的思考：第一，虽然北极生态环境保护与北极航运皆有相关治理规范，但二者的治理成效却存在明显差异。为何北极航运治理规范能够顺利扩散，而北极环境治理规范却治理成效不彰？北极治理规范的国际组织制定方分为全球性、区域性、次区域三个层次，分为以国际海事组织、北极理事会、巴伦支海欧洲—北极理事会为代表，这些国际组织在北极航运治理和北极环境治理议题展开的规范竞争，导致了规范融合和规范退化两种结果。既然北极环保与北极航运都被纳入全球治理的范畴，其治理边界也必然超越了北极地区本身，那么，是什么因素导致规范竞争的结果差异？若是能深入探究这些问题，则无疑会有助于纠正北极治理规范设计中的缺陷。第二，由国际制度理论延伸的国际合作论，是北极治理的思路基础，但国际制度理论能否有效解释北极治理规范体系的演化路径？在北极治理规范生命周期的哪些环节上，国际制度理论存在解释力不足的尴尬？换言之，从国际组织的视角出发，更能领悟北极治理规范变迁的涅槃拐点。

三 概念界定

在行文过程中,一些与北极治理相关的概念将多次出现,在此逐一对其进行内涵界定。

第一,北极。本书采取学界引用最多的地理学方法来界定北极。"北极"特指以北极点(North Pole)以南、北极圈(北纬66°34′)以北的地理区域,陆地面积包括北冰洋绝大多数的岛屿与群岛、北美大陆和欧亚大陆的北部边缘地带,总面积约800万平方千米。[①] 北极海域以北冰洋为主,包括北极圈以北的水域、挪威海、戴维斯海峡、哈得逊湾,面积约为1475万平方千米。

北极国家共有八个,包括北冰洋沿岸五国(俄罗斯、加拿大、挪威、美国、丹麦),以及北极圈三国(冰岛、瑞典、芬兰),学界通常用A5(The Five Arctic States)指代北冰洋五国,用A8(The Eight Arctic States)指代北极八国。当前,北极地区除了北冰洋中心海域属于公海之外,其他的陆地、岛屿、水域的主权归属已基本划分明确。北极八国的北方领土管辖,往往基于历史传统、北极原住民的区域分布等因素。北极国家对北极行政区的设置各有特色,既有自治区、地区、共和国,也有州、省、郡、自治领,反映出各国不同的行政管辖文化与央地权力分配关系(见表1—1)。由于北极国家的北部地区大多居住着原住民,这些原住民的分布往往会达到北极圈以南,例如北极圈东西方向穿过美国阿拉斯加州因纽特人聚集区和加拿大魁北克省努纳维克(Nunavik)聚集区,为了方便行政管辖,美国将整个阿拉斯加州,加拿大将整个魁北克省都看作是北极地区。此外,北极国家对北极领土的行政区划,除了民族关系方面的考虑之外,往往更出于国家安全和经济发展的考虑,极力避免赋予北极原住民过高的自治权,以防其通过自治公投等方式独立。例如俄罗斯油气资源丰富的亚马尔—涅涅茨(Yamalo-Nenetskiy)自治区和汉特—曼西(Khanty-Mansiyskiy)自治区均属于秋明州;丹麦政府虽然赋予格陵兰岛和法罗群岛自治领的法律地位,但仍然掌控其经济、防务、外交权;挪威则逐渐加大了各国在斯瓦尔巴德群岛的科考管辖,一再巩固对斯瓦

[①] 北极问题研究编写组:《北极问题研究》,海洋出版社2011年版,第1页。

尔巴德群岛的主权管辖。

表1—1　　　　　　　　北极八国的北极行政区划

国家	行政区划		国家	行政区划	
俄罗斯①	楚科奇自治区	萨哈共和国	加拿大	育空地区	纽芬兰和拉布拉多省
	科里亚克自治区	科米共和国		西北地区	魁北克省
	涅涅茨自治区	阿尔汉格尔斯克州		努纳武特地区	
	埃文基自治区	马加丹州	挪威	芬马克郡	诺尔兰郡
	泰梅尔自治区	摩尔曼斯克州		特罗姆瑟郡	斯瓦尔巴德群岛
	汉特—曼西自治区	卡累利阿共和国	芬兰	拉普兰省	奥卢省
	亚马尔—涅涅茨自治区		瑞典	北博腾省	西博腾省
				冰岛	
丹麦	法罗群岛	格陵兰岛			
美国	阿拉斯加州				

资料来源：笔者根据各国行政区规划整理。

第二，治理。"治理是各类公共或个人机构管理共同事务的诸多方式的总和。"② 这个概念具有三个特征：一是制度设计的规范性，既强调需要设计各种正式或非正式的规范来约束国际行为体，但这些规范产生的前提是得到各行为体的认可。由于各行为体之间的利益诉求千差万别，要产生能够推动集体行动的规范自然不能过于强调规范的强制性，这就使得治理更多的是一种基于弱约束性规范的集体行动过程。二是制度设置的协商性。由于国际政治的无政府状态，治理的基本原则是非强制性的，参与治理主体都是平等的身份，行为体之间的权力差异并不会影响治理过程的话语权差异，因此治理的结果并非由强权行为体的单边决定，而是由所有参与方的集体协商决定。三是治理主体的多样性。既包括政

---

① 2007年，俄罗斯将埃文基自治区和泰梅尔自治区并入克拉斯诺亚尔斯克，设立克拉斯诺亚尔斯克边疆区；科里亚克自治区并入堪察加州，设立堪察加边疆区。

② The Commission on Global Governance, *Our Global Neighborhood*, Oxford: Oxford University Press, 1995, p. 4. 亦可参见孙凯、张瑜《对北极治理几个关键问题的理性思考》，《中国海洋大学学报》（社会科学版）2016年第3期。

府机构、政府间组织，也包括非政府组织。① 总而言之，治理是一种通过平等协商的方式构建权威性规范，以提升对某一议题领域管理成效的思路与实践创新。这个概念指明了治理的三个基本要素：权威性、议题选择、规范设置。

第三，北极治理。将"治理"的概念嵌入北极地区的秩序重建，是需要学术开拓的勇气的。北极不是像南极一样的无主之地，北极地区的国家主权界限非常明确，北极治理更多是国内治理。在冷战期间，北极国家分属美苏两大阵营，基本上难以建立公开、透明的长效合作机制。可以说，"北极治理"一词真正受到各国决策者和学者的关注，一是缘于冷战结束、东西方关系缓和的大背景，二是北极快速暖化导致全球气候治理的重心向两极偏移。南北极作为地球的两大寒极，对全球气温平衡起到关键作用，但北极海冰的融化会加速全球气候系统的进一步暖化，反之又进一步加剧两极冰川的消融，削弱地球自主调温的能力。正因为全球气候暖化与两极地区具有极为紧密的联系，并且北极暖化的影响早已超越国界，成为全球性问题，任何国家都无法仅凭借本国之力来应对北极气候变化，这才导致人们开始重新评估国际合作治理北极的可能性。由于航运开发、环境保护、权益分配等北极事务是国际社会面临的公共问题，任何国家都不可能置之度外，且北极治理的行为体权力结构呈现非层级化特点，每个行为体都具有相应的影响力与利益诉求，这就决定了北极治理的本质是多边治理。因此，本书认为可以从"规模、权力、利益、规范"这四个要素对北极治理进行概念界定。北极治理是指由国家与非国家行为体组成的治理主体，围绕共同关心的北极治理议题，通过政策沟通与合作管理的方式，构建并遵守具有一定约束力的北极治理规范的过程。

第四，北极治理体系。北极治理体系的构成元素包括利益攸关方（Stakeholder）、国际组织、治理规范、倡议行为体等。其中，利益攸关方是北极治理体系的核心要素，是指与北极治理进程存在密切利益联系的国际行为体，包括主权国家、北极原住民、跨国企业等。利益攸关方若

---

① 马全中：《治理概念的再认识——基于服务型政府理论的视角》，《中共天津市委党校学报》2014年第5期。

认为某项北极治理议题与自身利益息息相关，就会积极参与相关国际规范的构建。

第五，北极地区国际组织。就当前北极治理的实践而言，各类国际组织发挥了日益重要的作用，尤其是国际海事组织、北极理事会、北极圈论坛对北极治理规范体系的构建，发挥了巨大的影响力。本书研究的国际组织特指包括北极利益攸关方在内的政府间国际组织，[①] 这些国际组织有行政管理机构，且具有专业性与权威性，能够在一定程度上独立于主权国家的政策偏好。在具体论述过程中，则以国际海事组织和北极理事会为主要研究对象。可以说，本书关注的是出台了北极治理规范的全球、区域、次区域层面的政府间国际组织，对于没有制定相关北极治理规范的非政府国际组织，则不属于本书重点关注的考察范围。

第六，建章立制。建章立制就是国际规范的演化过程，其主要倡导者与推广者是国际组织。建章立制包括规范构建、规范供给、规范竞争、规范融合等阶段。

第七，国际规范。本书倾向于从行为标准的角度定义国际规范。国际规范是由权威国际组织所倡导且具有一定约束力的国际法文件。因此国际规范是一种具有规则特征的概念，能够对国际行为体提出采取适当行为的要求。[②] 国际规范具有降低国际行为体互动的成本、塑造国际行为体集体行动的共有预期、框定行为体开展合作的议题范围与途径等功能。[③] 国际关系学界对于"国际规范"有两种界定：一种是狭义界定，认为规范与制度不同，规范是共有观念与价值；另一种是广义界定，认为规范既是观念，亦是制度。本书研究选择最广义的国际规范界定，认为国际规范既包括共有观念价值，又包括构建的国际制度平台。本书将国际规范分为三类：强制性规范、建议性规范、无效规范。

[①] 梁西：《国际组织法》，武汉大学出版社1998年版，第4页。
[②] ［美］迈克尔·巴尼特、玛莎·芬尼莫尔：《为世界定规则：全球政治中的国际组织》，薄燕等译，上海人民出版社2009年版，第29页。
[③] 这里需要介绍一下国际制度的概念，国际制度是指："为了规范社会实践活动、引导实践活动间的互动而设计的一系列规则、决策程序和纲领性活动。"国际制度以国家为主要行为体，并致力于解决特定领域内的问题。Robert Keohane eds, *Institutional Institutions and State Power: Essays in International Relations Theory*, Boulder: Westview, 1989, pp. 1–20.

第八，国际规范体系。国际规范体系可以被视为同类国际规范的有机集合，具有国际规范构建、推广、调整等功能。国际规范体系分为三个层次：权威国际规范体系、准权威国际规范体系、非权威国际规范体系。[①] 政府间国际组织可被视为国际规范体系的代表者。权威国际规范体系的代表是全球性政府间国际组织，例如联合国及其专门机构；准权威国际规范体系的代表是区域性政府间国际组织，例如北极理事会等；非权威国际规范体系的代表是次区域政府间国际组织，例如巴伦支海欧洲—北极理事会等。

第九，国际规范的演化路径。国际规范的演化路径包括五个环节：国际规范倡导—国际规范供给—国际规范竞争—国际规范调适—国际规范融合。国际规范倡导（International Norm Initiative）是指：作为国际规范倡导者（International Norm Entrepreneur）的某个国际行为体，倡导某种国际规范的行为。[②] 国际规范供给（International Norm Supply）是指：国际规范制定方为了避免国际治理过程中出现的机会主义和个体主义风险，而制定具有普遍认可度和一定约束力的规制与准则。[③] 国际规范竞争（International Norm Completion）是指：不同国际规范体系围绕某种议题所展开的规范推广竞争。[④] 国际规范调适（International Norm Adjustment）是指：在规范竞争状态下，不同国际规范体系之间为避免公开的冲突、确保各自能够获得某种规范收益，从而采取的相互协作与自我调适的过程。国际规范融合（International Norm Fusion）是指：不同国际规范体系通过互动与协调，实现规范间的互补与借鉴。[⑤]

---

① 判断某种国际规范体系的权威性取决于该国际规范体系的国际威望与公信力、国际社会的接受程度、规范遵约方的数量等。
② Martha Finnemore, Kathryn Sikkink, "International Norm Dynamics and Political Change", *International Organization*, Vol. 52, No. 4, 1998.
③ ［丹麦］李形、张久安：《试析中国特色软权力的理论基础——"一带一路"与国际规范供给的视角》，《教学与研究》2017 年第 1 期。
④ 何银：《规范竞争与互补——以建设和平为例》，《世界经济与政治》2014 年第 4 期。
⑤ 秦亚青：《关系与过程：中国国际关系理论的文化建构》，上海人民出版社 2012 年版，第 101 页。

第二节　国际组织与北极治理的文献回顾

虽然北极环境的暖化带来了新的经济发展机遇，但同时也为北极治理带来了很多跨国、跨区域性的治理难题，而相关治理规范的缺失，以及在某些特定领域的规范供给过剩问题，使得北极治理的规范体系仍然处于不断变动的过程。时至今日，无论是北极国家还是非北极国家，都普遍接受"北极善治"（Arctic Good Governance）的概念内涵，并进行相关规范构建的实践。[①] 在此趋势下，国际组织作为全球治理的主要规范倡导与扩散力量，已经深度参与了北极治理秩序的构建进程。在第一节提出本书研究问题的基础上，本节的主要任务是回顾、梳理相关的学术文献。文献梳理是进行社会科学具体研究的基础与前提条件。本节分为三个部分，分别介绍国际规范视域下的建章立制、国际组织与北极治理的规范倡导、国际组织与北极治理的议题领域。

一　国际规范理论视域下的建章立制

当前，一些国际关系建构主义学者认为建章立制就是国际规范的生成机制，并从国际体系、地区文化、国家这三个层面进行解析。

（一）国际体系层面

玛莎·芬尼莫尔和杰弗里·切克尔是从国际体系层面思考国际规范构建过程的代表学者。芬尼莫尔认为：国际组织具有"教化"功能，是国际规范得以生成的重要原因。国际组织和国家的关系类似于师生之间的教学关系，国际组织不仅为国家划设明确的行为准则，而且为国家提供其所需的知识体系。芬尼莫尔认为国际规范生命周期包括三个阶段，即国际组织构建国际规范、国际组织推广国际规范、国家对国际规范进行内化。通过这三个阶段，国际组织便向国家成功

[①] Gudmundur Alfredsson, "Good Governance in the Arctic", Natalia Loukacheva, *Polar Law Textbook* Ⅱ, Danmark: Rosendahls-Schultz Grafisk, Nordic Council of Ministers, 2013, pp. 185 – 196.

"传授"了国际规范。[①]

切克尔认同芬尼莫尔关于国际组织向国家"传授"国际规范的观点，并对"传授"机制进行了细化研究。他认为：国际组织通过三种方式向国家"传授"国际规范，即利益诱导、角色扮演和规范劝服。利益诱导是指：当国家认为遵守国际规范所获得的收益会远超过所需付出的成本，才会接受国际组织"传授"的规范。角色扮演是指：在国际体系中，任何"角色"都会蕴含特定的"规范"，国家通过效仿与其具有同种"角色"的其他行为体，便能自觉"学习"相应的规范。规范劝服是指：国际组织劝说国家坚信其所被"传授"的国际规范正确且意义重大，从而能够自愿将其内化并严格履约。

由此看来，芬尼莫尔和切克尔都认为在国际体系层面，国际组织在"教化"国家的过程中，实现了国际规范的生成与推广，国际组织与国家之间的"师生关系"建立在平等的双向选择基础上。两者之间良性互动的频率越多，"师生"关系的稳定性就越高，国家对国际规范的学习动机，就会从"逐利性逻辑"向"适当性逻辑"转变。

（二）地区文化层面

国际组织进行国际规范推广的效果因国而异。阿米塔·阿查亚将规范生成理论的研究视角，从国际体系转移到地区层面，以解释国际组织"教学效果"为何不一致的问题。阿查亚认为"地区文化结构"与国际规范的匹配度，是决定国际组织能否成功在某一地区推广国际规范的核心因素。[②] 以集体安全议题为例，东盟国家强调通过非正式、最低组织化程度的内部广泛协商来实现共同的安全利益，因此"共同安全规范"与东盟"协商一致"的地区文化存在高匹配度，从而促进了东盟国家以共建"安全共同体"的方式来克服安全困境。[③] 反观"人道主义规范"则因有悖于东盟国家普遍坚持的"不干涉内政"原则，而难以在东盟地区生成。

---

① 参见［美］彼得·卡赞斯坦、罗伯特·基欧汉、斯蒂芬·克拉斯纳《世界政治理论的探索与争鸣》，秦亚青等译，上海人民出版社2006年版，第303页。

② Amitav Acharya, "How Ideas Spread: Whose Norms Matter? Norm Localization and Institutional Change in Asia Regionalism", *International Organization*, Vol. 58, No. 2, 2004.

③ ［加拿大］阿米塔·阿查亚：《构建安全共同体：东盟与地区秩序》，上海人民出版社2004年版，第39页。

由此看来，阿查亚的理论贡献在于：指出了国际组织对国家"传授"国际规范的理念秉持，应从"有教无类"向"因地制宜"、"因材施教"转移，强调了国际组织应注重地区文化结构的差异性，在地区层面能否生成规范，取决于国际组织所推广的规范与该地区文化结构的匹配程度。

（三）国家层面

国际组织与国家之间的互动关系既是"师生关系"又是"教学关系"，那么在国际无政府状态下，作为"学生"的国家，同样能够发挥主观能动性，自发进行规范构建，并反馈到国际组织层面，推动国际规范的反向生成。

为什么国内规范也能成为国际规范？这需要从文化理念、话语建构、心理调适三个层面进行解析。第一，约翰·帕利斯莱认为，文化是国家进行规范构建的基础，不同国家的文化能够产生不同的规范构建理念，而这些规范能否被国际组织所接受，则取决于国际社会是否认可该国构建规范所秉持的文化理念。[1] 第二，具有交流属性的话语能够构建规范。李威雅·波拉尼认为，"语言是任何规范生成的基础"。[2] 弗里德里克·克拉托赫维尔等认为，"话语应用规则能够产生规范和制度"。[3] 约翰·朗肖·奥斯丁总结了言语指导行为的三个基本行为，即言说行为（Locutionary Act）、施事行为（Illocutionary Art）、取效行为（Perlocutionarty Act），以实现"以言指事""以言行事""以言取效"。[4] 当某一个体多次重复特定的言语行为，就能促使他人逐渐重视这种重复的言语效果，将听说双方的互动惯例演变成一种规范。第三，个体的心理因素也能影响规范的塑造。玛丽琳·布鲁尔指出，当个体发现自我与他者存在差异时，就会自我改变行为模式以获取他者的认同，从而推动规

---

[1] 例如约翰·帕利斯莱认为美国包容型文化是美国自由民主制度的核心要素。John Parisella, "Why American Democracy is Alive and Well?" *Americas Quarterly*, Vol. 1, No. 1, 2010.

[2] Livia Polanyi, *Retelling Cold War Stories: Uncovering Cultural Meanings with Linguistic Discourse Analysis*, New York: New School for Social Research, 1993, p. 8.

[3] ［美］弗里德里克·克拉托赫维尔、爱德华·曼斯菲尔德编：《国际组织与全球治理读本》，北京大学出版社2007年版，第1—20页。

[4] John Langshaw Austin, *How to Do Things with Words*, Oxford: Oxford University Press, 1976, pp. 1–40.

范的产生。① 亨瑞·塔弗尔甚至认为个体对内心的拷问才是产生认同和规范的核心原因，领导人的心理认知变化也能导致新规范的产生。② 由此可见，国家作为国际社会的组成部分，具有自主构建规范的主观能动性。上述学者的理论贡献在于：将规范塑造的主体从国际组织扩展到了国家，同时，国家在将国内规范上升为国际规范的过程中，往往选择国际组织作为重要的传播平台，这就表明了获取国际政治话语权对规范推广的重要性。

二 国际组织与北极治理的规范倡导

在全球无政府状态的背景下，国际政治语境中的国际组织，特指由两个及以上主权国家，通过缔结某项国际条约而建立的政府间组织。国际组织在全球治理中的勃兴，始于二战结束之后，③ 尤其是联合国的诞生，标志着国际组织和主权国家共同成为全球治理的两大行为体。然而，在冷战时期，虽然各国决策层都开始重视国际组织的作用，但关于国际组织的发展及运行效率等学术研究，都受到国际关系现实主义权力理论的较大影响，相关研究成果较少。之所以国际关系学界对国际组织的研究滞后于民族国家的实践需要，是因为大多数学者都认为"权力是国际政治变迁的核心因素"，因此对国际组织的独立性存有质疑，认为国际组织是大国利益的代言人，或者是大国进行利益妥协的平台。④ 事实上，对国际组织是否具有独立性的判断，直接关乎国际组织是否具有建章立制——即国际规范倡导与扩散能力。以下逐一梳理三大主流国际关系理论——现实主义、自由制度主义、建构主义对国际组织独立性及规范推广的相关文献。

---

① Marilynn B. Brewer, "The Social Self: On being the same and Different at the Same Time", *Personality and Social Psychology Bulletin*, Vol. 17, No. 5, 1991.

② Henri Tajfel, *Social Identity and Intergroup Relations*, Cambridge: Cambridge Univeristy Press, 1982, p. 16.

③ Christer Jonsson, "Interorganization Theory and International Organization", *International Studies Quarterly*, Vol. 30, No. 1, 1986.

④ Astley, W. Graham and Zajac, Edward, "Intraorganizational Power and Organizational Design: Reconciling Rational and Coalitional Models of Organization", *Organization Science*, Vol. 2, No. 4, 1991.

国际关系现实主义理论认为：国际组织完全没有独立性，其建章立制的行为，不过是遵循强国的权力意志，或者说是在特定国家权力胁迫下的顺势而为，其仅仅具有"橡皮章"的功能。民族国家是唯一能有效影响国际体系的国际行为体，在全球治理无政府状态下，由主权国家组成的国际组织，不过是国家间权力结构的衍生品。霍华德·劳温认为：霸权国出于维护本国利益和展示超强权力的动因，才建立国际组织和其他国际制度。[1] 约翰·伊肯博里也持相同观点：国际组织就是霸权国对其他国家进行政治控制的工具。[2] 麦克·班尼特也认为：国际组织的影响力大小与霸权国的国力消长存在正相关关系。[3] 以约翰·米尔斯海默为代表的新现实主义学者认为：国际组织不能离开国家的支持，否则连正常运行都难以为继，更遑论有效供给国际规范。[4] 斯蒂芬·克拉斯纳指出：国际组织能够放大或缩小国家权力，从而对国际政治产生有限的影响。[5] 理查德·斯威德伯格以国际货币基金组织和世界银行为研究对象，犀利地指出：所谓的国际组织"中立性"是极其虚伪的，不过是西方大国干涉第三世界国家的意识形态工具。[6] 阎学通等总结了三种国家对国际规范的遵约情境，即各国普遍遵守那些不会严重损害各国共同利益的规范，小国出于对来自大国的制裁恐惧而不得不遵守国际规范，大国通过权衡利益得失而决定是否遵守国际规范。[7] 杰克·施耐德认为：国际政治秩序的稳定需要国际组织的辅助，但必须建立在竞争性国家集团的利益交易和权力较量的基础上，且国际组织的正常运行及其规范的有效推广，都需要得

---

[1] Howard Loewen, "Towards a Dynamic Model of the Interplay Between International Institutions", *GIGA Working Papers No. 17*, February 2006 (http://www.files.ethz.ch/isn/47021/wp17.pdf).

[2] G. John Ikenberry, "Institutions, Strategic Restraint, and the Persistence of American Postwar Order", *International Security*, Vol. 23, No. 3, 1998.

[3] Marc Bennett, "The Superpowers and International Institutions", *The Western Political Quartrly*, Vol. 44, No. 3, 1991.

[4] John J. Mearsheimer, "The False Promise of International Institutions", *International Security*, Vol. 19, No. 3, 1994.

[5] Stephen D. Krasner, "Structural Causes and Regime Consequences: Regimes as Intervening Variables", *International Organization*, Vol. 36, No. 2, 1982.

[6] Richard Swedberg, "The Doctrine of Economic Neutrality of the IMF and the World Bank", *Journal of Peace Research*, Vol. 23, No. 4, 1986.

[7] 阎学通、杨原：《国际关系分析》，北京大学出版社2013年版，第288页。

到规范实施的国际战略环境中的主导性国家联盟的支持。①

在现实主义学者眼里,国际组织由霸权国和核心大国建立,② 这些国家之所以主导国际组织的规范倡导过程,是因为这些规范能够保证它们的国家利益、推广它们的价值观。同理,弱小国家在国际组织中的发言权与影响力极为有限,只能选择被动接受这些规范。可以说,在现实主义理论语境中,国际组织不过是强权政治的附庸,难以客观、公正、独立地进行建章立制。国际组织及其规范倡导过程,不过是大国利益的制度化、合法化的过程。按照现实主义权力理论的逻辑,国家集团在国际组织框架下进行的规范博弈,受到国际权力竞争的影响,国家间的权力竞争往往是零和博弈,国际组织最终推广的规范,必定是由权力更大的国家集团所倡导的规范。然而,现实主义理论的缺陷在于:一方面未能与时俱进地根据二战后国际关系发生的巨大变革而进行理论更新;另一方面未能深入理解"合法性"也是国家权力,特别是军事权力的重要来源,而国际组织正是能够给国家施展权力披上"合法性"外衣的最佳选择。

国际关系自由制度主义理论认为:国际组织是国际制度的最高表现,具有部分独立性,并能通过规范倡导来防止国际冲突。芭芭拉·凯里迈诺斯等人认为:主权国家不可能允许国际组织具有完全自主性,更不可能使之成为与主权国家平起平坐的国际行为体。③ 米查勒·巴尼特等抨击国际制度学者将"国际组织视为贯彻国家意志的政策机器,是国家间互动的副产品,缺乏独立的法律人格"。④ 国际制度主义者认为:国家及国家集团建立国际组织的基本原因并非出于权力展示或权力压服,而是出于维护国家利益的需要,因为国际组织能够减少国家间因信息不透明所带来的交易成本过高、不确定性等风险。国家建立国际组织是建立在利

---

① Jack Snyder, "One World, Rival Theories", *Foreign Policy*, No. 145, 2004.
② Gay L. D. Ness and Steven R. Brechin, "Bridging the Gap: International Organizations as Organizations", *International Organization*, Vol. 42, No. 2, 1988.
③ Barbara Koremenos, Charles Lipson, Duncan Snidal, "The Rational Design of International Institutions", *International Organization*, Vol. 44, No. 4, 2001.
④ Michael N. Barnett and Martha Fennimore, "The Politics, Power, and Pathologies of International Organizations", *International Organization*, Vol. 53, No. 4, 1999.

己而非利他的基础之上。① 可以说，国际组织的存在极具工具性，就是为了满足国家间的共同利益需求而提供功能服务，肯尼斯·艾伯特等将这些功能总结为相对独立地进行规范设计和集中化国家的集体行动。②

新自由制度主义学派普遍将国际组织视为实施世界治理规则的工具或平台。③ 丽萨·马汀认为：国际组织不过是国家间进行谈判与磋商的场馆和论坛。④ 然而，新自由制度主义者不希望国际组织具有太多的自主性，因为这必然推动国际组织的官僚化和阶层化，最终丧失原本应有的治理功能。⑤ 约翰·杜菲尔德以北约为研究对象，认为：北约利用自身稳定的规范体系维护了欧美战略信息合作，保障了欧洲和平。⑥ 总体而言，新自由制度主义强调国际组织具有规范性的作用，但仍然是服务于国家利益的需要，无法推动国家身份的解构与重构。在此逻辑框架下，国际组织的规范倡导，是强权成员国或成员国集团，出于维护自身利益的需要，通过国际组织的决策机制与国际法框架，来促使国际组织行使规范倡导功能的过程。托马斯·兹韦费尔一针见血地指出：国家让渡给国际组织的，不过是特定议题领域的管理权，而非主权。⑦ 刘宏松认为：国际组织受到国家的委托，代理行使某些功能，因此是被动倡导国际规范，但由于国际组织具有一定的独立性，这有可能导致国家对国际组织的监管失灵。⑧ 国际组织在建章立制的过程中，扮演的是工具型角色，因为国

---

① Robert O. Keohane, "International Institutions: Two Approaches", *International Studies Quarterly*, Vol. 32, Issue 4, 1988.

② Kenneth W. Abbott and Duncan Snidal, "Why States Act through Formal International Organizations", *The Journal of Conflict Resolution*, Vol. 42, No. 1, 1998.

③ Thomas Bernauer, "The Effect of International Environmental Institutions: How We Might Learn More", *International Organization*, Vol. 49, No. 2, 1995.

④ Lisa L. Martin, "Interests, Power, and Multilateralism", *International Organization*, Vol. 46, Issue 4, 1992.

⑤ Robert O. Keohane, "International Institutions: Can Interdependence Work?" *Foreign Policy*, Issue 110, 1998.

⑥ John S. Duffield, *Power Rules: the Evolution of NATO's Conventional Force Posture*, Stanford: Stanford University Press, 1995, p. 386.

⑦ Thomas D. Zweifel, *International Organization and Democracy: Accountability, Politics, and Power*, Boulder, Colorado: Lynne Rienner Publishers, 2005, p. 49.

⑧ 刘宏松：《国际组织的自主性行为：两种理论视角及其比较》，《外交评论》2006年第3期。

家只会遵循符合其国家利益的规范,[1] 这也从侧面回答了国际组织得以存在的原因——基于国家的集体共识、出台符合国家间共同利益的规范。陈志敏认为：全球治理是个多层体系，因此将国际组织分为规制型国际组织、推广型国际组织两大类。[2] 需要说明的是，新自由制度主义认为国际组织一旦被建立起来，其生存与发展与霸权国或强权国家的国力消长并没有同步关系，霸权国的衰落并不必然带来国际组织的消亡。可以这样认为，如果国际现实主义权力论者坚信国际组织的存在源于霸权国或强权国家集体的权力供给，那么新自由制度主义则从国际实践的需求角度，来佐证国际组织的规范推广会被越来越多的国家所接受的现实。然而，自由制度主义认为：只有霸权国有能力在全世界范围内推广规范。换句话说，由霸权国认可和推广的规范才是国际规范，其他则不是。以霸权国或强国集团认可的国际组织，能够较为顺畅地实现规范的全球推广。因此，这就为结构制度主义研究国际组织在规范倡导方面的能力差异，留下了学术空间。

建构主义学派认为：国际组织是独立的国际行为体，并具备独立建章立制的能力。建构主义学派将研究视角转向国际组织的行政结构与管理规范，关注国际组织的内源性发展动力。塞缪尔·巴尔金认为：所有具备规范倡导与扩散能力的国际组织，都必然会设置一套完整的行政组织体系，这就使得国际组织一方面要履行服务国际社会的职责，另一方面也要重视内部管理程序与规章制度的有效运行，[3] 正是因为行政组织体系的相对独立性、职责规范化和分工细化，使得任何大国都无力完全控制国际组织的行政组织体系，这就赋予了国际组织自我生存与发展的使命。格雷厄姆·阿利森等指出：行政组织体系的架构一旦形成，就会产生相应的利益诉求，从而推动国际组织不断发展壮大。[4] 马修·佩特森等指出：

---

[1] James G. March and Johan P. Olsen, "The New Institutionalism: Organizational Factors in Political Life", *American Political Science Review*, Vol. 100, No. 4, 2006.

[2] 陈志敏：《全球多层治理中地方政府与国际组织的相互关系研究》，《国际观察》2008年第6期。

[3] J. Samuel Barkin, *International Organization: Theories and Institutions*, New York: Palgrave Macmillan, 2006, p. 18.

[4] Graham T. Allison and Morton H Halperin, "Bureaucratic Politics: A Paradigm and Some Policy Implication", *World Politics*, Vol. 24, 1972.

国际组织的行政结构，由来自成员国的专家组成，他们能够影响国际组织的规范倡导体系。[1] 吴文成认为：官僚机构的文化差异导致国际组织的规范倡导差异，并对联合国教科文组织、世界贸易组织、世界知识产权组织对知识产权国际保护相关规范的倡导行为进行比较研究。[2]

建构主义学派坚持认为行政组织体系是国际组织自主性的基石，使之有能力进行规范倡导与推广。迈克尔·巴尼特等认为：行政组织体系具有权威性和行为理性，能够推动国际组织参与国际治理的规范建构实践。[3] 亚历山大·格修虽然没有明确指出北约是一个国际组织，但默认北约作为一种西方国家集体认同的安全制度表达，能在苏联解体之后仍然发挥着改进成员关系、提升成员军事互信度、协调集体行动的功能，并承担其战略协同与社会化的双重功能。[4] 秦亚青认为：格修的研究推动了西方自由制度主义理论从理性主义假定，向实践主义的知识转型。[5] 事实上，在全球环境治理的实践中，国际组织的行政组织体系，尤其是以科学家为主体的专家团队，成为推动国际环保规范扩散的重要力量。[6] I. M. 戴斯勒认为：无论是全球性国际组织还是地区性国际组织，其人员选拔都具有自主性，组织机构成员的背景迥异，很难达成广泛的利益共识，因此霸权国或强权国家难以通过人事职位的获取来干涉或控制国际组织的规范设置过程。[7]

综上可知，三大主流国际关系理论对国际组织的研究，基本是遵循

---

[1] Mattew Paterson, David Humphreys and Lloyd Pettiford, "Conceptualizing Global Environmental Governance: From Interstate Regimes to Counter-Hegemonic Struggles", *Global Environmental Politics*, Vol. 3, Issue 2, 2003.

[2] 吴文成：《组织文化与国际官僚组织的规范倡导》，《世界经济与政治》2013年第11期。

[3] Michael Barnett and Martha Finnemore, *Rules for the World: International Organizations in Global Politics*, New York: Cornell University Press, 2004, p. 28.

[4] Alexandra Gheciu, "Security Institutions as Agents of Socialization? NATO and the 'New Europe'", *International Organization*, Vol. 59, No. 4, 2005.

[5] 秦亚青：《行动的逻辑：西方国际关系理论"知识转向"的意义》，《中国社会科学》2013年第12期。

[6] Steffen Bauer, "The Secretariat of the United Nations Environment Programme: Tangled up in Blue", Frank Biermann and Bernd Siebenhuner eds., *Managers of Global Change: the Influence of International Environmental Bureaucracies*, London: The MIT Press, 2009, p. 177.

[7] I. M. Destler, *Presidents, Bureaucrats and Foreign Policy: the Politics of Organizational Reform*, Princeton: Princeton University Press, 2015, p. 154.

"工具理性"还是"非工具理性"两种思路。坚持权力论的现实主义和坚持利益论的自由制度主义,都将国际组织看作是国家间政治的副产品,独立性极其有限,认为国际组织是国家的战略工具、制度工具,其规范倡导符合霸权国的规范偏好,或是某一强国集团的集体认同。建构主义理论虽然坚持国际组织的独立性,认为即使没有强权国家的支持,国际组织的"求生本能"和相对独立的内部管理体系,都会推动国际组织的内源性发展。本书认为:国际组织作为全球治理规范的重要倡导者,在实践层面已经证实了其具有独立性和自主性。现今面临的问题是:在同一议题领域,不同的国际组织之间的规范倡导是否具有竞争性?国际规范是否会因为供给过剩而面临有效性危机?国际组织秉承何种价值观来进行规范倡导?在北极治理的过程中,判断国际组织是否成功地推广国际规范,不仅要看该组织在规范倡导阶段是否具有竞争力,更要看该组织在规范推广阶段是否具有竞争力。毕竟国际社会在选择、遵循、内化何种国际规范时,不仅要看该规范背后的国际组织的权威性,更要看该规范所传递出的观念感召力,以及遵约和违约成本等问题,这应该是权力、制度、观念三重因素共同起作用的决策过程。

三 国际组织与北极治理的议题领域

本书回顾了国际组织参与北极治理领域的相关文献,对国内外既有的北极治理科研成果进行主题分类,其中包括:北极治理规范体系、北极环境保护、北极航运开发三个层面。

(一) 北极治理规范体系

北极治理规范是国内外北极问题研究成果最为集中的议题,主要集中在以下三个方面。

一是北极地区国际组织建章立制的影响因素研究。纳德扎·哈拉莱姆普瓦认为:北极地区国际组织的机制化由北极强国战略目标、组织环境、安全环境、规制类型、气候环境五个因素共同决定。[1]斯特凡·施泰

---

[1] Nadezhda Kharlampeva, "Features of Integrative Process Information of the Arctic Region", *Ersa Conference Papers*, 2013 (http://www-sre.wu.ac.at/ersa/ersaconfs/ersa13/ERSA2013_paper_00694.pdf).

因克研究了北冰洋海运与极地旅游对出台《北极海空搜救合作协定》的推动作用,指出《北极海空搜救合作协定》标志着北极八国进行内部协商治理北极的制度性尝试。① 梅丽莎·贝尔特从奥巴马政府的北极政策入手,指出即使美国没有签署《联合国海洋法公约》,但该公约是北极治理规制设计的合法性依据。② 潘敏超越传统的北极问题研究以国家为主要对象的思维框架,以因纽特人的社会管理与知识谱系为案例,指出因纽特人敬畏自然、协商民主等社区管理经验,有助于推动北极治理规范的民主化进程。③

二是北极国家对北极地区国际组织的影响力研究。克劳斯·多兹(Klaus J. Dodds)认为:加拿大、俄罗斯、美国是北极理事会的领导核心。④ S. V. 罗腾姆认为:《北极海空搜救合作协定》是北极理事会走向硬法化的标志,彰显了美、俄在北极理事会获取了制度性权威,但挪威等中小国家则在北极理事会的规范制定过程中,影响力与话语权日益变弱。⑤ 大卫·范德兹瓦赫指出,北极八国面临三大选择:是否需要加强区域合作的规制框架?如果北极治理走向"硬法化",那么北极区域治理应该借鉴何种类型的国际法?如何治理北冰洋公海地区?⑥ 孙凯指出:美国在2015年担任北极理事会轮值主席国期间,大力推动北极理事会引入"美国议程",以提升美国在北极治理中的地位。然而美国的影响力提升面临两大掣肘之处:国内利益群体对北极治理优先议题的设置存有竞争,其他北极国家对"美国议程"的认同度不一致。⑦

---

① Stefan Steinicke, Sascha Albrecht, "Search and Rescue in the Arctic", *Stiftung Wissenschaft und Politik Workting Paper*, FG 2, 2012/Nr. 05.

② Melissa Bert, "The Arctic is Now: Economic and National Security in the Last Frontier", *American Foreign Polic Interests*, 2012, Vol. 34, Issue 1, 2012.

③ 潘敏:《论因纽特民族与北极治理》,《同济大学学报》(社会科学版) 2014年第2期。

④ Klaus J. Dodds, "Anticipating the Arctic and the Arctic Council: Preemption, Precaution and Preparedness", *Polar Record*, Vol. 49, No. 2, 2013.

⑤ S. V. Rottem, "The Arctic Council and the Search and Rescue Agreement: the Case of Norway", *Polar Record*, Vol. 50, No. 3, 2014.

⑥ David VanderZwaag, "Climate Change and the Future of Arctic Governance: A Slushy Seascape and Hard Questions", Timo Koivurova, E. Carina, H. Keskitalo, Nigel Bankes, *Clime Governance in the Arctic*, Netherlands: Springer, 2009, p. 403.

⑦ 孙凯:《主导北极议程:美国的机遇与挑战》,《国际论坛》2015年第7期。

三是北极理事会在北极治理中的影响力研究。卡里纳·凯斯基塔洛指出：北极已经成为国际合作的重点区域，北极理事会创立至今，已经在《北极环境保护战略》（Arctic Environmental Protection Strategy）以及其他北极科技合作项目的开展上颇有成效。区域治理是北极治理的本质，这需要从历史和自然的双重视角，来重新定位北美和北欧国家对北极治理的图景设计。[①] 王传兴指出：北极治理的安全议题结构发生了多层化趋势，中国兼具指涉对象和安全化行为体的双重身份，因此要兼顾本国的北极安全利益以及人类社会的整体安全利益。[②] 在北极治理机制构建的组成因素方面，杨剑指出：由于北极治理存在公共产品不足的困境，域外国家参与北极治理，能够有效完善北极治理机制，但北极国家针对非北极国家而设置的准入门槛，造成北极治理进程仍然被北极国家所把持。[③] 列维·路德认为：北极国家通过设立环境评估制度与许可证制度为非北极国家的极地科考设置规制障碍。[④]

（二）北极环境保护

北极环境保护是北极治理的核心议题，相关的国内外研究也较为深入，以北极生态环境恶化造成的损失为研究背景，研究北极环境治理的"公共政策"构建，进而探讨国际组织或主权国家制定北极环境治理规范的过程、政策选择偏好，以及相关利益群体的互动关系。盖伊·彼得斯认为："公共政策"是"政府通过直接或间接的方式来影响民众生活的行动纲领集合"。[⑤] 此类文献除了梳理北极国家对本国北极领土的环境保护政策之外，还分析了各国在决策过程中存在的经验差异及其借鉴经验。刘惠荣构建了北极生态保护的国内立法、区域性法律、全球性框架公约三层研究框架，提出未来的北极生态保护法律体系应该从北极国家的国

[①] Carina Keskitalo, "International Region-Building: Development of the Arctic as an International Region", *Cooperation &Conflict*, Vol. 42, No. 2, 2007.

[②] 王传兴：《北极地区安全维度变化与北极地区议题安全化》，《国际安全研究》2013年第3期。

[③] 杨剑：《域外因素的嵌入与北极治理机制》，《社会科学》2014年第1期。

[④] Leiv Lunde, "The Nordic Embrace: Why the Nordic Countries Welcome Asia to the Arctic Table", *Asia Policy*, No. 18, 2014.

[⑤] B. Guy Peters, *American Public Policy: Promise and Performance*, Chappaqua, NY: Chatham House/Seven Rivers, 1999, p. 24.

内法向区域性法律转型，突出"生态整体观"理念。① 张占海则直接提出：鄂霍次克海和白令海等北冰洋边缘海的海冰异常，导致东亚夏季冷空气活动偏少，降雨普遍偏少，促使中日韩等非北极国家也高度关注北极的气候治理。② 埃里卡·丁曼指出：美国在任北极理事会轮值主席国期间（2015—2017），大力推动北极国家采纳北极理事会下设的"黑碳和甲烷特别工作组"（Task Force on Black Carbon and Methane）的政策建议，以延缓北极气候暖化的步伐。但由于大量消耗化石燃料的状况难以改变，美国国内特别是阿拉斯加州激烈反对美国政府做出减排承诺，从而使得北极理事会成员内部未能达成推广黑碳减排规范的一致意见。③ 麦查拉·路易斯·库特指出：北极原住民是最先感受北极生态环境变化的群体，并积极利用在北极理事会中永久参与方的地位，倡导北极环境保护等议题的规范，然而，原住民在北极理事会决策结构中的地位低于八个成员国，其话语权相对有限。④ 安妮卡·E. 尼尔森将北极环境问题置于全球环境政治的框架下，讨论泛北极环境治理"规模政治"（Politics of Scale）问题，提出北极环境治理已经从"低级政治议题"转变为"高级政治议题"。⑤ 丁煌、朱宝林将中国外交的"命运共同体"理念运用到北极治理过程中，认为这可对建立合作共赢的北极治理新机制起到重要的指导价值。⑥ 蒂莫·科维罗娃从《北极环境保护战略》的诞生，到北极理事会的议题发展，进行了全过程的回顾，特别提出了北极理事会下设的工作组是承担北极环境治理研究的中坚力量，在北极环境治理国际合作中，发挥了凝聚各国北极科学家科研团队、整合各国极地科研成果、提升北极

---

① 刘惠荣、杨凡：《北极生态保护法律问题研究》，知识产权出版社 2010 年版，第 108 页。

② 张占海：《快速变化中的北极海洋环境》，科学出版社 2011 年版，第 150 页。

③ Erica Dingman, "Arctic Council Environmental Initiatives: Can the United States Promote Implementation?" *Arctic Yearbook*, 2015 (http://www.arcticyearbook.com/).

④ Michaela Louise Coote, "Environmental Decision-Making in the Arctic Council: What is the Role of Indigenous Peoples?" *Arctic Yearbook*, 2016 (https://issuu.com/arcticportal/docs/ay2016_final).

⑤ Annika E. Nilsson, "The Arctic Environment: From Low to High Politics", *Arctic Yearbook*, 2012 (http://www.arcticyearbook.com/2013-10-11-09-09-56).

⑥ 丁煌、朱宝林：《基于"命运共同体"理念的北极治理机制创新》，《探索与争鸣》2016 年第 3 期。

环境治理成效的重要作用。① 可以说，当前北极环境治理的建章立制进程较为缓慢，主要集中在以国际组织牵头的北极环境保护国际规范体系，特别是国际法体系的发展前景与跨区域合作等议题领域。②

（三）北极航运开发

关于北极航运开发问题的研究，主要集中在北冰洋航行权、北极国家航运管理制度、北冰洋环境保护三方面。

第一，北冰洋航行权研究主要以联合国颁布的海事行为规范为法理基础，以北冰洋沿岸国家的大陆架划界为主要研究议题，探讨北冰洋沿岸国主权申索的法律基础。詹姆斯·克拉斯卡指出：随着北冰洋的暖化进一步加剧，越来越多的国家会根据《联合国海洋法公约》第234条在北极地区进行航运实践，北冰洋国家设置北冰洋航道环境保护的规范，却没有相应的国际法依据，这将加剧北极航道管理国执法公信力不足等问题。③ 伊克·巴萨兰认为，北极理事会具有决策整合功能，能够为北极航运提供安全、无害的政策环境，但其出台的规范具有"软法性"，从长远来看，需要进行国际合作方式的调整。④ 郭培清等研究了俄罗斯北方海航道（North Sea Route）的管理规制，指出：俄罗斯北极航道管理制度过于严苛，并与国际法存在诸多冲突，阻碍了区域外国家使用北方海航道的积极性。⑤ 李振福对北极航运问题的法律规范进行了详细梳理，提出了北极航道国际协调机制的构建框架。⑥ 其实，北极航道沿线国家也高度重视北极航道开通带来的地缘政治经济机遇。冰岛政府就组织撰写了《北极发展与海洋运输》专题报告，提出将冰岛打造为连接欧亚美的北极航运枢纽的战略规划。为了进一步提升北极东北

---

① Timo Koivurova, *Climate Governance in the Arctic*, Berlin: Springer, 2008, p. 51.

② Timo Koivurova, "Environmental Protection in the Arctic and Antarctic: Can the Polar Regimes Learn from Each Other?" *International Journal of Legal Information*, Vol. 33, Issue 2, 2005.

③ James Kraska, *Arctic Security in an Age of Climate Change*, Cambridge: Cambridge University Press, 2012, p. 98.

④ Ilker Basaran, "Arctic Council's Impact on Arctic Shipping", *Arctic Yearbook*, 2016 (http://www.arcticyearbook.com/briefing-notes-2016).

⑤ 郭培清、管清蕾：《北方海航道政治与法律问题探析》，《中国海洋大学学报》（社会科学版）2009年第4期。

⑥ 李振福：《北极航线问题的国际协调机制研究》，清华大学出版社2015年版，第29页。

航道的经济价值，需要与俄罗斯在北极航运管理规制上进行深入合作，并积极邀请俄罗斯参与由冰岛主持的北极地区经济论坛。[①] 总体而言，国内外学者都认为北极航道开发需要国际组织来进行规范协调，以打破俄罗斯、加拿大等北冰洋沿岸大国的国内法壁垒，同时制定针对北极航运带来的环境污染问题进行规范倡导。

第二，北极国家航运管理制度研究主要以俄罗斯、加拿大、美国的北极水域管理制度为研究对象。阿尔伯特·布辛德·法瑞等学者研究了北极东北航道商业化通航的水文、自然资源、基础设施、规章制度等要素，指出俄罗斯和挪威需要进一步修改现有北极航运管理体制，以应对大规模北极商业航运时代的到来。[②] 艾瑞克·蒙罗那认为：研究北极航运治理的规范设置，应该从国际海事组织的规范体系向北极区域性航运管理规范转移。[③] 陆俊元指出：俄罗斯通过加强北极航道基础设施建设，强化对北极地区地缘战略空间的控制力，但同时也加大了北极"再军事化"的可能性。[④] 瑞贝卡·平克斯指出：美国高度重视阿拉斯加作为北极航运枢纽的地位，但受制于海岸警卫队的极地装备匮乏，所以只能有限参与北极航运治理实践。[⑤] 娜塔莉亚·马尔琴科详细梳理了俄罗斯北极航运的自然条件与海事事故，指出：当前俄罗斯无力全面修复苏联时期在北方海航道沿线修筑的基础设施，这将导致东北航道全线通航后，海运交通事故将呈现上升趋势，同时也增大了俄罗斯管理北极航道的行政压力。[⑥]

第三，北冰洋环境保护研究。北冰洋环境保护是北极理事会的重要

[①] Icelandic Government, *Breaking the Ice: Arctic Development and Maritime Transportation*, 2007, p. 24 (http://www.arcticportal.org/breaking-the-ice).

[②] Albert Buixadé Farré, "Commercial Arctic Shipping through the Northeast Passage: Routes, Resources, Governance, Technology, and Infrastructure", *Polar Geography*, Vol. 37, No. 4, 2014.

[③] Erik J. Molenaar, "Options for Regional Regulation of Merchant Shipping Outside IMO, with Particular Reference to the Arctic Region", *Ocean Development & International Law*, Vol. 45, 2014.

[④] 陆俊元：《近几年来俄罗斯北极战略举措分析》，《极地研究》2015年第3期。

[⑤] Rebecca Pincus, "'The US is Arctic Nation': Policy, Implementation and US Icebreaking Capabilities in a Changing Arctic", *The Polar Journal*, Vol. 3, No. 1, 2013.

[⑥] Nataliya Marchenko, *Russian Arctic Seas, Navigational Conditions and Accidents*, Berlin: Springer, 2012, p. 253.

工作议程，并出台了《北极航运环境保护工作计划2013—2015》作为区域与行业指导标准，在附件中划设了北极八国的海洋环境保护责任区。[1] 安德烈·丰格·施蒂迟梳理了北极理事会成立25年来海洋环保议题的变化，即从成立之初的北极雾霾、海洋酸化、臭氧层损耗、放射性污染加剧等，转变为如今的北极化石能源与矿产资源开发所造成的人为污染，他指出：国家权力与环境保护之间的博弈，将随着北极经济开发愈演愈烈。[2] 艾瑞德·莫指出：俄罗斯为了进一步增强北方海航道沿线地区的控制力，除了适当开发北极天然气资源、增设破冰船舰队之外，更应注重北方海航道沿岸的生态环境保护，但资金缺口导致俄罗斯难以全面监控因过往船舶的增加所导致的海洋污染问题。[3] 王泽林认为：俄罗斯、加拿大、美国等北冰洋沿岸国家旨在保护北冰洋环境的相关国内法，已经构成对《联合国海洋法公约》中"冰封区域"等相关国际法条款的违背，阻碍了北极航运制度的构建进程。[4]

（四）非北极国家介入北极治理的路径研究

北极航道通航将彻底改变北极地缘政治经济格局，将对全球安全局势与航运格局产生深远影响。非北极国家参与北极治理是大势所趋，然而在参与路径问题上，则存在不同的学术争鸣。一是非北极国家参与北极治理的身份定位问题；二是非北极国家参与北极治理的议题选择问题。

关于非北极国家参与北极治理的身份定位问题，柳思思首次提出"近北极国家"和"近北极机制"，并指出：当前三种北极治理机制都具有局限性，"扇形原则"的本质是俄罗斯与加拿大瓜分北冰洋大陆架，必然遭受其他北极国家的激烈反对；"环北极八国原则"将非北极国家排除在外；"全球共管北极"则因所有北极国家的反对而不

---

[1] Arctic Council, *PAME Work Plan 2013 – 2015*, Borgir, Nordurslod: Protection of the Arctic Marine Environment, 2013. p. 4.

[2] Andréa Finger-Stich and Matthias Finger, "25 Years of Arctic Environmental Agency: Changing Issues and Power Relations", *Arctic Yearbook*, 2012.

[3] Arild Moe, "The Northern Sea Route: Smooth Sailing Ahead?" *Strategic Analysis*, Vol. 38, No. 6, 2014.

[4] 王泽林：《北极航道法律地位研究》，上海交通大学出版社2014年版，第347页。

具有现实性，而"近北极国家"的身份较能被北极国家所接受，也为北极圈之外的国家参与北极事务提供了合法性身份，由北极区域内外的国家共同构建的"近北极机制"，则是北极治理机制变迁的可能选择。①董利民提出了"北极利益攸关者"的概念，以打破"北极国家—非北极国家"的二元对立身份逻辑，指出中国应重视塑造"负责任的北极利益攸关者"身份。②

关于非北极国家参与北极事务的议题选择问题，安德鲁·帕尔默以美国阿拉斯加北坡的油气开发为研究案例，指出：北极域外国家参与北极海上能源开发等经济事务，既能促进与北极国家的经济合作，也能获得参与北极事务的机遇和身份。③ 于宏源认为：科学家团体为北极治理提供了重要的科学依据，并在极地问题知识化方面直接影响北极治理规制的议程设置、阐述及规范推广。通过国际联合科考、向北极理事会派遣科学家等方式，有助于非北极国家参与北极治理的机制构建过程。④ 然而，安妮卡·E.尼尔森认为：只有推进北极域内与域外国家之间的合作机制，才能促进北极国际科学合作及相关知识成果的有效产出，从而在知识层面实现北极有效治理。⑤ 赵隆提出：俄罗斯以"选择性妥协"的治理路径来管理北方海航道，这为中国经济型参与北极事务带来了机遇，由于北极东北航道尚不存在全年通航的条件与设施保障，因此中国可选择港口基建作为中俄北极合作的支点，同时在技术输出与资金配置等方面，发挥中国的相对优势，夯实中俄北极经济合作的基础。⑥ 张侠等对北极三条航道的发展现状进行

---

① 柳思思：《"近北极机制"的提出与中国参与北极》，《社会科学》2012年第10期。
② 董利民：《中国"北极利益攸关者"身份建构——理论与实践》，《国际论坛》2017年第6期。
③ Andrew Palmer, Ken Croasdale, *Arctic Offshore Engineering*, Singapore: World Scientific Publishing Co. Pte. Ltd., 2013, pp. 340–342.
④ 于宏源：《知识与制度：科学家团体对北极治理的双重影响分析》，《极地研究》2015年第1期。
⑤ Annika E. Nilsson, *A Changing Arctic Climate: Science and Policy in the Arctic Climate Impact Assessment*, Sweden: Linkoping, Linköping University Electronic Press, 2009, pp. 98–118.
⑥ 赵隆：《论俄罗斯北方航道治理路径及前景评估》，《世界地理研究》2016年第2期。

评估，结合国际战略格局的演变趋势，提出了对东北航道进行实质性投入、对西北航道进行尝试性投入、对穿极航道进行探索性投入的发展思路。① 伊丽莎白·泰德森等人认为：北极海事治理为深化美欧跨大西洋合作机制带来新的发展机遇。②

总体而言，学术界对北极地区国际组织建章立制的研究进行了前期积累，许多成果颇具启发性，但在以下四个方面仍留有学术机遇：一是较少从规范演化的视角探讨北极地区国际组织的建章立制过程。二是对"北极国家—北极地区国际组织的规范构建—非北极国家"三者间的互动关系缺乏深入解析。三是较少关注北极地区国际组织中的歧视性条款对中国北极权益的负面影响。四是对非北极国家获取北极治理规范性话语权的路径研究略显单薄。本书从理论与政策相结合的视角出发，借鉴既有成果的宝贵探索，尝试把握这些机遇。

第三节 前提假定、理论假设与推导过程

本书凭借国际关系理论的知识谱系，采用国际关系研究通行的研究思路，在梳理北极治理研究与国际规范研究等相关议题的基础上，围绕研究问题提出四个前提假定，然后根据这些假定推导出本书的基本理论假设，并通过案例研究验证这个理论假设。

一 国际组织参与北极治理的前提假定

前提假定一：不同的实践主体产生不同的规范。

人类全部社会生活的本质是实践。③ 规范并非天外来物，而是脱胎于人类社会在不同场域中的实践活动，"场域"即关系网络。④ 人类社会中

---

① 张侠：《我国北极航道开拓的战略选择初探》，《极地研究》2016 年第 2 期。北极航道分为连接欧美的西北航道，连接欧亚的东北航道，穿越北极点的穿极航道（又被称为中央航道）。

② Elizabeth Tedsen, Sandra Cavalieri, *Arctic Marine Governance: Opportunities for Transatlantic Cooperation*, Berlin: Springer, 2014, p. 237.

③ 《马克思恩格斯选集》第一卷，人民出版社 2012 年版，第 139 页。

④ 周冬霞：《论布迪厄理论的三个概念工具——对实践、惯习、场域概念的解析》，《改革与开放》2010 年第 2 期。

产生的实践主体，其概念外延已经超越了相对固化的物质主体与精神主体范畴，而呈现出动态化的过程。规范是人类社会的秩序之基，属于人的观念和思想范畴，与人的社会实践密切相关，实践的主体性表现在连接了观念结构与行为个体。然而，在人类社会中，各个实践主体间存在观念和实践场域上的差异，从而映射在秩序构造过程中的规范设计领域，则出现规范差异。

前提假定二：国际体系的社会资源与物质资源具有稀缺性。

在无政府状态下的核时代，国际社会的观念资源与物质资源处于稀缺状态，这导致国际行为体纷纷采用"生成—推广"国际规范而非军事胁迫的方式来获取这些资源。因此，围绕国际规范传播权的竞争，反映出国际行为体自主接受国际规范的功利性，即作为规范供给者的国际行为体，能拥有作为规范设计方的特权优势与权威收益；而作为规范遵约方的国际行为体，则能够低成本地获取物质资源或社会收益。国际规范作为一种公共产品，其合法性与权威性在于能够确保所有内化该规范的国际行为体，可以低成本地获取国际社会资源或物质资源。因此，国际规范竞争的本质，就是国家行为体获取有限的国际社会与物质资源的范式选择问题。

前提假定三：国际规范体系存在层级结构。

有序性是全球治理的重要特征。由于权力政治仍然主导国际政治的发展趋势，因此国际体系具有深刻的层级化特征，[1] 国际行为体互动实践必将产生具有不同权威性和权力结构的规范体系。国际规范体系之间存在规范传播的权力差，这是由规范体系的核心行为体——规范倡导的主导方决定的。本书认为：观念指导实践，透视全球治理的实践效果，就应该将全球规范体系作为分析对象。国际规范体系可分为"权威规范体系""准权威规范体系""非权威规范体系"三个层面，从而构建一幅以规范效力为核心评价指标的国际规范等级秩序图景。通常而言，权威规范体系具有强大的规范传播能力，其制定的规范往往具有公信力与约束性。这些国际强制规范"一旦被国际社会接受并公认为不可损抑，则只

---

[1] Adler, E. and Bernstein, S., "Knowledge in Power: the Epistemic Construction of Global Governance", *Cambridge Studies in International Relations*, Vol. 98, No. 1, 2005.

有具有同等性质的国际新规范方可将之替代"。① 在当前国际规范体系中，以联合国为代表的全球性权威规范体系在全球治理、区域治理过程中，能够出台具有强制性的规范，这些规范有时具有压倒性的影响力。以北极理事会为代表的准权威规范体系，其出台的强制性规范，则往往在推广过程与实施效果方面，则显得相对较弱；而以跨国原住民组织、非政府组织等非权威规范体系，则处于国际规范体系的底端，在国际规范竞争中位于劣势地位。因此，各个规范体系围绕权威性所展开的竞争，尤其是权威国际规范体系与其他国际规范体系之间的竞争关系，则成为全球规范体系演化过程中的普遍特征。

前提假定四：规范可以通过学习而发生改变。

历史制度主义认为，环境变化决定制度变迁。在初创时期或某个关键节点的决策时期，制度会处于一个均衡状态。然而，制度受到外界环境的影响，当某些同质制度出现时，冲突型环境就打破原先制度的"稳固"状态，推动制度变迁。制度的生存本能，会迫使其进行"自我更新"过程，通过学习包括竞争对手在内的环境信息，逐渐改善制度本身的低效部分，以适应冲突型环境，② 从而形成新的均衡状态。制度变迁的"断续型均衡"轨迹，对规范竞争的演变方向具有借鉴价值，至少告诉我们，既有规范在竞争的环境下，会具有独立性，会自我调整，甚至可能会通过自主学习而赢得竞争，推动规范的进化。

二 理论假设及其推导过程

以前提假定作为逻辑起点，可以推导出本书的理论主假设：国际组织通过规范影响治理实践。如图1—1所示，国际组织是主体和倡导者，规范是核心要素，治理实践是目标。这就是本书的主假设。根据前提假定与主假设的逻辑，可进一步推导出如下四个理论分假设。

从前提假定一"不同的实践主体产生不同的规范"可以推出分假设

---

① 《维也纳条约法公约》第53条（http://www.npc.gov.cn/wxzl/gongbao/2000-12/07/content_5003752.htm）。

② 刘圣中：《历史制度主义——制度变迁的比较历史研究》，上海人民出版社2010年版，第129页。

```
           全球治理
  ┌─────┐   ┌────┐   ┌──────┐
  │国际组织│──→│规范│──→│治理实践│
  └─────┘   └────┘   └──────┘
```

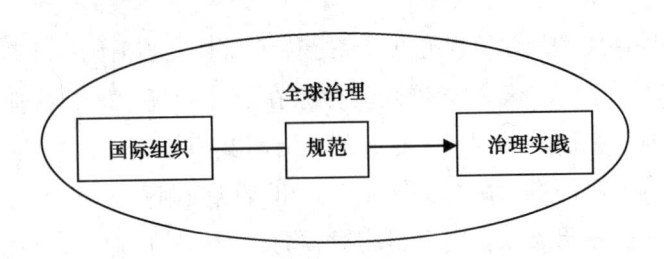

图 1—1　本书理论主假设示意图

资料来源：笔者自绘。

一：人类社会的实践存在于不同的场域，在实践过程中存在指导性观念的差异，即场域差异造成实践结果差异，指导观念差异也能造成实践结果差异，即使是在同一场域，亦是如此。如果说每个独立的实践场域，都能视为规范生成的母体，那么，每个相对独立的实践场域，都有可能内生出一套规范体系。由于实践场域会发生重叠，不同的实践主体所秉持的观念差异，则会产生即使面临同一实践对象，仍会产生出不同的规范。在全球政治的背景下，我们就会发现，当观念与场域存在差异，即使存在重叠的实践对象，不同的实践主体仍会产生不同的规范，在信息不对称的背景下，有可能造成规范的过度供给。国家、国际组织等国际行为体作为国际社会的实践主体，是人类实践的全球延伸，其实践的差异性也必然产生不同的国际规范体系。图 1—2 展示了国际规范的"生成—供给"态势，在无政府状态下，国际行为体在实践场域与观念体系的差异，形成不同的国际规范体系（规范体系 X、规范体系 Y 等），这些规范体系通过倡导行为来扩散自有规范（X1、Y1 等），这易于造成同一议题的规范供给过剩（规范 X1、规范 Y1 等）。

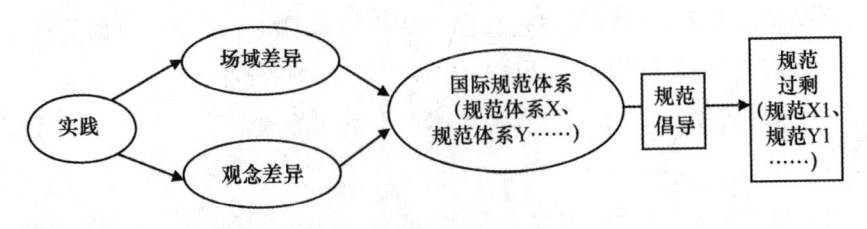

```
            ┌场域差异┐
            │       │      ┌国际规范体系┐            ┌规范过剩  ┐
    ┌实践┐──┤       ├─────→│(规范体系X、│──→┌规范┐──→│(规范X1、 │
    └──┘   │       │      │规范体系Y……)│    │倡导│   │规范Y1…) │
            └观念差异┘      └──────────┘    └──┘   └────────┘
```

图 1—2　国际规范"生成—供给"态势

资料来源：笔者自绘。

从前提假定二"国际体系的社会资源与物质资源具有稀缺性"可以推出分假设二：国际行为体的生存与发展需要获得足够的物质资源与社会资源，在全球政治处于无政府但有序的状态下，借助以具体规范为载体的国际制度，而非暴力掠夺的方式，更能获取竞争优势。因此，当国际行为体与国际社会资源与物质资源之间存在巨大的供需失衡，则国际行为体之间必然会通过竞争来获取有限的资源，而在和平与发展作为时代主题的背景下，这种竞争的主要表现方式是规范传播权与主导权之争，因此，当规范供给过剩时，则必然出现规范竞争，如图1—3所示。

国际规范供给过剩

规范X1 ⟷ 规范竞争 ⟷ 规范Y1

国际社会资源与物质资源依稀性

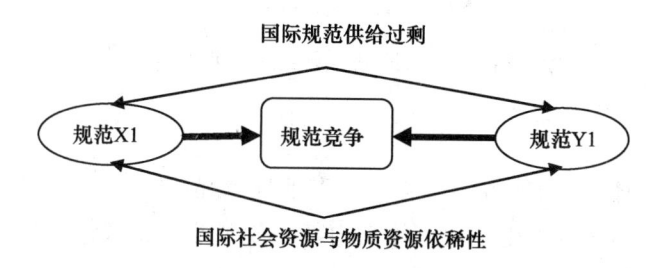

图1—3 国际规范竞争的必然性图解

资料来源：笔者自绘。

从前提假定三"国际规范体系存在层级结构"可以推出分假设三：既然国际体系具有层级性，那么国际规范体系作为国际体系的重要组成部分，自然也具有层级性特征。全球政治的现实是基于威望差异的非对称结构，国际体系的等级性也表现为权威性国际行为体集团与非权威性国际行为体集团之间的对立与主从关系。如图1—4所示，国际规范体系自然也表现为"核心—外围"结构，即权威规范体系为核心，准权威规范体系与非权威规范体系为外延的层级结构。核心规范体系与外围规范体系共同构成统一的国际规范体系，但在规范传播的影响力上，具有巨大的差异性。"核心—外围"规范体系之间是动态发展的，核心规范体系时刻面临新兴规范体系对其权威性的挑战。因此，国际规范体系的权威等级结构不具有永固性，规范竞争的过程就是规范体系之间争夺权威性的过程。

需要说明的是，无论是位于核心规范体系的权威规范体系X，还是位

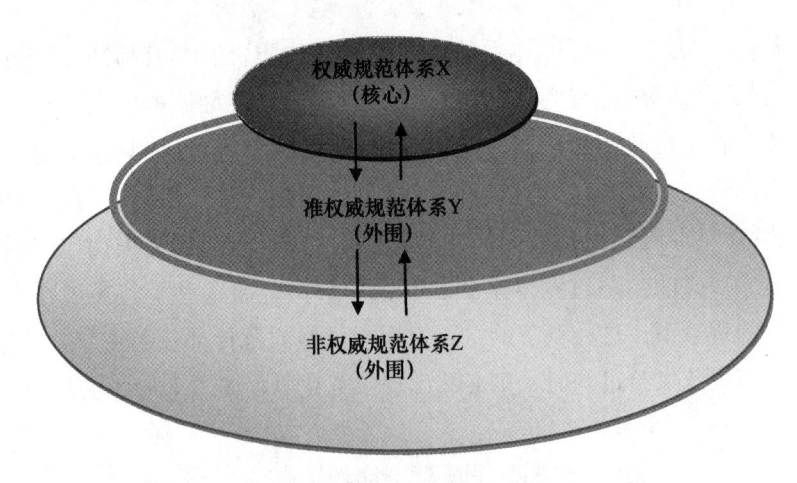

34 / 北极国际组织建章立制及中国参与路径

图1—4 国际规范体系的层级结构

资料来源：笔者自绘。

于外围规范体系的准权威规范体系 Y 和非权威规范体系 Z，其内部仍存在规范竞争，但这种发生在规范体系内部的规范竞争，其竞争烈度受到规范体系主导力量与相关机制的约束与协调，具有可控性，并不会影响到国际规范体系的结构稳定。[1] 因此，本书认为，在全球治理的大视野下研究国际规范体系层级结构的演变，就应该跳出研究"核心—外围"规范体系内部具有相同身份与治理目标的规范之间的竞争，而将目光放在能够影响国际规范体系层级结构变动的力量上。国际规范体系的"核心—外围"结构，表明各类规范体系之间的规范竞争，才是国际规范竞争的本质。每个层次规范体系提供参与竞争的规范，都是内部规范竞争的佼佼者。所以，表面上单个规范之间的竞争，其背后是所属规范体系之间的权力碰撞。图1—5表明了规范体系间的规范竞争。实线方框代表具体的规范，包裹方框的虚线椭圆，则代表该规范所在的规范体系。权威规范体系 X 的规范 X1，与来自准权威规范体系 Y 的规范 Y1 之间的竞争，以及来自准权威规范体系 Y 的规范 Y1 与来自非权威规范体系 Z 的规范 Z1 之间的竞争，就是规范体系 X、Y、X 之间的竞争。

从前提假定四"规范可以通过学习而发生改变"可以推出分假设四：

---

[1] Ann Florini, "The Evolution of International Norms", *International Studies Quarterly*, Vol. 40, No. 3, 1996.

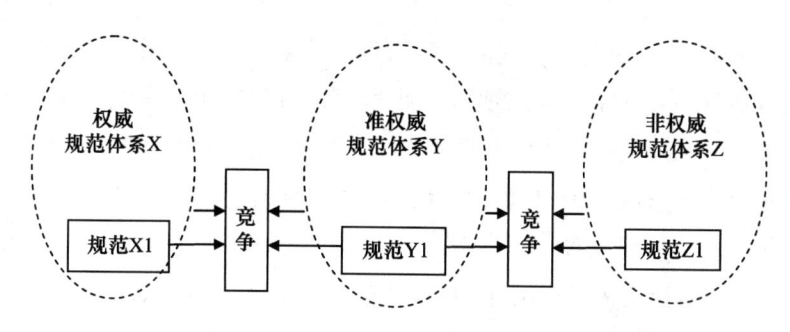

图 1—5 国际规范体系间的规范竞争

资料来源：笔者自绘。

即使是来自权威规范体系的规范，也不必然在竞争中永远胜出，相反，在不同的议题领域，各级规范体系出台的规范有可能具有超越所在规范体系的比较优势和国际影响力，而获得权威性与传播权。因此，如图 1—6 所示，在规范竞争过程中，不一定总是"胜者全得、败者全失"的零和博弈，这会造成两败俱伤的"规范损毁"或是一家独大的"规范垄断"，而往往是持续性的非零和博弈，其结果是规范共存和规范协调。因此，本书认为，规范竞争也可以向共存的良性化方向发展。需要指出的是，共存并不是这种非零和博弈的最终结果，而是因为规范体系之间的竞争，是多次博弈和局部竞争，而非零和博弈，因此，规范体系之间很难因一次具体议题的规范竞争，而发生规范体系的消亡。协调是指规范之间不以邻为壑，而是进行知识互补、规范倡导方之间的交流等良性互动，从而作出内外调整。

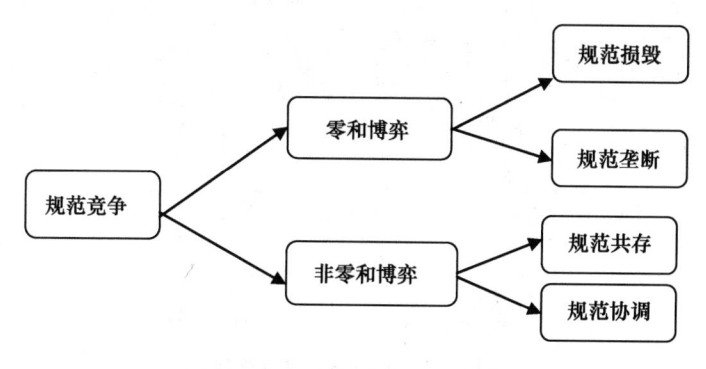

图 1—6 规范竞争的结果示意图

资料来源：笔者自绘。

如图1—7所示，具体规范之间的竞争结果，取决于其所在的规范体系是否愿意通过规范协调来实现自我学习、自我完善，吸纳、包容所有有助于提升该规范竞争力的知识要素，并与其他竞争规范建立互补关系。通过规范融合形成一个以规范体系间的共同利益为基础、博百家之所长的新规范。例如规范X1与规范Y1进行规范融合后，新规范中必然会存在X1、Y1的相关因素；规范Y1与规范Z1进行规范融合后，新规范中必然会存在Y1、Z1的相关因素。但由于规范融合不等于简单的规范合并，融合后的规范仍然存在核心要素的主辅之分，而谁主谁辅取决于相关规范体系的自主学习与调整能力对比，具有变动性与不可预知性。这就是本书不用"规范X1Y1"和"规范Y1Z1"来表示规范融合后的新规范的原因。这个新规范所在的规范体系，不必然是权威型体系，而是最先进行规范融合实践并获得成功的规范体系。这就推动各个规范体系发挥各自在不同议题领域的比较优势，从而获得相应领域的规范权威，最终赢得在规范体系竞争中的权威，也是国际规范体系发生结构性变迁的内生动力。由此可见，规范融合而非规范互补，才是规范竞争的最终结果。规范融合后产生的新规范，在有效性上也会得到较大的提升。

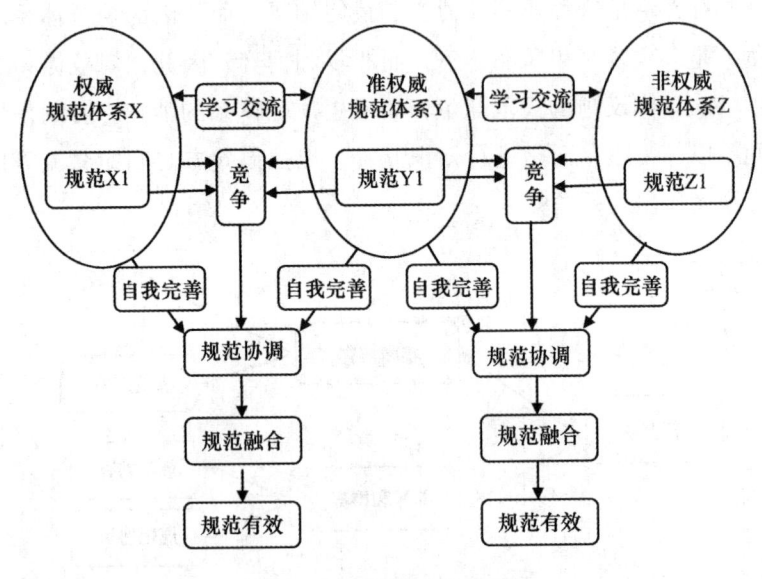

图1—7　规范融合演进路径

资料来源：笔者自绘。

通过以上理论假设的逻辑推导,可以得出:规范竞争是自变量,规范融合是因变量,两者之间存在因果关系。需要说明的是,规范竞争有可能出规范融合的结果,但这是个长期互动与磨合的过程,在这个过程之中,存在竞争关系的规范之间,冲突与互动同时存在,只是在各自所在规范体系的调整与协调下,这种冲突关系一直处于可控阶段,为规范间的相互学习、相互借鉴留下了空间与机遇。

第四节　研究价值、创新之处与研究思路

本书以规范生成和扩散理论为基础,采取实事求是的分析方法,借鉴国际关系理论中的现实主义流派、国际制度主义流派、建构主义流派的分析视角,阐析在北极治理的过程中,各类国际组织的规范竞争问题。这涉及三组子问题:国际组织为何参与北极治理规范竞争?国际组织间如何进行规范竞争?国际组织间的规范竞争向何处发展?本书认为北极治理的规范之争是跨体系的规范之争,其本质是来自核心规范体系与外围规范体系之间的竞争。具体而言,来自核心规范体系的规范,是由联合国及其下属专门机构(例如国际海事组织等)倡导的规范,而来自外围规范体系的规范,则由北极区域性国际组织(例如具有一定权威性的北极理事会,以及非权威性的北极圈论坛等)倡导的规范。本书的案例分析,立足于冷战后北极治理实践,研究来自不同国际规范体系的北极治理规范进行竞争的过程及发展趋势。案例选取的两个北极治理议题分别为北极航运治理与北极环境治理。

一　研究价值

本书依据《中共中央关于制定国民经济和社会发展第十三个五年规划的建议》中关于"发展蓝色经济空间"的战略安排,[1] 并结合党的十九大报告中关于"加快建设海洋强国"的战略部署,[2] 以及在"十三五"

---

[1] 《国民经济和社会发展第十三个五年规划纲要2016—2020》,共产党员网(http://www.12371.cn/special/sswgh/)。

[2] 《习近平:决胜全面建成小康社会夺取新时代中国特色社会主义伟大胜利——在中国共产党第十九次全国代表大会上的报告》,中国政府网(http://www.gov.cn/zhuanti/2017-10/27/content_5234876.htm)。

期间达到世界极地强国水平的目标规划，研究中国领海之外的海洋权益维护与拓展途径，以及制度性参与北极综合治理实践的路径选择问题。本书具有学理与现实价值。

(一) 学理价值

本书研究的学理价值在于：有助于为当前北极治理规范构建的公正化实践进程提供新的理念判准，通过提高北极地区国际组织建章立制的公正性与有效性，来推动北极善治进程。主要表现在以下四个方面。

第一，从理论视角解读北极治理的规范构建问题。当前学术界关于"怎么进行北极治理"的学术研究较为成熟，但从理论视角深入分析国际组织参与北极治理规范的文献则较为少见，在既有北极治理规范的研究成果中，相关学者多局限于相对稳固的理论思维，但北极治理的规范生成与有效性的展现是一个极具动态演化的过程，从规范倡导到规范竞争，再到规范融合与规范有效，每个环节都各有独特性，难以用同一种理论进行诠释。因此，本书基于前人既有的学术探索，尝试从"规范演化"的视角来解读北极治理问题，对国际治理规范进行理念重构，以北极治理主体转型为研究核心，将北极地区国际组织建章立制视为一种独特的规范演化过程。本书进一步丰富国际规范研究的理论成果，提出国际规范竞争机制以解释北极地区国际组织框架内的规制变化，以规范竞争为立足点，实现倒推与延展双重思路，既提出造成规范竞争的原因是规范供给过剩，又提出规范竞争有可能产生规范融合的结果，而提升规范实施的有效性是国际组织建章立制的核心目标。

第二，尝试完善国际规范研究的议题领域，超越西方国家坚持以人权、民主、自由贸易等作为主流议题领域的规范设置偏好，尤其是突破不同类型规范之间必然出现零和博弈的思维惯性，重点研究北极国家与非北极国家、东西方国家在全球治理问题上的共有理念，探寻符合中国参与北极治理实践所需的国际规范理念。

第三，在次区域治理的微观维度下，研究如何提高北极区域性国际组织对于域外国家参与动力的吸纳与疏导能力，梳理规范制定过程中的政治理性与权威崇拜的关系，从而探寻易于形成北极治理良好秩序的规范议题与国际法文本。在"碳政治"背景下研究北极治理话语权建构的理论框架，开拓国际政治话语权研究的新领域。提出规范演化机制的衍生价值——"隐性权威"的政治心理学解释,剖析北极理事会等区域性国际组织出现了从"被边缘化"到"自核心化"正向移动趋势的深层原因,探寻北极地区国际组织行政管理体系、科学知识转移、治理观念变迁的内在动力。

第四,构建了针对国际规范进化路径的"规范融合"理论,即存在竞争关系的国际规范之间,可以通过各自所在的规范体系之间的良性互动与交流,实现规范共存与融合,这突破了传统现实主义理论下的"零和博弈"逻辑,有力解释了以国际海事组织为核心的全球性规范体系能够与以北极理事会为核心的区域性规范体系,在北极航运、环保等议题领域,形成规范倡导的相互借鉴与良性互动。

(二)实践价值

本书的研究具有如下实践价值。

首先,有助于中国辨别北极国家的战略图谋与北极地区国际组织规范变化的内在联系,从宏观层面区分出具有不同利益诉求的国家集团。结合北极国家的北极治理实践,对比分析国家与国际组织这两类北极治理主体各自的优势与能力短板,突出管理规制对北极治理有序化的重要性,在这一国别与区域分析框架下,进一步深入剖析北极治理的内涵、国际组织作为北极治理规范倡导者的合理性与必然性、强国权力对国际组织立法程序的干涉性,最终构建基于全球环境政治背景下的北极区域性权力均衡模型,以及北极管理规范有效性的评估模型。

其次,有助于深入解析现有北极地区国际组织的运作路径与内在规则。各类国际组织参与构建北极治理规范的实践不断加快,如何避免不同规范体系之间的恶性竞争,如何应对北极大国对不同国际组织议题设置的操控权,如何面对北极地区国际组织针对非北极国家的制度性壁垒,是中国参与北极事务的战略性难题。本书提供了一种较具前沿性的思路,丰富了国际规范竞争、国际规范有效性的相关理论研究,并能够为北极地区国际组织建章立制的话语权分配、议题选择提供数理分析依据。

再次,为中国参与北极地区国际组织建章立制的外交实践提供理论参考和决策依据。在国际组织框架内塑造新的国际规范,是彰显中国大国地位的重要途径,也是中国制度性参与全球治理的必然选择。本书在深入剖析规范倡导、规范竞争、规范有效性等相关理论的基础上,构建了中国参与北极地区国际组织建章立制的路径选择机制框架，一定程度上能够为中国积极参与北极秩序的重构提供思路，进而对维护中国在北极地区的战略与经济利益具有重要的现实意义。

最后，探讨北极治理制度"刚性化"趋势，检视中国制度性参与北极治理的合作行为。在全球治理的宏观维度下，中国如何经由建章立制这一北极地区国际组织体制内的核心功能途径，逐渐促进国际组织的议题设置与权力结构变革，逐渐完善中国可持续参与北极治理的制度合法性依据。

二 创新之处

总体而言，本书旨在剖析北极治理规范的演化及运作机理，整个研究过程既有严格基于理论推演逻辑的冷静思考，又饱含对中国护持北极合理利益诉求的拳拳报国之心。以国际组织建章立制为视角来研究北极治理的制度化，是国内外学界较为疏于关注的学术空间，因此本书研究的创新之处表现在如下四个方面。

一是思路创新。尝试从地缘政治、地缘经济、地缘科技三维视角，分析国家战略能力结构、经济发展水平、搭便车效应、履约能力、违约风险与国际组织有效性之间的互动机制，首次完整阐述北极治理规范演进的生命周期，提出"中国科技标准走出去"是中国有效获得北极治理规范话语权的重要保障。

二是方法创新。结合定性案例研究与定量方法的优势，提出了分析北极治理规范演进模式的理论模型，分析北极治理规范体系之间的互动与具体规范演化结果的内在联系，并整合规范层面与物质层面的参考要素，通过理论分析、个案访谈、文本解读等方法，实现了概念模型的量化。

三是内容创新。将适用于北极地区的全球性国际制度、北极次国家行为体作为研究对象，分析其对北极地区国际组织建章立制的影响。以北极航运与北极环保的具体规范为研究案例，重新思考不同规范体系之间发生的"权威性"梯度转移，验证了国际规范融合对北极善治的解释力。

四是谏言创新。借助北极事务的"全球属性"，以环境、科研、资源、航运为维度构建综合政策体系，首次提出"北极—中国命运共同体"的理念，以及中国"建设性参与"北极治理的策略选择，具有较强的理论指导性与实践可操作性。

三 研究思路

如图 1—8 所示，本书的研究技术路径包括四个步骤：首先，从国际制度有效性的理论视角探讨北极地区国际组织规范构建的动力与路径；在厘清当前北极治理研究的成果与局限之后，补充并综合三个分析途径——"北极治理全球化""国际规范倡议体系""制度性权力"，借此拟定分析架构，说明北极地区国际组织在北极治理问题上的建章立制历程，以及相关利益攸关方之间的权力博弈。其次，分析北极地区国际组织建章立制的历史经验与不足之处，为了精细化论证此分析框架的运作内涵，以及促进北极治理规范从竞争到融合的因素，本书选取了北极航运和环境治理等案例，并以此两个案例来验证不同规范体系之间的确存在相互借鉴、相互学习的良性互动，国际合作理论对北极治理的规范构建仍然具有较强的解释力。再次，评估主要北极利益攸关方对北极地区国际组织建章立制的策略谋划，尤其是北极大国对北极区域性国际组织决策机制的控制力，以及非北极国家参与北极治理的身份困境问题。最后，解析非北极国家制度性参与北极治理的时代机遇与策略选择，并发掘出新的研究议题。

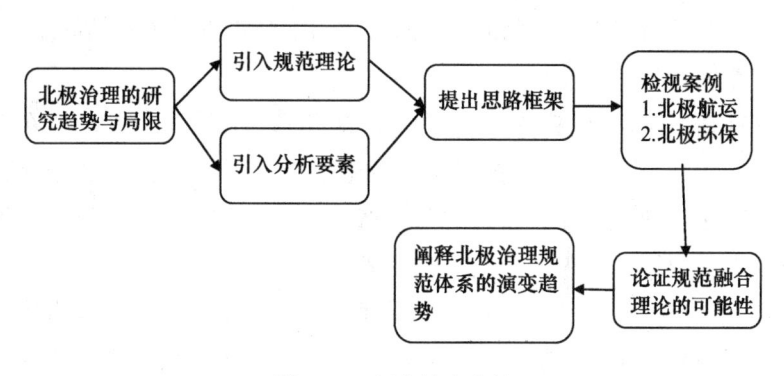

图 1—8 研究技术路径

资料来源：笔者自绘。

本书采用如下几种研究方法。

比较分析法。通过对各国北极战略报告、涉北极治理的新闻报道、学术期刊、学术著作的文本解读，掌握北极治理规范体系的最新研究动态，了解北极航运治理与北极环境治理的规范构建过程。虽然部分外文资料的学术观点尚存在争议，但为了尽可能全面地了解北极治理规范体系的发展过程，所以本书仍然将其作为文献分析对象之一。为了确保文献研究的客观性，本书不仅积极采集国外权威北极研究智库的相关学术资源，同时也采取多种途径收集非北极国家、北极原住民社区的相关文献，通过回顾北极治理以及北极地区国际组织的发展历程，本书获得包括北极治理规范设计的议题倡议、国家与非国家行为体的互动关系、北极环境保护、航运规范的执行效率、全球性国际组织与区域性国际组织进行北极治理规范的倡导过程等研究素材。

历史分析法。历史研究是具体的实物研究，既然本书研究的是北极地区国际组织，就必须对北极理事会、国际海事组织、北极圈论坛等进行考察。本书尽可能获取这些国际组织出台北极治理规范的一手文献资料，真实了解国际组织在北极治理中的现状与影响力。因此，本书课题组成员多次参加关于北极治理的国际会议，多次访谈上述国际组织北极事务专家和来自北极国家的官员与学者，尝试近距离了解他们对国际组织参与北极治理规范构建，以及对中国制度性参与北极治理的真实认知。为了尽可能掌握北极治理研究的国外学术动态，本书课题组成员自费赴俄罗斯、丹麦、美国、加拿大等北极国家参加多场国际学术会议，并进行实地考察，为深入研究北极治理的历史与现状积累了宝贵的学术经历，拓展了学术视野。

比较研究法。比较研究是一种基本的学术研发方法，其功能在于帮助研究者考察不同案例之间非预期的差异性与相似性。本书运用此方法来分析北极治理规范体系建设的发展情况，对不同时期的北极地区国际组织机制化建设进行纵向比较，解析其从"软法"向"硬法"演变的趋势。就规范有效性而言，北极航运治理与北极环境治理有着较为明显的差异，透过比较研究法能够对比这两个案例的异同之处，借此探究削弱北极规范治理成效的因素。

案例分析法。作为一种重要的定性分析方法，案例分析法几乎贯穿本书的整个写作体系。在提出相关论点后，以国际海事组织、北极理事会等国际组织的建章立制案例作为论据支撑，列举了对北极治理规范体系影响较大的国际组织及利益攸关方，具有一定的新颖性和代表性，观点鲜明，现实感、证明力较强。

北极治理的议题丰富多彩，而且针对不同议题的规范建构脉络进行比较研究，能够进一步贴近北极治理的现状，厘清更多的问题，例如北极航运规范究竟是环保优先还是经济优先？若是经济优先，那么是否会有悖于北极环保规范？北极原住民如何提升在北极地区国际组织的话语权？本书之所以将学术视野聚焦于北极地区国际组织在北极航运和北极环保两大议题的建章立制过程，不仅是受到时间与资金的限制，更是担心议题选择的面面俱到极易导致泛泛而谈，因此本书难以做到跨议题比较研究，而是坚持一以贯之地以规范演化路径为主轴，辅之以北极航运、北极环保为支撑案例，发挥"钉子精神"，尽可能得出基于严密论证和翔实资料基础之上的成果，为未来的跨议题研究作一枚坚实的铺路石。

第二章

北极治理规范演化的解析路径

本章着重阐述"北极区域治理""国际规范体系""权力"这三个解析国际组织参与北极治理规范演变过程的基本路径。并从要素互动的视角，探讨北极治理规范的演化逻辑。在案例分析时，交替使用政策与决策过程来解释北极地区国际组织的行为本质。本书认为：加入北极治理国际化、国际规范倡议体系、规范性权力等分析路径有助于较为全面地把握北极治理规范演化的整体脉络，并厘清北极治理与全球治理的规范互动关系，所以在本章写作过程中也有所着墨。

第一节 北极区域治理视域下的
北极治理规范演化

在全球化时代，人类社会不再由国家作为唯一的管理者，一些治理议题也远超国界与国力范围之外。在当今国际社会中，国家行为日益受到区域性和全球性国际规范的制约。然而在主权至上且全球无政府状态尚未得到彻底改观的现状下，国家接受这些国际规范的根本原因是什么？这些集体性的国际规范又是通过何种路径逐步内化为国家的自有规范，进而影响国家行为的？

全球气候变暖使得北极的可通达性不断提升，随之而来的是关于航运、环保、科考、经济等治理议题的大量涌现。然而，除却这些实务性的治理议题，一个关乎北极治理秩序的根本性问题引起了各国政府、学者、企业界甚至军方的高度关注，即北极地区之外的国际行为体能否参与北极治理？换句话说，北极治理的基本理念，是区域主义还是全球主义？是封闭式治理，还是开放式治理？以下尝试以新区域主义理论为基础评估北极治理现状，以研判北极治理是一个小规模的封闭单元，还是已然成为全球治理的一部分。

一 北极区域治理的内涵与理念秉持

2013年5月15日，北极理事会授予中国、日本、韩国、印度、新加坡、意大利等永久观察员身份。[①] 对于长期被普遍视为闭塞之地的北极而言，非北极国家的来临，标志着北极治理全球化拉开了序幕。北极原先只有环北冰洋五国可以自由进出，如今已经从一个由若干个小区域组成的集合演变成一个更广泛的地缘实体，既包括德国、英国、法国等非北极欧洲国家，更包括赤道国家新加坡和南亚大国印度。曾经冰封且鲜有人关注的北极，如今被广泛认为是国际地缘政治格局的"最后边疆"，引起了世界主要行为体的极大关注。是什么引发了北极形象的变化，这种变化又是如何发生的？如今我们应该把北极看作是一个由较小的分区组成的实体，还是一个更大、更广泛的全球化世界的一部分？本书通过国际关系主流理论的棱镜和运用区域主义及安全范式，对北极治理的基本情境进行准确评估。

（一）北极区域治理的内涵解析

区域治理是全球治理思维转型的必然结果，也是描述北极治理的主体与机制从次区域、区域性向跨区域、全球性变迁的词汇。这个概念的内涵包括：它既是一种全球政治行为体参与北极治理事务的"过程"（Process），又是国际行为体通过这一过程，逐渐内化某项国际规范并调整外交策略、国内法律规范等实践。[②] 本书认为北极区域治理的核心特征包括：治理主体多样性（Diversity of Governance Prime Body）、治理机制韧性化（Governance Mechanism Toughness）、治理层级多重性（Governance Level Multiplicity）、治理平台多边性（Governance Platform Multilateralism）。治理主体多元化是指：为了实现最大化的北极公共利益，民族国

[①] Leiv Lunde, "The Nordic Embrace: Why the Nordic Countries Welcome Asia to the Arctic Table", *Asia Policy*, No.18, 2014.

[②] 俞正梁：《区域化、区域政治与区域治理》，《国际观察》2001年第6期。

家、政府间组织、非政府组织、原住民等利益攸关方都作为北极治理的主要行为体，通过谈判、协商等方式，对北极地区公共事务采取集体行动。治理机制韧性化是指：北极地区治理机制从无国家强制力保证实施的宣言、声明等"软法性"规范，逐渐向兼具约束性与操作灵活性的协定、公约等"韧性"机制演变的过程，其最终的演化方向，是形成国家强制力保证实施的国际法，即"硬法性"规范。治理层级多重性是指：由于北极对全球经济社会发展具有基础型作用，因此北极治理的层级结构分为全球级—区域级—次区域级。由于北极治理层级链较长，随着层级的向下延展，治理主体及相关规范也随之增多，治理的议题也更为复杂。治理平台多边性是指：北极治理平台由多个行为体组成的协调机制，通过多边互动与多层次交流来构建共同规范，以集体行动与国际合作来实现对北极的有序治理。① 由此可知，区域治理的概念，兼具工具性与学理性的内涵，在此将其定义为：北极区域治理是在全球化背景下，以具有跨区域、国际多边合作以及非国家中心主义为特征，以国际组织、国际法、国际伦理等全球制度性思维治理北极区域性事务的过程。

(二) 北极区域治理的历史渊源

北极的政治历史起源于斯堪的纳维亚半岛，俄罗斯和北美的早期社会。北极地区原住民的文化和生活方式之所以能够进行持续性的互动实践，大部分是基于贸易和移民，尤其是在欧洲北极圈以北地区，跨区域的文化与经贸交流随处可见。② 因纽特人 (Inuit)、萨米人 (Sami) 等原住民社区通过捕鱼、打猎及放牧驯鹿等传统生活方式，延续本民族的文化传统。

随着民族国家体系的建立，北极也被划归各国所有。国家的诞生，一方面通过设置国界割裂了原先相对松散但来去自由的原住民社区，使之更为小型化和孤立化。例如在北欧地区，国境的出现导致以驯鹿放牧为生的萨米人游牧部落不得不面对跨境放牧的问题。另一方面，北极国家的首都大多位于温暖的南方地区，决策者在南方首都制定的北极治理

---

① 叶江:《全球治理与中国的大国战略转型》，时事出版社 2010 年版，第 253—255 页。
② Lassi Heininen, Chris Southcott, *Globalization and the Circumpolar North*, Fairbanks: University of Alaska Press, 2010, p. 27.

政策目标和规章制度，不一定符合北极领土当地人的需求，从而使得南北经济社会发展不平衡，这成为北极国家普遍面临的国内治理困境，因此，俄罗斯、加拿大、挪威、丹麦等国的北极原住民地区，往往具有较高的自主权。[1] 直至冷战的爆发，北极地区才结束了这种准自治状况，使得北极国家从国家安全的角度，重新审视北极领土的战略价值，从而加强对北极事务的关注。需要指出的是，美苏两国虽然都将北极地区作为政治和军事对抗的前线，但并没有切断所有的联系，仍然继续北极环境保护和科学研究等特定活动，这些宝贵的国际合作经验奠定了当前泛北极科技合作框架的基础。事实上，随着越来越多的区域外国家对北极感兴趣，诞生了全球化背景下的"北极热"，主要关注点集中以下两个方面。

一是北极环境问题。早在19世纪末，关于北极环境保护和科学研究领域的国际合作就已经开始，其标志性的事件节点就是1881—1884年召开第一届国际极地年（the First International Polar Year）。1920年《斯瓦尔巴德条约》（Svalbard Treaty）规定42个签约国有权勘探和开发斯瓦尔巴德群岛的自然资源，并可在该岛上进行北极科学研究。[2] 如今，随着国际社会逐渐认识到极地科研的重要性，英国、法国、德国、中国、日本、韩国、印度、波兰等十多个非北极国家已经在斯瓦尔巴德群岛的新奥尔松（Ny-Alesund）建立了北极科考站。

世界各国对于北极的重新关注出现在20世纪80—90年代。随着北极生态环境不断恶化，北极原住民在国际政治领域的影响力不断提升，戈尔巴乔夫"摩尔曼斯克讲话"开启了东西方缓和的大门，[3] 大量北极地区国际组织和相关法规的出现等，都导致北极地缘政治结构出现了新的变

---

[1] Natalja Jegorova, "Regionalism and Globalization: The Case of the Arctic", *Arctic Yearbook*, 2013.

[2] D. H. Anderson, "The Status under International Law of the Maritime Areas around Svalbard", *Ocean Development & International Law*, Vol. 40, Issue 4, 2009.

[3] 1987年10月1日，戈尔巴乔夫巡视摩尔曼斯克时，发表"东西方应开展多边、双边合作，把北极变成和平之极"的"摩尔曼斯克讲话"，主要内容包括六个方面：北极无核化、减少北欧海域的军事活动、开展北极资源开发国际合作、开展北极科考国际合作、开展北极环保国际合作、开启北极航道，标志着美苏在北极地区的长期军事对峙状态发生重大转折，和平与发展逐渐取代战争与冲突成为北极治理的时代主流。

化。其中包括：1991年北极国家共同发起的"北极环境保护战略"（Arctic Environmental Protection Strategy），直接催生了五年后北极理事会（Arctic Council）的成立；1993年巴伦支欧洲—北极理事会（Barents Euro-Arctic Council）和巴伦支海区域委员会（Barents Regional Council）的成立；以及大量北极原住民跨国组织的产生，例如1990年成立的俄罗斯北方土著人协会（Russian Association of Indigenous Peoples of the North），1992年成立的萨米理事会（Sami Council），[①] 1997年成立的因纽特人北极圈理事会（Inuit Circumpolar Council），1999年成立的哥威迅国际理事会（Gwich'in Council International）。北极环境暖化带来的全球影响，使得国际社会对北极地区的关注日益增多。事实上，北极暖化除了加剧全球气候变暖的消极影响之外，还带来前所未有的战略机遇，针对北极地区的国际大博弈已经拉开了序幕。

二是北极航运问题。由于全球变暖的影响导致北冰洋的快速融化，这使得通过船舶进入北极的可行性进一步增加。全球平均气温的上升引发了一系列连锁反应，导致北极冰雪覆盖面积明显缩减，在2007年7月创下了自1979年有卫星观测记录以来的最低点，仅为417万平方千米；2017年7月的北极海冰平均面积则达到有记录以来的第五低。[②] 北冰洋一年生的薄冰逐渐取代了多年生薄冰，不仅更易融化，也更易被打碎。这延长了北冰洋的通航期，同时减少了对破冰船等特种船舶的需求，北极未来有可能拥有一个无冰之夏。

北极航运的经济愿景推动了全球海运格局的北移。通过两个北极航道，即穿越俄罗斯—挪威的东北航道（North-East Route）和穿越美国—加拿大的西北航道（North-West Route），可以比穿越苏伊士运河和巴拿马运河的传统航线缩短20%—30%的海运距离，[③] 这意味着能够用更短的运输时间、更低的运输成本，构建更快捷的亚欧美海运物流网。此外，北

[①] 萨米理事会的前身是1956年成立的北欧萨米理事会，在吸纳一些俄罗斯萨米人原住民团体之后于1992年改为现名。

[②] 2017年7月北极海冰面积为811万平方千米，为1979—2017年卫星记录的第五低（http://nsidc.org/arcticseaicenews/）。

[③] Heather A Conley, *A New Security Architecture for the Arctic: an American Perspective*, Washington D. C.: Rowman & Littlefield Publishers / Center for Strategic & International Studies, 2012, p. 24.

极冰雪融化，也将促进北极远洋捕捞和自然资源开发，这必将深刻影响世界渔业、能源、矿产供需格局。

北极气候暖化的全球性意义在于：一个海洋禁区在不足百年的时间里已变成一个洲际通航新海域，对于北极国家和北极圈以南的国家来说，北极无疑是一个战略新大陆。在当前全球自然资源稀缺和经济全球化深度发展的双重背景下，即使是那些在北极没有直接领土的国家也将会对北极感兴趣。非北极国家宣称北极是全人类的遗产，应保证所有国家在北极地区的平等和权利，而其中的一个选择将会是"冻结北极盆地中部的管辖权"和促进北极善治。获取北极理事会永久观察员身份，是亚洲和非北极欧盟国家护持北极利益诉求的重要保障，由此可见，北极治理不再有"局外人"。

（三）北极区域治理的理论更迭

美苏两极世界体系的崩溃、全球化的发展、国家间相互依赖共同催生了新区域主义（New Regionalism）国际关系理论。[①] 与建立在冷战期间的"旧区域主义"理论相比，新区域主义理论的研究重点是国际体系内部的变动。如表2—1所示，新区域主义理论与旧区域主义理论存在五个方面的差异，主要包括：全球秩序格局、主导方式、发展方向、组织化特征、参与方。[②]

表2—1　　　　　　　　新旧区域主义理论的差异

	旧区域主义	新区域主义
全球秩序格局	两极格局	多极化
主导方式	自上而下（强迫）	自下而上（自愿）
发展方向	内向（封闭）	外向（开放）
组织化特征	特定目标导向	多维化方式
参与方	国家	全球行为体

资料来源：笔者自制。

[①] S. Breslin, C. W. Huges, N. Phillips, B. Rosamond, Eds., *New Regionalisms in the Global Political Economy*, New York: Routledge, 2002, p. 38.

[②] Björn Hettne, "Globalization, Regionalization and Security: The Asian Experience", *The European Journal of Development Research*, Vol. 14, No. 1, 2002.

新区域主义理论的代表人物伯恩·特纳将"区域"（Regionness）定义为"一个特定地理范围内进行区域化（Regionalization）的多维结果"。①"区域"是一种"社会结构"（Social Constructions），源于全球化变革过程中人类行为体对政治与社会生活的创造与再创造，因此不存在天然的（Natural）或特定的（Given）区域。②

如何界定区域的边界是理解区域主义理论的关键。旧区域主义理论是建立在地缘政治和军事战略的基础上，过于强调区域的物质属性，因此将区域的范围界定为一群相互依存且彼此为邻的民族国家的领土。新区域主义理论则坚持区域具有"物质—功能"双重属性，物质区域为"空间集群的状态"，而功能区域是一个"地方性的和跨国经济的、环境的和文化进程相互作用"的结果。新区域主义理论更看重区域的社会化功能，例如经济发展、环境保护和文化交流等。③

"区域"的概念与全球化进程密切联系。在全球化各个发展阶段，国际行为体之间的内部整合与相互依存关系，也导致了区域的多样化发展。④ 弗雷德里克·索德鲍姆从全球化的多重视角出发，以区域内行为体的参与水平与制度化的差异，列出区域发展程度的五个级别。一是区域空间（Regional Space），即一种呈现孤立主义特征的前区域化地区（Pre-Regional Zone）；二是区域复合体（Regional Complex），即区域的萌发阶段，相关行为体围绕某一特定议题产生内聚力；三是区域社会（Regional Society），以多个行为体之间的多维互动为特征；四是区域共同体（Regional Community），即一种跨民族公民社会（Trans-national Civil Society）；五是区域国家（Region-State），即区域政治制度化发展的必然结果，最终

---

① Björn Hettne, "Theorizing the Rise of Regionness", *New Political Economy*, Vol. 5, No. 3, 2000.

② Björn Hettne, "Globalization, Regionalization and Security: The Asian Experience", *The European Journal of Development Research*, Vol. 14, No. 1, 2002.

③ Raimo Väyrynen, "Regionalism: Old and New", *International Studies Review*, Vol. 5, Issue 1, 2003.

④ S. Breslin, C. W. Huges, N. Phillips, B. Rosamond, eds., *New Regionalisms in the Global Political Economy*, New York: Routledge, 2002, p. 45.

形成一个政治实体。① 需要说明的是，这些区域化类别不构成一个连续的发展过程，彼此并不存在特定的先后顺序。

总而言之，新区域主义学者认为区域的产生并非是物质化的过程，而是人类社会实践的产物，用于满足经济、政治、文化等多重目的，由全球、地区、国家、当地等多个层面的力量共同作用而成。区域化的终极目标是"在一个特定的跨国地理空间内建立一个合作、集成、互补和融合的互动模式"。② 然而，任何一个地理单元都有各自的物质与人文特征，并非所有的地理单元都能实现一定程度的区域化，这取决于该地理单元受到全球化进程影响的程度高低。

以新区域主义理论为基础，可从物理方面和社会方面来界定北极区域的范围。北极区域化的物质基础，包括自然地理和地缘政治两个方面。从自然地理的视角来看，北极是指北纬66°33′（北极圈）以北的地理区域，这一区域一年中会有若干天的极昼和极夜现象，并且常年寒冷。这些气候和生态特点是研究北极地域性特征的基础条件。从地缘政治的视角来看，北极的地理区域由俄罗斯、加拿大、美国等八个国家组成，这些国家常被视为北极事务的代表。③

北极区域化的社会基础，则是北极原住民与北极国家的实践活动。北极理事会就是北极原住民制度性参与北极治理的最佳例证：任何北极原住民组织都能得到北极理事会永久参与方的身份，它们中的大部分代表了居住在某个北极国家的某类土著居民，例如俄罗斯的涅涅茨人；或者居住在多个北极国家的北极土著居民，如居住在加拿大、美国、格陵兰的因纽特人，居住在芬兰、瑞典、挪威的萨米人。对普通民众而言，北极常被认为是单纯的生态区域，然而，生态系统的变化往往取决于所在区域的社会化发展。由于北极原住民仍然受到所在国家的严格管理，

---

① Fredrik Söderbaum, *Introduction: Theories of New Regionalism*, London: Palgrave Macmillan, 2003, pp. 1 – 21.

② Björn Hettne, Fredrik Söderbaum, "Theorising the Rise of Regionness", *New Political Economy*, Vol. 5, No. 3, 2000.

③ 尽管这些国家中，例如丹麦王国、冰岛只有一部分（甚至很小一部分）领土和北极有实际连接或者位于北极圈以内，但仍然被认为是北极治理的主要参与者。迄今为止，在所有属于某个国家的北极地区不存在共同的身份（例如俄罗斯和加拿大的北极领土就由各自相应的行政区进行管理），并且也不存在专门针对北极圈以北地区事务的区域性机构。

因此，北极国家往往更能代表北极原住民在北极治理议程中发声。在这种情况下，由北极国家主导的北极区域过程，更多的是出于领土主权和国家安全等政治因素，而不是出于经济开发、环境保护或跨文化交流等因素。但不可否认，正是由于北极国家和北极原住民的共同实践，才奠定了北极区域化的社会基础。

表2—2根据弗雷德里克·索德鲍姆的五级区域化理论，罗列了北极的"区域化"等级。可以看出，北极成为一个存在不同区域化水平的混合体，呈现出复杂发展的过程。有些阶段的区域化已经完成了，有些刚开始起步，有些则仅仅符合部分的标准。

表2—2　　　　　　　　北极"区域化"发展程度

	基本特征	北极适用性
区域空间	有自然边界和相似生态的地理区域	靠近北冰洋；北极圈范围内环境和气候具有相似性
	孤立的人类社区	原住民部落生活方式的历史传统；基础设施差
区域复合体	民族国家对集体记忆的广泛认同；民族国家是主要行为体	强加的国家边界；北极理事会开始作为一个政府间协商平台
	初期的相互依存（安全复合体，相互依存及国家政权的稳定）；权力平衡至关重要	冷战时期北极的权力平衡（西方阵营对抗苏联阵营）；一个国家采取的措施将导致另一个阵营采取针对性措施
	经济的显著特征是国家利益至上、国家保护主义及不稳定性	北极的经济机遇一直严重不足
区域社会	各类国家之间的复杂多维的相互作用	由于全球化进程带来的经济互动；近几年北极合作活动增加；社会和文化相互影响持续增加
	"正式"区域，由一个区域组织的会员定义	北极理事会团结北极八国和非国家实体代表原住民，日益具有权威性
	民族国家成为更大的区域政治社会中的半独立部分	北极国家逐渐让渡部分主权权利给北极理事会

续表

	基本特征	北极适用性
区域共同体	地区发展身份和公民社会,决策制定的合法性与结构,自身成为一个行为体	这个过程正在进行,原住民的身份认同逐渐高于对所在国的认同,北极公民的角色变得更加明显
	暴力手段无法解决摩擦;区域机制确保稳定性和福利制度	相互依赖的关系和地缘环境的脆弱性,作为预防冲突,促进合作的重要因素
	小型地区在大型区域中茁壮成长;区域间的相互影响具有自愿性和多维性	社会和文化的联系更加强烈,有利于小型区域的基础设施发展
区域国家	一个有着多级治理结构、自愿组合的多民族和多文化的跨国社区	北极地区可能的未来图景

资料来源:由笔者根据弗雷德里克·索德鲍姆五级区域化理论与北极区域发展现状综合对比而成。

区域空间作为区域化进程的第一阶段,其特征之一就是要受到地理学意义上的环境约束。由于北极具有较为相似的气候与地理特征,因此"区域空间"的物质特征适用于北极。区域空间的另一个特征就是人类社区的孤立性,这在北极历史上也是真实存在。北极原住民大多是游牧民族,北极严酷的气候条件迫使他们常年逐水草而居。随着民族国家的出现与现代科技的进步,这些曾经自由迁移的人们面临着国家边境和工业化的挑战。不过,严酷的气候、艰苦的生活条件、匮乏的基础设施仍然是造成北极原住民生活水平低及孤立主义浓厚的主要原因,北极1260万平方千米的陆地面积,只居住着400多万的居民。[1]

区域复合体的核心特征是民族国家成为国际舞台的主要行为体,国家身份取代了民族身份,开启了国家间相互依存关系。邻国之间的交流与联系日益频繁,彼此间构建的跨国互动体系趋于稳定。然而,国家的内外实践是受现实主义利益观的驱使,而区域复合体的经济关系表现为国家内部强势地区对弱势地区的开发,例如北极国家富裕强盛的南部地区对北部领土的控制,以及国家之间的竞争,例如挪威与俄罗斯在巴伦

---

[1] N. Einarsson, J. N. Larsen, A. Nilsson, & Oran R. Young, Eds., *Arctic Human Development Report*, Akureyri: Stefansson Arctic Institute, 2004, p. 27.

支海的竞争，美国与加拿大在波弗特海的竞争等。民族国家的出现给那些曾经人口季节性无障碍迁移的地区划设了国境线。例如由挪威、瑞典和芬兰北部以及俄罗斯科拉半岛的一部分组成的萨普米（Sapmi）地区，曾经是北极萨米族原住民共同的土地，随着传统的"芬兰—斯堪的纳维亚国家"政治版图发生历史性改变，这个曾经完整的文化区域被俄、芬、挪、瑞四国边界线分割开来。相较而言，加拿大和俄罗斯通过设置自治区或地区等方式，维护本国各个北极原住民聚居区的文化完整性。然而，随着北极地区日益融入全球化的进程，北极原住民都面临着一个共同的挑战：他们在本地区、本国以及国际社会的存在感和话语权正逐渐弱化，所在国政府往往成为这些北极原住民权益的代表。

区域社会的概念包含了多个行为体在多层面的相互交流，区域性国际组织的出现弱化了民族国家的某些主权权利。例如1996年成立的北极理事会确保了原住民参与到北极治理决策过程中来，并逐渐成为北极地区最重要的多边协商平台。由于经济相互依赖、环境安全局势日益严峻以及全球化趋势的迅猛发展，现实主义理论不再是解释北极区域化发展的唯一国际关系理论。随着全球化的不断发展，所有的经济体都紧密结合在一起，一个国家行为的任何改变都会引起其他国家的剧烈反应，美俄两国的关系也从冷战时期的针锋相对，演变为战略性相互依赖，尽管彼此间仍存在激烈的竞争，但是一个完全对抗的时代已经结束了。此外，北极各国也投入了大量的精力来加强北极小型原住民社区建设，并开展了大型区域性合作。各国已经达成共识：在当前北极地缘政治经济格局下，采取和平与合作的方式，有助于获得更多的国家利益。

区域共同体代表了区域同一性程度的加深，是一个区域向政治行为体的转化过程。这个过程既包括跨国决策机制的长期有效，通过自愿展开的多维互动进一步推动区域化的发展，同时又抛弃了以军事手段解决矛盾的低效做法。尽管北极尚未达到成为一个跨国政治实体的阶段，但是合作框架内不同社会层级行为体的参与以及跨越边界合作项目的出现，必将向一个更具包容性的跨国治理结构发展，从这个层面来讲，北极当前的发展状况基本契合区域共同体的概念内涵。

区域国家是区域制度化的最高政治组织形式。北极和南极最大的差异在于：南极是个无主之地，而北极则被北极八国分而治之。因此，未来北极地区的治理将遵循求同存异、相互依存的原则。目前全球尚没有一个区域能达到区域制度化政治组织的阶段，即使是欧盟这样的民族国家联合体，其成员国也没有放弃国家主权。

因此，根据以上思辨我们可以得出如下结论：北极是一个区域，它不仅具有物理特征也具有社会功能特征，这是由它的天然边界以及社会文化的共同作用而成。北极也符合四个区域化等级特征：完全的区域空间、历史发展视角下的区域复合体、民族国家与北极原住民共同构建的区域社会、准区域共同体。由此可见，可以将北极作为一个相当发达的区域来分析，它由八个直接邻近北冰洋的国家组成（多半是它们最北的领土），这些国家有着相对牢固的社会和政治纽带，以及较为强烈的合作动机。

二　北极区域治理与全球化

区域主义理论范式的代际更迭，反映出国际关系理论从现实主义的国家中心论，向新自由主义的国际制度论和建构主义的社会实践论演变的总体趋势。相对于旧区域主义坚持的两极化、贸易保护主义、强权行为、单一目标组织形式、民族国家中心论，新区域主义的理论假设则基于多极化、经济相互依赖、自觉自愿行为、多维目标组织形式、全球行为体中心论，区域治理理念也从以国家权力为中心的刚性治理，转变成以社会发展为中心的柔性治理。[①] 可以说，正是全球化推动了人们观察全球事务的思维范式更新：从关注点相对单一的范式，创造出一个综合性的研究框架。

是什么引发"北极是规模较小的区域集合"向"北极是全球化的一部分"的观念转变？世界范围的经济相互依赖以及全球化进程为这个问题的解答指明了方向。北极的区域治理是一个兼具自然与人为的过程，从早期区域内部的相互作用非常少，到如今逐渐成为全球治理的实体组成部分，整个演进过程极为迅速且势头猛进。

全球化建立在区域化的基础之上，全球治理亦是以区域治理为基础。

---

① Väyrynen Raimo, "Regionalism: Old and New", *International Studies Review*, Vol. 5, No. 1, 2003.

随着国际社会对北极航运、经济、环境等议题的高度关注，越来越多的非北极国家深入参与北极治理，这本身就是全球化深入进行的明显标志。[①] 尽管一些北极国家在相当长一段时间里已经参与到北极环境治理等具体事务之中，但如今它们对北极治理的关注焦点，逐渐向北极经济开发等领域偏移。北极在相当长的一段时间里一直是一个孤立的地区，直到全球化浪潮推动北部冰原与南部经济发达地区进行缓慢融合，最终创造出一个更为广阔多元的北极。这种融合的趋势最终将北极与全球事务紧密相连，使其成为全球相互依赖体系中不可缺少的一部分。

北极地缘政治经济的南北融合，也潜移默化地影响着北极区域治理议程的变迁。随着人类活动的加剧，北极生态环境面临着石油泄漏等污染风险，北极原住民也面临生活方式强制改变所带来的潜在威胁。然而，经济与安全是紧紧交织在一起的，每个经济利益的背后，必然存在相应的安全风险。

对北极区域治理的认知，因所选择的理论工具而异。用现实主义、新自由主义等不同的国际关系理论框架来分析北极治理，相应的感知也会随之不同。此外，在不同国际行为体的治理实践中，北极将会扮演不同的角色。例如在北极理事会的框架内，北极八国坚持"北极是北极国家的北极"的"门罗主义"逻辑，认为北极国家是北极区域治理的主体；而北极理事会观察员则认为北极是全球共同拥有的"公域"，北极治理主体应包括全球性的行为体，尤其是非北极国家。因此，北极区域治理的重中之重，是厘清该地区复杂的身份属性、明确治理的基本理念。

总而言之，在全球化浪潮的冲击下，北极已经成为一个复杂的地缘政治经济实体。北极区域治理与全球治理在不同的议题领域既有重合又独具特色，在北极能够更好地感知和监控全球变暖带来的连锁影响。由于北极具有特定的气候和生态环境，包括国际海事组织在内的全球性治理主体，也需为参与北极区域治理设计一套因地制宜的规范体系，而北极能源开发也需要特定的能力保障、知识积累和标准设

---

① Keskitalo Carina, "International Region-Building: Development of the Arctic as an International Region", *Cooperation and Conflict*, Vol. 42, No. 2, 2007.

计。可以这样认为，推动北极区域治理全球化的力量，也能让世界其他地区日新月异。

第二节 国际规范体系视域下的北极治理规范演化

一 国际规范体系的内涵

现实主义国际关系理论认为民族国家是主要全球行为体，国际组织、跨国公司等非国家行为体的能动性极为有限。自由制度主义国际关系理论虽然关注国际规范等在国际社会中的作用，但在分析过程中侧重于行为体的理性考量、风险规避、利益权衡等工具性层面，对国际规范映射出的价值观重视不够。[①] 事实上，国际规范体系的成功运作与规范推广，需要符合当前世界主流价值观的时代脉搏，这是研究国际规范体系有效性的基础。

"体系"是由一系列相互关联的节点组成的组织结构，可以通过互惠、自愿、纵向和横向的沟通来实现对外扩展。[②] 国际体系不是无政府社会，而是由国家和非国家行为体组成的国际社会。"倡议"（Advocacy）是指"为了达成某些目标、规范，提倡进行相应的政策变革"。[③] 国际规范体系的有效性，表现在国家接受、内化由该国际规范体系推广的相关规范的过程。因此，本书认为国际规范体系是指：一些国际行为体为了推广特定议题领域的相关规范而自愿组建的跨国规范倡导组织，旨在推动该规范能在国际层面被正式制度化，并促使相关国家遵守并内化该规范。[④]

国际规范体系的基本内涵包括以下六个方面。第一，国际规范体系

[①] Margaret E. Keck, Kathryn Sikkink, *Activists beyond Borders: Advocacy Networks in International Politics*, New York: Cornell University Press, 1998, p. 8.

[②] Manuel Castells, *The Rise of the Network Society*, Oxford: Blackwell, 2000, pp. 501–502.

[③] Christopher M. Weible, Paul A. Sabatier, Kelly Mcqueen, "Themes and Variations: Taking Stock of the Advocacy Coalition Framework", *The Policy Studies Journal*, Vol. 37, No. 1, 2009.

[④] Jashua W. Busby, "Moral Movements and Foreign Policy", *Cambridge Studies in International Relations*, Vol. 116, No. 1, 2010.

通常以全球或区域国际组织为代表，国家是其主要成员，但在全球化背景下，国际规范体系的成员逐渐向多元化方向发展，包括科研机构、人民团体、跨国企业等。第二，国际规范体系的内在动力在于"观念推广"，其推广规范的过程，既要考虑政治收益问题，又要考虑规范所具有的价值观念能否被其他国际行为体所接受。第三，国际规范体系通过议题设置，象征性政治行为，对国家进行劝服、诱导、惩罚等方式来发挥影响力。① 第四，国际规范体系的影响力取决于以下因素：目标国的政体、议题设置的共鸣性、体系的成员数量、体系内部的沟通协调机制等。② 第五，"议题采纳"是国际规范体系建章立制的前提，"规范推广"是国际规范体系获得权威性与合法性的必然路径。③ 第六，国际规范体系之间具有层级性，并在全球与区域两个层面进行规范竞争与观念交流，国际规范体系的实力消长取决于规范推广的有效性与权威性。④

综上所述，透过国际规范体系的分析途径，可以说明国际规范与国际制度的形成脉络，以及国际组织在国际规范倡议和推广过程中的作用。以国际规范体系作为分析途径，能够有效支撑国际社会化理论的现实价值，完整解析北极治理规范体系与北极秩序构建当中的发展动态。

二 北极治理规范体系的理论溯源：国际社会化

事实上，北极区域治理的本质，其实就是国际社会化在北极地区的

---

① 国际行为体通过阶段性方式来影响国际规范体系的运行：一、议程设置；二、影响国际组织的话语立场；三、影响国际组织的决策程序；四、影响目标行为体；五、营造规范推广的国际舆论。参见 Martha Finnemore and Kathryn Sikkink, "International Norm Dynamics and Political Change", *International Organization*, Vol. 52, No. 4, 1998。

② Noha Shawki, "Organizational Structure and Strength and Transnational Campaign Outcomes: A Comparison of Two Transnational Advocacy Networks", *Global Networks*, Vol. 11, No. 1, 2011.

③ 国际规范体系在建章立制的过程中，会对内部成员的议题倡议进行选择性采纳。若议题被采纳，则有可能进入规范设计的环节，如果未被采纳，则仍然属于"问题"，不会得到其他成员的关注与资源投入。因此，在国际规范体系内部，也存在激烈的议题倡议竞争。参见 Paul A. Sabatier, "An Advocacy Coalition Framework of Policy Change and the Role of Policy-Oriented Learning Therein", *Policy Sciences*, Vol. 21, No. 2/3, 1988.

④ Valerie Sperling, Myra Marx Ferree and Barbara Risman, "Constructing Global Feminism: Transnational Advocacy Networks and Russian Women's Activism", *Signs*, Vol. 26, No. 4, 2001.

一种映射。因此，国际社会化理论不啻为解析北极区域治理与全球化互动关系的一把钥匙。在研究国家间集体行动的逻辑时，学界常常会选择一系列的案例进行佐证，其中包括国际组织、[1] 国家融合（欧盟）、[2] 国际科学合作、[3] 霸权国等，[4] 来阐释国家间的社会化过程、影响机制、运行效果，进而构建出国际社会化的理论框架。

　　学界对国际社会化的研究往往采取多维视角。由于存在研究主题的差异，因此在概念内涵上也有所不同，但都从国家与国际体系的双重视角进行研究，并且在概念界定中普遍嵌入"内化"（Internalization）一词。所谓"内化"，就是自愿遵守或施行，指国际行为体接受相关规范体系的价值观并将之落实在自身实践的过程。例如，卡伊·奥尔德森认为：国际社会化就是主权国家内化国际规范的过程，其中包括主流政治思潮的改变、国内外政治行为体的施压、立法等三种规范内化方式。[5] 弗兰克·施密尔冯尼认为：国际社会化是国家内化国际体系环境中的观念与实践的过程，只是国际社会化的主体以国家的精英集团为主。[6] 凯瑟琳·斯金克等认为：国际社会化是使国家改变行为并采用国际规范的一种机制安排，其目的是将规范体系的破坏者转变为规范体系的维护者与遵循者，他们特别指出：国际社会化的主体不仅仅包括民族国家，还包括日益活跃的非国家行为体。规范具有生命周期，包括出现（Emergency）、延展（Cascade）、内化（Internalization）三个阶段，国际社会化是延展阶

---

[1] David H. Bearce and Stacy Bondanella, "International Organizations, Socialization, and Member-State Interest Convergence", *International Organization*, Vol. 61, No. 4, 2007.

[2] Jeffrey Lewis, "The Janus Face of Brussels: Socialization and Everyday Decision Making in the European Union", *International Organization*, Vol. 59, No. 3, 2005.

[3] Martha Finnemore, "International Organizations as Teachers of Norms: The United Nations Educational, Scientific, and Cultural Organization and Science Policy", *Internaitonal Organization*, Vol. 47, No. 4, 1993.

[4] Kjell Hausken and Thomas Plumper, "Hegemonic Decline and International Leadership", *Politics Society*, Vol. 24, No. 3, 1996.

[5] Kai Alderson, "Making Sense of State Socialization", *Review of International Studies*, Vol. 27, Issue 3, 2001.

[6] Frank Schimmelfenning, "International Socialization in the New Europe: Rational Action in an Institutional Environment", *European Journal of International Relations*, Vol. 6, No. 1, 2000.

段的重要影响机制。①

在国际社会化的内生动因方面,有的学者认为这是非霸权国学习霸权国主导的国际规范的过程,进而巩固霸权国的制度性权力,同时扩充了霸权体系的成员国数目。持此学术观点的学者以约翰·伊肯伯里和查尔斯·库普乾为代表,他们认为霸权国通过道德劝服、利益诱导、内部构建三个机制,让非霸权国的精英人群愿意支持霸权国构建国际秩序,并且内化霸权国主导的国际规范以指导本国在相关领域的实践。②

将"国际社会化"的概念灵活运用于国际关系理论的学者,当属肯尼兹·华尔兹。在他的国际体系理论之中,国际社会化不过是国际体系结构用于限制和塑构国际行为体行动的一种方式,旨在让众多国际行为体,特别是国家遵循集体规范,使之行为具有相似性和可控性。③ 亚历山大·温特则将国际社会化视为一种身份认同的过程。在既有国际体系下,国家间进行互动的过程将制造新的身份认同与利益诉求,这不仅会影响国家的行为模式,还会潜移默化地改变国家的物质结构与观念结构。④

综合而言,国际社会化是全球治理研究的理论基础,其内涵至少包括三方面的内容。

首先,国际社会化研究的本质是"过程"研究,即研究目标国内化国际规范的过程,或者是研究某种国际机制促使目标国来内化国际规范的过程。这里的目标国的范围包括特定国家或国家集团,选择标准随研

---

① 斯金克等认为有三种机制可以推动规范的内化:一是工具性调适(Instrumental Adaptation)及战略议价(Strategy Bargaining);二是道德意识提升、交流互动与劝服;三是制度化与习惯化(Habitualization)。相关表述请参见 Martha Finnemore and Kathryn Sikkink, "International Norm Dynamics and Political Change", *International Organization*, Vol. 52, No. 4, 1998。

② G. John Ikenberry and Charles A. Kupchan, "Socialization and Hegemonic Power", *International Organization*, Vol. 44, No. 3, 1990。

③ Kenneth N. Waltz, *Theory of International Politics*, U.S., Long Grove: Waveland Press, 2010, p. 75.

④ 国际关系现实主义学派认为国际社会化只能改变国家的行为模式,而无法改变国家的物质结构,温特则持反对意见。相关论述请参见 Alexander Wendt, *Social Theory of International Politics*, Cambridge: Cambridge University Press, 2011, p. 101。

究主题而定。"内化"特指在国家群体或集团中的目标国内化同一种价值观、规范的过程。

其次,当国际规范产生之后,国家可采取两种路径来内化该规范:一是"习得型"路径,即在与国际体系或其他国家的互动过程中,通过"社会性学习"来内化国际规范,例如欧盟的内部整合过程。[1] 二是在外界物质性奖惩机制的威逼利诱下接受该规范,例如欧盟东扩对中东欧成员国所采取的"胡萝卜加大棒"策略。[2]

最后,目标国通过政治理性来权衡是否接纳或遵守国际规范。目标国的权衡基于对规范遵守的成本与收益评估,以追求本国利益最大化为前提。若接受国际规范的收益大于需付出的成本,则目标国内化该国际规范的可能性较大,反之亦然。此外,该国际规范是否具有"适当性"(Appropriateness)也是目标国决定是否接受的重要原因。[3] 需要指出的是,在对国际规范"适当性"的评估过程中,仍然以维护目标国既有的制度传统、符合本国利益为前提。[4] 目标国内化国际规范的结果,就是出台与该规范相符的国内法规。整体国际社会化的流程见图2—1。

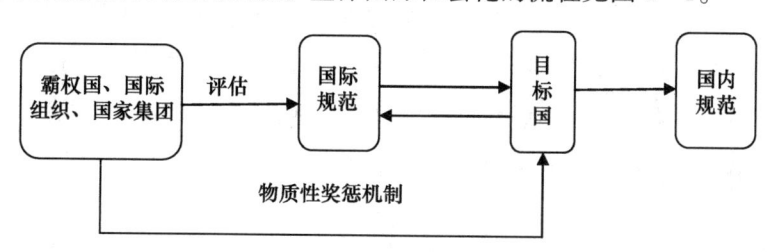

图2—1 国际社会化流程

资料来源:笔者自绘。

---

[1] Jeffrey T. Checkel, "Social Construction and Integration", *Journal of European Public Policy*, Vol. 6, No. 4, 1999.

[2] Frank Schimmelfenning, "Strategic Calculation and International Socialization: Membership Incentives, Party Constellations, and Sustained Compliance in Central and Eastern Europe", *International Organization*, Vol. 59, No. 4, 2005.

[3] James G. March and Johan P. Olsen, *Rediscovering Institutions: the Organizational Basis of Politics*, New York: Free Press, 1989, pp. 60–62.

[4] Judith Kelley, "International Actors on the Demestic Scene: Membership Conditionality and Socialization by International Institutions", *International Organization*, Vol. 58, No. 3, 2004.

然而，通过国际社会化的过程来解析全球治理的规范建构，尚存有一定的局限性。

首先，此种分析方法主要用于解释国际规范的推广过程与绩效，尤其是关注目标国如何内化国际规范。例如亚历山大·格修以北约为例，认为安全制度能够推动国际社会化，北约通过教导（Teaching）、说服（Persuasion）等社会化机制，推动了中东欧前社会主义国家接受并采纳西方民主、人权观念，并自觉进行西方民主化改造。[①] 亚历山大·沃科奇则以欧洲安全与合作组织（Organisation for Security and Cooperation in Europe）作为反例，剖析为什么该组织无法通过安全合作等途径，让中亚国家接受西方的人权与民主规范。[②] 然而这些研究，已经将"国际规范"作为既定事实，不将国际规范的起源作为研究重点。这种以结果为导向的研究思路，无疑忽略了国际规范的生成机制，特别是在国际规范的倡导、构建、传播等阶段，留下学术空白，导致了国际规范更像是独立于国际政治之外的应然之物。事实上，国际规范从生成到推广的过程，才是最具国际关系研究价值的议题，因为并非所有的议题都能形成相应的规范，也不是所有被构建的规范都能被推广到国际社会，且那些被成功推广的国际规范运行效果也并非形势一片大好。相反，国际规范被低效实施甚至退化的现象屡见不鲜。这就使得全球治理的规范研究，应该从规范推广效果向规范倡导逆向扩展，以填补国际规范生命周期的初始一环。

其次，在国际社会化与被社会化的行为体，尤其是在规范倡导主体方面，主要以国家为分析对象。虽然学界大多承认国家并非是国际社会化的唯一行为体，但关于非国家行为体在国际治理规范的影响力研究还稍显不足。虽然有学者开始将目光转移到超国家行为体上，但也大多局限在欧盟、联合国等大型的国家间组织，至于区域性国际组织甚至非政府组织的建章立制行为，往往鲜有涉及，即使有学者专注此类研究，也

---

① Alexandra Gheciu, "Security Institution as Agents of Socialization? NATO and the New Europe", *International Organization*, Vol. 59, No. 4, 2005.

② Alexander Warkotsch, "The OSCE as an Agent of Socialization? International Norm Dynamics and Political Change in Central Asia", *Europe-Asia Studies*, Vol. 59, No. 5, 2007.

长期处于边缘地位。①

最后，学者们往往把国际规范推广的研究重点放在"目标国规范内化的结果产出"阶段，以此作为国际社会化有效性的评判标准，并研析目标国内化国际规范的成败原因。这种研究偏好往往具有较强的功利性导向，难以解释下列问题：目标国内化国际规范的产出标准，是否又会反作用于国际体系，从而推动既有国际规范的重塑？虽然国际社会化学者承认国际规范与国际行为体之间存在相互建构、相互影响的关系，但很少有学者能深入解析国际规范的反向建构效用。例如在阿拉斯泰尔·伊恩·约翰斯顿的《社会国家：国际制度中的中国，1980—2000》(*Social States: China in International Institutions, 1980 - 2000*) 中，研究中国改革开放 20 年来，逐渐提高与国际安全制度的互动层次，从而将国际社会化的研究议题上升到"高级政治"领域。② 然而这种将建构主义与理性主义相结合的研究方法，并不能准确阐述为何中国在内化国际安全规范的过程中，仍然能够影响联合国等相关国际安全规范制定方的规范设计理念与决策机制。事实上，包括托马斯·里斯、史蒂芬·罗普等研究西方人权规范扩展的学者，也都认为国际社会化是个循序渐进的过程，但他们的研究往往以规范内化为终点，未能探讨国际行为体对国际规范的建构作用。③

概而言之，当前国际社会化分析途径及其成果，能带给本书宝贵的思路借鉴，然而本书的关注点是北极地区的规范生成与拓展过程，这无疑需要对国际社会化理论进行地缘覆盖范围的扩展，不仅需要将国际组织抬升到与国家同等重要的地位，还需考虑全球化与区域化之间的互动关系，唯有此才能完整阐述北极治理规范体系的动态演化过程。

---

① Emilian R. Kavalski, "The International Socialization the Balkans", *The Review of International Affairs*, Vol. 2, No. 4, 2003.

② Alastair Iain Johnston, *Social States: China in International Institutions, 1980 - 2000*, Princeton: Princeton University Press, 2008, p. 24.

③ Thomas Risse, Stephen C. Ropp, eds., *The Power of Human Rights: International Norms and Domestic Change*, Cambridge: Cambridge University Press, 1999, p. 25.

三 北极治理规范体系的议题选择：区域安全环境

（一）区域安全环境的国际关系理论解读

国际关系现实主义流派的权力论与利益论是旧区域主义的理论基础。"安全环境"（Security Environment）作为现实主义理论的重要特征，始终与民族国家、军事力量息息相关，最低限度的安全环境是不战不和的"消极安全"（Negative Security），最好的安全环境则是外来军事威胁的消失。[①] 随着国际关系的发展，"安全环境"的概念界限超出了国家生存、军事博弈等传统领域，逐渐延伸到社会变迁、经济发展、环境保护、文化传承等非传统安全领域。

新自由制度主义的核心概念——"全球相互依赖"，有助于我们进一步理解全球化背景下的"安全环境"新内涵。全球相互依赖是指：以全球行为体（国家或非国家行为体）之间相互影响为特征的情形。国际行为体之间的相互依赖关系，有可能成为解决彼此争端的资源。[②] 罗伯特·基欧汉与约瑟夫·奈承认现实主义和国家中心理论构成了对世界政治变革研究的有限基础，但同时也抨击"现实主义没有描述不同行为体之间复杂的多层互动模式"，[③] 不足以解释全球化时代国际体系的综合性。他们认为非政府行为体的跨国互动以及国际组织影响力的不断提升，促使全球化时代的世界政治范式，必然包含国家和非国家行为体之间的政治互动。然而，全球相互依赖关系并不会导致相关行为体主动走向合作模式或者减少冲突，恰恰相反，这种相互依赖关系往往具有不对称性。因此处于强势方的行为体，可能使用不对称相互依赖关系来从它们和其他行为体的互动中获得利益。

建构主义学派用"安全复合体"（Security Complex）的概念，阐述了个人与国家对安全环境的感知。安全复合体是指："因共同的安全关切而紧密相连的一组国家，因为地理相连且足够紧密，以至于这些国家无法

[①] McSweeney, B., *Security, Identity and Interests: Sociology of International Relations*, Cambridge: Cambridge University Press, 1999, p. 14.

[②] Robert Keohane, Joseph S. Nye, *Power and Interdependence*, York: Harper Collins, 1989, p. 25.

[③] Robert Keohane, Joseph S. Nye, *Transnational Relations and World Politics*, Cambridge: Harvard University Press, 1981, p. 386.

排他性考虑本国安全问题。"① 巴瑞·布赞认为：政治和军事作为国际安全的主导地位正在逐步削弱，社会安全、环境安全、经济安全的重要性日益提升。② 安全复合体的构建需要一定程度的集体性和多维的途径，其内在动因既包括政治、战略，也包括经济、历史、文化等。依照安全复合体理论，北极国家之间不仅具有共同的利益关切，而且存在自然人文环境的紧密联系，彼此间能够相互影响。③

（二）北极区域安全环境

根据新区域主义理论，区域是社会建构的产物，它可以根据行为体的需要被塑造和再塑造。目前已经有两种明确表达区域本质的方法：一是物理区域方法——假定区域是由关注地理和军事问题的民族国家组成；二是功能区域方法——主张区域边界可以穿过民族国家的边界，仅一小块国家领土即可作为区域组成部分，然而对于身份的关注则落到了经济、环境和文化上。区域化不可能只囿于同一地区，尽管区域化有五个逐渐强化的阶段，但是它们的形成没有特定的顺序。

现实主义理论的安全，是基于军事力量的统治地位和以国家为中心的方法；新自由主义理论的安全，则是基于跨国相互依赖以及国际行为体的多元性；建构主义理论的安全，包括三个层次（个体、国家、国际）和五个部分（政治、军事、经济、社会、环境），构建了一个近乎理想的框架来评估安全环境。尽管大多数国际关系学者将民族国家视为最主要的行为体，但安全复合体的概念逐渐向一个具体的区域概念过渡，这推动了区域安全环境的概念发展。"区域安全环境"是指一个区域内部及其周边的传统与非传统安全状况与态势，这个概念有助于理解北极治理规范设计的着力点。

---

① Barry Buzan, *People, States, and Fear: The National Security Problem in International Relations*, Brighton: Harvester Wheatsheaf, 1983, p.106.

② 罗伯特·基欧汉和约瑟夫·奈对此观点表示认同，他们认为在全球复合依赖的条件下，军事安全失去了国际安全领域的中心地位，各个安全议题上的权力分配问题变得更加重要。

③ 为了进一步理解安全问题的社会属性，巴瑞·布赞列举政治、军事、经济、社会、环境作为安全问题的五个部分，每一个部分"在与安全相关的问题中定义一个焦点，作为排列优先顺序的一种方法，但在强大的联系网络中所有的部分都交织在一起"。Barry Buzan, "New Patterns of Global Security in the Twenty-First Century", *International Affairs*, 1991, Vol.67, No.3, 1991.

构建安全复合体是优化区域安全环境的重要途径，但实现安全复合体的前提是获得区域内所有国家的同意。国际规范体系在北极治理过程中的议题倡议，也需要考虑其成员的认同或反对的问题。需要指出的是，安全复合体并不适用于解释国家间的冲突或合作，"实质上，国家间的友好和敌对模式往往限制在一些特殊的地理区域中"。[①]

因此，区域安全环境的概念可以适用于北极。北极地区的行为体并不仅限于北极国家，跨国组织（跨国石油公司、国际环保组织）及其他的实体（非北极国家）都有北极利益诉求。在北冰洋沿岸五国和冰岛、芬兰、瑞典的关系上，较为符合安全复合体的定义。但随着非北极国家参与北极治理，使得区域内部的安全平衡面临多变的挑战。我们可以借助巴瑞·布赞的安全事务五部分理论，来厘清北极区域内外国家看待北极安全环境的不同视角。

表2—3　　北极国家和非北极国家对北极安全环境的认知对比

	北极国家	非北极国家
军事安全	北极通航增大了本国北极领土的防务风险	没有直接威胁
政治安全	由于第三方的参与导致本国北极主权的稀释	不参与决策制定过程
社会安全	原住民失业率激增导致犯罪活动增加（贩毒、抢劫、非法移民）	没有直接威胁
经济安全	由于第三方参与北极经济开发，导致丧失经济机会	排斥在北极自然资源开采活动之外，限制使用跨北冰洋航线
环境安全	全球变暖引发北极加速融化，人类活动的加剧引发北极生态灾难	北极暖化导致区域气候异常、粮食和水资源短缺，海平面上升

资料来源：笔者自制。

如表2—3所示，北极国家认为北极军事、政治、社会、经济、环境

[①] Barry Buzan, *People, States, and Fear: The National Security Problem in International Relations*, Brighton: Harvester Wheatsheaf, 1983, p. 7. 王晓文：《中印在印度洋上的战略冲突与合作潜质——基于中美印"战略三角"格局的视角》，《世界经济与政治论坛》2017年第1期。

都存在安全威胁，倾向于构建北极复合式安全议题框架，而非北极国家则认为北极经济安全领域与北极环境安全领域存在威胁隐患，倾向于参与特定的安全议题框架。两者的交集在于北极环境安全与北极经济安全。因此，这两个安全治理议题领域，最易引起各类国际规范体系建章立制的兴趣。

四　北极区域安全治理的规范推广历程

要完整阐述国际规范体系的推广过程，分析框架必须兼顾四个方面：一是议题倡导过程；二是国家对国际规范的内化过程；三是国家内化后的政策产出对国际规范体系的影响；四是国际规范体系之间的互动关系。通常而言，国际规范的议题倡议方多为非国家行为体，它们是国际规范体系议题设置的重要来源。国际规范的践行者即治理行为体，包括国家和非国家行为体，议题倡议方亦是国际规范的践行者。国际规范体系围绕北极区域安全治理议题展开的规范推广过程，由四个阶段组成。

（一）议题设置与规范构建阶段

本阶段源于某类北极安全问题受到学术界和议题倡议方关注，从而开始收集论证材料、问题架构与规范设计等工作。一是"安全问题的发现"是一个累积性过程，学术界并不会根据北极特定现象的短时观察就将其上升到对人类有害的安全问题，而是依据多年来的持续研究与观察，甚至实践操作来论证所选问题的真伪。二是学术界认定的北极安全问题，需获得议题倡议方的广泛重视，此为安全问题能否转化为规范议题的出发点。三是议题倡议方进行"安全问题架构及界定"，然后将此北极安全议题纳入国际规范体系的议程安排，能否进入议程安排，是安全议题能否转化为具体国际规范的重要环节。[1] 四是议题倡议方与其他利益攸关方共同组成"规范倡议集团"，针对该议题发起广泛的倡议活动，进而推动国际规范体系出台涉及某类北极安全事务的国际规范，同时以该规范为基础，敦促国际规范体系成员国政府设立

---

[1] R. Charli Carpenter, "Setting the Advocacy Agenda: Theorizing Issue Emergence and Nonemergency in Transnational Advocacy Networks", *International Studies Quarterly*, Vol. 51, No. 1, 2007.

相关措施进行规范内化。

(二) 国际规范倡导与竞争阶段

在经过议题设置与规范构建阶段之后，关于北极安全环境议题的概念界定与现实威胁性都已得到国际规范体系成员的认同，接下来就是规范倡导与竞争阶段。

首先，由于北极安全问题的影响范围往往超越国界，因此国际规范体系在倡导与之相关的规范时，往往要求某些重视此安全议题的北极国家或利益攸关方除了制定国内立法之外，在各类国际场合也应积极提倡推广该规范的重要性。

其次，由于全球存在多个国际规范体系，因此，可能会产生多个国际规范体系围绕同一北极安全议题进行规范塑造。这就使得，各个国际规范体系在推广本体系的规范时，面临来自其他国际规范体系相似规范的竞争压力。一般而言，国际规范体系之间的规范竞争，既是具体规范传播权的竞争，又是规范体系权威性的竞争。从这个层面来讲，国际规范体系之间存在矛盾与冲突的权力关系，彼此之间激烈争夺北极安全议题的话语权与界定权。

最后，国际规范体系之间在进行规范竞争的同时，彼此之间也进行着沟通与互动，特别是当存在竞争关系的两个或多个国际规范体系拥有共同的成员国，且这些拥有双重或多重身份的国家是具有较强国际影响力的大国甚至是霸权国，则这些国家更倾向于促使国际规范体系之间进行沟通与协商，避免零和博弈。

(三) 反馈与调整阶段

反馈与再推广阶段是国际社会化理论相对较为薄弱的地方，然而若缺失该环节，则无法解释国际规范体系进行规范推广的影响力与可持续性。简而言之，国际规范体系之间在进行规范竞争的过程中，一方面会学习、借鉴竞争对手同类规范的优势之处，并对自有规范进行完善与调整；另一方面在国际规范体系内部也会有成员国或议题倡议方对该规范进行先期实践，从而形成"反馈"效果，这些反馈效果有时会与规范构建的初衷相背离。例如，北极经济安全规范的缺失、北极安全规范存在文化或国情的差异性、①扩大北极环境安全监控范畴的现实需求等。这些反馈信息也会被国际规范体系所采纳，作为规范修正的重要参考依据。

另外，国际规范体系的自我调整与成员国的实践经验，也会将北极安全规范扩散到该国际规范体系之外，吸引其他国际行为体自愿加入该国际规范体系，或是迫使存在竞争关系的国际规范体系也重新修改其规范竞争策略。②在这种动态调整的过程中，北极安全治理规范将更具可行性与权威性，影响力也会越来越大。

在该阶段，国际规范体系之间的竞争结果是出现一个权威性的规范，这个规范可能来自某一个国际规范体系，也可能来自国际规范体系之间进行多次互动、学习之后的规范融合。从全球善治的视角来看，国际规范体系之间的规范融合是大势所趋，其基本原则是"求同存异"，基本理念是"可持续发展"。

（四）规范推广阶段

受到国际组织的执行成效、国家对规范的内化、关键科学证据更新等因素的共同影响，③国际规范体系将进入"再反馈"阶段。再反馈包括正向反馈与负向反馈两种形式。

正向反馈是指实施效果良好、内化情况佳、获得科学论证支持等因素所产生的正面结果，使得国际规范体系能够通过推广该规范而获得自我强化的机遇，从而提升权威性、吸纳更多的新成员。负向反馈是指规范管制成效低下、国家的内化进程缓慢、受到科学论据驳斥等负面结果，

---

① 例如北极可持续发展或北极原住民传统文化传承等价值观，各国存在不同政策侧重。例如美国（阿拉斯加）、丹麦（格陵兰岛）以经济发展优先；加拿大北部地区以原住民文化传承、环境保护优先；俄罗斯以军事安全、环境安全优先；挪威则坚持环境保护、经济发展并重。另外，《全球禁止捕鲸公约》对身处北极远洋捕捞大国且具有捕鲸传统的挪威萨米人、加拿大因纽特人而言，则会产生文化和环境保护上的矛盾。

② 例如国际规范体系A进行了规范完善并展示出规范实践的积极成效，以及推动体系间交流与合作的善意，倘若其竞争对手——国际规范体系B仍然坚持零和博弈的竞争思路，且不愿进行规范调整，则国际规范体系A更易获得国际社会的认同，其推广的规范也更为国际社会所接受。最终迫使国际规范体系B考虑退出规范竞争或是进行规范融合与体系间对话，有助于减轻国际规范体系A的规范扩大压力。

③ 需要指出的是，科学家团体等非国家行为体会围绕特定治理议题进行持续研究、收集新的论证材料、争取话语权，他们甚至会塑造新的观点或议题，并将之纳入所在国政府的决策体系以及国际规范体系的规范建构过程，进而影响国际行为体对于此议题的立场与行动。

使得国际规范体系丧失权威性和吸引力，从而流失成员直至瓦解。需要说明的是，正向反馈的前提是所有影响因素必须全为良好，若有一个不为良好，则整体仍属于负向反馈。因此，某个规范出现正向反馈的结果，所需的条件极为严苛，但也意味着该规范具有较高的竞争力与可行性，预期国际推广效果较佳。反之，负向反馈存在相对负向反馈和绝对负向反馈两种可能性，相对负向结果尚存在修正的可能，若修正或完善工作较为合理，则具有一定的国际推广成效，而绝对负向反馈则意味着该规范不具有推广的可行性，预期国际推广效果极低。

在此，需要对"再反馈"阶段与"反馈与调整"阶段之间的差异进行必要的阐述。一方面，"反馈与调整"阶段着眼于国际规范体系之间的规范竞争，会对国际规范体系的权威性、成员数量、规范的国际认可度等方面的影响，其动力源来自内部成员的实践结果与外部的规范竞争环境。再反馈阶段则强调在此种影响下，国际规范体系的发展将面临何种变迁。另一方面，反馈与调整阶段旨在说明在全球治理背景下，国际行为体对国际规范体系及其倡导的具体规范的认知差异，旨在通过调整与完善提升规范的竞争力，本质上是国际规范体系维护具体规范的生存问题。再反馈阶段则关注国际规范体系本身是否具有可持续性。换句话说，再反馈阶段的基本假设是：即使在国际规范竞争中胜出的规范，也不必然被国际社会所接纳，仍然需要在国际规范体系内部进行再次修正和完善，以提升其可实施性。本质上是国际规范体系借助完善具体规范的契机，进行自我强化与发展的问题。

综上所述，在经历了国际规范竞争之后，"再反馈"阶段是胜出的国际规范体系进行自我完善，做好规范推广准备的必经环节，其终极目标就是确保该规范在国际推广过程中的有效性。国际规范体系在经历再反馈阶段之后，可能会出现三种结果。一是依据正向反馈结果的"强化"。当出现正向反馈结果，则意味着该规范具有较强的推广可行性。强化正向反馈的良好因素，吸纳原先对该规范持观望甚至反对态度的国际行为体，依靠成员国的数量与规模优势，拓展该规范的推广范围，增强国际规范体系的国际权威性。二是依据相对负向反馈结果的"修正"。依据负向反馈的相关信息，保留既有规范的核心目标，对规范内容进行必要的修正和完善，进入新一轮的国际规范推广历程。三是依据绝对负向反馈结果的"放弃"。绝对负向反馈结果,意味着该规范的推广难以被国际行为体广泛遵守,该规范从核心目标到具体内容都需要重新建构,在修正成本与预期成效存在悬殊对比的情况下,国际规范体系会选择放弃推广该规范,以避免因强行推广而损害自身的权威性与凝聚力。

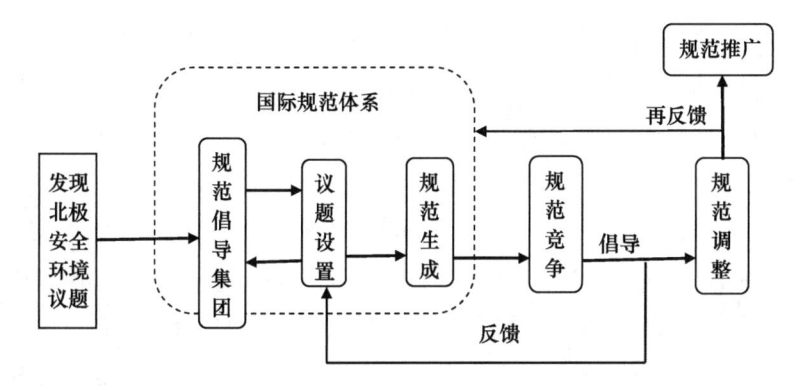

图2—2 北极区域安全治理的规范推广历程

资料来源:笔者自绘。

第三节 国际权力博弈视域下的北极治理规范演化

一 权力的概念与类型

"权力"(Power)是国际关系研究的重要概念,但其内涵仍存在不同视角下的解读。从行为科学的视角来看,"权力"是一种能迫使他人去做本不愿意的事的"能力"(Ability)。[1] 现实主义的学者认为:"权力"是一种对领土、人口、军队、矿产、经济等有形资源的控制力(Control Force)。[2] 新自由制度主义的学者认为:"权力"就是通过"责令改变"(Commanding Change)、"议程控制"(Agendas Control)、"偏好构建"(Establishing Preference)等方式,改变他人行为以获得所期望的结果的能

---

[1] Robert A. Dahl, "The Concept of Power", *Behavioral Science*, Vol. 2, No. 3, 1957.

[2] Klaus Knorr, *The Power of Nations: the Political Economy of International Relations*, New York: Basic Books, 1976, p. 454.

力。① 因此"权力"是个综合性概念，不仅包括有形资源，还包括无形资源，并存在硬实力（Hard Power）与软实力（Soft Power）之分，② 并指出当代各国决策者都采取"软硬结合"的巧实力（Smart Power）来实现战略目标。

尽管国际关系学界关于"权力"的内涵解读见仁见智，但都承认一个共同的预设条件：从全球政治的视角来看，权力散布于国际社会关系之中，权力是行为体独立自主、影响其他行为体的产物。③ 正如迈克尔·巴纳特和雷蒙德·杜瓦尔所言，学界对"权力"的研究，始终围绕两个核心问题展开。一是权力如何展示？二是权力如何运作？④ 前者可分为"互动"（Interaction）与"构造"（Constitution）两个途径，"互动"是指权力存在于行为体之间的互动关系之中，通过施加权力，可以控制或塑造其他行为体的行为。"构造"是指权力运作需要通过社会关系，由于行为体中此社会关系中的位置存在优劣之分，这决定了它们在能力与利益上的差异。⑤ 后者可分为"直接"（Direct）或"间接"（Indirect）两类。"直接"是指权力可以通过行为体之间明显的因果性联系来施加影响，"间接"是指权力可以在行为体之间没有直接联系或社会距离的情况下来施加影响，例如通过建章立制来影响行为体。⑥ 迈克尔·巴纳特等据此将权力的类型划分为强制型权力（Compulsory Power）、制度型权力（Institutional Power）、结构型权力（Structural Power）、产出型权力（Productive Power），如图2—3所示。

---

① Joseph S. Nye, *The Future of Power*, New York: Public Affairs, 2011, pp. 11 – 18.
② 关于"软实力"的文献请参见 Joseph S. Nye, "The Changing Nature of World Power", *Political Science Quarterly*, Issue 80, 1990; Joseph S. Nye, "Soft Power", *Foreign Policy*, Issue 80, 1990. 关于"巧实力"的文献请参见 Suzanne Nossel, "Smart Power", *Foreign Affairs*, Vol. 83, No. 2, 2004; Ernest J. Wilson, "Hard Power, Soft Power, Smart Power", *The Annals of the American Academy of Political and Social Science*, Vol. 616, 2008.
③ Michael Barnett, Raymond Duvall, eds., *Power in Global Governance*, New York: Cambridge University Press, 2005, p. 25.
④ Michael Barnett, Raymond Duvall, "Power in International Politics", *International Organization*, Vol. 59, No. 1, 2005.
⑤ Michael Barnett, Raymond Duvall, eds., *Power in Global Governance*, New York: Cambridge University Press, 2005, pp. 9 – 10.
⑥ Ibid., pp. 11 – 12.

	直接关系	间接关系
特定行为体的互动	强制型权力 (Compulsory Power)	制度型权力 (Institution Power)
社会关系的建构	结构型权力 (Structural Power)	产出型权力 (Productive Power)

图 2—3　迈克尔·巴纳特和雷蒙德·杜瓦尔划分的权力类型

资料来源：Michael Barnett, Raymond Duvall, "Power in International Politics", *International Organization*, Vol. 59, No. 1, 2005, p. 48。

强制型权力是指能够直接控制其他行为体的权力，是一种对过程或结果的控制能力。罗伯特·达尔认为：强制型权力具有三大基本特征：一是意图性（Intentionality），行为体 A 要求行为体 B 修正某些行为时，若行为体 B 修正的方向符合行为体 A 的期望，则两者之间存在权力关系，即"有意图"的影响才能被视为权力的展现。二是冲突性，行为体 A 与行为体 B 之间的期望是具有冲突性的，行为体 B 不一定愿意按照行为体 A 的期望去调整或修正自己的行为体。三是依托性，行为体 A 依托物质资源，能让行为体 B 按照自己期望来修正行为。[①] 对此，巴纳特和杜瓦尔则补充了两点：（1）行为体 A 在运用强制型权力时，其依托的资源同时包括物质型资源与规范型资源，例如国际组织也具有强制型权力。（2）应从"接受方"而非"施加方"来研究强制型权力。彼得·巴切西和莫顿·巴罗兹认为可以从"非意图"（Unintentionality）层面界定权力，即行为体 B 改变自身行为的原因不一定是源于行为体 A "有意图"的影响。事实上，行为体 A "非意图"，即无意间的行为也可以视为权力的来源。[②]

制度型权力是指通过正式或非正式的制度来影响行为体。例如行为体 A 通过设置规则和程序来构建制度，以引导或限制行为体 B 的行动时，

[①] Robert A. Dahl, *Who Governs? Democracy and Power in an American City?* New Haven: Yale University Press, 2005, pp. 122 – 148.

[②] 针对将"非意图"层面纳入权力界定，彼得·巴切西等进行了深入阐述，相关资料可参见 Peter Bachrach, Morton Baratz, "The Faces of Power", *American Political Science Review*, Vol. 56, No. 4, 1962; Peter Bachrach, Morton Baratz, "Decisions and Nondecisions: An Analytical Framework", *American Political Science Review*, Vol. 57, No. 3, 1963。

即拥有了制度型权力。制度型权力的特征是"间接性"与"长效性"。"间接性"是指制度型权力的施展需要通过制度性协议来运作,而非直接作用于其他行为体。"长效性"是指在某一时间点设置的制度,能够影响该时间点之后的行为体。① 需要指出的是,行为体若要获取制度型权力,就必须具备相应的构建制度的资源保障,这就使得在行为体之间存在资源掌控能力差异的现实中,并非所有的行为体都有能力获得制度型权力,而往往只有霸权国、大国才有可能获得制度型权力。

结构型权力是指行为体根据结构中的位置来界定自身的社会能力与利益诉求。结构是指行为体之间存在着由文化、认知、价值观或知识体系构建出来的不对等关系。结构型权力关注的是行为体之间相互建构(Co-constitutive)与结构位置的内在联系,因为"结构限定行为体的类型"。② 换言之,行为体 A 在结构中的位置,是以行为体 B 已经拥有了结构性位置为前提,行为体 B 会因承认行为体 A 拥有相对于自身的优势地位而服从行为体 A 的要求或指示,这种典型的关系包括联盟体系中的盟主与盟友关系等。需要说明的是,结构一旦存在,即使行为体 A 未通过运用结构型权力来要求行为体 B 改变行为,行为体 B 也可能因为结构因素而作出改变。③ 结构会分配给各个位置的行为体相应的利益诉求与社会能力,这就使得各个行为体愿意接受结构或"秩序",且并不认为自身处于被管辖或被统治的地位。

产出型权力是指通过社会关系网络、认知、理解、规范、知识等事务,来构建行为体的行动,这些事务的产出,可以因特定行为体而发生改变,从而影响其他行为体的行动。产出型权力的实施并非通过特定的行为体,而是当行为体们进行社会实践时才会产生权力影响,强调行为体的能力经由社会过程而产生。产出型权力认为话语构建和知识结构体

---

① Michael Barnett, Raymond Duvall, eds., *Power in Global Governance*, New York: Cambridge University Press, 2005, pp. 15 – 17.
② 赵长峰:《国际政治中的新权力观》,《社会主义研究》2007 年第 2 期。
③ 结构位置不必然带来相应的社会权力,不同位置具有不同的优势。分配不对称特权的结构也影响行为体的利益认知。Michael Barnett, Raymond Duvall, eds., *Power in Global Governance*, New York: Cambridge University Press, 2005, pp. 18 – 20.

系，能够推动行为体的扩散性实践转变为各种社会权力。[①] 产出型权力的经典代表包括"文明国家""西方国家""无赖国家""邪恶轴心"等国际政治话语。

如上所述，在全球化时代，国际关系学界对权力的认知正逐渐向多元化方向发展，并从更为广阔的学术视角来探讨权力的内涵。由于每个国际组织所拥有的权力类型各不相同，且国际组织所代表的国际规范体系，亦存在强弱之分，因此，迈克尔·巴纳特和雷蒙德·杜瓦尔划分的这四类权力，适用于国际组织参与北极治理的学理与实践研究，有助于分析不同的国际组织，是通过何种权力来进行规范竞争与推广。

二 国际行为体施展权力的条件

国际行为体通常依据以下三个步骤来进行权力的施展。

一是背景环境评估。国际行为体在进行建章立制或决策之前，会对所处的背景环境进行评估，背景环境包括社会、经济、军事、政治情况，以及与决策议题相关的信息等，并依据自身所拥有的权力类型来进行政策构建。

二是设置政策目标。行为体一旦采纳某项决策之后，就会作出相应的行动规划，并运用所拥有的权力去实现目标。

三是再评估与行为修正。行为体中实施政策目标的过程中，会重新评估权力实施环境，修正权力投放规模，进而作出新的决策目标，采取新的行动。

如图2—4所示，行为体的决策过程是往复型进行的，并依据行动结果而不断调整权力的种类选择与投放规模，并在政策实施过程中，适时调整行为。

那么，如何判断特定行为体是否拥有某类权力呢？这可从权力的施加方与接受方两个事件来分析。

第一，如果施加方无法改变接受方的行为，则两者间不存在权力关

[①] 产出型权力与结构型权力的差别在于：产出型权力所承继的社会过程更为广泛，透过广泛的社会实践和知识谱系来构建行为体主体，关注所有行为体（弱势行为体和强势行为体）的认同界限及其能力倾向；而结构型权力则通过直接的结构关系发生作用，具有等级性和支配性。

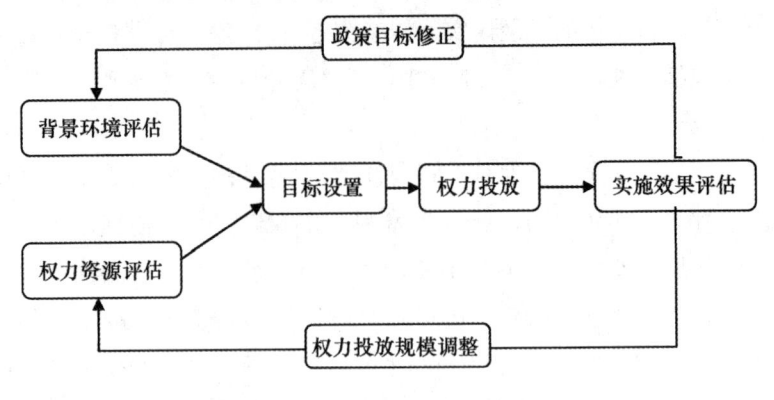

图 2—4　行为体往复式决策流程

资料来源：笔者自绘。

系；如果接受方的行为发生了改变，则两者间存在权力关系。第二，在这种权力关系中，权力施加方还必须具备相应的条件。

理论上而言，每个行为体都能拥有和实施上述四种权力。但在现实情况下，每个行为体所能采取的权力类型与投放规模，会因政策实施背景和权力资源而存在差异性，难以同时、同等规模地实施这四种权力。坦白说，行为体要实施这四种权力需满足相应的条件，否则难以借此权力来实现政策目标。以下我们围绕北极治理的议题，来探讨国际行为体实施这些权力需要哪些必备条件。

强制型权力需要的条件：施加方需要拥有充足的物质资源或象征地位（两者有其一即可，同时具备则权势更盛），并利用它们来影响接受方。物质资源包括经济资源、军事资源、人力资源等。象征地位包括利用被广泛信赖的道德地位来影响他者，具体途径有正向或反向两种。正向途径包括公开赞扬对方，或准许其加入北极治理体系，但需要听从施加方的意见。反向途径包括妖魔化或丑化对方的公共形象，否认对方有资格参与北极治理体系等。

制度型权力需要的条件：必须有一套正式或非正式的制度，权力施加方不仅能够控制议程设置、制定规则、主导政策的产出，而且要通过该制度来影响权力接受方。以制度型权力的实施场域为支撑，可从国际规范体系内外两个层面进行分析。在国际规范体系内部，施加方通过议题设置、议事规则、表决程序等制度环节来影响接受方。在国际规范体系外部，该规范体系制定的所有国际法律文件，都是施加方用于影响接受方的媒介。

结构型权力需要的条件：该权力施加方在结构中必须具备相对于接受方的优势位置，并透过此位置来迫使对方做出退让或妥协。但在结构型权力的施受双方的互动中，施加方并未通过有形的物质资源来施加影响。例如，具备高度专业知识的科学家团体，他们提出的北极治理的观点及其支撑依据，被广泛认为具有较高的可信度。换言之，这些作为权力施加方的科学家团体，在特定议题的论述结构中，具有明显的优势地位，当他们向作为权力接受方的民众提出自己的观点，或者是将这些观点上升为类似于国际海事组织、北极理事会工作组等专门结构的政策文件时，接受方会因其在结构中的弱势地位，而选择听从科学家的建议，至此，施加方即成功拥有了结构型权力。

产出型权力需要的条件：权力的施加方不但要有能力构建并推广规范或知识体系，同时也要确保这些规范和知识体系能够被权力的接受方所接受。如果一个行为体构建的规范无法成功推广，或是推广的规范得不到广泛的信任与接受，则该行为体不具备产出型权力。例如某个国际环保组织公布俄罗斯在巴伦支海油气开采造成的环境污染研究报告，希望借此知识产出让挪威政府重视北冰洋深水油气开发的环保问题。如果挪威政府在其后制定了更为严格的北冰洋海上油气勘探环保标准，则该国际环保组织具备了产出型权力。

第四节　要素互动基础上的北极治理规范演化解析

"北极区域治理""国际规范体系""权力"等分析途径与北极治理存在何种联系？要回答这一问题，需掌握北极治理的基本要素，并据此分析上述途径能否契合北极治理的本质。

虽然治理规范的演化路径，是北极治理研究中相对薄弱的环节，但这并不表示该领域缺乏具有操作性的理论元素。"北极区域治理"是"全球化"的必然产物，因此北极善治与全球秩序存在相互影响的关系。"北极区域治理"具有较强的"意向性"（Intentionality），旨在构建北极秩序而采取的正式或非正式制度安排。① 全球秩序是一系列信念体系、共享理念、认知模式的设置与安排，是各个层次治理实践的前提条件。简而言之，以区域治理为标志的当代全球秩序构建，是观念、制度、行为互动的结果。②

由于区域治理与区域秩序是一体两面的关系，一旦区域治理的基本观念，例如国际磋商、平等协商、跨领域合作等能被广为接受的话，就能够塑造出区域秩序的基本构架。此外，国际规范体系之间的合作、竞争、冲突，是决定全球或区域治理成效的核心因素。如果国际规范体系之间不进行协调或合作，则无法达成治理规范的有效推广，从而迟滞区域秩序的构建进程。因此，由各级国际规范体系倡导的国际规范，奠定了全球治理的制度基础，这些规范能够约束国际行为体的行为，降低国际交往过程中的不确定性。然而，仅凭观念与制度，不足以解释治理体系的成长或瓦解过程，还需要重视国际行为体是否具有足够的权力资源来倡导治理的观念与规范。可以说，权力是区域治理体系得以成型的重要保障。

表 2—4　　　　　　　　分析途径与北极治理

分析途径	北极区域治理		国际规范体系	
北极治理的基本要素	观念	行为	制度	权力
内涵	与北极治理目标相关的理念或价值观	区域治理的行为体彼此间的合作与沟通	用于约束行为体行为、降低不确定性的各种规范或机制	影响力或支配力，用于推广治理规范，并被其他行为体所接纳

资料来源：笔者自制。

如表 2—4 所示，观念、行为、制度、权力是支撑北极治理概念的关

---

① James N. Rosenau, Ernst-Otto Czempiel, *Governance without Government: Order and Change in World Politics*, New York: Cambridge University Press, 1992, p. 8.

② Robert W. Cox, *Approaches to World Order*, Cambridge: Cambridge University Press, 1996, p. 142.

键要素，本书所采取的分析途径与这四个要素之间存在密切的联系。"北极区域治理"涉及观念、行为，而"国际规范体系"则与制度、权力有关。国际制度与价值观是通过"国际社会化"来影响国家行为，北极治理的观念与制度是通过"国际规范体系"进行倡导和推广，国际规范体系及其主要成员通过各类"权力"来促使其他行为体接纳治理规范。

要厘清这些分析路径与本书研究主题之间存在的联系，就需要从以下三个方面培育问题意识。国际规范如何影响国家？谁是北极治理规范的倡议与推广主体？国际规范体系之间的权力互动情况如何？

本书选取的三个分析途径有助于回答上述问题。

首先，"国际社会化"分析途径能够阐释"国际规范如何影响国家的行为"这个问题，具体过程包括：国际规范通过社会化的"影响机制"，使得目标国内化这些规范，并产出相应的国内政策。但该分析途径未厘清国际规范从倡导到推广的整个生命周期，以及国际组织等非国家行为体在规范塑造方面的重要影响与贡献，因此需要其他两个分析途径进行补充说明。

其次，"国际规范体系"分析途径解释了以国际组织为代表的国际规范体系如何塑造或推广某项规范，以及通过何种途径使得该规范在国际国内两个层面被制度化。指出国际规范体系是全球与区域秩序建构的核心行为体，是具体国际规范的"母体"，但没有进一步阐述不同国际规范体系之间的竞争状况。

最后，"权力"分析途径能够指出国际规范体系凭借何种权力来实现规范推广，并最终指出：在全球治理的背景下，国际规范体系所具有的权力，更多表现为权威性。[①] 认可某个国际规范体系的国际行为体越多，其推广的具体规范就越容易被国际社会所接纳，该规范体系的权威性也随之提升，进而又有助于推动新的规范在全球或区域的推广。因此，国际规范体系之间的竞争本质，是围绕"权威性"展开的博弈。

需要说明的是，在后续章节的论述过程中，并不是逐一讨论这三种分析途径在北极地区国际组织建章立制中所发挥的作用，而是以这些分析途径的论点作为思维基础，进而建立分析框架，以阐述国际组织在北

[①] 于宏源：《权威演进与"命运共同体"的话语建设》，《社会科学》2017年第7期。

极治理规范体系构建中的作用与影响。本书之所以不单独采用"观念""行为""规范"等视角来阐述国际组织参与北极秩序的构建，是由于其论点相对片面，难以形成有效的论证体系。

第三章

国际组织与北极治理的规范供给

偏重于国际规范的需求分析,是学术界研究全球治理建章立制进程的重要特征,其理论假设可概述为:国际规范变迁源于国际规范供给,国际规范供给取决于国际社会对国际规范创新的需求,这种需求则源于规范变革的预期收益高于预期成本。按照该理论假设的逻辑,似乎可以作出如下延伸:若国际社会对新规范存有需求,规范供给不仅成为必然,而且具有广泛的选择性。然而,当前北极区域治理存在由多个权力中心(尤其是各级国际组织)决定国际规范安排的基本框架,并遵循自下而上的规范变迁原则。因此,上述理论推导难以客观阐述北极治理的基本事实。北极治理必然对相应议题领域的国际规范产生需求,但从全球治理的大背景来看,取决于这些权力中心在当前北极治理格局中进行规范供给的意愿与能力,从这个视角来看,研究国际组织与北极治理规范供给的内在联系,更具理论与现实意义。

第一节 国际组织的主体性与北极治理的规范供给

一 全球治理语境下国际规范供给的理论内核塑造

全球治理的本质是推广一套具有约束力的国际规范以应对人类社会发展所面临的全球性政治、经济、安全挑战,国际规范供给是国际社会有序化运转的基础。[1] 国际规范供给是指为了规范国家行为而提供的各类

---

[1] 俞可平:《全球治理的趋势及中国的战略选择》,《国外理论动态》2012 年第 10 期。

议题领域的国际规范。国际规范常被看作"公共产品",要理解国际规范供给的理论内核,就必须明确为何全球治理选择"规范"而非"权力"来作为替代"主权治理"的途径。

自威斯特伐利亚体系建立以来,民族国家是国际社会最为重要的行为体,并兼具治理单元的身份,由于"国家主权"神圣不可侵犯,因此全球治理的主导性力量是民族国家主权治理的有机整合。[①] 然而,主权治理存在明显的局限性与暴力性,这体现在两个方面。一方面,民族国家的主权治理范围局限在本国国土之内,本质上属于自助型治理,一国政府无力也不愿参与跨境治理事务。这种具有明显利己主义色彩的治理理念,极易导致以邻为壑的孤立主义。由于国家存在治理能力与治理意愿的差异,这就造成国际社会的治理成效良莠不齐,治理成效良好的极少数发达国家,成为"漂浮"在绝大多数治理成效低下的发展中国家汪洋中的"榜样孤岛",这种失衡的治理结构难以应对众多全球性治理议题。另一方面,主权原则从理论层面确定了国家之间是平等关系,任何国家无权干涉他国内政。然而,在国际关系的实践过程中,国家主权的维护依赖于强有力的国家政府与国家实力。在无政府状态下,国家实力差异导致主权维护能力的差异,国家的自私性决定了它会使用权力胁迫或压服来维护本国利益。[②] 因此,主权治理不可避免地会存在暴力性。总之,主权治理选择的是一种以权力为基础的区域分割治理模式,遵循的是一种由国内规范外化为国际规范的演进路径。

在应对全球性安全挑战的过程中,全球治理凸显了协调国家利益与国际公共利益的时代价值。国家的私利行为可能导致国际社会公共利益的损毁。随着国家间复合式相互依赖日益加深,摒弃权力政治的丛林法则,通过谈判与合作而非对抗与压服来应对全球性安全问题,必然推动全球治理的思路转型。概言之,全球治理的基本理念是"合作治理",实现途径是"规范约束"。前者颠覆了主权治理的"孤立治理"理念,后者

---

① 全球治理的要义之一是行为体的多元化,除了国家行为体还包括非国家行为体。由于篇幅所限,在此不赘述非国家行为体在全球治理中的作用,但作者高度认同非国家行为体在全球治理进程中的重要地位。

② 谭珊珊:《国际组织:从主权治理模式走向世界政府的中途站?》,《经营管理者》2011年第17期。

落实了规范能够塑造国家行为。由此可见,全球治理是由多个治理主体参与的共济型治理模式,全球治理的有效性不仅需要国家间存在共有危机感知与合作期望,还依赖于良好的规范设计与规范供给。① 全球治理选择的是一种以规范为基础的区域整合治理模式,遵循的是一种由国际规范内化为国家规范的演进路径。

由此可见,国际规范供给的理论内核脱胎于全球治理的实践需要,可以概述为"理念机制化"。所谓理念机制化是指在规范设计与推广的过程中融入全球治理的"合作共济"理念,依靠国际规范的可持续供给与更新,来促使国家内化该理念,从而构建善治型的国际社会。国际规范供给的基本理论假设是国家都具有理性,能够在既有约束条件中追求国家利益最大化,这里所说的约束条件就是各国共同认可和遵循的国际规范,即国家间的契约关系。国际规范供给之所以重要,是因为国际规范能够为国家间的互动提供一个框架,减少因不确定性带来的互动成本,从而确立无政府状态下的国际秩序。"制度是一系列被制定出来的规则、遵约程序和行为规范,旨在实现主体的利益最大化。"②

国际规范供给是为了约束国家行为来建立有序的国际社会,进而凝聚力量以应对全球性挑战。然而,国际规范的约束力存在明显差异。有的国际规范对整个国际社会都具有约束力,有的则局限在特定实施环境或特定议题领域;有的国际规范较易更新,有的则相对稳定。概而言之,根据国际规范约束力的强弱,我们将其构建的国际秩序分为三类。一是全球性秩序。全球性秩序是界定国家权利的基本结构,它依赖于一整套全球政治的基本规范。全球性秩序对国家具有普遍约束力,其倡导的基本理念是制定其他国际规范的依据与底线。二是专门性规范安排。这里的专门性规范安排是指用于约束国家特定行为模式,或在特定环境下国家间关系的一系列规范。专门性规范安排是全球性秩序下,界定国家间互动条件的一系列具体操作原则,包括国际公约、国际习惯法和自愿型

---

① [美]奥兰·扬:《世界事务中的治理》,陈玉刚、薄燕译,上海人民出版社2007年版,第2页。
② Douglass C. North, "Institutions and Credible Commitment", *Social Science Electronic Publishing*, Vol. 149, No. 1, 1994.

承诺。三是国家行为的国际伦理规范。这是国际规范约束力的重要组成部分，来源于国际社会对国际关系实践的整体认知。国际主流价值观念与国家间契约关系的公正性与适当性有关，是全球秩序及其制度安排的合法性依据。一致的国际伦理观念可以替代国际规范及其实施程序，降低国家间互动的成本。

全球性秩序与国际伦理规范一旦形成，将在相当长时间内保持稳定，因此可将其视为影响国际规范供给的外界变量，而将专门性规范安排视作内生变量。本书所说的国际规范供给专指具体的国际规范安排，研究焦点是考察在现有全球秩序和国际伦理规范下，支撑国际社会发展的权力中心进行国际规范供给的意愿与能力，包括它们进行规范供给的原则依据，以及新的国际规范对全球治理成效的影响。在此，本书将国际规范供给视为全球治理进程的关键一环，对于深入研析北极区域治理的规范供需态势具有重要的学术价值。

二 国际组织作为国际规范供给的主体

规范供给经典理论将国内公共事务治理作为研究预设，因此认为国家是规范供给的唯一主体，政府具有构建规范体系的合法性与权威性。然而在全球化时代，国际公共议题的复杂性远超国家政府的能力范围，任何国家都无法置身于全球化的浪潮之外。为了应对全球性非传统安全挑战，大多数国家认识到集体行动的重要性。国际组织不仅成为国家间利益协调的平台，更成为规范输出的重要主体。以国际组织为代表的非国家行为体，能在不同的议题领域发挥治理功能，这不仅能够满足国家在国际层面进行利益表达的需要，而且在某些专业事务领域，也能通过制定出被广泛认可的国际规范，来影响国家行为。事实上，随着国际组织作为国际规范供给的主体得到国际社会的广泛支持，全球治理也发生了革命性的变革，主要表现为治理模式从等级型向网络型发展，治理目标从宏大型向精准型转变。[①] 因此，在国家间相互依赖的国际社会中，国际规范供给的主体已经从国家单一主体，向多元主体演变。既包括国家

---

① ［美］约瑟夫·奈：《全球化世界的治理》，王勇译，世界知识出版社2003年版，第33页。

又包括国际组织，并且国际组织和国家一样，在世界政治变动中努力争取权威性。[1] 随着国际组织的权威性与公信力不断提升，国际规范供给的语义内涵已经发生根本性改变，即国际规范供给不再是霸权国为了维持霸权体系的工具，而成为各类国际行为主体共同处理国际公共事务的行为方式。国家日益倾向于接纳由国际组织制定的国际规范，这也进一步促进国际组织建章立制的能力与意愿。

合作理论、相互依赖理论和国际道义理论构成了规范变迁的三块基石。由于国际组织具有制度上的比较优势，能够倡导和制定集体行动的规范，因此国际组织最终对全球性或区域性的公共问题治理成效负责。在当前全球治理实践中，国际组织不仅在国际协商的平台搭建中具有绝对优势，而且它还具备较强的资源配置权力，通过规范、通则等国际文件，对国家行为进行不同程度的约束。由此，我们可得出这样的逻辑结论：在后冷战时代，国际组织是重要的国际规范供给主体，而政府间国际组织更是国际规范供给的核心主体。这可从提供公共产品与约束国家行为两方面进行思考，以厘清全球治理与国际组织功能转型之间的内在联系。

全球治理是在缺乏中央权威的全球范围内构建某种公共秩序，这就要求国际组织发挥作为国际协商平台的功能属性，提供必要的规范类公共产品。国际规范是一种国际公共产品。国际组织是全球治理网络最积极的推动者和建设者，其治理功能几乎覆盖了所有的全球性公共议题领域，具有国家难以比拟的专业性与权威性。[2] 为了解决全球性议题相关治理规范的缺失问题，国际组织充分发挥自身作为多边合作机构的功能属性，力促国家间通过平等协商、求同存异，在国际组织层面达成规范倡议共识，最终由国际组织提供国际规范这一国际公共产品。

国家间相互依赖程度日益加深的背景下，公共安全问题在全球范围内的扩展速度不断加快，国际组织作为治理主体的角色日益重要。新自

---

[1] 鲍文涵、赵宁宁：《制度供给视域下的英国南极参与——实践与借鉴》，《北京理工大学学报》（哲学社会科学版）2016年第2期。

[2] 苏长河：《全球公共问题与国际合作：一种制度的分析》，上海人民出版社2009年版，第305页。

由制度主义的一个重要研究问题就是：在霸权国和强国不愿意提供全球性或区域性公共产品的情况下，国际社会如何应对全球性挑战？答案是：国家间的合作依赖于国际规范的调节功能，国际组织能够有效推动国家间的合作行为，[1] 通过协商一致的国际规范安排来促进各国合作应对全球性挑战。由于国际规范能够降低国家间合作成本，尤其是能够框定国家行为的合法性边界，这就有效减少了国家行为的不确定性。有助于提升国家间的互信程度与合作意愿，从而融入全球治理进程。总而言之，国际组织之所以能够获得国际社会的信任，主要是因为它能够提供较为透明的信息，减少国家间的猜忌，同时为集体性行动提供纲领与框架，提升了国家的违约成本。在冷战后的国际社会，和平与发展是时代主题，因此，依靠多边平台来进行国际合作，成为各国在应对全球性公共问题时的必然选择，逐渐从完全自助的主权管理，逐渐融合到他助，甚至是共济的全球治理进程。

三 国际组织供给国际规范的动力基础

既然国际规范可以被视为国际社会无政府状态下的一种"国际公共产品"，那么出于利己主义逻辑，国家必然会成为具有高度理性的行为体，在全球政治经济格局中，这种类似于"经济人"的身份，决定了国家行为必然遵循"最大化逐利"的原则，这就会产生"免费搭车"与"自由毁约"行为，[2] 从而导致国际制度供给不足和运行效果低下等结果。然而，国际社会中仍然存在众多运行效果良好的国际规范，国际组织通过供给国际规范来推动全球治理的成功案例也比比皆是，这就说明国际规范供给是有保障的，国际组织在某些激励因素的推动下，积极参与到国际规范的供给进程之中。研究这些激励因素，就能洞悉国际组织热衷于建章立制的动力基础。

国际社会对国际规范的需求转型，决定了国际规范供给模式的变迁。

---

[1] Robert O. Keohane, *After Hegemony: Cooperation and Discord in the World Political Economy*, Princeton: Princeton University Press, 2005, p.145.

[2] 樊勇明：《从国际公共产品到区域性公共产品——区域合作理论的新增长点》，《世界经济与政治》2010年第1期。

首先，传统国际规范供给模式已无法应对大范围的跨国治理事务，尤其是跨国性的安全事务。传统上以国家为主体的分散型治理体系，其动力基础是国家利益，表现为由一个国家（霸权国）或国家集团（欧盟、北约）为了本国或本集团的利益而自发倡导和推动规范变迁。这种规范供给模式源于国家为了谋求在自助型国际体系中难以获得的利益需求。因此，这种"私利型"的国际规范体系必然导致其供给的国际规范覆盖范围往往是区域性的，并存在明显的针对性和排他性。弊端在于过度强调国家的个体利益，而刻意忽视各国共存于地球之上的基本事实，以及各国共有的公共利益诉求，而这些公共利益更多地表现为发展利益、环境利益等非传统安全利益。

其次，随着全球治理议题的外延不断扩大，国际社会对具有公益性的国际规范存在巨大的需求。当国家发现通过国际组织进行建章立制更能维护本国利益的时候，则会产生要求国际规范供给体系从个别国家供给向国际组织供给转型的内在需求。这种需求是否能诱导出新的国际规范和秩序安排，取决赞同、支持这种国际规范供给体系转型的国家集合，能否在与其他利益攸关方的实力博弈中处于优势地位。如果支持国际组织作为国际规范供给主体的国家优势明显，则先前由个别国家，特别是霸权国维持的国际规范安排与权力分配体系将会瓦解，国际组织通过国际法、国际公约或协定等形式，确立有利于维护国际社会共同利益的国际规范能够获得合法性，从而导致国际组织能够分享国际规范的供给权。

再次，国家为了防止被他国"搭便车"，更倾向于在国际组织框架下开展全球治理合作。在错综复杂的国际社会中，国家的逐利本质极易导致国家行为的善变性与投机性。即使是在应对全球治理的集体行动中，也面临着个别"搭便车"的可能。为了防止由某国的"机会主义行为"所造成本国合作成本的攀升，需要在集体行动中存在一定的约束型规范，且这些规范能够被大多数国家所遵守。国际组织之所以能够成为全球治理的国际规范供给方，就是因为国际组织具有较高公信力。在各国信息不透明的大背景下，国家间双边互动的成本极高，彼此间的行动预判难度越大，就越倾向于在国际组织的规范约束下行动，并且该国际组织规模越大、权威性越高，国家对其提供的国际规范的遵约度就越高，即使出现个别国家的违约行为，也不会导致其他成员国大幅降低对该国际组织相关规范的遵约度。例如，虽然 2017 年 6 月 1 日美国总统特朗普宣布美国退出《巴黎气候协定》，[①] 但绝大多数缔约方仍然遵守该协定，并继续支持联合国作为应对全球气候变化问题的国际规范供给方的权威性。

最后，国际组织能够通过主动供给国际规范来提升国际影响力。国际组织能够借助提供国际规范的机遇，来增强自身在应对区域或全球性事务方面的权威性，通过创设出有利于自身发展利益的国际规范，而逐渐获得相对于其他国际组织的规范倡导优势，最终控制围绕某类国际治理事务的规范供给权。例如，北约作为一个洲际军事组织，能够通过整合成员国的军事实力来对弱小国家实施军事威慑，并通过出台一系列国际安全规范，实现东扩，从而获得极大的地缘政治空间与资源，左右着欧洲的地区安全事务，这使得北约拥有比欧洲安全组织等欧洲地区性安全组织更大的国际规范供给权。[②] 事实上，国际规范作为全球治理的权力分配安排，无论是国家还是国际组织，都深知谁控制了国际规范供给权，谁就具有指导国际社会集体行动的权力。最为重要的是，这种权力会随之叠加，并随着后续相关国际规范的供给，而进一步降低国际规范供给方在规范推广领域的难度。这种规范供给的边际效益递增、边际成本递减的规律，导致国际组织纷纷在各自擅长的专业领域开展国际规范的供给活动，以获得先发优势。由于国际组织的实力存在差异，一些全球性的政府间国际组织具有更强的国际规范供给能力，可以凭借既有的国际影响力优势，在与其他同类型国际组织的规范供给博弈中逐渐掌握话语主导权，进而保障自身供给的国际规范能够被国际社会所接受；或是进一步增强自身的国际公信力与权威性，最终迫使其他的国际主体放弃与之进行规范供给竞争。正是由于国际规范供给权能够带来可观的"规范红利"，使其促成国际组织进行国际规范供给的重要动力。

综上所述，在后冷战时代，北极事务的管理过程已经融入全球治理的总体框架之内，其核心就是构建一套具有普遍约束力且受到区域内外

[①] Whitehouse, "President Trump Announces U. S. Withdrawal from the Paris Climate Accord" (https：//www. whitehouse. gov/blog/2017/06/01/president-donald-j-trump-announces-us-withdrawal-paris-climate-accord）.

[②] Irina Zhilina, "The Security Aspects in the Arctic: the Potential Role of NATO", *Nordicum-Mediterraneum*, Vol. 8, Issue 1, 2013.

国家共同认可的国际规范。国际规范供给不仅能够降低国家间合作的预期成本，更能够带来丰厚的边际收益，尤其能够增强国际规范供给方的国际声望与权威性，这恰恰是北极地区各级国际组织积极开展建章立制工作的根本原因。在北极治理中，较早开展国际规范供给的国际组织能够获得先发优势，不仅能满足相关国家降低北极事务参与成本的现实需求，同时也能够在持续有效供给国际规范的过程中，逐渐获得北极治理建章立制的优先权与权威性，最终建立起以该国际组织为核心的北极治理国际规范供给体系。坦言之，国际组织的永续生命力，不仅来自其能够提供专业且权威的国际规范安排，更来自该国际组织能够从一个规范议题领域向多个议题领域拓展，最终形成一个能够在多个议题领域进行有效国际规范供给的国际规范体系。从这个视角来看，联合国是一个极好的例证，而北极理事会的规范构建也从北极环境保护逐渐向北极科考、北极海空搜救等议题拓展，从单一的北极环保国际规范供给方，向跨议题国际规范供给方升级。这种演化趋势的最终结果，必将是在北极地区出现一个区域性国际规范供给权威体系。

第二节　国际组织的必要性与北极治理的规范需求

一　北极治理的现实图景

除了丰富的自然资源，北极地区保持着的不可替代的人文与自然景观、健康的生态系统，以及具有开创性的联合治理模式，它本身就是理应被珍视的全球资产。如今，国际社会的"北极印象"由以下几个元素构成：圣洁的海洋与土地、广袤的冰原、纯净的水质、独特的生物链、神秘的原住民文化等，这时刻提醒着人们北极是一个具有些许梦幻色彩的真实存在。

然而，北极治理的现实图景绝非仅限如此。在北极圈八个现代化国家的管辖下，北极地区虽然人口不足千万，但经过20世纪60年代至今的资源开发，该地区的经济发展水平并不落后，北极也从未彻底远离尘世的喧嚣。随着全球化进程在信息化时代里加速发展，越来越多的北极信息被各国公众所知晓，这同时也促进北极治理的参与方开始抛开惯性思维的禁锢，重新勾勒北极治理的现实图景。

（一）北极是一个主权基本明晰、存在有效管理的地区

北极地区被俄罗斯、芬兰、挪威、瑞典、冰岛、格陵兰岛（丹麦）、加拿大和美国共同管辖，仅有小部分领土边界还存在争议。北冰洋大部分的边缘水域属于相关国家的专属经济区（Exclusive Economic Zone），加拿大、格陵兰岛和美国北极原住民团体和本土商贸公司对当地进行稳定且有效的管理。出于历史的原因，当前北极地区的陆地与海洋划界争端，主要发生在北冰洋沿岸五国之间，[①] 这些争端很可能在联合国的国际法框架下得以最终解决。总之，北极既不是一个主权不明、充满争议的地区，也不是一个军事禁区。它与世界其他地区一样，受到国家和国际规范框架的有效治理。

（二）北极的自然资源不易开发

北极拥有储量丰富的常规油气资源与金属矿产资源。具有极大开发潜力的俄罗斯亚马尔液化天然气项目已经投产，同时世界五分之一的镍供应量来自俄罗斯的北极地区，而美国阿拉斯加的北部地区则拥有世界最大的锌矿。除此之外，北极地区具有开发潜力的资源还包括渔业、高价值矿产（钻石和稀土）和淡水。

然而，北极自然资源开发面临着来自极地勘探科技落后、基础设施薄弱、投资供给不足和自然环境恶劣等多方面的制约。事实上，在北极恶劣的自然环境下开采资源绝非易事，这不仅需要巨额投资与专业高科技，而且需要遵守严格的环保标准，同时还需面临来自原住民社区的压力。北极的区域经济发展不均衡，不同国家和地区现有的基础设施、人力资源、环境敏感度与交通可达性各不相同，同时北极陆上与离岸作业环境差异较大，这导致北极地区依靠资源导向型的经济发展模式，面临实施成本居高不下的现实风险。

（三）北极全线通航尚待时日

北极水域季节性通航能力的不断提升。北冰洋不断变薄变小的海冰

[①] 这些争端主要包括：美国和加拿大之间的波弗特海划界争端，丹麦与加拿大之间的纳雷斯海峡汉斯岛归属争端，俄罗斯与丹麦、挪威、加拿大关于罗蒙诺索夫海岭的归属争端，美国与俄罗斯关于白令海—北冰洋的划界争端。2014年12月15日，丹麦对格陵兰岛北海岸线以北，直至俄罗斯北冰洋沿岸的200海里水域，向联合国大陆架界限委员会提出领土主张，并成为第一个对北极点提出完全主权的国家。

有利于轻型船舶在夏季使用北极航道。与通过苏伊士运河与巴拿马海峡的传统洲际航道相比，北极航道节省了可观的时间成本与经济成本。[1] 如图3—1所示，北极航道共有三条，第一条是东北航道，西起摩尔曼斯克，经巴伦支海、喀拉海、拉普捷夫海、新西伯利亚海，东到符拉迪沃斯托克，是连接东亚与欧洲最短的海上航线。第二条是西北航道，西起白令海峡的普罗维杰尼亚，向东沿美国阿拉斯加北部海域，穿过加拿大北极群岛，直到戴维斯海峡。第三条是中央航道，从白令海峡出发，直接穿过北冰洋中心区域到达格陵兰海或挪威海。[2] 北极航道未来很可能在夏季成为全球海运物流网的北方支点，这不仅能节约海运企业的燃料成本，而且大幅缩短了后勤补给时间，给企业和消费者带来现实的收益。北极航道最重要的战略价值在于其开通将会增加北极当地的"目的地"

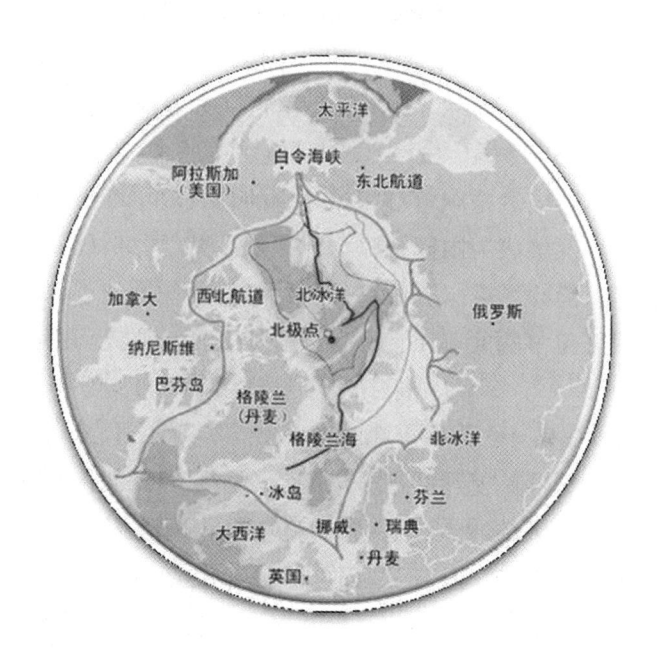

图3—1　北极航道示意图

资料来源：http://www.dfdaily.com/html/8762/2013/5/21/1000576.shtml。

---

[1] Arild Moe, "The Northern Sea Route: Smooth Sailing Ahead?" *Strategic Analysis*, Vol. 38, No. 6, 2014.

[2] 刘声远：《北极航道悲歌》，《大自然探索》2013年第10期。

海域活动，包括面向全球贸易市场的资源开发、北极游轮旅游等。

自 21 世纪以来，全球变暖趋势不断加速，这在北极地区则直接反映为冬季结冰期的持续缩短，以及永冻土解冻导致的路基不稳。即使在北冰洋，海冰也不是航运和离岸钻井平台等海事建筑的唯一障碍物，其他的障碍还包括漫长的极夜、北极冰情图质量低下、航运基础设施和导航控制系统匮乏、北极海空搜救能力薄弱、北极航运保险费用高昂等非气候因素。坦言之，"北极暖化将导致北冰洋成为全年无冰水域"这一论断缺乏科学依据，这是因为海冰总会在冬天重新形成，同时在洋流的作用下，北冰洋海冰的漂散与集聚区域存在较大变化，且每年的冰雪覆盖面积不尽相同。同时，美、加、俄三国对开放北极航道的态度也不尽相同，这都导致北极航道全线通航面临诸多不确定的挑战。

（四）和平与合作是北极地缘政治环境的基本特征

北极是国际合作的样板地区，北极国家大多通过现有国际法体系（如《联合国海洋法公约》）、地区国际组织（如北极理事会）和定期的外交沟通机制来处理争端。虽然北极国家之间的一些边界和管辖权问题，已经造成了可以与大多国际争端相提并论的地缘政治摩擦，但是北极国家仍然致力于让北极成为国际合作与对话的示范区。例如关于北冰洋海底的划分问题，北冰洋沿岸五国仍然坚持在联合国框架下，遵循其在解决全球其他大陆架争端的程序，并且以科学依据而非武力胁迫为基础进行主权申索。[1]

（五）北极气候变化产生全球性影响

由于北极的升温速度远高于全球平均水平，因此北极气候变暖对全球气候环境带来巨大的冲击。这些影响包括：格陵兰岛大量冰川融化所造成的海平面加速上升；来自北极的洋流变化也改变了沿线地区的气候模式；北极冰雪覆盖面积的缩小，导致对阳光的反射率下降，从而进一步提升了地球表面对太阳能的吸收率，增大地球气温调节系统的压力；

---

[1] 关于北极的归属与治理问题，学界存在三种观点：一是北极国家按照"扇形原则"瓜分北极领土与海洋；二是由北极八国建立北极共管机制；三是形成全球共管北极机制。相关信息可参见柳思思《"近北极机制"的提出与中国参与北极》，《社会科学》2012 年第 10 期。

北极永冻土解冻后散发出大量甲烷水合物（Methane Hydrate），[①] 增大了全球温室气体排放量；北极熊等标志性物种的数目骤减。在北极国家内部，特别是加拿大、俄罗斯和美国，冬季结冰水面和路面的减少对北极原住民的迁徙、区域物流网络和商品市场产生了较大影响。

综上所述，北极拥有着美好的经济愿景，但也面临各类不确定因素，这些因素构成了北极治理的规范需求。虽然北极在资源开发和航运领域的经济愿景引起各国的高度关注，但在实际操作层面仍然存在许多挑战，需要国际社会加强合作、共同应对。为了确保北极地区的可持续发展，北极治理的规范需求主要集中在环保、经贸、航运、科研四个议题领域。

二 北极环保规范需求

全球气候暖化和人类活动日益频繁对北极独特但极其脆弱的自然和文化景观产生了较为明显的负面影响，例如石油泄漏和气温上升等威胁着北极生态系统的稳定。虽然北极气候暖化能够为当地社会提供资源出口型的经济发展机遇。然而，在如此遥远、严酷和脆弱的生态系统下，预防或应对严重的环境问题不仅需要国家间的合作与对话，更需要一套客观公正的环境管理国际规范。毕竟在地区和国际层面的规范设置对北极未来的发展至关重要。

（一）北极暖化及其安全风险

北极是对全球气候变化反馈最敏感的地区，气候暖化对北极地区产生了深远的影响，其安全风险表现为以下三个方面。

一是北极自然环境风险。主要表现为格陵兰岛和北冰洋冰川的大规模融化导致洋流异常以及北半球夏季洪涝、冬季寒潮频发，尤其是永冻土的消融不但释放出大量温室气体，而且将危及已建成的陆上基础设施。此外，北极上空的臭氧层变薄也是不争的事实。

二是北极人文环境风险。随着海陆环境的变化，北极原住民和动植物都要适应新的活动模式。例如挪威北部的萨米人被迫到更北的地区放养驯鹿，以躲避因气温上升导致森林蚊虫滋生的困扰；再如格陵兰岛的

[①] 甲烷水合物是一种像冰一样的物质，又被称作"可燃冰"，通常冻结在永冻层内，但如果迅速升温，就可能以惊人的力道喷发到大气之中。

因纽特人也需到更靠近北冰洋的海域捕捞鳕鱼，因为来自北冰洋的冷水洋流减弱，导致北大西洋冷水鱼类的集体北迁。虽然很难预测北极持续变暖的生态后果，但这很可能会对北极熊等标志性物种的生存构成威胁。

三是北极治理环境风险。由于北极各国高度重视本国北方领土、领海的主权，在经济发展、原住民权利、气候变化和环境保护上的制度设置与实施能力不尽相同，在北极环保合作领域的意见分歧较大，这导致北极环境问题长期处于北极国家"自助式治理"的状态，即使达成的国际环保合作，其涵盖范围也较为有限，例如防止北冰洋船源漏油的措施也只在部分北极国家中施行。由于北极地区的生态环境极具脆弱性，当前北极治理环境中存在的这种履约能力失衡状态，将会危及所有北极利益攸关方的共同利益。

（二）构建北极环保规范的迫切性

北极环保规范的构建，面临着一个核心问题：如何确保环境保护国际规范与北极经济活动之间的平衡？对于在北极地区进行经济活动的企业来说，最大的风险不在于北极严苛的自然环境，而在于遵循何种环保规范——是北极国家的国内规范，还是由国际组织推行的国际规范，特别是强制性规范？如果北极国家的国内环保规范比北极国际环保规范严格，那么在该国北极地区作业的企业，是否会因遵循国际规范而受到相关国家的处罚？若真如此，国际环保规范的权威性必将屈服于国家主权。反之，如果北极地区的国际规范比北极国家的国内规范严格，那么企业是否会选择遵循东道国的国内规范，以降低环保支出的成本？而东道国为了招商引资，是否会对此采取默许态度？这同样会削弱北极国际环保规范的权威性，以及北极环保国际合作的凝聚力。事实上，无论是先污染后治理，还是环保、经济并举，本质上都是绿水青山与金山银山是否能和谐统一的时代之问。然而，无论是经济发展还是环境保护，都离不开北极区域内外国家的共同参与。因此，构建一套合理且具有较高操作性与专业性的国际环保规范，是北极地区各利益攸关方的共同需求。

北极地缘政治环境相对较为稳定，因此环保问题可通过跨国、跨区域，甚至全球性框架下的合作与对话得以解决。北极环境联合治理的可能性表现为两个方面，一是全球层面的联合治理。《联合国海洋法公约》的相关条款为裁决北冰洋近海海陆主权范围提供了一套规范的国际程序，而且该程序一直被沿用至今；北极区域外国家和国际层面的政策和商贸决定，像《联合国气候变化框架公约》等，对北极地区的环境、经济和社会的发展至关重要。二是区域层面的联合治理。随着北极地区人类活动的日益频繁，为应对并减轻环境安全压力，北极国家需要跳出"自助式治理"的惯性思维，加强与相关国家的合作与对话，以获取共同应对北极环境危机的治理资源。在北极拥有利益诉求的国家可以通过北极理事会等区域性国际组织，以及其他双边或多边国际机制，来协调各国经济发展和环境保护政策，确保符合共同利益的环保规范能够在整个北极地区得以施行。总而言之，任何一个国家都无法独自应对北极气候暖化带来的挑战。通过各级国际组织等多边平台，合作保护北极生态系统的稳定符合北极国家的共同利益。

（三）构建北极环保规范的着力点

如上所述，构建合理且能够获得所有国家认同的北极环保规范，其着力点既要预防和应对北极环境污染问题，又要兼顾对北极地区民众的人文关怀。在预防与应对北极环境污染的议题选择上，本书认为至少应包含以下五个评估因素：（1）北极海运船舶因使用重质燃油而产生的"黑碳"（Black Carbon）及其减排措施。黑碳是化石能源不充分燃烧后的产物，是大气气溶胶的重要组成部分，能够强烈吸收太阳辐射，从而导致气温上升。[1]（2）压载水、垃圾和污染物的排放治理。（3）船舶定线制措施和航速限制。[2]（4）特殊经济敏感区的环境保护。（5）突发性污染事件的应对能力。此外还需要重视北极科学信息因素，包括深海测量、生物计量和绘测信息的数据集等，这能够用来协助各国政府和专家更好地制定北极开发规划，增强北极环境安全合作的成效。

在人文关怀方面，应确保北极环保规范能够为北极人民带来机遇与保护。虽然气候暖化可以让北极地区具有通达性，但它同样也威胁了原

---

[1] S. Solomon, D. Qin, M. Manning, Z. Chen, M. Marquis, K. B. Averyt, M. Tignor, and H. L. Miller, eds., *Climate Change* 2007: *the Physical Science Basis. Contribution of Working Group I to the Fourth Assessment Report of the Intergovernmental Panel on Climate Change*, Cambridge: Cambridge University Press, 2007, pp. 103 – 133.

[2] 船舶定线制是由岸基部门用法规等形式指定船舶在海上某些区域航行时应遵循或采用的航线、航路或通航分道，以增进船舶的航行安全。

住民文化遗产和传统生活方式，尤其是将海冰作为运输工具或是狩猎海冰栖息动物（比如海象、髯海豹、北极熊）的因纽特人等原住民群体。同时，许多北极原住民社会团体正在寻求自主管理地方事务的权利，吸引非北极国家的企业来发展当地经济。[①] 在环保优先的前提下，跨国公司和北极国家政府需要遵循国际环保规范以确保当地社会的包容性增长（Inclusive Growth）。由于北极各国的土地权利和地下矿权的法律认定不一，这导致其北部领土存在着高度不均衡的立法情况。这种情况影响了北极国家对当地决策平台、经济愿景、文化遗产保护的收益期望。为了保证北极的可持续发展，北极原住民社会的发展方式将成为北极环境保护建章立制的重要参考依据。

三 北极经贸规范需求

基础设施和后勤保障中心的严重匮乏，是制约北极地区经济发展的主要障碍。除了挪威北部地区和俄罗斯西北部地区具有相对完善的海运基础设施之外，北极其他区域的交通、港口、机场等基础设施远远落后于经济发展的需要。为了实现北极的经济增长和全面发展，国家和非国家行为体都需要加大对战略性基建项目的投资。源于全球地缘经济格局的影响，北极大型产业项目往往都是跨境实施的，不仅涉及北极国家，还包括非北极国家。在北极地区构建旨在优化这种跨境合作的经贸规范框架，将会扩大北极地区招商引资的规模、加速地区经济发展。

（一）北极经贸规范的需求现状

北极地区拥有国际社会普遍需求的能源、矿产、渔业等自然资源，但缺乏开采、运输这些资源所需的资金。换句话说，以资源开发和物流运输为导向的基础设施投资，是北极地区最重要的经济领域，亦是北极能否跻身于全球贸易和工业结构的主要保障。所以，完善的基础设施是确保北极可持续发展的先决条件。

在北极地区建立大型资源开发与物流基础设施，其工程性质属于资

---

① Jerry McBeath, Carl Edward Shepro, "The Effects of Environmental Change on an Arctic Native Community: Evaluation Using Local Cultural Perception", *American Indian Quarterly*, Vol. 31, No. 1, 2007.

本密集型（Capital-Intensive）项目，其所需资金的额度之大，往往非一国之力可以负担，再加上受到地理、季节、供需市场等要素的影响，大型北极产业项目通常需要北极国家和非北极消费国合作完成。此外，由于国际社会在北极地区建立基础设施的实践经验较少，且相关项目成本和施工复杂性较高，这使得作为主要投资方的非北极国家，更希望借助某种适用于北极地区的国际经贸规范体系来降低投资风险。因此，在北极经济发展全球化过程中，逐渐产生了对优化北极经贸投资环境的规范需求。

随着越来越多的非北极国家参与北极地区的经济事务，使得当地居民面临着更加严峻的竞争压力。北极人口、技术的匮乏使其很难完成大型复杂的产业项目，这也推动北极国家不得不向拥有资金、技术、劳工优势的非北极国家打开大门。从长远发展来看，北极必须成为一个能够吸引全球各地专业型人才定居的地区，这不仅需要在宜居的社区进行投资以吸引北极地区外的家庭，还要推动数据、电话和卫星通信的发展，这将增强北极的工业基础设施建设和地区吸引力。随着北极经济发展日益全球化，北极国家也会同步推进海事安全和产业布局，尤其是推动服务于北极地区的高等教育，是北极提升经济发展水平的关键因素。[①]

（二）北极经贸规范需求的议题范围

北极经贸规范需求的议题，通常按照北极经济开发的实践需要进行优先顺序排列，包括资源与物流基础设施建设、国际经贸合作、金融保障、原住民经济权益保护四个方面。

首先，基础设施的是否完善，决定了北极地区的经济潜力能否转变为现实愿景。北极地区的产业发展对资源开发与物流基础设施建设存有急迫的需求。这种需求包括交通（港口、海港、道路、飞机场和铁路）、能源供应（发电站、输油管道和钻井平台）、通信、建筑、供水和污染物治理等。此外，专业的运输设施也是北极经贸规范设置的优先权议题，包括破冰船、飞艇、直升机、飞机、石油泄漏处理船以及路基交通等。

[①] 这些培养北极专业人才的高校包括美国的阿拉斯加大学费尔班克斯分校，俄罗斯的北方（北极）联邦大学，挪威的特罗姆瑟大学、诺德兰大学、吕勒奥科技大学，芬兰的罗瓦涅米大学等。

其次，国家间制定高效的合作决策，需要借助北极经贸规范框架及其沟通平台，这是相关项目实施和地区经济发展的保障条件。参与北极经济开发的利益攸关方，寄希望于北方论坛、北极经济理事会等地区性国际组织能够提供一些共同遵循的国际经贸规范，辅之可靠的经贸与金融政策，以减少参与投资风险。事实上，清晰的流程、明确的标准要求和工期对于项目批准尤为重要，因为大多数商业活动都经不起长期审批的消耗。北极理事会早在2013年5月的基律纳部长级会议期间，就召开了一次商贸圆桌会议，商讨北极国家内部贸易和吸引非北极国家投资的事宜，促进北极国家与非北极观察员国在北极经济可持续发展领域的深入合作。总之，高水平的国际合作需要确立北极国家与区域外利益攸关方之间的协同机制，制定出国际经贸合作的规划与支撑项目。例如，由俄罗斯和挪威推行的"巴伦支2020项目"就是一个双轨跨国合作的范例。[①] 这个计划主要关注石油出口、天然气开发、区域民生发展、环境保护以及巴伦支海资源评估。

再次，北极可持续发展的金融保障需要国际组织及其规范发挥沟通媒介作用。当前欧美国家的大型金融机构，大多采取养老金基金（Pension Funds）和主权财富基金（Sovereign Wealth Funds）的投资方式，然而其对北极工程项目的投资会面临某些限制条件，例如它们需要与多边发展银行进行合作投资，这就需要建立跨国经济组织，进而构建北极地区金融规范，方能解决北极投资短缺的情况。北极可持续发展的金融保障机制或投资媒介，在某种程度上就是一个政府间的北极区域多边开发机构，该机构的核心业务是向包括跨境基础设施在内的北极工程项目提供资金，促进区域内外国家在该机构中的合作。北极地区的国际发展银行，其构建思路是效仿当前成功运行的国际发展银行，例如欧洲复兴发展银行（European Bank for Reconstruction and Development）、北欧投资银行（Nordic Investment Bank）、亚洲基础设施投资银行（Asian Infrastructure Investment Bank）、国际金融公司（International Finance Corporation）等。

最后，北极商贸规范需要考虑北极原住民的发展权益。许多北极原

---

① 《挪威投资挪俄北极石油技术合作项目》，中华人民共和国商务部（http://www.mofcom.gov.cn/aarticle/i/jyjl/m/201202/20120207948849.html）。

住民族群认为产业投资（例如油气开发、采矿、航运、渔业）不仅会污染自然环境，还会危及原住民捕鲸、打鱼、狩猎等传统文化。如果这些投资能够按照国际经贸规范的相关环保标准，不危害原住民的经济权益，并能产生较好的经济收益，那么在大多数情况下会得到原住民的支持。在阿拉斯加、加拿大和格陵兰岛等地，原住民普遍赞同经济开发，特别是在挪威最北端的港口城市哈默菲斯特（Hammerfest），更证明了产业投资能够振兴当地经济。这个细微的差别几乎不被北极地区以外的国家所知，它们普遍错误地认为所有的北极当地居民（尤其是土著人）都受到压迫并且反对商业发展。为此，在围绕北极原住民发展权益的国际规范建构过程中，更需要注重跨国文化沟通，因地制宜地采取适当的方式，既能维护北极居民的权益，又能推动国际经贸合作。

四　北极航运规范需求

近年来北极夏季海冰覆盖面积急剧减少，提高了中等抗冰能力的船舶大规模参与北极航运的可能性，这在白令海峡地区已经成为现实。可以预见，在不久的将来，大量来自世界无冰洋面的船舶将会驶入北冰洋。北极海域曾是地球上最原始、最封闭的海域，面对不断增长的海事活动，急需构建北极航运规范以更好地确保人类生活、财产和环境安全。

（一）北极航运规范的需求现状

北极自然资源开发推动了北极地区与全球贸易市场的连接。随着北冰洋夏季的海冰厚度和面积锐减，吸引了更多的船舶进入北极水域，催生出穿过北极连接太平洋和大西洋的国际贸易新航道。北极已经发生了大量与当地原住民族群生活补给、油气开发、采矿和旅游产业相关的航运交通。随着更优的海洋路径、更长的通航时间、北极自然资源与全球市场新联系的出现，北极航运规模也将进一步扩大。中等抗冰船舶与普通船舶在北极地区的通航频率与技术能力会进一步增强，缩短的夏季航运路程将消耗更少的燃料，因此降低了污染物排放，甚至可能产生更高效的夏季跨国供应链，使得工业制造成本不断降低，进而降低商品价格。北冰洋航运活动主要以俄罗斯北方海航道为主，据北方海航道信息办公室（Northern Sea Route Information Office）的最新统计，2016年有19艘船舶穿过该海域（其中一些航程是在俄罗斯北极地区港口之间）。[①]

可以说，国际社会对人身与财产安全、海洋环境安全的严重关切，都与世界上最遥远、最危险、生态极其脆弱的北冰洋联系起来。随着越来越多的普通无冰水面船舶（其构成了世界上绝大部分的船队）进入北冰洋，国际社会感到构建北极海上人身安全、海洋环境保护、免遭燃油污染、防范物种入侵等国际规范的重要性。即使北极海冰的厚度和广度在不断减小，北极地区企业和政府在确保航运安全问题上，仍然面临着一系列独特的挑战。

（二）北极航运规范的议题范围

一是北极航运安全治理。北冰洋航运仍然面临诸多安全风险。北冰洋海冰会在冬天重新封冻，产生不可预测的常年浮冰和障碍物，会对北极航运造成危害。海冰大量的季节性和年际变化将会对北极海洋运输系统的发展构成挑战，并对后勤供应链产生不可预测的后果。同时，人口数量的稀少和低水平的经济发展也制约着北极航运基础设施建设、航海图和通信系统的质量与数量。尽管海冰在不断递减，航道较浅水深（Shallow Bathymetry）和极夜仍然会构成安全挑战。需要指出的是，认为海冰是北极航运唯一阻碍是不现实的，因为还有许多其他的因素影响着该地区的海事活动，例如高质量的水深信息、导航控制、通信能力和搜救能力的匮乏也会对北极航运安全产生重要影响。

二是北极航运污染治理。北极航运带来的船源污染，包括废水、漏油、黑碳、硫化物污染。北极航运污染治理往往遵循相关航道沿岸国的国内规范，或由北极国家间合作治理。例如俄罗斯和挪威共同制订了一个应急计划，以及时清理船舶通过东北航道水域后留下的油污，同时两国也在航道沿岸建立了相应的补给站。美国政府强制推行阿拉斯加北极海域的油污清除规范，但负责实施清理油污的却是船舶经营者。此外，北极国家对于国内外船舶的环保管辖标准并不一致，非北极国家的航运企业面临巨大的环保压力，以及来自北极航道沿岸国的单边管辖压力。因此，越来越多的北极航道使用国，特别是那些与北极国家是互惠港口

[①] Nothern Sea Route Administration Official, "Vessels transited NSR in 2016" (http://www.arctic-lio.com/docs/nsr/transits/Transits_2016.pdf).

国的非北极国家，希望能在国际组织层面推行协调一致、平等互利的北极航运环保规范。

三是北极航道测量。未来北极的发展很大程度上取决于安全可靠的运输系统。对北极航道进行测量是各国使用北极航道的前期战略投资，特别是对于严重缺乏北冰洋水文、气象信息的非北极国家来说更是如此。北极航道测量的主体工作包括：北极空间数据基础设施建设、北极水域图表的绘制、综合性航运管理系统（比如升级船舶助航设备、提高宽带通信等），非北极国家普遍要求由具有专业性与权威性的国际组织来完成上述工作，这不仅能够推动国际合作，还能实现信息共享。例如国际海道测量组织，就通过最近成立的北极地区水道测量理事会，承担北冰洋水文地理和制图事务。

四是北极海上搜救。北极地区航运环境复杂多变，航运企业大多缺乏极地航运的专业人士，这使得北冰洋航运交通面临船舶碰撞、搁浅、倾覆等风险，其导致的人员搜救问题引起相关各国的关注。之所以需要在相关国际规范框架下进行北极海上人员搜救，其根本原因有二：一是北极国家的海空搜救能力普遍落后于现实需要，急需进行国际合作与资源共享；二是海空搜救不仅是人道主义问题，更是北极国家对本国北方海域的主权管辖问题。因此，无论是从具体操作层面，还是国家安全层面，都需要相关国家构建北极海上搜救的国际规范。

综上所述，在可预见的未来，随着越来越多的非北极国家船舶使用北极航道，国际社会日益需要一套完整的北极航运治理框架，以确保北极船舶安全标准、航海管控制度、环境保护措施、搜救能力能够逐一到位。就目前北极航运的实践来看，高质量深海测量信息、航海管控和海事通信能力的薄弱，是北极航运规范予以重点关注的议题。

五　北极科研规范需求

（一）北极科研规范的需求现状

自然资源开发、经济可持续增长、生态系统保护、北极气候变化等北极治理议题，都有一个共同点——迫切需要更多的科学研究。尽管北极科考也得到世界各国越来越多的关注，各国也派遣了多支北极科考队，但该地区仍是世界科研探索最少的区域之一。[①] 北极极强的自然反馈循环系统对本地和全球气候产生了独特影响。例如，北极与全球温室气体排放的双向联系可能会持续对全球气候产生负面影响，另外，北冰洋还为经过白令海峡和北大西洋的洋流循环输送低温盐水。

北极区域内外国家与非国家行为体，对北极科学研究的需求变得十分急迫，包括长期环境监测和考察项目、提升计算机建模和新兴科技发展——从自动取样平台到卫星监测系统无所不包。此外，北极气候变化影响着北半球其他地区的气候，这意味着深入研究北极地区的气候变化，也会对非北极地区的环境治理起到积极作用。因此，为了进一步了解各方的影响，只能通过加强北极地区的科学研究力度，有必要加强北极科学活动的国际协调，从而提升各国预测北极未来气候变化的建模能力。

虽然阿拉斯加、格陵兰岛等地区已经得到了相对高水平的科研关注和资金支持，特别是根据《联合国海洋法公约》第76条对巴伦支海大陆架进行了绘测，但绝大部分北极陆地、海洋尚未得到深入研究。如今，北极基础科学研究成果的缺乏，为北极地区的经贸发展和环境保护带来了挑战。

（二）北极科研规范的议题类别

一是北冰洋地理科学研究。各国关于北极海域及大陆架的地质图质量不高，海底岩心（Seafloor Cores）和地质样本数据的数量也很少。这些关键地理信息的缺失，制约了各国了解北极海底资源的能力。北冰洋水深绘测尤其需要各国合作，这有助于研究北半球洋流变化对于全球气候的影响，同时也将提高北极航道安全。北冰洋只有十分之一的区域地图达到了国际海事导航标准。虽然当前各国对水层（Water Columns）化学和生物多样性的研究较为深入，获得了一些海洋循环和生物迁徙等关键信息，但对跨国案例的精细化研究却仍显不足。例如，尽管北极淡水河流规模不大，但其淡水输送量仍占到全球的10%，其中绝大多数来自俄罗斯境内的北向河流。这些河流输送出大量的淡水和水生污染物（Waterborne Contaminants），可是学界鲜有人研究这些河流出海口地区的污染物扩散与跨界污染防治事务。

[①] Timo Koivuronva, "Limits and Possibilities of the Arctic Council in a Rapidly Changing Scene of Arctic Governance", *Polar Record*, Vol. 46, 2010.

二是北极冰冻圈研究。北极地区的海冰、永冻层和冰川的逐年缩减，表明全球气候变暖对北极的影响程度远超过世界平均水平。通过卫星对北极海冰的面积、厚度、漂流、分布和物理特征进行监测，对于了解这些趋势、海洋冰气相互作用（Ocean-Ice-Atmosphere Interaction）、净初级生产力（Net Primary Productivity）[①]和海洋层结（Ocean Stratification）极其重要。[②]为了维护海洋生态系统健康，有必要研究海洋酸化、气候反馈（Climate Feedbacks）、行星能量平衡（Planetary Energy Balance）和海洋可达性（Marine Accessibility）等议题，这就需要提高各国合作监测北冰洋海冰漂移趋势的建模能力。在陆地上，永冻土解冻所引发的土地塌陷和位移，有可能破坏既有建筑、管道等基础设施，同时释放出大量的二氧化碳和甲烷等温室气体。格陵兰冰原和北极众多小冰川的冰量下降是导致海平面上升的主要因素。想要更好地了解和分析这些现象，不仅依赖于洲际卫星观测系统和跨国仪器实地监测，还依赖于综合冰层运动和永冻土稳定性的地理学研究。

三是北极气象研究。北极大气影响着北极当地，乃至全球的天气系统。在北极地区进行天气系统的全天候监测和预测，既具有研究气候变化趋势的学术价值，又具有海上勘探作业和搜救的社会价值。此外，风运污染物通过长距离运输到达北极，对北极生态系统、公众健康和区域气候变暖产生了负面影响（例如黑碳沉积物降低了北极海陆表面的相似性）。为了了解这些问题，有必要不断扩大现有跨国气候观测网的气象记录，同时发展像无线卫星仪器、无人机设备和自主漂流平台等新型低成本科技产品。

四是北极生态系统保护。北极海洋和陆地生态系统不仅需要生命科学研究，也需要公共安全健康研究的支持。科学家已经证实气候变化给北极生态系统带来了巨大变化和威胁，包括物种范围变化、湿地退化、海洋食物链破坏和冰层大面积崩塌等一系列问题。[③]当务之急是准确评估气候变化对北极地区可持续发展的压力，以及北极经济开发在地区和全

[①] 净初级生产力是指植物在光和作用可以储存的碳的总量，这个值会伴随季节而变化。
[②] 海洋层结是指海水的水温、含盐量、密度等参数，随着水深分布而形成的层级结构。
[③] Annika E. Nilsson, *A Changing Arctic Climate: Science and Policy in the Arctic Climate Impact Assessment*, Sweden, Linköping: Linköping University, 2007, pp. 2–7.

球层面上影响北极物种（例如候鸟数量）的路径。这包括严格评估最有可能对北极产生负面影响的人类活动，包括对动物迁徙及繁殖行为的干扰，以及生态系统对油污的敏感度。如果国际社会想要负责任、可持续地开发北极资源，厘清这些问题则是前提条件。

五是北极自然资源勘探。北极经济开发除了需要评估环境风险，更要对北极自然资源储量进行地质勘查。目前各国对北极地区自然资源的范围、储量和环境敏感度的基础研究较为薄弱。随着北极暖化，金属矿物与油气开发、渔业和生态旅游业正迎来宝贵的发展机遇，从长远看来，国际上对这些资源的需求在不断攀升。例如，已知的近海甲烷水合物沉积物（Methane Hydrate Deposits）的范围和储量十分巨大，但相关的地质勘探工作却严重滞后于开采需要。在陆地上，则需要花更多的精力去评估贵重金属的分布和品质。

六是北极科研技术合作。在科研和工程应用的众多项目中，与绘测、远程数据获取、能源生产、航行安全、搜救、可持续渔业和资源开发密切相关的科技优势，是各国重点发展领域。北极区域内外国家都致力于寻找应对油污问题和冰区消融的措施。通信、运输和后勤方面的应用研究对未来北极活动有着极其重要的影响。借助各各个层次的专业性国际组织等多边平台，推动北极基础科学的国际合作研究，不仅能较快获取重要的数据信息，还能实现北极自然科学信息的国际共享。

上述这些领域只是北极科研发展途径的部分。但每一个领域都对我们理解北极地区及其全球性影响具有重要的意义。现在北极国际科研的首要目标，就是划设北极地质、海洋地理、冰冻圈、大气、生态系统和自然资源研究的基准线，这些基准线需要政府、跨国公司、国际组织和非政府组织达成可持续和合作性的承诺。[1] 例如包括北极国家和13个非北极国家科学组织在内的国际科学委员会，在北极科研领域具有较强的权威性。当然，北极研究对科研的需要不止于此，事实上，北极正经历着剧烈的环境和发展变化，使其成为地球的关键"实验室"。因此，推动

---

[1] Oran R. Young, "Governing the Arctic: From Cold War Theater to Mosaic of Cooperation", *Global Governance*, Vol. 11, No. 1, 2005.

各国在测量项目、建模发展、科技交流等领域的合作,对于国际社会理解快速变化的北极至关重要。

第三节 北极治理规范供给的多层次性与国际组织

在冷战时期,除了在苏—欧经贸联系较为紧密的巴伦支地区进行海上搜救等特定事务之外,北极并不是国际组织的重点活动地区。冷战结束后,各类国际组织迅速在北极地区活跃起来,无论是政府间组织,还是非政府组织,都想在北极治理过程中掌握话语权与主导权。尽管后冷战时代北极国家仍然不断强调对北极领土的国内法管辖,但北极治理已经完全融入全球治理的宏大背景之内,"北极是北极国家的北极"的门罗主义逻辑已是逆时代而动。国际组织,尤其是政府间国际组织作为北极治理规范体系建设的重要力量,对北极的有序治理起着至关重要的作用,大致可分为全球性国际组织、区域性国际组织、次区域国际组织三种类型。需要说明的是:一些非政府组织因其在北极科学研究、原住民权益保护等领域具有专业优势和权威性,从而能够对北极治理的制度设计产生较大的影响,甚至个别非政府组织作为观察员加入了北极理事会等政府间国际组织。因此,本节在以下分类阐述中,也专门列举了一些在北极地区具有较大影响力的非政府组织,以期尽可能全面展示北极地区国际组织之间的话语权争夺态势。

一 全球性国际组织对北极治理的规范供给

(一)国际海事组织

国际海事组织是联合国研究国际航运安全、海洋环境保护问题的专门机构,旨在构建公平有效、普遍采用、普遍实施的海运业监管框架,促进成员国之间的航运技术合作。国际海事组织拥有171个成员国和3个准成员国,许多商业性、科技性的非政府组织在国际海事组织拥有观察员地位,能够参与相关的技术或政策讨论,但没有投票权。国际海事组织发布了大量的国际公约、规则和指南,以及相关治理专题的出版物。贯彻实施这些国际公约是国际海事组织成员国政府的义务。但任何一部国际公约的出台，都必须得到国际海事组织的采纳和认可，并受到一定数量的成员政府的正式批准方可生效。① 公约修正案必须得到各级委员会的同意和采纳，但不需要重新批准。

国际海事组织中的技术工作由海洋环境保护委员会（Marine Environmental Protection Committee）和海上安全委员会（Maritime Safety Committee）负责，它们通常每年开会两次。七个技术分委员会每年召开一次会议，并在每个会期之后向归口委员会进行工作汇报。

（二）世界气象组织

世界气象组织是联合国研究全球天气和气候问题的专门机构，旨在研究地球大气的变化，及其与陆地、海洋的相互作用，是全球海陆空水资源分配研究的权威机构。世界气象组织通过其下属的技术委员会制定并推广政策文件（Policy Document）、技术规则（Technical Regulations）和指南（Guides），以加强成员之间在气象和水文领域的合作。② 政策文件是世界气象组织通过的国际法文件体系，具有权威性和强制性，这亦是世界气象组织建章立制的成果集合。技术规则中既包括具有强制性的"标准"，又包括非强制性的"建议措施"（Recommend Practices）。指南则描述了成员应遵守或执行的大气与水环境保护实践、程序和规范，并根据水文气象学、气候学及其应用方面的科学和技术发展情况，对这些指南进行更新。世界气象组织的技术委员会负责撰写指南，但其提出的修改建议须经执行理事会批准。

组织实施大型国际极地科学研究项目是世界气象组织的重要工作，例如世界气象组织发起的"国际极地年"（International Polar Year）是一个研究北极和南极的大型国际科研合作项目，③ 该项目的重大成果就是建立了北极长期观察系统（Sustained Arctic Observation Network），以满足国

---

① International Maritime Organizaiton, "About IMO" (http://www.imo.org/en/AboutHistoryOfIMO/Pages/Default.aspx).

② World Meteorological Organizaiton, "Policy Documents/Standards" (https://public.wmo.int/en/resources/standards-technical-regulations).

③ 国际极地年共举办了4次，分别是：1882—1883年、1932—1933年、1957—1958年、2007—2009年。国际极地年最后的活动是2012年4月22—27日召开的大会，会议主题是"从理论到实践"（From Knowledge to Action）。

际极地科研及社会需求。①

2017 年 10 月 13 日，世界气象组织在北极圈论坛大会上，展示了一系列应对北极地区大气、气候、冰情的行动计划，其中包括"极地预测年 2017—2019"（Year of Polar Prediction 2017 – 2019）。② 各国极地科学家能够在此国际规范框架下，对北极和南极合作开展密集科研活动，所有观测资料都将通过世界气象组织信息系统发布给各成员气象预报部门。"极地观测年"是世界气象组织"以行动计划代替规范构建"的重要尝试，其通过主导极地气候信息的采集与分享路径，树立起世界气象组织的权威性。

（三）国际海洋考察理事会

国际海洋考察理事会成立于 1902 年，是一个促进国际海洋科学考察，为各国海洋水产部门提供政策咨询，以促进海洋可持续发展的全球性政府间组织。国际海洋考察理事会有 20 个成员，通过与各成员、利益攸关方建立战略合作关系，国际海洋考察理事会的业务领域涵盖了地中海、波罗的海、北冰洋、黑海、北太平洋等地区。国际海洋考察理事会通过海洋监测活动来建立"综合海洋生态系统"，并通过推广相关研究成果来影响各国政府的渔业政策与海洋环保政策。③ 国际海洋考察理事会通过推动国家间的海洋、水产科考合作，将所得科研成果作为涉及北冰洋、北大西洋海域国际会议的基础资料，通过国际协调来设置北大西洋渔业管理组织。

国际海洋考察理事会的工作由各委员会、专家组和研讨会完成。例如"科学委员会"（Science Committee）负责科研工作的各个方面，而"咨询委员会"（Advisory Committee）负责对渔业和海洋生态系统问题的客户提供建议。负责这两方面工作的是指导小组、咨询小组、审查小组。

---

① 北极理事会在 2006 年的《萨列哈尔德宣言》（Salekhard Declaration）就提出了建立此类系统的设想，最终由瑞典和加拿大的国际极地年分委会主导建设了该系统。
② World Meteorological Organizaiton, "WMO Polar Initiatives Showcased at Arctic Circle Assembly" (https://public.wmo.int/en/media/press-release/wmo-polar-initiatives-showcased-arctic-circle-assembly)
③ International Council for the Exploration of the Sea, "Who We Are" (http://www.ices.dk/explore-us/who-we-are/Pages/Who-we-are.aspx).

指导小组有四个，分别管理不同领域的专家组和研讨会。① 例如，综合生态系统评估指导小组就针对北极、波罗的海、巴伦支海、挪威海、北大西洋等北极边缘海域的生态系统进行综合评估，其评估结果作为成员国的决策依据。② 当前，国际海洋考察理事会在建章立制方面的成果有二：《气候变化对海洋生态系统影响的战略行动》（Strategic Initiative on Climate Change Impacts on Marine Ecosystems）和《人类维度战略倡议》（Strategic Initiative on the Human Dimension）。

二 区域性国际组织对北极治理的规范供给

（一）北极理事会

北极理事会成立于1996年，③ 是北极八国进行合作、协调及交流的政府间国际组织，主要讨论北极治理的公共议题，尤其是与北极可持续发展和环境保护相关的议题，是当前北极地区最重要的国际多边平台。

从某种程度而言，北极理事会的建立是为了监管并协调北极环境保护战略所建立的项目。北极理事会建立后，《北极环境保护战略》的这些项目都变成了"工作组"，如下所示。

（1）北极监测与评估计划工作组（Arctic Monitoring and Assessment Programme）：对北极人为污染的等级进行检测，并评估其影响。

（2）北极海洋环境保护工作组（Protection of the Arctic Marine Environment）：预防或直接采取措施应对海洋污染。

（3）紧急预防、准备与响应工作组（Emergency Prevention, Preparedness and Response）：为应对紧急环境污染提供行动框架。

---

① 这四个指导小组是：生态系统过程与动态指导小组（SSGEPD）、生态系统压力和影响指导小组（SSGEPI）、综合生态系统评估指导小组（SSGIEA）、综合生态系统观测和监测指导小组（SSGIEOM）。

② International Council for the Exploration of the Sea, "SSGIEA" (http://www.ices.dk/community/groups/Pages/SSGIEA.aspx).

③ 北极理事会的前身是1991年北极八国签署的《罗瓦涅米宣言》。《罗瓦涅米宣言》的主要内容包括五个部分：（1）保护北极生态系统，包括人类；（2）保护环境，并改善和恢复环境质量。同时，在当地居民以及原住民的支持下，实现自然资源的可持续利用；（3）认可北极原住民和环境保护相关的传统及文化上的需求、价值观和行为，并给予最大限度的理解和适应；（4）定期审查北极各国的环境保护进展；（5）识别、减少，直至最终消除北极地区的污染。

（4）北极动植物保护工作组（Conservation of Arctic Flora and Fauna）：收集物种及其栖息环境的变化信息，并协调研究工作。

（5）可持续发展工作组（Sustainable Development Working Group）：从可持续发展的角度，保护并提高北极自然环境的经济、文化及卫生发展。

（6）北极污染物行动计划工作组（Arctic Contaminants Action Program）：减少自然环境中的污染物排放，并呼吁各国实施污染物排放管理措施。

此外，北极理事会还通过设置"任务组"的方式，在特定时间内针对北极国家高度关注的特定议题进行研究，研究任务完成后则自行解散。任务组的研究内容与工作组紧密相关，但更具专业性与目标性，其研究成果往往直接作为北极理事会的决策文件并被强制执行。[1]

北极理事会的部长会议每两年举行一次，由其间担任主席的国家主持。2006—2017年，担任北极理事会主席的五个国家（丹麦、挪威、瑞典、美国、芬兰）筹备了一系列共同议题和首要议题。芬兰成为北极理事会2017—2019年的主席国。主席国既要负责协调部长级会议的安排，又要负责协调部长级会议前举行的两次北极高级官员会议。

北极理事会还为北极原住民提供了参与北极治理议题讨论的途径，主要方式是建立了永久参与方制度。永久参与方包括：阿留申国际协会（Aleut International Association），北极阿萨巴斯卡理事会（Arctic Athabaskan Council），哥威迅国际理事会（Gwich'in Council International），因纽特北极圈理事会（Inuit Circumpolar Council），萨米理事会（Sami Council），俄罗斯北部、西伯利亚及远东地区原住民协会（Russian Association of Indigenous Peoples of the North, Siberia and Far East）。[2]

（二）北极圈论坛

北极圈论坛成立于2013年4月15日，是继北极理事会之后另一个致

---

[1] 参见北极理事会任务组简介（http://www.arctic-council.org/index.php/en/about-us/subsidiary-bodies/task-forces）。

[2] Page Wilson, "Society, Steward or Security Actor? Three Visions of the Arctic Council", *Cooperation and Conflct*, Vol. 51, No. 1, 2016.

力于北极治理的政府间国际组织，是当前地理覆盖最大、涉及产业领域最多、参与方来源最广的北极事务国际协商平台。它的责任就是在北极问题讨论过程中，促进北极国家和非北极国家的政府首脑、企业家、环境专家、科学家、原住民代表和其他利益攸关方之间的对话。

北极圈论坛每年十月都会在冰岛的雷克雅未克（Reykjavik）召开大会。除此之外，北极圈论坛还会针对特定的主题组织小型的论坛，例如2015年的阿拉斯加和新加坡论坛、2016年的魁北克和格陵兰岛论坛、2017年在苏格兰爱丁堡举办第六届论坛。北极圈论坛在雷克雅未克设有秘书处，负责组织北极圈论坛大会和专题论坛，以及与合作伙伴国政府、媒体以及其他北极利益攸关方的交流工作。

（三）北方论坛

第三次北方地区会议（Third Northern Regions Conference）于1990年在阿拉斯加安克雷奇（Anchorage）召开，这次会议的主题是"改变世界的合作"，提倡建立起政府间国际组织"北方论坛"（Northern Forum），旨在"提高北极地区、北极国家以及国际组织和北极相关决策的国际影响力"，1991年北方论坛正式建立。

北方论坛的成员来自北极国家的总统、总理等政府首脑，以及省长、州长等地方官员。目前包括了亚伯特（Alberta）、魁北克（Quebec）、努勒维特（Nunavut）和育空地区的行政长官。除此之外，商业组织、非营利组织和非政府组织也可以参与北方论坛。

北方论坛的职责包括两个方面：一是和地方领导人进行共同治理议题的知识分享和经验交流来提高北极地区人民的生活水平；二是通过国际多边会议的方式来促进北极地区的可持续发展，推动社会—经济合作的进行。

（四）北极经济理事会

北极经济理事会是一个独立的政府间国际组织，致力于促进各国企业在北极的商务活动，力图通过良好实践、技术合作、标准建立与信息共享促进北极经济发展。北极经济理事会分为成员国、原住民组织、无投票权伙伴三级构架。具有决策投票权的是北极八国和六个原住民组织，无投票权伙伴包括"非投票伙伴"（Non-Voting Partner）和"永久伙伴"（Permafrost Partner）。

北极经济理事会的具体工作主要由工作组负责执行,由治理委员会和秘书处予以机制保障。① 工作组的业务主要服务于北极地区特定的商业领域,例如基础设施领域(海运、通信、航空)、能源产业(石油、天然气与可再生能源)、采矿业、旅游业、渔业、人力资源。工作组的职责包括为确定经济项目提供资金与行政支持、落实该经济项目、向北极经济理事会汇报项目执行进度。各个工作小组的运作周期为1—2年不等,这取决于风险评估、实施保障等因素。此外,工作组以北极经济理事会的行动目标为导向,旨在提出负责任的北极经济可持续发展方案。这些行动目标包括如下五个方面。

一是增强北极国家之间的市场联系,致力于消除北极国家间的贸易壁垒。二是促进稳定且可预测的监管框架,为所有北极利益攸关方提供可预测的监管环境,建立共同的、高水平的监管标准。三是为北极地区基础设施建设招商引资,促进跨区域合作伙伴关系。四是加强官产学之间的信息交流,巩固北极地区负责任经济增长的制度基础。五是保护北极居民的传统文化和知识,促进本土中小企业发展。②

当前,北极经济理事会已经建立了滚动式三年规划——《北极经济理事会战略规划(2016—2018年)》(AEC Strategic Plan 2016 - 2018),一套完整的议事规则(Rules of Procedure)以及成员期限和条件(Membership Terms and Conditions)。《北极经济理事会战略规划(2016—2018年)》建立在三个支柱上:组织、管理和经济增长。组织支柱是北极理事会正常运营和成功实施战略规划的规范保障。管理支柱为北极利益攸关方和北极经济理事会成员之间的合作和管理提供机制保障。经济增长支柱则为构建北极地区经贸网络、促进北极可持续发展提供物质保障。

北极经济理事会与北极理事会紧密协作,在环北极特定经济领域,共同提供国际合作的政策建议。③ 例如为了加强与北极理事会进行协调和对话,北极经济理事会同样选择轮值主席制度,为了确保战略规划

---

① 北极经济理事会的四个工作组包括:海运基础设施工作组,电信基础设施工作组,负责任资源开发工作组,传统知识、管理权和中小企业发展工作组。

② Tara Sweeney & Tero Vauraste, "Arctic Economic Council: Creating Parameters for Sustainable Economic Development in the Arctic", *Arctic Yearbook*, 2016.

③ Arctic Economic Council, "About Us" (https://arcticeconomiccouncil.com/).

的延续性，这些战略规划的期限与北极经济理事会轮值主席的任期相一致。

三 次区域国际组织对北极治理的规范供给

在北极国家中，有四个北欧国家（丹麦、芬兰、挪威、瑞典），它们与欧洲、俄罗斯有着很强的历史渊源。这些国家在北极地区的合作源于各国在俄罗斯西部、波罗的海、巴伦支海域以及整个北欧地区的共同治理议题，还包括北极公海海域的治理议题。北极地区最主要的合作事务包括北欧西部的东格陵兰主权归属问题、挪威—俄罗斯的巴伦支海划界问题，以及芬兰—俄罗斯之间的边界管控问题。举例来说，冷战时期，苏联舰队向巴伦支海域排放放射性污染物，对石油勘探和途经俄罗斯的北方海航道都造成了影响，而这些都会对北极地区造成长期影响，需要建立一系列的多边协调机制。因此，北欧成为北极次区域国际组织最多的地区。

（一）巴伦支海欧洲—北极理事会

巴伦支海欧洲—北极理事会（Barents Euro-Arctic Council）是巴伦支海域沿岸国家于1993年建立的政府间国际组织。成员包括：丹麦、芬兰、冰岛、挪威、俄罗斯、瑞典、欧盟委员会。观察员包括：加拿大、美国、法国、德国、英国、意大利、日本、荷兰、波兰。巴伦支海欧洲—北极理事会旨在促进芬兰、挪威、瑞典和俄罗斯在北极地区的合作。首要关注的是巴伦支海地区的经济、环保、科技合作，尤其是俄罗斯在科拉半岛的核废料清理工作。巴伦支海欧洲—北极理事会的决策机构是"高官委员会"（Committee of Senior Officials），每两年举办一次会议来商讨巴伦支海地区的治理事务，并采取轮值主席国制度，主席国任期两年，常务工作由设在挪威希尔科内斯（Kirkenes）的秘书处负责。巴伦支海欧洲—北极理事会下设五个工作组，即经济合作工作组（Working Group on Economic Cooperation）、环境合作组（Working Group on Environment）、交通与物流工作组（Working Group on Transport and Logistics）、投资与经济合作工作组（Working Group on Investments and Economic Cooperation）、原住民工作组（Working Group of Indigenous People）。如今，巴伦支海欧洲—北极理事会已经成为北欧地区有效的区域治理多边合作平台，并通过联合声明、"巴伦支计划"（Barents Plan）、区域合作协定等促进成员之间的合作与集体行动。①

（二）波罗的海国家理事会

波罗的海国家理事会（Council of the Baltic Sea States）是波罗的海地区 11 个国家于 1992 年建立的政府间国际组织。波罗的海国家理事会的成员由丹麦、爱沙尼亚、芬兰、德国、冰岛、拉脱维亚、立陶宛、挪威、波兰、俄罗斯、瑞典的外交部部长和欧洲委员会的代表组成，采取任期一年的轮值主席制度，并设有观察员和战略合作方。观察员包括：白俄罗斯、法国、匈牙利、意大利、荷兰、罗马尼亚、乌克兰、斯洛伐克、西班牙、英国、美国，而波罗的海论坛（Baltic Sea Forum）、波罗的海发展论坛（Baltic Development Forum）等 18 个非政府组织则被列为战略伙伴（Strategic Partner）。② 波罗的海国家理事会的决策机构是高级官员委员会（Committee of Senior Officials），由 11 个成员国的外交部高官和欧盟代表组成，常务工作由设立在斯德哥尔摩的秘书处负责。波罗的海国家理事会每年会交替举行波罗的海国家元首峰会和波罗的海国家部长级会议，至今颁布了三份指导性文件，即《波罗的海国家理事会职责》（Council of the Baltic Sea StatesTerms of Reference）、《波罗的海国家理事会秘书处职责》（Terms of Reference of the Secretariat of the Council of the Baltic Sea States）、《波罗的海国家理事会信息与沟通战略》（Council of the Baltic Sea StatesInformation and Communication Strategy）。③

（三）北欧理事会与北欧部长理事会

北欧理事会（Nordic Council）成立于 1952 年，是旨在推动北欧地区社会、经济、文化领域合作的国际组织，成员国包括丹麦、挪威、瑞典、芬兰、冰岛。北欧理事会的组织结构分为三个部分：主席团、常设委员会、秘书处。主席团由一名主席、四名副主席组成，每年改选一次。常

---

① Barents Euro-Arctic Council, "Document" (http://www.barentscooperation.org/en/About/Contacts/Search/Documents).

② Council of the Baltic Sea States, "Observer and Strategic Partners" (http://www.cbss.org/council/).

③ Council of the Baltic Sea States, "Strategic Documents" (http://www.cbss.org/council/coordination/).

设委员会由五个分委会组成，涉及经济、文化、法律、交通、社会和环境等领域。秘书处分为设在斯德哥尔摩的主席团秘书处，和设立在奥斯陆的部长理事会秘书处。① 为了便利成员国政府与北欧理事会的沟通，北欧理事会于1971年成立北欧部长理事会（Nordic Council of Ministers）。北欧部长理事会是北欧理事会的决策机构，凡是北欧部长理事会一致通过的决议，对各成员国具有约束力。但北欧部长理事会的召开，必须得到各成员国的明确支持。北欧理事会采取的是议会制决策方式，由87名议员组成，这些议员由各成员国的议会按不同名额推荐。② 北欧理事会达成的协议虽然不具有强制性，但其通过举办专题论坛，发表共同声明、倡议、决策咨询会等方式来营造国际公共舆论，使得北极理事会公布的协定最终被各成员国议会自愿采纳。因此，北欧理事会的建章立制过程，采取的是成员国立法机关之间的协商合作，来实现北欧国际治理规范在成员国之间的有效推广。

（四）西北欧理事会

西北欧理事会（West Nordic Council）是北欧西部国家（北大西洋地区）在1985年建立的政府间国际组织。该理事会成员包括丹麦、法罗群岛、格陵兰岛和冰岛。西北欧理事会的成员具有一些相近的历史，例如法罗群岛、格陵兰岛是丹麦的自治领，冰岛是丹麦的前属地，它们都高度关注北大西洋的渔业问题。西北欧理事会大会每年举办一次，是该理事会的权力机构。③ 西北欧理事会的工作由主席团负责执行。西北欧理事会的工作目标包括：通过西北欧国家间的协商，加强在渔业资源开发、环境污染治理等方面的合作，同时加强彼此间的议会沟通，推动各成员立法机构之间围绕共同关心的北极治理议题进行立法协调。

---

① Nordic Co-operation, "The Nordic Council" (http://www.norden.org/en/nordic-council/bag-om-nordisk-raad/members-of-the-nordic-council).

② 例如北欧理事会的议员名额分配如下：丹麦16名、芬兰18名、冰岛7名、挪威20名、瑞典20名，法罗群岛2名、格陵兰岛2名、奥兰群岛2名。奥兰（Aland）群岛又称阿赫韦南马（Ahvenanmaa）群岛，是芬兰的自治省，以瑞典语为官方语言。

③ Vestnordisk Rad, "Sekretariatet" (https://www.vestnordisk.is/).

（五）北极地区议员会议

北极地区议员会议（Conference of Parliamentarians of the Arctic Region）成立于1993年，是北极八国的议会以及欧洲议会（European Parliament）的议员进行沟通的多边平台，会议每两年举办一次，第十三届会议于2016年在芬兰举行。北极地区议员会议中也有永久参与方的参与，代表了原住民群体的利益，同时也设有观察员。

在非会议年期间，各国议会在北极的合作通过北极地区常任议员委员会（Standing Committee of Parliamentarians of the Arctic Region）来进行。常任议员委员会成立于1993年，其优先事项是支持北极理事会的工作，目前是北极理事会的观察员，并作为北极理事会工作讨论和行动实施的国家间议会论坛。[①] 北极地区议员会议及常任委员会承担着各国长期进行北极合作的责任，每年在不同的成员国举办4场左右的北极治理专题会议，议题涵盖北极航运、北极科研、原住民社区发展、北极气候变化等，并发表会议声明，以推动成员国立法机构间的沟通与协调。

（六）北方维度

欧盟在1999年提出了北方维度（Northern Dimension）行动计划，作为欧盟、冰岛、挪威、俄罗斯进行平等协商的次区域政府间协商平台，地理覆盖范围包括俄罗斯西北部、波罗的海、巴伦支海等近北极地区，加拿大和美国是北方维度的观察员。北方维度议会论坛（Northern Dimension Parliamentary Forum）是北方维度建章立制的权力机构。

北方维度重点关注的是欧盟和俄罗斯西部的关系，它所优先关注的合作领域包括：经济、商业和基础设施；人力资源管理、科教文卫、核安全和自然资源开发；跨区域合作等。北方维度通过以下伙伴关系模式来实施国际合作：北方维度环境伙伴关系（Northern Dimension Environmental Partnership）、北方维度公共卫生与社会福祉伙伴关系（Northern Dimension Partnership in Public Health and Social Well-being）、北方维度运输与物流伙伴关系（Northern Dimension Partnership on Transport and Logis-

---

① Conference of Parliamentarians of the Arctic Region, "Standing Committee"（http://www.arcticparl.org/committee.aspx）.

tics)、北方维度文化伙伴关系（Northern Dimension Partnership on Culture)。① 此外，北方维度研究所（Northern Dimension Institute）和北方维度商务委员会（Northern Dimension Business Council）负责相关科研和商务领域的政策沟通事务。

此外，一些北极原住民组织也逐渐具有国际影响力，主要包括如下两个。

一是因纽特极地理事会（Inuit Circumpolar Council）。因纽特极地理事会成立于1977年，现已成为代表阿拉斯加、加拿大、楚科奇（位于俄罗斯）和格陵兰岛十六万因纽特居民的国际非政府组织。因纽特极地理事会在联合国经济与社会理事会（United Nations Economic and Social Council）中拥有"特殊咨商地位"（Special Consultative Status)，这表明了它在原住民问题上的权威性和特殊性得到了联合国的认可。因纽特极地理事会每四年举行一次大会（General Assembly)，大会选举理事会主席和执行委员会。因纽特极地理事会的基本目标是：增强北极因纽特居民的凝聚力；维护因纽特人的合法权利；呼吁并制定保护北极环境的长期政策；在北极地区参与更多的政治、经济和社会发展方面的合作关系。为了维护因纽特人在北极经济开发中的合法权益，因纽特极地理事会于2017年公布了《因纽特人可持续使用北极生物资源》（Inuit Reaffirm Solidarity on Sustainable Use of the Arctic's living Resources）的声明，② 展示了因纽特人通过国际组织来捍卫本民族共同权益的决心。

二是萨米理事会。萨米理事会是芬兰、挪威、俄罗斯和瑞典等国的萨米群众组织在1956年建立的一个非政府组织。2008年通过的《萨米理事会宪章》明确提出萨米理事会的首要目标是捍卫萨米人的民族利益，加强萨米人作为一个民族和北极原住民的集体身份认同，通过加强与各级别国际组织的沟通与协调，以确保萨米人在相关国家的经济、社会、

---

① Northern Dimension, "Exploring the Northern Dimension" (http：//www. northerndimension. info/）.

② Inuit Circumpolar Council, "Inuit Reaffirm Solidarity on Sustainable Use of the Arctic's living Resources" (http：//www. inuitcircumpolar. com/uploads/3/0/5/4/30542564/press_release_inuit_reaffirm_solidarity_on_sustainable_use_of_the_arctics_living_resources. pdf）.

文化权利和共同利益，捍卫和提升萨米人的地位。① 执行委员会（Executive Board）和秘书处是萨米理事会的筹备机构。萨米理事会的决策机构是每四年举办一次的萨米大会，大会宣言是萨米理事会建章立制的重要成果，例如2013年《第20届萨米大会宣言》，就讨论有关萨米人和其他土著居民的权利护持和文化传承问题。②

第四节　北极治理规范供给过剩的根源与现实影响

当前国内外学界往往从国际社会需求的视角来看待北极治理的规范供给，偏重研究北极治理规范的供给不足问题，毕竟当前北极治理的规范供给明显滞后于现实需要。然而，是否北极治理的每个领域都出现了规范供给不足的问题？国际组织作为北极治理规范供给的重要主体，是否会出现围绕个别治理领域进行集中规范供给的可能？在此，本书通过梳理现有北极治理规范的供需态势，发现北极治理规范的总量供给不足，但在个别议题领域，则出现规范供给过剩的现象。在此，就北极治理的规范供给过剩问题进行阐述。

一　无序供给与需求压制：国际规范供给过剩的根源

广义上的国际规范供给过剩，通常是指在特定的国际治理议题领域内，国际规范的供给量多于国际社会的需求量。在政府间国际组织主导下的规范变迁中，尤其是具有普遍约束力的"硬法型"国际规范的建构过程中，往往会出现国际规范供给过剩的现象。

国际规范供给的无序性、国家对国际规范需求的压制，是造成国际规范供给过剩的两大核心因素。

一是从国际规范供给的主体来看，政府间国际组织之间的无序供

---

① Saami Council, "The Saami Council Charter" (http://www.saamicouncil.net/en/documents/charter/).

② Saami Council, "The 20th Saami Conference Declaration" (http://www.saamicouncil.net/fileadmin/user_upload/Documents/Julgg%C3%A1%C5%A1tusat/SR_mall_-_Kuellnegk_Neark_Declaration__2013.pdf).

给，是造成国际规范供给过剩的外在原因。这是因为，在无政府状态下，由于政府间国际组织在国际政治资源配置权力上拥有相对优势，所以在供给何种国际规范、采取何种规范供给与推广模式等问题上，往往由政府间国际组织决定，整个国际规范供给体系处于无序供给状态，这往往会造成多个国际组织围绕某一治理议题进行集中规范供给的现象。[①] 既然推广国际规范是国际组织增持"软权力"的必然趋势，那么为了提升影响力与权威性，各级国际组织必然会高度重视全球治理的规范需求，提升自身建章立制的能力与意愿，从而导致国际社会中的国际规范在数量和种类上都大幅增加。由于各个国际组织在推广某一国际规范的能力和收益预期方面存在差异，并且国际社会对相应国际规范的需求存在选择偏好，这就使得政府间国际组织相对于非政府国际组织，更有意愿、资源和能力去进行规范供给，而往往无视目标议题领域已经存在规范供给饱和的现实。[②] 事实上，就某一新兴的国际治理议题而言，为其提供国际规范的国际组织越多，就越容易造成国际规范供给过剩。

二是从国际规范供给的客体来看，国家对国际规范需求的压制，亦是造成国际规范供给过剩的内在原因。在全球和地区治理的实践过程中，随处可见国家出于维护主权与国家安全的考虑，竭力压制国际规范需求的做法。即使在政府间国际组织内部，其是否供给某一国际规范的决策，往往取决于成员之间的力量对比结构，以及内部利益集团是否管制此类国际规范需求的意愿。例如北极核污染问题已经逐渐影响到非北极地区，但由于北极环境保护与北极国家权力博弈之间存在固有的矛盾，相关国家出于国防安全与核工业信息保密的考虑，借助在联合国原子能机构等国际组织的影响力，长期回避甚至刻意阻碍国际社会构建北极核污染治理规范的需求。[③] 可以说，国家利用自身在国际组织中较高的影响力来刻

[①] Stanley Hoffmann, "The Role of International Organization: Limits and Possibilities", *International Organization*, Vol. 10, No. 3, 1956.

[②] Friedrich Kratochwil, John Gerard Ruggie, "International Organization: A State of the Art or an Art of the State", *International Organization*, Vol. 40, No. 4, 1986.

[③] 唐尧：《北极核污染治理的国际法分析与思考》，《中国海洋大学学报》（社会科学版）2015年第1期。

意管制某类国际规范需求的做法,造成了国际组织的建章立制过程长期滞后于国际治理的现实需要。甚至在国际组织建章立制的议题设置阶段,就刻意反对危及本国利益的倡议与提案,从而使得国际社会对国际规范的供给需求大多只能停留在意愿层面。即使是那些上升到规范构建阶段的议题,也往往是经过国家间利益妥协的产物,其规范供给的范围、规模也大幅收窄。从形式上来看,则表现为国际规范需求度的下降。

由此可见,国际规范供给过剩是国际社会非政府状态的必然产物。政府间国际组织作为协调国家集体行动的规范提供方,之所以常常被诟病于低效的建章立制进程,是因为"国家利益高于一切"的政治逻辑丝毫没有改变。国际组织"扎堆"供给国际规范的行为看似盲目,实则理性,因为那些能够被建章立制的议题,往往都是经过国家层层利益盘算之后残存的"无害"或者是"共利"议题。围绕这些议题进行规范供给,不仅较易进行规范推广,更有助于提升国际组织自身的权威性。虽然全球治理实践对国际规范的需求量极其巨大,但是国际规范的期望供给与现实供给仍存在较大差距,这就导致国际规范的供需呈现出常态化失衡状态。一些治理议题的国际规范供给相对饱和,而另一些治理议题则呈现出规范空白,因此,国际规范供给过剩是一种相对过剩。

二 北极地区国际规范供给过剩的表现形式

国际组织全面参与北极治理的规范供给进程,始于1987年戈尔巴乔夫旨在加强北极合作的"摩尔曼斯克"讲话,自此北极地区地缘政治形势开始转暖。苏联解体后,北极地区环境挑战、经济变化、地缘政治分歧催生了构建北极治理规范的现实需求。针对欧洲国家迫切希望加强北极地区环境治理国际合作、推动东西方共同维护北极稳定的需要,各类国际组织也将目光集中在北极治理的规范构建之上。以国际海事组织、北极理事会、北欧理事会为代表的国际组织,虽然对北极地区的稳定与可持续发展发挥了一定作用,但受到各国际组织建章立制的能力与意愿的制约,依然无法彻底解决北极治理规范供需失衡的困境。

北极治理规范的覆盖面与深度,相对滞后于北美和欧洲地区。虽然冷战后北极地区并不缺乏国际协商的机制平台，但大多停留在务虚层面，权威性相对较弱。一方面，由北极次区域国际组织推动的国际规范合作，往往为了提升规范运行成效，不仅窄化议题设置的范围，同时也会收紧利益攸关方的数量，这都导致北极治理的碎片化趋势。① 另一方面，由于北极国家普遍对非北极国家制度性参与北极事务持谨慎态度，而北极治理事实上又难以脱离全球治理的范畴，这就导致北极国家与非北极国家、北极区域性国际组织与全球性国际组织在北极治理的理念构建上存在较大的认知差异，使得北极地区政治经济规范的供给水平相对较低。冷战结束至今，加强北极地区治理成效的呼声不绝于耳，但为什么北极治理的规范供给难以摆脱低效发展的轨道？既然当今北极地区已经形成了全球—区域—次区域的国际规范供给网络，但为何各类国际组织在北极治理规范整合方面普遍呈现"乏力"状态？北极地区的规范供给过剩，将会导致何种后果？

北极治理的规范供给之所以出现相对过剩，主要由以下两个方面。

一是北极治理规范供给的议题范围相对窄化。北极不像南极那样是个无主之地，而是长期处于威斯特伐利亚状态，受到北极各国的国内法管辖。正是由于国家力量的强大，导致任何涉及领土划界、国防部署、军备管控的高级政治议题，都难以达成各国共识，更遑论产生相应的国际规范。然而，北极治理的紧迫性并不可能永远在北极国家间的利益角逐中踟蹰不前，北极国家也无力独自应对北极气候暖化造成的全球性影响。因此，北极治理规范的议题范围，逐渐集中到非传统安全领域中具有普遍性、急迫性的"共利型"议题（Common Interest Agenda），主要包括北极环保和北极航运两大主题。虽然北极环境治理是北极治理的重要组成部分，甚至可以说，包括北极航运、北极矿产开发、北极渔业发展、北极原住民权益保护等治理议题，都是北极自然环境改变带来的衍生品。然而，即使是如此具有跨国影响力和治理共识的议题，仍然难以逾越北极地缘政治格局与国家主权的制约。例如北极航运将彻底改变北极航道沿岸国的国防资源配置、推动国家发展重心的转移，但北极航道的主要

---

① Christoph Humrich, "Fragmented International Governance of Arctic Offshore Oil: Governance Challenges and Institutional Improvement", *Global Environment Politics*, Vol. 13, No. 3, 2013.

部分基本都位于俄罗斯、挪威、美国、加拿大的领海之内,随着非北极国家的船舶纷纷试水北极航道,随之而来的基础设施保障、人员搜救、船舶污染治理等问题,必然会产生对国际规范的精细化需求,这就产生了国际法与国内法的必然冲突。[1] 由此而言,即使国际组织纷纷将规范供给的领域转向北极治理的"低级政治"领域,也难免会触碰北极国家的主权底线。因此,北极地区留给各类国际组织建章立制的议题空间较为狭小,很容易导致集聚性供给过剩。

二是供给北极治理规范的国际组织相对较多。既然北极治理规范的现实需求与规范供给的可行性之间存在如此巨大的落差,那么各类国际组织是否会放弃北极治理这块"鸡肋"呢?答案自然是否定的。尽管在北极地区建章立制必然会与北极国家的主权捍卫正面相遇,但国际组织仍然有两大参与的理由——北极国家坚持在联合国框架内进行北极治理、合作与对话已经成为北极治理的时代主题。在全球化时代,北极地区已经不再是国际政治的"化外之地",也不是某些国家军事对峙的前沿阵地。换言之,北极治理正在日益"全球化",而这带来的必然结果,就是国际组织可以名正言顺地参与北极治理的进程。虽然北极地区仍然存在不稳定因素,尤其是2007年俄罗斯的北冰洋海底插旗事件曾一度造成"北极蓝色圈地运动",然而最终北冰洋沿岸国家还是选择了在联合国框架下进行划界协商,同时防止地区冲突升级。[2] 因此,在北极国家自我克制与国际社会的共同努力下,阻碍国际组织建章立制的战争风险处于可控范围之内,国际规范的供给渠道仍然保持畅通。在上述北极治理议题设置领域,都有若干个国际组织参与了相关规范供给过程。例如北极环境保护领域的规范供给方包括北极理事会、巴伦支海欧洲—北极理事会、波罗的海国家理事会;北极航运治理的规范供给方包括国际海事组织和北极理事会;北极经济开发的规范供给方包括北极圈论坛、北极经济理事会、北欧理事会、波罗的海国家理事会、巴伦支海欧洲—北极理事会、

---

[1] 中华人民共和国海事局:《北极航行指南(东北航道)》,人民交通出版社股份有限公司2014年版,第1—5页。

[2] Jon D. Carlson, "Scramble for the Arctic: Layered Sovereignty, UNCLOS, and Competing Maritime Territorial Claims", *SAIS Review of International Affairs*, Vol. 3, 2013.

北方维度；北极科考的规范供给方包括北极理事会、世界气象组织、国际北极科学委员会。这种围绕单一议题进行多方供给的状况，必然会导致规范供给的过剩。

总而言之，考察北极治理规范供给水平，不能绕开北极地区独特的地缘政治文化。冰封的北极长期在国际政治中被边缘化。北极国家在对待各自北方领土的态度上，采取的是以南方主导北方的策略。俄、欧、美之间的北极战略文化也呈现出较大差异，欧洲国家倾向于通过国际条约等法律文件来进行北极多边治理；俄罗斯则倾向于坚持传统的以军事实力为基础的单边主义，在北极治理上，采取双边优于多边的谈判思路；美国在北极领土的军事实力有限，更多的是采取观望策略；加拿大虽然作为北极大国，但其北极领土地广人稀且当地原住民具有法律上的自决权与资源所有权，因此加拿大在领土划界问题上采取与俄罗斯针锋相对的策略，同时也不忘在北极理事会等国际组织上积极争取议题倡议权。[①]此外，冷战期间导致北极国家分属不同阵营，国家间的信任度较低，各国高度警惕任何旨在削弱本国对北方领土主权的国际规范安排。这种历史记忆与思维惯性，使得北极国家在冷战结束后更偏重于采取非正式的规范来治理政治敏感度较低的议题，这对于纷纷参与北极治理的国际组织而言，就是构建具有咨询、建议但不具有约束力的"软规范"，而不是具有强制约束力的"硬规范"。正因为软规范的供给门槛与国家阻力较低，所以才导致国际组织趋之若鹜地集中参与规范供给。因此，在北极地区大量充斥着各类软规范，其议题内容存在重复交叠，造成一些国际规范的运行效率低下，甚至形同虚设。

三 北极地区国际规范供给过剩的现实影响

在北极地区，各类政府间国际组织对北极治理主导权的争夺，造成了该地区国际规范的低水平重复供给。在非传统安全的治理议题领域，相同或相似的国际规范之间彼此掣肘，不仅造成大量国际政治资源的浪费，更妨碍了该地区治理规范的实施效率。可以说，在推动北极治理国

---

① Jeppe Strandsbjerg, "Cartopolitics, Geopolitics and Boundaries in the Arctic", *Geo-politics*, Vol. 17, No. 4, 2012.

际合作的诸多动力中，国际组织提供的规范保证是核心动力，然而规范供给过剩问题，则是北极地区国际组织的建章立制过程总体运行效率不高的症结所在。

规范供给过剩与规范过度稀缺一样，都阻碍了北极治理的成效。北极地区国际组织无序供给所导致的规范过剩，对北极治理的影响主要表现在以下两个方面。

一是提升了国家的履约成本。北极国家往往兼具多个国际组织成员的身份，在"多重区域主义"的框架下，这无疑增大了国家进行政治协商的成本，同时也使得国家更倾向于双边而非多边磋商框架，毕竟前者更易达成合作协议，而后者付出的措施成本与履约约束相对更大。例如俄罗斯作为北极大国之一，兼具国际海事组织、北极理事会、波罗的海国家理事会、巴伦支海欧洲—北极理事会成员的身份，在相应国际组织开始制定和推广涉及北极航运、北极环保、北极渔业与自然资源开发等领域的国际规范时，俄罗斯都面临削弱本国对北极东北航道管辖权的风险，这使之往往有选择地参与相关北极地区国际组织建章立制的过程，并阻碍或延迟具有约束力的国际规范的决策过程。通常而言，北极地区国际组织具有两种运营策略：（1）坚持软法性，这是为了尽可能让相关国家尊重并承认本国际组织的合法地位；（2）坚持成员协商一致原则，这既是为了避免任何一个北极大国主导国际组织建章立制的议题设置，也是为了保护相对弱小国家的合理权益。总而言之，小国由于惧怕在与某些强国的双边磋商中位于劣势地位，而更希望在国际组织等多边框架下进行权益申索，通过出台国际规范来约束某些大国的行为；而大国出于国力优势，不希望过分受制于国际组织的规范制约，而更倾向于采取以双边协商为主、多边协商为辅的策略，尽可能地维护本国实力优势带来的影响力优势。因此，北极地区相对供给过剩的国际规范，无论是对北极大国还是北极小国，都带来了履约成本倍增、履约收益递减的尴尬境地，这就反过来迫使它们重新审视和挑选在北极国际组织中的有利身份，对某类具有权威性的国际组织进行集中资源投放与形象优化，以期实现成本与收益的平衡。

二是不同规范塑造不同行为体身份，多个国际规范并存，必然赋予相关国家不同的履约身份冲突，特别是在某一治理领域，难以形成统一的集体行动身份。事实上,即使是某一治理议题,各个国际组织进行规范供给的初衷并非完全一致。以北极航运治理为例,国际海事组织公布的《北极冰封水域船舶操作指南》(Guidelines for Ships Operating in Arctic Ice-Covered Waters),表面上是为了避免船舶对极地水域带来环境污染和人员伤亡,但本质上是为了维护非北极国家使用北极航道的合理诉求,毕竟全球海运大国大多来自非北极地区。[1] 北极理事会公布的《北极海洋船舶评估》,表面上是加强在联合国框架下进行北极航运安全合作,但本质是提升北极国家在北极航运治理领域的规范话语权。[2] 例如加拿大作为北极理事会成员国和国际海事组织 A 类理事国,一方面要维护本国对境内北极航道的管辖权,坚持北极西北航道是加拿大内水,他国不经加拿大政府同意不得随意进入。但另一方面,国际海事组织相关国际规范又往往将西北航道定义为公共水域,要求加拿大维护他国船舶在北极地区的公海自由航行权。事实上,北极航道沿岸国家都面临履约身份冲突的问题,这不仅造成北极国家的主权利益与其他国家合理使用北极航道权益之间的冲突,同时也造成全球性国际组织与区域性国际组织在北极航运治理规范供给方面的理念差异,最终将加剧北极国家对北极治理规范偏好的分散,造成较为严重的履约资源损耗与国际规范的低效运行。

总而言之,北极地区国际供给过剩是冷战结束至今,国际组织在该地区进行大规模建章立制实践的产物。当前,以地缘政治与气候政治为基础的北极治理,已经初尝了无序国际规范供给模式所带来的苦果。各个北极利益攸关方都通过国际组织来竭力争夺北极治理规范的主导权,大量相对过剩的国际规范必然会引起治理成效的低下,同时也会促进不同国际规范供给主体之间的竞争。可以预见,随着国际组织参与北极治理规范供给的热情逐渐冷却,过剩的国际规范之间必然会出现优胜劣汰的生死之战。这就自然引出了新的研究问题:从规范过剩到规范竞争,国际组织的角色如何转型?

---

[1] International Maritime Organization, *SOLAS*: *International Convention for the Safety of Life at Sea*, 1994 *amendments*, London: IMO, 1995, p. 24.

[2] Molenaar, E. J., "Current and Prospective Roles of the Arctic Council System within the Context of the Law of the Sea", *The International Journal of Marine and Coastal Law*, Vol. 27, No. 3, 2012.

第 四 章

国际组织与北极治理的规范竞争

在具有天然局限性的北极治理框架中，相对过剩的国际规范供给，必然导致国际规范之间、供给国际规范的国际组织之间进行竞争，这亦是北极治理规范体系变迁的核心动力。国际规范的存续，取决于其背后的国际组织是否能在北极治理中拥有权威地位和物质资源。

由于物质资源和权威地位都具有稀缺性，这就使得国际规范之间的激烈竞争，已经超过了国际规范自身的存续范畴，而是上升为供给国际规范的国际组织制度性参与北极治理的可持续性问题。从这点来看，北极治理的规范竞争，必然导致国际组织面临巨大的选择性压力。换言之，北极治理规范之间的竞争本质，就是以国际组织为核心的国际规范体系之间的竞争。在北极独特的治理环境下，国际规范的竞争是规范治理体系演化的必然要求，随着时间的延展而呈现出非预期性的结果。

第一节 国际组织合法性危机与北极治理规范竞争

后冷战时代相对和平的国际大背景，为国际组织带来了参与北极治理的窗口期。然而无序的规范供给所造成的规范相对过剩，不仅增大了国际行为体对国际规范的选择压力，更使得各类北极地区国际组织的建章立制行为面临着"合法性危机"。国际规范的合法性危机是指国际社会及其成员对国际规范的认可度与接受度下降的状态，进而削弱了供给该国际规范的国际组织的权威性与影响力。由此可以看出，合法性是国际行为体遵守国际规范的先决条件，而合法性的弱化，则直接影响国际规范的全球推广。① 可以说，导致国际规范之间进行竞争的根本原因，是"合法性危机"给国际规范及相关国际组织带来的生存焦虑。在规范供给过剩的现状下，各个国际规范为了获得推广的权力与机遇，就必须高度重视参与北极治理的国际行为体对自身的认可度，从而开展争夺国际社会认可度的竞争。

本书认为，在北极治理的独特图景下，国际规范供给过剩导致国际规范的合法性危机，而国际规范间的竞争不过是源自后者的必然结果。在供过于求的现状下，每一个国际规范都将面临"合法性"相对下降的问题，从而最终都将处于一个演进节点——是"再合法化"还是"去合法化"。如果能够在竞争中脱颖而出，则能够获得北极地区国际行为体的认可，提升规范推广的效果；如果无法有效管理合法性危机，则很可能进一步失去国际行为体的认同，从而难以推广，最终走向失效。可以说，北极治理国际规范之间的竞争，是一场围绕合法性展开的多元博弈，合法性的高低直接关乎规范推广的机遇大小，因此，应对合法性危机的能力强弱，则决定了国际规范的生命轨迹与演进成败。

那么，北极地区国际规范之间的竞争，主要表现在哪些方面呢？本书认为，当前北极治理规范，已经历经了自由供给—供给过剩—自由竞争的阶段，要理解国际规范之间的竞争态势，需要思考三个问题：一是国际规范的理念是否符合时代主题？二是国际规范是否具有治理成效？三是国际规范的生成程序是否公正？

一 北极治理规范的理念之争

既然国际规范的合法性来源于国际社会及其成员对其的认可度，那么这就涉及该规范所蕴含的价值理念，在多大程度上能够引起国际行为体的认同。直言之，国际规范的理念之争，就是一场谁的元理念（Source Value）更契合当前国际主流价值观的博弈。

任何一个国际规范通常都有特定的价值结构，价值结构及其叙事方

---

① Page Wilson, "Society, Steward or Security Actor? Three Visions of the Arctic Council", *Cooperation and Conflict*, Vol. 20, No. 1, 2015.

式是国际规范合法性的重要来源。①如果价值结构能够符合国际道义的主流价值观,则无疑会提升国际规范及其相关实施标准的正当性,在规范推广的过程中,易于被国际行为体接受,并融入甚至指导围绕治理议题的集体行动。正是由于国际规范的这种社会属性,使得各个国际规范之间的竞争,就集中在争夺国际道义制高点和全球善治的话语权上。

由此来看,国际组织作为北极治理规范的主要倡导方,往往将原则性的价值理念框定在规范构建的过程之中,以尽可能地符合北极治理议题的国际公认伦理向度。换句话说,若想在国际规范竞争中胜出,就必须确保自身秉持的理念与全球主流价值观相一致。②从北极治理的规范推广环境来看,各类国际组织必须确保自身倡导的国际规范能够获得可持续的社会资源支持。由于北极治理的社会资源较为有限,特别是来自北极国家的支持与认可,被国际组织视为确保国际规范正常运行的核心社会资源,因此围绕同一治理议题的国际规范之间,必然展开对社会资源分配的竞争。由于北极治理的行为主体往往也位于全球治理的体系之内,它们认同和接受北极治理规范的重要标准之一,就是看北极治理规范所秉持的理念是否与全球治理主流理念相契合。北极治理规范所蕴含的理念与全球治理主流价值观的差异度越小,则合法性越高,获得的社会资源也就越多,由此进行规范推广的成功率就越高,反之亦然。因此,在与其他国际规范进行竞争的过程中,各个规范倡导方都会竭力宣传本规范所蕴含的国际道义性,尤其是与全球治理主流价值观的相似性,以改变国际行为体对北极治理议题的认知框架,最终提升对本规范的相对认可度。

之所以规范倡导方高度重视国际行为体对北极治理议题的认知框架,是因为国际规范的理念与国际行为体的认知框架契合度越高,国际行为体对国际规范的认可度就越高,换言之,国际规范的权威地位就越巩固。③例如,北极理事会成功地将北极环境保护议题塑造为原住民可持续

---

① Nicole Dubois, *A Sociocognitve Approach to Social Norms*, London: Routledge, 2003, pp. 3–4.
② [美] 沃尔特·W. 鲍威尔、保罗·J. 迪马吉奥主编:《组织分析的制度主义》,姚伟译,上海人民出版社2008年版,第169—170页。
③ John T. Jost & Brenda Major, *The Psychology of Legitimacy—Emerging Perspectives on Ideology, Justice, and Intergroup Relations*, Cambridge: Cambridge University Press, 2001, p. 418.

发展的人权议题。通过提出北极环境保护关乎各国人民福祉，使得北极国家不得不承认北极理事会是北极环境保护规范的主体倡议方，使之位于国际环境治理的道义制高点。北极理事会在获得规范倡导合法性的同时，还将北极保护的举证责任转移给北极国家，迫使它们必须对是否履行北极环保规范进行道德权衡，以证明认可并履行北极理事会的北极环保规范，其人道主义收益远大于履约成本。作为受北极环境变化影响最大的原住民群体，其生存权与发展权也与北极环境治理规范的合法性紧密相连。事实上，北极理事会供给的北极环保治理规范不仅获得了北极国家的一致认可，还将北极原住民作为永久参与方纳入北极理事会的决策机构，从而在规范设置领域，打破了北极国家对北极治理事务的垄断。

二 北极治理规范的成效之争

成效问题是研究国际规范博弈的重要视角。[①] 既然国际规范都是围绕特定治理议题而展开，那么能在多大程度上聚拢国际力量去解决这个治理议题，则是该国际规范的核心功能。国际规范能否提升受其约束的国际行为体的集体收益，则是评价其是否具有合法性的重要指标。[②] 然而，并非每个国际规范都能够在缺乏合作传统的北极地区，为治理议题提供行之有效的解决方案。[③] 应该承认，各类国际组织所倡导的国际规范，在北极治理过程中的可操作性与预期治理成效方面存在差异。正是由于这种治理成效的差异性，才导致治理成效高的国际规范逐渐获得国际行为体的广泛认可，从而具备合法性；而治理成效低下的国际规范，则难以获得合法性，并最终走向消亡。总之，一个国际规范的治理成效越高，则合法性越高，在规范竞争中就更易胜出。

理解国际规范的治理成效，可从三个方面进行思考：一是该规范能

---

① Oran R. Young, Leslie A. King, Heike Schroeder. ed. , *Institutions and Environmental Change—Principal Findings, Application, and Research Frontiers*, Cambridge: MIT Press, 2008, pp. 78 - 80.

② Helmut Breitmeier, *The Legitimacy of International Regimes*, Farnham: Ashgate, 2008, pp. 20 - 21.

③ Friedrich V. Kratochwil, *Rules, Norms, and Decisions—on the Conditions of Practical and Legal Reasoning in International Relations and Domestic Affairs*, Cambridge: Cambridge University Press, 1989, pp. 70 - 71.

否有效解决国家间的合作问题？二是能否促进国家转变国内政策？三是能否塑造国家间的集体行动模式？

首先，北极治理规范的目标是针对特定议题促进国际行为体之间的合作，这既体现了规范供给方对该议题领域所持的世界观，也界定了集体行为的基本逻辑与资源分配的基本原则。国际规范能够提供北极治理环境及其治理主体的相关信息以减少不确定性，同时通过塑造各行为主体对治理议题的认知而重塑治理行为体的身份与利益诉求，最终进行国内政策的调适。北极治理主体之所以关注国际规范，就是因为后者有可能解决北极治理主体普遍面临的主权护持与合作诉求之间的两难困境。由于在北极治理实践中，同一议题往往存在多个国际规范，因此，这些规范之间会出现常态化的竞争和再平衡，[①] 不同的国际规范采取不同的均衡路径，对治理议题的资源分配亦不相同，最终形成规范治理成效上的差异。

其次，国际规范引导北极国家进行政策革新和作出公共承诺，从而实现北极治理的目标。北极地区的物质资源与社会资源严重稀缺，国际行为体参与北极治理的初衷就是借助国际规范的力量以获取这些稀缺资源。[②] 国际规范之间的竞争则逐渐集中在国际行为体接受、内化国际规范的主动性上。在特定的治理议题上，哪个国际规范能够为之带来上述利益，国际行为体就会主动接受该规范，并改变国内政策体制，此举又可能引起其他国际行为体的纷纷效仿，从而进一步增强了该国际规范的合法性。

对国际规范的成效判断可分为初级、中级、高级三个阶段。在初级阶段，则表现为通过劝服（Persuade）、制裁（Sanction）、激励（Motivate）等方式来诱使国际行为体接受本规范，并作出公共承诺。例如北极国家公开承诺尊重北极理事会的权威，并批准北极理事会在海洋环境保护、海上人员搜救、北极科考等方面的国际协定。[③] 在中级阶段，则表现

---

① Masahiko Aoki, *Toward a Comparative Institutional Analysis*, Cambridge: MIT Press, 2001, p. 14.

② Frank Schimmelfennig, Stefan Engert and Heiko Knobel, *International Socialization in Europe: European Organization, Political Conditionality and Democratic Change*, New York: Palgrave Macmillan, 2006, p. 5.

③ Rodger A. Payne, "Persuasion, Frames and Norm Construction", *European Journal of International Relations*, Vol. 7, No. 1, 2001.

为促进国际行为体内化国际规范,并在国内政治、经济、安全等方面进行相应的制度革新与政策调整。在高级阶段,则是国际行为体实现国内政策调整与国际规范遵守的协调统一,实现对国际规范的遵约惯例化与常态化。需要指出的是,国际行为体对国际规范的接受颇具功利性,当国际规范提供的预期社会与物质利益逐渐消失时,国际行为体就有可能选择违约并收回公共承诺,转而寻找其他的替代性国际规范。这也从另一个方面表明,国际规范的成效之争是个常态化且不断自我提升的过程。

最后,国际规范的协调功能,可以缓解国家主权理性与合作收益之间的矛盾,从而提高国家采取集体行动的意愿与投入。冷战造成的北极国家间长期缺乏互信的状态,使得各国一方面高度重视捍卫国家主权,另一方面又急切需要国际合作来应对跨国治理问题。国际规范作为外部协调机制,能够惯例化国际交往和合作的多个层面,提供协调国际行动的模板。[1] 由于不同国际规范的国际协调能力存在差异,在提升国家间集体行动收益方面自然有所不同,从而不一定都能说服国家采取集体行动。

三 北极治理规范的公正性之争

公正是国际规范合法性与公信力的重要来源,亦是国际秩序构建的首要道德标准。[2] 国际规范公正性的重要组成元素,就是国际行为体是否认为被公平对待。国际行为体特别是民族国家都希望国际规范能够传递这样一种信息:无论本国是强是弱,是大是小,都能在权利与义务方面被一视同仁。作为国际规范的遵约方,不仅会具有较高的国际地位,同时也能增强国家的自信心。只有那些经历了国际规范构建与履约程序公正的国际行为体,才能认可该规范并自愿遵约。同理,国家通常利用与集体行动成员国资格相联系的国际地位来界定自我价值,且以此作为巩固国家尊严的重要途径。[3] 因此,国际规范的公平性有利于国际行为体形

---

[1] [美]玛格丽特·E. 凯克、凯瑟琳·辛金克:《超越国界的活动家:国际政治中的倡议网络》,韩召颖、孙英丽译,北京大学出版社2005年版,第19—20页。

[2] [美]约翰·罗尔斯:《正义论》,何怀宏、何包钢、廖申白译,中国社会科学出版社2006年版,第3—4页。

[3] John T. Jost & Brenda Major, *the Psychology of Legitimacy*: *Emerging Perspectives on Ideology, Justice, and Intergroup Relations*, Cambridge: Cambridge University Press, 2001, p.417.

成对该规范的良性认知，进而认可该国际规范具有权威性，从而自愿遵循相关的履约义务。

在北极地区错综复杂的地缘政治格局中，各个国际组织在供给国际规范的同时，难免会受到相关大国的影响。因此，在治理规范构建与推广过程中，会出现程度不一的歧视性规定。国家对相关治理规范的公平性进行评估时，它们的关注焦点必然是倡导该国际规范的构建程序是否公平。因此可以说，国际组织能够依据程序公平原则实行规范构建时，其倡导的国际规范就具有较强的合法性。反之，如果该国际组织主要根据权力原则进行规范构建时，其倡导的国际规范则必然存在歧视性规定，合法性自然下降。例如由北极八国共同倡议成立的北极理事会，从成立伊始就明确界定了北极国家是北极治理的主体，任何非北极国际行为体只能作为北极理事会的观察员，而不可能升级为成员。随着越来越多的非北极国家和国际组织关注北极治理事务并提出加入北极理事会的诉求，为了维护北极理事会的权威性，北极理事会在 2013 年 5 月 5 日颁布了《基律纳宣言》，明确提出非北极国家只有在承认"北极国家在北极地区的主权和管辖权"的前提下，才可申请北极理事会的观察员地位。组织程序上的不公平自然导致规范供给上的歧视性政策，例如北极理事会2011 年出台的《北极海空搜救合作协定》（Agreement on Cooperation on Aeronautical and Maritime Search and Rescue in the Arctic），就规定了只有北极国家才享有相关的权利与义务。2017 年 5 月 11 日，北极理事会费尔班克斯部长级会议出台了《加强北极国际科学合作协定》（Agreement on Enhancing International Arctic Scientific Cooperation），要求北极八国开放本国北极领土的科考基础设施以供其他成员科考所需，并实现内部科研成果共享机制。例如第七条"数据获取途径"第二款规定："签约国应在本协定框架内，向其他签约国及时公布科考元数据、结论数据、科研成果"，[①] 而观察员则需在得到成员国同意的前提下，才能得到有限的分享信息。由此可见，北极理事会的规范构建仍然受到国家权力的影响，在程序上存在明显的非公平性，面对非北极国家参与北极

---

① Arctic Council, *Agreement on Enhancing International Arctic Scientific Cooperation*, Fairbanks, U. S. A.：May 11, 2017, p. 3.

治理的利益诉求，北极理事会采取了提高制度性壁垒的做法，必然削弱了其出台各类北极治理规范的合法性和竞争力。

第二节　国际组织权威性与北极治理规范体系竞争

随着北极治理的领域范围不断扩展，精细化治理的需求日益强烈。在北极治理的实践过程中，不同层次的国际组织倡导的各类国际规范，进行着激烈的规范性话语权竞争。北极治理规范之间的竞争属于战术层面的竞争，聚焦于具体规范的合法性问题，而北极治理规范体系之间的竞争属于战略层面的竞争，聚焦于该规范体系的权威性问题。国际组织作为国际规范倡导的主体，以它为核心的北极治理规范体系，其权威性不仅取决于该体系产出的高合法性国际规范的数目，还取决于与其他北极治理规范体系进行竞争的相对优势。

一　北极治理规范体系的内涵与分级

北极治理规范体系是指：在北极治理的场域内，由特定国际组织倡导的北极治理规范按其内部联系所组成的有机整体。评估某个北极治理规范体系的权威性，通常以国际认可度与"硬法化"作为指标。国际认可度是指：认可该国际规范体系及其倡导的国际规范的国际行为体数目，数目越多，该国际规范体系的国际认可度就越高，对国际治理的引领效应就越强。"硬法化"是指：国际规范体系推广具有约束力并被普遍遵守的国际规范的能力。"硬法化"程度越高，表明国际规范体系的权威性就越高。判断一个国际规范体系是否具有权威性，应该从五个方面进行思考，包括规范体系的内部组织机构是否完整、规范倡导领域是否全面、规范实施是否具有可操作性、决策程序是否公正合理、规避违约风险的惩罚机制是否健全等。据此，北极治理规范体系大致可分为权威规范体系、准权威规范体系和非权威规范体系三类。

权威规范体系是指：以具有高度国际威望的全球性国际组织为核心，能够在全球层面被大多数国际行为体高度认同的规范体系，能够出台具有普遍约束力的国际规范。联合国及其下属的国际海事组织是北极地区权威规范体系的核心。国际海事组织作为全球公认的权威海事机构，颁布了一系列具有强制约束力、且适用于北极地区的海洋管理规范，主要分为五个大类。一是北极国家领海主权规范，主要是指《联合国海洋法公约》（United Nations Convention on the Law of the Sea）。二是北极航运管理规范，包括《北极冰封水域船舶操作指南》（Guidelines for Ships Operating in Arctic Ice-covered Waters）、[1]《极地水域船舶操作国际规则》（International Code of Safety for Ships Operating in Polar Waters）、《国际集装箱安全公约》（International Convention on Safe Containers）、《偏僻海域营运客船航行计划导则》（Guidelines on Voyage Planning for Passenger Ships Operating in Remote Areas）、《国际海上避碰规则公约》（Convention on the International Regulations for Preventing Collisions at Sea）、《1966 年国际载重线公约 1988 年议定书》（Protocol of 1988 relating to the International Convention on Load Lines, 1966）等。三是北极海上人命安全保障规范，包括《国际海上人命安全公约》（International Convention for Safety of Life at Sea）和《国际海上搜寻救助公约》（International Convention on Maritime Search and Rescue）等。四是北极海洋环境保护规范，包括《国际船舶安全操作和防止污染管理规则》（International Safety Management Code for the Safe Operation of Ships and Pollution Prevention）和《国际船舶压载水和沉积物控制与管理公约》（International Convention for the Control and Management of Ships Ballast Water and Sediments）。五是北极船员管理规范，例如《海员培训、发证和值班标准国际公约》（International Convention on Standards of Training, Certification and Watch keeping for Seafarers）。[2] 其中，《联合国海洋法公约》是北极治理秩序的宪法型国际规范，获得区域内外国家的广泛认可。国际海事组织通过推广这些规范，逐渐在北极海洋环境保护与航运安全领域树立了较高的权

---

[1] International Maritime Organization, "Guidelines for Ships Operating in Arctic Ice-covered Waters"（http：//www.gc.noaa.gov/documents/gcil_1056 – MEPC-Circ399.pdf）.

[2] 彭晓星：《中文船舶遇险报警综合操作系统的研究与开发》，《中国航海》2010 年第 4 期。

威性。

准权威规范体系是指：以具有较高国际威望的区域性国际组织为核心，能够在区域治理层面被相关国际行为体认同的规范体系，能够出台具有有限约束力的国际规范。这里的有限约束力是指规范的约束对象限定为特定的国际行为体，规范约束力局限在特定的治理议题和地理范围内。北极理事会是北极地区准权威规范体系的核心。北极理事会作为北极地区最大的政府间协商平台，颁布了一系列针对北极非传统安全议题的非强制性规范。但近年来北极理事会的"硬法化"程度不断加速，至今已经出台了三部对北极八国具有约束力的国际规范。北极理事会采取了"软法引导+硬法保障"的规范推广模式，从政策建议型的政府间高级协商论坛，转变为政治决策型的国际组织。北极理事会构建的规范体系包括三个部分，一是政策导向性规范，包括北极高官会议报告（Senior Arctic Officials Report）和部长级会议文件，例如《北极理事会观察员手册》（Arctic Council Observer Manual）就为非北极观察员设置了准入规范，即观察员必须承认"北极国家在北极地区的主权、管辖权，以及包括《联合国海洋法公约》在内的广泛法律框架在北冰洋的适用性"。[1] 二是对北极国家具有约束力的规范，包括《北极海洋油污防治与应对合作协定》（Agreement on Cooperation on Marine Oil Pollution Preparedness and Response in the Arctic）、《北极海空搜救合作协定》（Agreement on Cooperation on Aeronautical and Maritime Search and Rescue in the Arctic）和《加强北极国际科学合作协定》（Agreement on Enhancing International Arctic Scientific Cooperation）。三是由北极理事会下属工作组出台的专业性政策建议报告。北极理事会通过常设的六个工作组进行北极治理专业性规范倡导，即北极污染物行动计划工作组；北极监测与评估计划工作组；北极动植物保护工作组；紧急预防、准备与响应工作组；北极海洋环境保护工作组；可持续发展工作组。[2] 相关规范包括《减缓北极黑碳和甲烷排

---

[1] Arctic Council, *Senior Arctic Officials (SAO) Report to Ministers*, Nuuk: Arctic Coucil, May 2011, p. 50.

[2] 参见北极理事会工作组简介（http://www.arctic-council.org/index.php/en/about-us/working-groups）。

放的建议》（Recommendations to Reduce Black Carbon and Methane Emissions to Slow Arctic Climate Change）、①《北极电信基础设施评估报告》（Telecommunications Infrastructure in the Arctic：A Circumpolar Assessment）等。②

非权威规范体系是指：以具有一定国际威望的区域或次区域国际组织为核心，能够在区域和次区域治理层面被相关国际行为体认同的规范体系，通常只能出台无约束力的国际规范。北极地区非权威规范体系相对较多，各种专业型的区域和次区域国际组织是此类规范体系的核心，包括针对北极经济开发的北极经济理事会、北极圈论坛等，针对北极次区域综合治理的巴伦支海欧洲—北极理事会、北欧理事会、波罗的海国家理事会等，以及针对北极原住民事务的北方论坛等。由于北极地缘政治格局的特殊性，使之在区域、次区域多边合作框架下，常常出现规范构建务虚重于务实的现象。尤其是上述国际组织普遍采取政府间平等协商和柔性治理的策略，通常选择出台软法规范，而缺乏能力，甚至无意愿制定有约束力的规范。但正是这些不具约束力的软法规范，赋予了上述国际组织进行规范倡导的合法性。可以说，北极治理存在大量软法规范，反映出各种非权威规范体系对于存在感与合法性的追求。

二　北极治理规范体系竞争的演化路径

北极治理规范之间的竞争和相应北极治理规范体系之间的竞争，是相辅相成、紧密相连的关系。国际规范之间的合法性竞争结果，关乎各自背后的国际规范体系权威性的升降。如果某一国际规范体系所倡导的国际规范，总是难以获得有效推广，那么这个规范体系的权威性必然会不断下降，即使是权威规范体系，也会逐步降格为准权威规范体系，甚至是非权威规范体系。反之，如果某一规范体系所倡导的国际规范，总

---

① Arctic Council Task Force on Short-Lived Climate Forcers, *Recommendations to Reduce Black Carbon and Methane Emissions to Slow Arctic Climate Change*, 2013（https：//oaarchive.arctic-council.org/bitstream/handle/11374/80/MM08_ACTF_SLCFsFinalSummaryReport_English_5 – 13 – 2013%20%283%29.pdf? sequence = 1&isAllowed = y）.

② Arctic Council Task Force on Telecommunications Infrastructure in the Arctic, *Telecommunications Infrastructure in the Arctic*, 2017（https：//oaarchive.arctic-council.org/bitstream/handle/11374/1924/2017 – 04 – 28 – ACS_Telecoms_REPORT_WEB – 2.pdf? sequence = 1&isAllowed = y）.

能获得国际行为体的认可和遵守,那么该规范体系就会逐渐具备推行有约束力规范的资源与能力,随之而来的是整体权威性不断上升,即使是非权威规范体系,也会逐步升格为准权威规范体系,甚至权威规范体系。

国际组织不仅是北极治理规范体系的核心,同时也是进行规范倡导与推广、监督与惩戒违规行为的重要国际行为体。[①] 国际组织创建新的规范后,一方面关注规范之间的合法性竞争,另一方面也关注自身与其他国际组织的权威性竞争。整体而言,通过规范来塑造国家行为,都是参与北极治理的各个国际组织的既定目标。为了践行这个目标,国际组织不仅要明确何种规范能够被尽可能多的国家接受,何种议题更适合规范倡导,同时也要考虑如何有效应对违约现象。从这个视角来看,北极治理规范体系的竞争主要集中在以下两个层面。

一种是以地理覆盖面为标志的水平层面竞争,侧重于认可规范体系的国家数目。在这个层面,同一北极治理议题领域的国际组织之间的交集较少,竞争的烈度较低。这些国际组织的规范倡导行为存在侧重点上的差异,为了尽可能吸引国家的关注,往往出台的是无约束力的倡议、宣言、政策建议等虚体规范,因此能够吸引不同类型、不同区域的国家接受国际规范。例如虽然北极理事会与国际海事组织都出台了涉及北极海事活动的规范,但前者侧重于北极航运带来的油污防治,履约对象是北极八国,尤其是北冰洋沿岸五国;后者侧重于北极航运安全的标准设置,履约对象是国际海事组织的所有成员国,尤其是那些参与北极航运的大国。以这两个国际组织为核心的北极治理规范体系竞争,还是局限于对规范体系内部的成员国进行规范推广的阶段,规范体系之间的竞争烈度相对较弱,只是在具体规范的倡导问题上存在合法性竞争。

另一种是以强制性规范的体系外推广为标志的垂直层面竞争,侧重于对国家行为的约束能力。当国际规范的推广范围覆盖了绝大多数北极治理的参与方,那么国际组织之间的权威性竞争就会围绕着"谁更能约束国家行为"的方向开展,因此逐渐出台国际条约、国际规则等有普遍

---

① Sanjeev Khagram, James V. Riker, Kathryn Sikkink, *Restructuring World Politics—Transnational Social Movements, Networks, and Norms*, Minneapolis: University of Minnesota Press, p. 14.

约束力的实体规范。这时候，各个国际规范体系都将进行内部规范与组织机构的重塑，不仅强化规范倡导的能力建设，巩固体系内成员对本体系所倡导规范的严格遵守，同时也加强对体系外成员的规范吸引。[1] 在垂直竞争阶段，国际组织间的规范倡导才真正具有体系性意义，相关国际组织不仅围绕同一北极治理议题进行高烈度的竞争性倡导行为，同时也通过出台有约束力的"硬法"规范来防范体系内成员的违约行为，在稳固既有遵约国家集团的基础上，逐渐实现体系外的规范推广。例如北极理事会通过设置观察员准入规范，一方面将非北极国际行为体纳入北极理事会主导的规范体系之内，另一方面又出台强制性的北极科考、搜救、海洋环境保护等硬法规范，凝聚北极国家间的战略共识以实现战略协调，防止因个别国家的违约行为而削弱北极理事会的权威性与公信力。可以说，以北极地区国际组织为核心的各个规范体系，都将面临权威性博弈的决策动力。

国际规范体系的本质是一个动态系统，其演变路径分为正向演变与反向演变两类，演变结果就是该国际规范体系国际权威地位的升级或降级，其中发生根本性转变的阶段性节点分别是进化点和退化点。进化点标志着非权威国际规范体系向准权威国际规范体系、权威国际规范体系演变，退化点标志着权威国际规范体系向准权威国际规范体系、非权威国际规范体系演变。国际规范体系倡导的新兴规范能否得到体系内大多数成员国或核心国家的认可，则标志着该规范体系临近了进化点，能够从出台不具约束力的咨询性规范，向出台具有约束力的权威性规范转变。[2] 反之，国际规范体系倡导的新兴规范得不到体系内大多数成员的认可和遵守，且无力应对成员的违约行为，则标志着该规范体系临近退化点，从出台具有较高权威性规范，转向出台非权威性的咨询性规范。

---

[1] Harrison Ewan, "State Socialization, International Norm Dynamics and the Liberal Peace", *International Politics*, Vol. 41, No. 4, 2004.

[2] [美]彼得·卡赞斯坦、罗伯特·基欧汉、斯蒂芬·克拉斯纳：《世界政治理论的探索与争鸣》，秦亚青、苏长河、门洪华、魏玲译，上海人民出版社2006年版，第310页。

第三节　北极海事管理与国际海事组织的权威护持

国际海事组织是全球公认的海事管理权威机构，其颁布的国际规范具有普遍公信力。在北极海洋环境保护与航运安全等规范供给领域，国际海事组织面临来自北极理事会等区域性国际组织的竞争压力，特别是北极理事会下设的工作组已经逐步涉及大部分北极非传统安全领域的治理议题，并开始出台具有约束性的国际规范，这相对削弱了国际海事组织在北极治理进程中的权威性。随着北极地区国际船舶的增加，国际社会高度重视为北极航运安全和环境保护标准。国际海事组织针对北极航运的管理实践，发挥专业特长，承担起相关的建章立制工作，有效护持了国际海事组织作为北极权威国际规范体系的地位。

一　《联合国海洋法公约》对北极海事管理的规范约束

（一）北极海事管理的规范需求

北极地区的航运不仅受到社会和经济发展的影响，在很大程度上还取决于海冰环境。由于全球变暖，北极冰川的加速融化已经将北极航运从愿景转变为现实。然而，虽然海冰的减少可能是西欧、亚洲和北美的市场优势，但还需制定国际规范以减少北极航运对于北极环境的影响。随着海冰的减少，航行季节将会变长，企业会探寻新航路且预计会有更多的船舶进入北极，这不仅推动了北极国家围绕北冰洋划界问题展开"蓝色圈地"竞争，同时也大幅促进北极经济开发的发展。因此，北极海事管理的规范需求主要集中在北冰洋划界、海洋环保、人命安保三个领域。

在北冰洋划界领域，规范需求表现为北冰洋沿岸五国主权申索的国际法依据问题。北冰洋沿岸五国只有两处陆上边界接触到了北冰洋——俄罗斯和挪威之间的边界，以及美国和加拿大之间的边界。相关北冰洋主权争端包括挪威和俄罗斯之间的巴伦支海专属经济区和大陆架划界争端、美国和加拿大之间对于波弗特海的划界争端、丹麦（格陵兰岛）与加拿大的汉斯岛归属争端。此外，随着北冰洋海冰覆盖面积的逐年缩小，北极离岸能源开发成为可能，这也加速了北极国家对北冰洋海底资源的争夺。例如2007年8月2日，俄罗斯在北冰洋海底的插旗事件，一度引起北极国家间的关系紧张，同时也受到国际社会的高度关注。[①] 北冰洋是沿岸国家的"私地"还是全人类的"公地"？何种规范体系在北极地区的主权争端中具有权威性？这都是国际组织与国家之间权力博弈的焦点问题。

在海洋环保领域，规范需求表现为预防和应对北极航运造成的环境污染问题。虽然航运仍被视为最安全也最环保的商业运输形式，但北冰洋环境非常脆弱，任何一次海运事故都可能造成严重的环境后果。北极冰雪具有较强的油污吸收能力，所以流冰可能会导致污染物的远距离传输。[②] 除了海运事故，船舶的正常运行也可能带来生态影响，当船舶向北极环境中排泄带有区域外生物的压舱水和生活垃圾时，将对北极海洋生物系统的稳定产生不利影响。例如巴伦支海普遍面临船源排放物（例如压载水和溢油）、船体污垢的威胁。

在人命安保领域，规范需求表现为防范北极航运带来的人命安全风险。北极暖化带来了北极观光旅游的繁荣，每年有近百万的游客乘坐邮轮前往格陵兰岛、挪威、冰岛领略北极风光。由于北极海冰的存在，使得船舶发生触冰碰撞搁浅、沉没的风险不断升高。例如1989年6月19日，从冰岛行至斯瓦尔巴德群岛的邮轮"马克西姆·高尔基"（Maxim Gorkiy）号进入了漂流冰场，撞上一块浮冰后开始迅速下沉。尽管挪威反应及时，但"马克西姆·高尔基"号已经部分沉没，[③] 上述事件清楚地表明亟待加强北极搜救规范。

既然北极海事管理面临如此紧迫的规范需求，那么何种法律制度最适合北极地区？毕竟当前国际公认的《斯瓦尔巴德条约》，也只限定了为斯瓦

---

① Anne-Marie Brady, "Russia's Arctic Strategies and the Future of the Far North", *Polar Journal*, Vol. 4, No. 1, 2014.

② 2015年11月15日，俄罗斯"海洋标准"（Morskoy Standart）公司的两艘邮轮"圣彼得"（Svyatory Petr）号与"圣保罗"（Svyatory Pavel）号在拉普捷夫海发生碰撞，前者舷墙受损，后者被撞出大洞，造成部分原油泄漏，严重影响了周边地区的生态环境。

③ 幸运的是，一艘挪威海岸警卫队的救援船"塞尼亚"（Senja）号在几个小时内到达了现场。那时，575名乘客与498名船组人员中的大多数已经弃船，在接近冰点的温度下，坚守在救生艇和浮冰上。

尔巴德岛群岛附近水域的海事管理提供了国际法规范。由于北极国家极力阻挠出台类似《南极条约》的北极治理规范，因此包括北极理事会在内的地区性国际组织都无法制定北极治理规范体系。国际海事组织作为全球性海事管理的权威机构，则承载着提供与推广北极海事管理规范的重任。

（二）《联合国海洋法公约》作为北极航运管理的宪章型规范

国际海事组织出台的《联合国海洋法公约》被誉为"海洋宪章"，不仅是全球海事管理最为权威的规范，亦是北冰洋航运治理规范体系的基础。[①] 以《联合国海洋法公约》为核心的建章立制，有助于产生一个统筹平衡船旗国和北冰洋沿岸国家利益的规范体系。《联合国海洋法公约》划设的海上区域为沿海国对外国船舶的管辖权限提供了地理依据。这些区域包括内水、领海、毗连区、专属经济区和可能的大陆架延伸；与国际海峡接壤且有外国船舶过境的沿海国拥有有限的管辖权；沿海国也可对在北极水域航行的外国船舶实施更强的管控。当前除了美国之外的所有北极国家都认同具有普遍约束力的《联合国海洋法公约》。因此，基于《联合国海洋法公约》框架之下的合作与预防措施，可能会达到最优的规范实施效果。

《联合国海洋法公约》对北极海事治理密切相关的条款是第194条和第234条。《联合国海洋法公约》第194条规定：所有参与北极航行的国家都有责任维护航行安全并保护地区环境。可以预见，国际海事组织关于全球海事管理的相关规定反映了"其作为海洋环境法律制度的核心主导规范，实现了从权力到责任的根本性转变"。[②] 因此，基于《联合国海洋法公约》框架下的北极区域合作，将对全球治理规范框架产生重要的补充作用。

《联合国海洋法公约》第234条，即"冰封区域"条款是唯一专门适用于北极的海洋环境保护条款，它为北极环境保护、特别是北极船源污染治理提供了法律依据。[③]《联合国海洋法公约》第234条认可北冰洋沿

[①] 徐向梅：《试析俄罗斯经济外交战略及其实践》，《俄罗斯中亚东欧市场》2012年第3期。

[②] Alan E. Boyle, "Marine Pollution under the Law of the Sea Convention", *American Journal of International Law*, Vol. 79, No. 2, 1995.

[③] 刘惠荣、李静：《论〈联合国海洋法公约〉第234条在北极海洋环境保护中的适用》，《中国海洋大学学报》2010年第4期。

岸国具有强制实施针对冰雪地区污染防控法律的权力,[①] 毕竟北极地区生态环境过于脆弱。[②] 虽然北冰洋沿岸国家依据《联合国海洋法公约》第234条划设了北极海运的管辖权范围。然而,其精确的地理覆盖范围、监管权的幅度,特别是单方面强制性施行船员和设备标准,可能会产生不同的私法解释。例如某些北极水域的司法地位仍然存有争议,美国和加拿大就围绕北冰洋西北航道属于国际航道还是内水展开长期争论,这种分歧已经导致北极海运管辖权之争。

坦言之,虽然国际海事组织制定旨在预防事故发生的详细规范已历时久远,但《联合国海洋法公约》对公海自由航行原则和船旗国管辖权的排他性原则并没有以损害航行安全为代价。长久以来,它被视为所有国家以最低标准达成的利益妥协,并在国家管辖权范围之外的海域施行。然而,北极海运安全条件的差异导致各国在航运管辖权方面存在不确定性,这导致国际海事组织在构建《联合国海洋法公约》的过程中,存在一些刻意模糊化处理的地方。例如基于第234条对冰覆盖水域沿岸国家的管辖权进行法律解释,就存在一定困难。就该公约中已经用到的术语"where"而言,就存在沿岸国与非北极船旗国之间就管辖区域界定的解读差异。[③]"充分考虑"(Due Regard)的概念则意味着是否强制要求缔约方在船舶设计、施工、人员和装备上普遍遵照国际准则。在第三次联合国海洋法会议上,加拿大、苏联和美国共同协商后制定了该条款,旨在采用比《联合国海洋法公约》更高的国际标准。[④] 可以清楚地看出:该条

[①] 这些权力集中表现为:沿海国有权制定和执行非歧视性的法律和规章,以防止、减少和控制船舶在专属经济区冰封区域内对海洋的污染。参见杜贵蓉《北极航道石油污染预防法律规制》,《法制与经济》2018年第1期;蔡蕾《论〈海洋法公约〉第234条的适用问题》,《法制与社会》2014年第10期;邹磊磊、付玉《从有效管理向强化主权诉求的又一范例——论析加拿大西北航道主权诉求的有利因素及制约因素》,《太平洋学报》2014年第2期;万楚蛟《北极冰盖融化对俄罗斯的战略影响》,《国际观察》2012年第1期。

[②] 丁煌、赵宁宁:《北极治理与中国参与——基于国际公共品理论的分析》,《武汉大学学报》(哲学社会科学版)2014年第3期。

[③] McRae, D. and Goundrey, D., "Environmental Jurisdiction in Arctic Waters: The Extent of Article 234", *University of British Columbia Law Review*, Vol. 16, 1982.

[④] Nordquist, M. H., S. Roseene, A. Yankov & N. R. Grundy eds., *United Nations Convention on the Law of the Sea 1982: A Commentary*, Dordrecht: Nijhoff, 1991, p. 104.

款提升了北冰洋沿岸国限定通航船舶相关技术标准的权力,[①] 但是这些权力都超越了《联合国海洋法公约》赋予沿海国家在领海和其专属经济区内应有的范畴。[②] 另外,《联合国海洋法公约》第 234 条和第三部分之间的关系在涉及"海峡通行是否适用于公海航行自由"方面尚未明确定论。可以说,《联合国海洋法公约》第 234 条是北冰洋沿岸国管辖权界定最为模糊的条款。[③]

需要指出的是,加拿大颁布的《北极水域污染防治法》并非完全是主权主张,相反,该单边法案更多的是寻求加拿大对西北航道的管辖权。从某种意义上来说,是加拿大降低了其对西北航道的主权要求,但国际社会最终接受该法规也有助于巩固加拿大在北极西北航道治理过程中的权威地位。《联合国海洋法公约》第 234 条要求缔约国船舶穿行西北航道必须征得加拿大的同意,但是美国国会尚未批准《联合国海洋法公约》,因此不受其约束。美国认为《北极水域污染防治法》使得加拿大更加便利地在北极地区采取单边管辖措施,而其目标并不仅限于保护北极环境。[④]

综上所述,1982 年《联合国海洋法公约》为北极地区的海运管理建立了一个总体法律框架。该公约使得沿海国、船旗国和港口国都拥有同等的地位去行使海运管辖权。沿海国对外国船舶的立法与执法权的依据是海洋区域的变化(内海、领海、毗邻区或专属经济区)。

尽管存在诸多不完善的地方,但瑕不掩瑜,《联合国海洋法公约》已经作为宪章型规范,广泛应用于北极海事管理的实践中,北极地区其他国际组织的建章立制过程,也深受其影响,从当前北极海事治理的规范推广实践来看,国际社会已经越来越倾向于以《联合国海洋法公约》为

[①] 这些权力包括:北冰洋沿岸国家可以单边要求和限制冰海航行船舶的设计、建造、装备以及人员配备的权力。Chircop, A., "Climate Change and the Prospects of Increased Navigation in the Canadian Arctic", *WMU Journal of Maritime Affairs*, Vol. 6, 2007.

[②] 杨泽伟:《〈海洋法公约〉第 82 条的执行:问题与前景》,《暨南学报》(哲学社会科学版) 2014 年第 4 期。

[③] Lamson & Cynthia, "Arctic Shipping, Marine Safety and Environmental Protection", *Marine Policy*, Vol. 11, 1987.

[④] A. G. O. Elferink and D. R. Rothwell, eds., *The Law of the Sea and Polar Maritime Delimitation and Jurisdiction*, Netherlands: Hague, 2001, pp. 249 – 267.

基础构建北极综合治理模式。

（三）国际海事组织适用于北极的全球性海事规范

保护北极环境的重要性为海事安全的概念增加了新的内涵。"海事安全"（Maritime Security）的传统定义为："由于缺乏海上危险以及为创造或延续这种情况而设计的组织和管理因素。"[①] 根据此定义，以保护和挽救生命为目标的航行安全是海事安全的主体部分。海事安全是预防那些因航行事故所造成的个人与集体风险的机制。除了海洋和冰川会对船舶的结构造成破坏之外，在北冰洋航行的船舶将会遭遇不同的安全风险，恶劣的气候环境、缺少北冰洋航海图、无线电通信与导航系统是北极航运面临的难题。[②] 因此，海事安全与海洋环境保护之间的联系十分重要。这也为国际海事组织发挥专业优势、出台议题导向型国际规范带来了机遇，从而进一步强化国际海事组织对北极海事管理的规范权威。

国际海事安全管理规范存在多样性，而国际海事组织的重要作用表现为推动相关安全标准的发展。作为处理海事安全的权威国际组织，除了《联合国海洋法公约》之外，国际海事组织还出台了适用于北极航运的多种专业型国际规范，北极海事治理在这些国际规范的框架下取得了良好效果，主要包括以下五类。[③]

一是适用于北极海上人员搜救的《国际海上人命安全公约》和《国际海上搜寻救助公约》，其中《国际海上人命安全公约》是核心规范，旨在制定船舶建造的最低标准，推动船舶装备和船舶运行与航运安全相协调，该公约要求各签约国必须提供各类相关行业证书作为履约凭证。[④] 如果有证据表明某些签约国的船舶及其设备不符合规定要求，则授权某一权威签约国对其进行检查。《国际海上人命安全公约》第 9 章明确规定：自 2002 年 7 月起，对所有船舶都具有强制约束力，自然包括北极航运的

---

① 杨显滨：《国际海事安全法律的冲突与制度完善》，《政治与法律》2017 年第 6 期。

② Østreng, W. (ed.), *The Natural and Societal Challenges of the Northern Sea Route*, *A Reference Work*, Dordrecht/Boston/London: Kluwer, 1999, p.23.

③ Boisson, P., *Safety at Sea: Policies, Regulations and International Law*, Paris: Bureau Veritas, 1999, p.143.

④ IMO, *International Convention for the Safety of Life at Sea*, London: UNTS, Vol.1184, 1971.

各类船舶。

二是适用于北极货运安全的《国际海上避碰规则公约》《1966年国际载重线公约1988年议定书》《国际集装箱安全公约》。《国际海上避碰规则公约》是核心规范。国际海事组织高度重视北极海上货运安全。虽然《国际海上避碰规则公约》未对北极航行的船舶作出特别要求，但未来北冰洋通航期不断延长，当更宽阔的无冰水域吸引更多船舶航行的时候，《国际海上避碰规则公约》就会显示出重要性。例如当船舶不可避免地与其他船舶近距离接触的时候，《国际海上避碰规则公约》就会要求冰海航行船舶加强自身的操控能力。当前北极的能源开发以天然气为主，北极液化天然气船的运输应遵照《国际散装运输液化气体船舶构造和设备规则》（International Code for the Construction and Equipment of Ships Carrying Liquefied Gases in Bulk Code）的相关规定。该规则为液化天然气的运输设立了不同的液化天然气船建造和设备标准，如气体密闭性检查和报警系统。近年来，俄罗斯、美国等北极天然气出口国也开始依据《国际散装运输液化气体船舶构造和设备规则》设置本国的天然气海运标准。例如美国船级社（American Bureau of Shipping）和俄罗斯船舶登记局（Russian Maritime Register of Shipping）宣布两国联合为北极液化天然气海上运输制定分类规则，并最终用于挪威、美国和俄罗斯在北极地区的天然气运输业务。[①]

三是适用于北极海洋污染防治的《国际防止船舶造成污染公约》和《国际海运危险货物规则》等。《国际防止船舶造成污染公约》是核心规范，旨在尽可能减少因船舶、意外事故和操作不当造成的海洋污染，并用广泛的术语定义了"有害物质"，以囊括所有会损害海洋生态环境的物质。[②] 需要指出的是，《国际防止船舶造成污染公约》并不是国际海事组织建立安全标准的唯一文件。该公约第2（a）条也规定了在国际海事组织事务范围内"考虑并对一些事项提出建议"的权力，并且

[①] American Bureau of Shipping, "First Joint Rules for LNG: Class Societies ABS and RS Jointly Develop Rules for Arctic Gas Carriers", *ABS Activities*, 2008.

[②] Gold, Edgar, "Gard Handbook on Protection of the Marine Environment", *Gard AS*, Vol. 6, No. 1, 2006.

各种法规、指导方针、建议和决议也得到了采纳。① 在北极海洋运输规则中，危险物品的运输受到《国际海运危险货物规则》的管理，② 通过《国际海上人命安全公约》缔约国的国内立法来规定货主和海运公司的责任与义务。《国际海运危险货物规则》中所规定的化学物品在途经北冰洋之前需要被重新检验，因为这些化学物品在北极长期极端低温条件下将可能发生危险的化学反应。

四是适用于北极邮轮观光的《偏僻海域营运客船航行计划导则》。③ 为了最大限度地保障北极游客的人身安全，国际海事组织经过不断的检验和修正《国际海上人命安全公约》，规定了适航北极邮轮的规模与抗冰标准。然而，邮轮建造企业不一定会为极地航行制定严格的造船标准，因此邮轮一般难以抵御坚冰的撞击，而只能选择在北极的无冰期（夏季）航行，国际海事组织对冰的厚度进行了界定。国际邮轮产业已经建立了一个"邮轮安全论坛"（Cruise Ship Safety Forum）来为新船舶制定设计和建造标准，并考虑航运过程中的安全问题。④ 可以预见，国际船级社协会（International Association of Classification Societies）和国际海事组织将会参与为冰海航行船舶制定强制性规则。

五是适用于北极航运船员操作的《国际船舶安全操作和防止污染管理规则》和《海员培训、发证和值班标准国际公约》。《国际船舶安全操作和防止污染管理规则》是船舶安全管理与运行以及海洋污染防治的核心国际规范，要求船舶要有安全管理证书，以此作为其遵约证明。它强调其工作重点是要求船舶服从于其所属企业的相关规章制度，这是因为

---

① P. Bergmeijer, "The International Convention for the Prevention of Pollution from Ships", *Ports as Nodal Points in a Global Transport System*, 1992.

② 此规则是《国际海上人命安全公约》的第七章，具有强制性。*International Maritime Dangerous Goods Code*, London: IMO, 2006 (http://www.imo.org/blast/mainframe.asp?topic_id=158)．

③ 2008年1月，国际海事组织采用了《偏僻海域营运客船航行计划导则》（Guidelines on Voyage Planning for Passenger Ships Operating in Remote Areas），该指导方针专注于海运安全操作问题，包括在冰块覆盖的水面航行和突发性事件应对计划，并呼吁邮轮公司关注《偏僻海域营运客船航行计划导则》推荐的船舶规格、设备操作指南。贾云新：《〈极地规则〉：从遥远走入现实》，《中国海事》2014年第9期。

④ Lloyd's Register, Cruise Ship Safety Forum, 2008 (http://www.marinetalk.com/articles-marine-companies/art/Cruise-Ship-Safety-Forum-LLO01382945IN.html)．

在国际海事组织的规范推广实践过程中,船东和船企管理者是事实上的国际规范遵约方。

国际海事组织对各项国际标准进行审查和修订。正如先前所提到的,国际海事组织负责研究每一个公约的规范设计,重点集中在迅速发展的航海技术、船舶类型变化和救生消防设备等,这些都适用于北极近海石油和天然气勘探开发等海上作业。如今国际海事组织完成了对一系列国际规范的修订,并且公布、执行日期都已确定。[①] 随着北极国际航运业的发展,国际海事组织将对航经北冰洋船舶的船体结构、设备和技术进行检验,这会导致对《国际海上人命安全公约》等相关国际海洋法进行再次修订。

三 国际海事组织适用于北极的区域性海事规范

国际海事组织的工作职责不仅包括提出政策建议,还包括建章立制的能力,尤其是在国际海事公法覆盖面不足的极地地区。随着北极海运从愿景变为现实,国际海事组织紧跟国际海运格局演变趋势,为北极航运专门设置了两部规范,一是非强制性的《北极冰封水域船舶操作指南》(以下简称《北极指南》),二是具有强制性的《极地水域船舶操作国际规则》(以下简称《极地规则》)。这两部国际规范是国际海事组织作为北极治理权威国际规范体系的两大支柱。

(一)《北极冰封水域船舶操作指南》

北极航运对船舶构造要求极高,特别是面临冰山撞击或是在冰上搁浅的时候。2002年国际海事组织通过了第一份北极航运治理规范——《北极冰封水域船舶操作指南》。[②]《北极指南》要求国际海事组织成员国政府敦促船东、船舶设计者、船舶建造者、船舶修理厂、设备生产商和安装者重视《北极指南》,尤其是极地船舶操作的稳定性问题。[③] 极地类船舶的稳定性取决于其设计理念,参考因素包括极地气候与航速。一方

---

① 目前国际海事组织已经完成了对《海员培训、发证和值班标准国际公约》《国际海上人命安全公约》等国际公约的修订案。

② IMO, *Guidelines for Ships operating in Arctic Ice-Covered Waters*, London: IMO, 2002, p.5.

③ Øystein Jensen, "Arctic Shipping Guidelines: Towards a Legal Regime for Navigational Safety and Environmental Protection?" *Polar Record*, Vol.44, No.2, 2008.

面，在北极航行中，雨水、雪花和海浪对船舶的上部结构影响很大。北冰洋的飓风也是造成船舶上部结冰的重要因素。通常情况下，船员用木锤来敲击冰块，并采取一系列除冰措施减少顶部额外的重量，这些重量会严重危及船舶的稳定性。另一方面，冰海航行的速度控制与船舶运行安全紧密相关。船舶航行速度乘以船舶排水量的平方则是计算海冰撞击力的通用公式，大型船舶在可见度低和夜晚的情况下，大多采取减速行驶的方案。因此，各国在建造极地类船舶的过程中，一定会考虑船舶稳定性问题。

《北极指南》分为四个部分。A部分为极地类船舶的构造和稳定性制定规则。《北极指南》对极地类船舶的设计提出以下要求：在浮冰覆盖水域，与浮冰碰撞而造成船舶摇晃、倾斜、起伏和倾侧时，船舶应能保持有效的稳定性，全年在北极航行的船舶和所有等级的破冰船都应该在冰上搁浅和出现短暂失衡之后，还能保持有效的稳定性。[①]当船舶因受冰川撞击而进水，则需具备一定的防淹能力，并仍然保持《国际海上人命安全公约》所要求的有效船体稳定性。所有的极地类船舶应能抵挡由于冰川碰撞造成的船体渗漏，并且应该在船体受损后保持较高的平衡度。如表4—1所示，国际海事组织对北极的海冰类型进行了详细分类。

表4—1　　　　　　　　国际海事组织对冰型的界定

冰类型	描述	厚度（厘米）
新冰（New Ice）		≤10
初期冰（Young Ice）	灰冰（Grey Ice）	10—15
	灰白冰（Grey-White Ice）	15—30
当年冰（FY）	一年薄冰第1阶段（Thin First Year Ice, First Stage）	30—50
	一年薄冰第2阶段（Thin First Year Ice, Second Stage）	50—70

---

① "浮冰覆盖水域"是指北纬60°的水域，该水域十分之一以上的海域有浮冰，威胁船舶航行。"船舶"是指"《国际海上人命安全公约》中覆盖的所有类型船舶"，不包括载重少于500吨的渔船、小型游艇、木船和货船，但包括载重500吨以上、参与国际航海的客轮和货轮。

续表

冰类型	描述	厚度（厘米）
当年冰（FY）	一年中级冰第 1 阶段（Medium First Year Ice, First Stage）	70—95
	一年中级冰第 2 阶段（Medium First Year Ice, Second Stage）	95—120
	一年厚冰（Thick First Year Ice）	120—200
旧冰（Old Ice）	二年冰（Second-Year）	200—250
	多年冰（Multi-Year）	250—300
	陆缘冰（Ice of Land Origin）	≥300
冰架（Ice Shelf）	海岸连接露出水面的浮动冰层	2—50 米
固定冰（Fast Ice）	沿着海岸并与海岸牢固冻结的海冰，其附着在海岸、冰壁、冰崖，以及浅滩或搁浅的冰山之间	50 米以上

资料来源：中国船级社：《极地船舶指南》，2016 年，第 2—3 页。

B 部分为船载设备配备制定规则。要求极地船舶应按照《国际海上人命安全公约》第五章的要求，配备消防安全、火警探测和灭火系统、救生设备、导航设备。所有极地类船舶应装配自动识别系统（Automatic Identification System），以实现全年无障碍通航。2008 年 3 月 1 日生效的国际船级社极地船舶统一标准，适用于成员国的极地船舶建造，该标准引用了像船体和机械设备标准，但《北极指南》并未对此有明确规定。

C 部分为船舶操作、全体船员和紧急事件制定规则。遵守《北极指南》是构建船舶安全管理体系的一部分，正确的海运操作对全体人员来说非常重要。国际海事组织按照《国际海上人命安全公约》第四章规定的操作和训练说明，修正《国际船舶安全操作和防止污染管理规则》。北极航运船舶所在公司必须记录其操作活动，教育其员工达到《国际船舶安全操作和防止污染管理规则》的操作要求，为其行政人员、船舶和船员起草规制及执行计划并进行内部审核，以获取符合船旗国安全管理体系的书面证明、接受港口国的安全监察。[①]

---

① Anderson, P., *Cracking the Code: The Relevance of the ISM Code and its Impact Uponshipping*, London: Nautical Institute, 2003, p. 35.

D 部分为环境保护和突发性环境污染事故制定规则。《国际船舶安全操作和防止污染管理规则》为船舶的安全管理、操作以及船源污染的防治制定了法律框架。[①] 从 2002 年 7 月 1 日起,《国际船舶安全操作和防止污染管理规则》作为《国际海上人命安全条约》的修正案,开始适用于所有总载重吨小于 500 吨的船舶和海底移动探测装置。由此可见,《北极指南》的基本准则与《国际船舶安全操作和防止污染管理规则》相似。在冰情严重地区,船舶不可排放污染物,应通过低污染设备来降低操作性污染物。在北极航行中,船舶应安装与安全有关的救援和污染控制设备,导航和通信设备应该能够在高纬度、极寒和大气干扰的条件下仍能正常运转。此外,《北极指南》要求所有的极地类船舶至少应该准备两台测速测距设备。为了防止船舶碰撞后泄漏污染物,《北极指南》依据《国际防止船舶造成污染公约》(MARPOL73/78) 6 个附则要求航经北冰洋的油轮必须采用双壳船体。没有抗冰能力,或是只有薄弱防撞装置的油轮可在破冰船的辅助下在北极夏季航行。

然而,《北极指南》作为软法规范,在实施过程中存在各种缺陷而备受指责。这些缺陷包括两个方面。一是在规范设置过程中未明确冰川航海的训练细节,未将实际的冰川航海经验作为冰川航海的先决条件,缺少如何防止和减轻海浪在船上结冰的相关规定。此外《北极指南》在冰水领域关于拖船的指导作用十分有限,例如,没有劝解所有的极地类船舶应该接受救援拖船的帮助,指导方针并没有在拖离和安全措施中设置任何关于船速、警戒水位等细节规定。

二是《北极指南》的独立性较弱,其实施效果受到各国遵约程度的较大影响。《北极指南》相关条款的实施效果,取决于国家认可与实际应用,并且《北极指南》的法律地位依赖于国际社会的采纳程度。例如,挪威全程监控《北极指南》的实施,要求领航员将其作为训练科目,并提出了比《北极指南》更严格的冰海航运操作细节。

事实上,由于难以将北极安全和环境保护之间的联系分离开来,因此类似于《北极指南》这样的软法规范更适合作为《国际海上人命安全

---

① Gold, E., Chircop, A., & Kindred, H., *Maritime Law*, Toronto: Irwin Law, 2003, pp. 226 - 228.

公约》《国际防止船舶造成污染公约》73/78 的修正版附录，以满足相关国家的需要，但任何软法规范都具有向标准化发展的趋势。国际海事组织并没有将《北极指南》作为一份单独的国际规范——它仅代表一段旨在协调北极航运操作和船舶建造标准的过程，这个过程尚未完全完成——对于极地类船舶的统一要求给予了每个成员国一定的余地。更有甚者，它们不是船级社用来处理极地航行的唯一工具。因此，在国际海事组织海上安全委员会第 79 次会议上，南非提议修订《北极指南》，① 更新和扩大《北极指南》的适用范围，其中包括覆盖南极水域以及提高技术标准。国际海事组织设计和设备分委会（IMO Design and Equipment Sub-committee）从 2008 年开始重新审定《北极指南》，并且与加拿大建立相应的工作组。②

从环境与安全的视角出发，国际海事组织将《北极指南》升级为具有法律约束力的规范极具战略眼光。北极已经形成一个以《联合国海洋法公约》为核心、《国际海上人命安全公约》和《国际船舶安全操作和防止污染管理规则》为支撑的硬法框架。虽然《联合国海洋法公约》第 234 条存在模糊的地方，但俄罗斯和加拿大已经采纳了关于在其覆冰水域船舶建造和操作要求的相关规定。

（二）《极地水域船舶操作国际规则》

在《北极指南》被各国采纳后的几年里，北极和南极地区发生了多起备受关注的重大海上事件。最著名的就是 2007 年发生在南设得兰群岛（South Shetland Islands）附近的 MV "探险者"号（MV Explorer）沉没事件。这些事件加上来自《南极条约》签约国的压力和极地航运活动的增加，促使国际海事组织迅速修订《北极指南》并将其适用范围扩展到南极水域。虽然《北极指南》被国际社会，尤其是航运大国所接受，但若没有任何强制性的履约机制，《北极指南》就无法为实现国际海事组织加强区域安全和环境保护的目标提供助力。

---

① IMO MSC, *Report of the Maritime Safety Committee on Its Seventy-Ninth Session*, MSC 79/23, London: IMO, 2004, p. 23.

② IMO DE, *Report to the Maritime Safety Committee*, London: IMO DOC. DE 51/28, 2008, p. 43.

面对北极和南极水域航运船舶数量骤增且尚无有效管理规范的现状，国际海事组织担负起针对极地海运的建章立制责任，进一步设置明确且具有强制性的船舶制造、环境保护、操作规范等强制性标准，以提升极地海运的安全性、减少潜在的环境污染。然而其规范倡导进程依然步履维艰。2009 年国际海事组织海上安全委员会第 86 次会议倡议制定具有强制力的《极地水域船舶操作国际规则》，这代表了国际海事组织对极地冰海航运安全的认知深化：造成船舶遇险的原因不仅是海冰触碰，还包括船舶操作失误。同年，几个北极国家提出建议，将"极地规则的强制性应用"（Mandatory Applicationof the Polar Guidelines）添加进国际海事组织海上安全委员会的议程中。2010 年国际海事组织船舶设计与设备分委会第 54 次会议正式制定《极地水域船舶操作国际规则》，与会各国针对基本原则达成了共识：维护南北极地区的海洋生物可持续发展、生态环境保护和船舶安全航行，确定了极地航运资格认证、船舶设计、环境保护、船员培训等规范框架，针对南北极海域的特殊情况，制定出全面提升可靠性和安全性的基本操作路线。2011 年国际海事组织船舶设计与设备分委会第 55 次会议则针对极地地理界限划分、极地冰级与冰区分级、极地船舶最大发动机功率与救生设备等方面进行讨论。2012 年国际海事组织海洋环境保护委员会第 63 次会议明确要求，根据《国际海上人命安全公约》和《国际防止船舶造成污染公约》等全球性海事公约及其修正案，在《极地规则》中增设具有强制力的环境保护规范。2013 年国际海事组织海洋环境保护委员会提出《极地规则》应明确规定任何船舶都不得在极地海域排放含油水混合物。2014 年 12 月 21 日和 2015 年 5 月 15 日，国际海事组织"海上安全委员会"（Maritime Safety Committee）和"海洋环境保护委员会"（Marine Environment Protection Committee），分别讨论并通过了《极地规则》有关海事安全和环境保护的强制性规定，并最终明确了船舶设计、施工、船载设备和机械、操作程序、培训标准和污染预防等具有约束性的全球标准。《极地规则》已于 2017 年 1 月 1 日正式生效，是目前北极航运管理领域的强制性权威规范。

受美国、俄罗斯、加拿大、挪威等北冰洋沿岸国家支持的"国际船级社协会"（International Association of Classification Societies）被授权制定有关极地类船舶的统一标准，建立了七级极地冰雪船舶类型，并规定了详细的施工和机械要求。2008年,国际船级社协会正式发布极地类船舶规定,很快被各国船级社所执行,该规定最终被国际海事组织纳入《极地规则》。如表4—2所示,极地类船舶的分类是基于冰情而定,抗冰能力最弱的极地类船舶,即PC7级和PC6级,通常只能在北极夏/秋季的无冰水域航行;抗冰能力最强的极地类船舶,即PC1级,可在极地水域进行全年航行,但船员也需谨慎操作。

表4—2　　　国际船级社协会设定的极地船舶层级体系

极地类船舶等级	说明
PC1级	全年在极地海冰覆盖水域航行
PC2级	全年在中等多年生海冰条件下航行
PC3级	全年在两年冰或包括多年冰的水域航行
PC4级	全年在一年生薄冰或包括陈冰的水域航行
PC5级	全年在中等规模一年生薄冰覆盖水域航行
PC6级	夏/秋在中等规模一年生海冰覆盖水域航行
PC7级	夏/秋在一年生薄冰覆盖海域航行

资料来源:中国船级社:《极地船舶指南》,2016年,第11页。

综上所述,国际海事组织积极参与北极海事管理的规范构建,已经基本实现主干议题领域的全覆盖,形成了事实上的规范体系与权威性。国际海事组织在涉及北极海事治理的规范构建过程中,采取的是以修订全球性规范以适应北极或两极地区的方式,这样不仅降低了构建新规范的成本,同时也较能被国际社会所接受。毕竟当前的北极国家,都是主导型国际海事规范的签约国,对国际海事组织的规范倡导接受度较高。以《极地规则》为代表的硬法规范,表现出国际海事组织既尊重成员国的利益诉求,又提高航行安全和极地海洋环境保护的必要性。《极地规则》的诞生,代表国际海事组织旨在改善北极航运市场、冰区监管框架的一个重要步骤。

第四节 北极理事会的"柔性竞争力"与软法路径

冷战的结束推动了北极区域及次区域合作的深入进行，国际社会日益关注北极政治与环境治理进程，制定区域性规范有助于增强北极地区稳定性。[①] 由于北极国家存在历史上的对抗记忆，为了将互信度较低的相关国家拉回到和平谈判的轨道，有效的方法就是倡导非约束性的规范。北极理事会作为最大的北极区域性国际组织，在北极环境保护和可持续发展问题的规范供给上，逐渐位于中心角色，并构成了北极治理的准权威国际规范体系。北极理事会在国际规范竞争取得的成功，离不开其注重非约束性规范的推广策略，正是由于北极理事会的灵活性，才使之成为一个能容纳多方发声的巨大平台，通过推动多国协商以更好适应北极治理的规范需求。这不仅体现了北极理事会的合理性和社会适应性，也促其成为北极最重要的规范制定者。正是北极理事会的灵活性造就了它的权威性，因此本节探讨北极理事会在北极规范制定中的中心地位，强调北极理事会相对于众多规范制定者的特殊性，展示北极理事会的软法体系是如何使它走向成功的，这也是北极理事会合法性、国际社会适应性及其北极规范制定权的重要来源。

一 北极理事会的"软法路径"及其现实依据

（一）北极治理规范体系的自由竞争状态

随着冷战后国际形势总体趋缓，北极地区的国家合作以及责任分担也逐渐存在可行性。整个20世纪，北极各国通过有限合作的方式制定了一系列规范，以应对一些跨国治理问题，但北极地区并未出现任何确保本地区可持续发展的总体规范体系。相对而言，南极自1959年开始就处于《南极条约》（Antarctic Treaty）的保护之下；而北极地区似乎不是一片供国际合作生长的沃土。

[①] Jakobsson, M., Ingolfsson, O., Long, A. J., and Spielhagen, R. F., "The Dynamic Arctic", *Quaternary Science Reviews*, Vol. 92, 2014.

然而，随着东西方关系的解冻，尤其是 20 世纪 70 年代美苏的"缓和"期，推动了两大阵营之间建立起基本的北极规范体系，同时，这些规范的出现也与 20 世纪六七十年代北极圈地区大量增加的油气开发工程、环境保护力度的提升、科学家团体在北极的利益实现，以及北极原住民日益高涨的权利护持呼声有关。北极地区渐进式双边及多边合作关系在 20 世纪 80 年代达到顶峰，这主要与北极生态环境保护被提上国际议程有关。[1]

如今在《联合国海洋法公约》的框架下，不同的北极治理规范体系展开了规范设计博弈，[2] 彼此之间处于自由竞争状态，即各类国际规范体系都积极供给不同议题领域的规范，以期能够抢占规范议题的主导权与先发优势，北极国家根据各自的利益诉求纷纷参与不同的规范体系，已经在次区域治理层面促进了诸多专题性规范的供给，但北极仍然不存在一个综合性的、囊括一系列北极治理事务的规范体系，以建构起整个地区的政治议程。另外，大多数北极规范建设目标尚不明确，存在许多需要权威规范体系进行阐释的议题。[3]

当前北极治理已变得更为复杂，而区域内的双边与多边协议、各类国际组织已有功能重叠的倾向。[4] 从某种程度来说，北极规范的制定标志着北极已成为国际政治的新兴热点区域。[5] 这一时期即为北极区域规范建设时期，从此北极不再处于国家主权对抗的中心，而是变成了一个围绕"低级政治"议题展开广泛国际合作的地区。[6] 这也使得国家间多边合作更加频繁，同时为北极规范的制定创造了可能性。由于北极治理事务需

---

[1] World Commission on Environment, *Report of the World Commission on Environment and Development: Our Common Future* (http://www.un-documents.net/our-common-future.pdf).

[2] Dodds, K., "The Ilulissat Declaration: The Arctic States, 'Law of the Sea' and Arctic Ocean", *SAIS Review of International Affairs*, Vol. 33, No. 2, 2013.

[3] Gladun, E., "Environmental Protection of the Arctic Region: Effective Mechanisms of Legal Regulation", *Russian Law Journal*, Vol. 3, No. 1, 2015.

[4] J. Dittmer. S. Moisio, A. Ingram, K. Dodds, "Have You Heard the One about the Disappearing Ice? Recasting Arctic Geopolitics", *Political Geography*, Vol. 30, No. 4, 2011.

[5] Keskitalo C., "International Region-Building: Development of the Arctic as an International Region", *Cooperation and Conflict*, Vol. 43, 2007.

[6] Nilsson, A. E., "The Arctic Environment-From Low to High Politics", *Arctic Yearbook*, 2012.

要大量的科学信息支持,这也使得科学家团体成为北极规范的间接制定者。[①] 通过制定规则、进行科学工作来界定北极治理的议题,有助于各国际规范体系建立或加强在北极地区的合法性与权威性。

(二)软法对北极理事会的支撑作用

在过去四十年的时间里,国际社会日益重视软法在全球治理网络中的作用,并逐渐将其应用于北极治理之中。"软法"是指国际组织或多边会议通过的具有政治、道德约束力,但不具有强制法律约束力的决议、宣言、守则等规范。[②] 国际组织为了适应国家合作的新形势,越来越频繁地运用软法。在北极治理的特殊背景下,应用软法机制成功塑造了北极理事会的管理权力,使之具有永久性的合法地位。

大多数的国际规范自设计伊始便缺乏约束力,只有很少的国际组织朝着推动"硬法"合法化而努力。"硬法"是指能够对违约行为进行处罚的强制性规范。[③] 但在软法的制定与实施过程中,也存在合法化步骤。因此,软法为各国际行为主体制定规范提供了条件。

软法与硬法的概念存在互补性,可根据议题差异进行灵活选择。北极规范可以是不具有法律强制性的政治宣言与指南,如 2009 年联合国气候变化大会公布的《哥本哈根协议》(Copenhagen Accord),也可以是具有约束力的行为规范,例如国际海事组织颁布的《极地规则》,以及北极理事会颁布的《北极海空搜救合作协定》等。

北极理事会无法离开北极八国独立运行,也不具有要求某个国家采取具体行动的权力,其制定国际规范也必须以成员国的共同认可为前提。北极理事会关于北极环境保护的建议对各国的内部管理体系影响较弱。面对气候变化,北极理事会成员国采取的共同行动通常是发布有关具体环境议题的科研报告,而不是履行治理义务。

可以说,北极理事会缺少独立决策能力,仅有"柔性"权力。北极

[①] Hass, P. M., *Introduction: Epistemic Communities and International Policy Coordination*, Cambridge: MIT Press, 1992, pp. 12–30.

[②] A. E. Boyle, "Some Reflections on the Relationship of Treaties and Soft Law", *International Comparative Law Quarterly*, Vol. 48, No. 4, 1999.

[③] Hasanat M. W., "International Cooperation in the Northern Forum: Emerging New Norms in International Law?" *Polar Record*, Vol. 48, No. 4, 2012.

理事会的软法体系意味着：北极理事会不能通过法律约束力来促使其成员国应对北极气候变化问题。因此，北极理事会仅仅是政策协商组织，离成为决策机构还相差甚远。另外，北极理事会从未被视为执行机构。尽管北极理事会工作组制定了许多规则与指导方针，但这些规则或方针所起到的作用却难以获知，因为北极理事会没有针对规范落实情况的评估机制。正因为如此，北极理事会多次遭到批判。只有成员国才会贯彻北极理事会规范，然而这些规范并不具有对违约行为进行惩罚的权力，这也解答了人们对于北极规范履约问题的疑惑。① 北极理事会不会，也不能强迫任何国家落实其指导方针、评估意见或建议——尽管每一个北极国家都应担负起这些责任。

北极理事会的软法与有限的权力制约了它应对气候变化相关事务的能力——尤其是那些有关油气开发、北极航运、野生动物保护、原住民权益维护等事务。需要强调的是，拥有软法机制的北极理事会远比一个缺乏合作成效且高强制力的机构要好。毕竟"霍布斯式"治理状况，将使北极地缘政治形势变得更加脆弱。

欧洲议会于2008年提出制定类似《南极条约》的《北极条约》的建议，但遭到北冰洋沿岸国家的一致反对，与此同时，支持针对某些特殊问题进行责任安排的建议，则成为最为务实的解决方式。②

制定软法常被视为将软法转化为硬法做准备的权宜之计。相反，软法通常被认为是落实北极规范极为有效的方式。正是软法机制实现了国际社会凝聚的合法化，特别是通过将各参与主体汇集在同一个协商中心机构中。不以硬法机制建立国际管理体系的优点在于，这样可以为非国家行为体提供更多的行动空间。那些自下而上提出的议题设置，为制定新规范并推动其落实增加了合法性，提供了专业知识或其他国际政治资源，同时也为非政府组织直接参与北极治理提供了颇为有效的方式，从而进一步提升国际组织的权威性与合法性。例如北极理事会虽然主要出台非强制性管理规则，但通过设置永久参与方的方式，将北极原住民组

---

① Dingman. E., "AC Environmental Initiatives: Can the United States Promote Implementation?" *Arctic Yearbook*, 2015.

② Oran. R. Young, "Governing the Arctic Ocean", *Marine Policy*, Vol. 72, 2016.

织融入北极理事会的议事与规范制定过程。

制定软法是一个国际组织在国家主权极为强势的情况下，推动国家集体行动的最优选择。软法在保证国际组织成员国不会遭到任何主权限制的前提下，尽可能推动国家间的磋商与交流，为规范制定提供氛围。软法能够减少国际事务中的不确定因素，并通过不同的权力强度或时间尺度，促进利益集团之间进行相互协商，从而适应治理规范的发展。北极理事会虽然不会进行国家式的政治实践，但可以引导北极利益攸关方以某种共同的方式开展集体行动。

北极理事会的成功之处在于它为国际行为体提供了一个平等的对话平台，以及完全的政策协调空间，这对于那些双边互信度较低的国家意义尤为重大。即使北极理事会不具有强制任何国家采取具体行动的权力，但它可以通过制定软法规范的方式从政治上引导它们。

北极理事会的最终目标是成为权威规范体系，以及获得国际公认的合法性——为各国际行为主体提供更多的协商空间，对二者的平衡十分复杂。北极理事会并非完美无瑕，虽然北极理事会对参与主体只有微小约束力，并饱受成员国内部纷争的困扰，其采取使各主体相互制约的方法与协商一致的原则，尽可能在各方共同利益诉求的基础上，促进成员国采取步调一致的集体行动，因此从规范实践的效果来看，北极理事会采取的"软法路径"同样能够实现治理目标，这提升了北极理事会在北极地区的国际地位。正是这样的方式成就了北极理事会"柔而不软"的特性，而北极理事会规范倡导的灵活性则有力支撑了其走向权威国际体系的坚定步伐。

二 走向北极权威规范体系的北极理事会

（一）北极理事会的竞争思路

虽然北极理事会离成为北极最大的多边协商机构的目标还相去甚远，但它已然成为北极地区的准权威规范体系。[1] 北极理事会的建章立制是建立在各国的共识基础上，北极地区瞬息万变的经济、政治形势需要更为

---

[1] Pedersen. T., "Debates over the Role of the AC", *Ocean Development & International Law*, Vol. 43, No. 2, 2012.

谨慎的应对方式，这需要进行较长时间的决策过程。另外，国际共识的建立以北极各国加强合作为前提，因此，北极理事会的竞争思路从一开始就具有明确的政治导向——循序渐进地"制定规范"。[1]

虽然一些国内外学者将研究重点放在北极理事会的运行效率上，[2] 而本书更倾向于关注北极理事会落实规则的方式演变，以及这一演变所取得的成就。北极理事会最初只致力于发布一些不具约束力的倡议，而其权力却随着时间的推移发生了变化。北极理事会发布的综合性北极科学报告是其最为重要的规范成就；对北极理事会科学报告的利用有助于强调区域治理的重要事务，并将这些事务置于北极国家乃至世界各国的北极政治议程的前列。作为一个"软法"体系机构，北极理事会在于减缓北极气候变化速度的贡献颇大，其发布的报告已对北极地缘政治形势产生了影响。总体而言，北极理事会通过发布高质量报告、吸引研究人员及政治家对于北极某一具体事务的注意力、强调北极环境与全球环境的紧密关系等，对北极气候变化作出了全面、卓越的科学贡献，从而在规范制定方面具有坚实的科学依据与支撑，保证了规范施行的可行性，从而逐步具备了权威性。

很少有研究人员可以预料到一个广受束缚、只有二十多年历史的地区性国际组织，可以在规范制定方面获得如此成就。北极理事会发布科学报告缩小了科学与政治之间的隔阂，[3] 由此强化了北极理事会作为准权威规范体系的角色定位。北极科学家团体列出了北极自然保护区名录，加强跨国环境研究，增强了北极科学研究成果对北极治理的贡献度。北极国际合作影响了全球污染反应措施、影响了各国或国际社会针对北极实践的规则制定——《北极离岸油气开发指导》（Arctic Offshore Oil and Gas Guidelines），从而在北极保护及全球环境治理中扮演了重要角色。

---

[1] Griffiths. F., "Stewardship as Concept and Practice in an Arctic Context", *Cyber dialogue* 2012, 2012.

[2] Paula. Kankaapää and Oran. R. Young, "The Effectiveness of the Arctic Council", *Polar Research*, Vol. 31, No. 2, 2012.

[3] FO Hampson, "Knowledge, Power and International Policy Coordination", *International Journal*, Vol. 52, No. 4, 1997.

另外，针对北极矿业开发及其对北极地缘经济、环境的影响，北极理事会围绕这一议题组织了矿业开发会议，提供了一个参与范围极广的讨论平台。为了成为北极地区最为主要的跨国合作平台，北极理事会致力于推动跨区域北极合作，促进各国国内及国际政策的协调。全球各民间团体、非北极国家、原住民组织在北极地区有着不同的利益诉求与责任义务。即使从非北极国家的视角来看，北极地区的重要性也在持续增长。例如2013年6个非北极国家（中国、印度、意大利、日本、韩国、新加坡）晋升为北极理事会永久观察员，显示了北极事务的全球化发展趋向。然而，随着北极跨区域合作的不断深入，北极利益攸关方网络逐渐在全球范围内扩展，维持本国在北极的传统权力已成为北极国家制定北极政策的重中之重。[1] 一些北极理事会成员国恐惧非北极国家的加入将削弱它们在规范构建过程中的优势地位，竭力将北极理事会的规范实施方限定为北极八国，从而在制度层面将非北极国家排除在外。[2]

（二）北极理事会选择软法竞争路径的必然性

由于北极存在着拥有不同利益关切的国际行为体，于是产生了多等级规范体系共存的现象。在不同级别的规范倡导机构——全球性或区域性国际组织，产生了上至国际社会，下至区域、次区域性的规范标准，而那些数目最多但约束力较低的规范，则显示了其背后的规范体系与北极地区存在较多的利益联系。纵观冷战结束至今北极治理的规范实践，软法相对于硬法更适合北极特殊的治理环境。应当承认，软法本质上具有"柔性"特征，即操作上具有灵活性，且不受严格的程序约束，从而能被互信度较低的国家所接受。[3] 这是因为，"柔性"特征明显的国际组织，往往主推不具有法律约束力的协议——如1996年北极理事会成立时的《渥太华宣言》（Ottawa Declaration），这使得相关国家一方面不受这些

---

[1] Bennett. M., "North by Northeast: Toward an Asian-Arctic Region", *Eurasian Geography and Economics*, Vol. 55, No. 1, 2014.

[2] Heininen. L., "State of the Arctic Strategies and Policies—A Summary", *Arctic Yearbook*, 2012.

[3] Hasanat, W., "Reforming the Arctic Council Against Increasing Climate Change Challenges in The North", *Michigan State International Law Review*, Vol. 22, No. 1, 2013.

国际法文件的硬性束缚，另一方面又获得了制度性参与北极治理的合法身份。因此，采取软法的形式，有助于国际组织推动北极治理的建章立制进程。

当前北极治理规范体系的权威性竞争，主要集中在北极理事会与国际海事组织之间。虽然国际海事组织凭借《联合国海洋法公约》获得了北极国家公认的权威性国际规范体系地位，但北极理事会作为北极国家一致认可的区域性国际组织，已经在北极治理的过程中，担负起准权威国际规范体系的责任。

从 1996 年取代北极环境保护组织（Arctic Environmental Protection Strategy）至今，[①] 北极理事会通过议题设置，成功地从以务虚为主的政府间论坛，转变成具有决策机构和规范供给能力的国际组织。就规范倡导能力而言，北极理事会遵循平等协商原则，将八个北极国家、六个原住民组织纳入规范决策机构，关乎北极治理的所有事务，都需与这六个北极原住民组织协商或咨询。[②] 北极理事会也为其他利益攸关方提供政治发声的机遇，它们可作为观察员加入北极理事会，并通过相关工作组参与北极治理。北极理事会成立之初，就明确指出北极理事会的规范倡导只限于环境保护、可持续发展等事务，而不涉及国家主权与安全等高级政治领域。尽管北极理事会制定的大多数国际规范，以不具有法律约束力的政策建议、咨询报告、会议宣言等软法规范为主，但它仍然是北极地区最具权威的规范倡导中心。

由于北极理事会在规范议题设置领域存在先天约束性，这就注定了北极理事会选择"软法路径"来参与竞争。相对于国际海事组织等规范制定机构，北极理事会更像是各国进行社会实践的场所；相对于推动决策进程，北极理事会更像是减少各国决策不确定性的场所；相对于国家集体行动的领导者与管理者，北极理事会扮演的角色更像是调停人。然而，北极理事会管理结构所具有的"柔性"特征——或者说正是因为其

[①] Douglas C. Nord, *The Arctic Council: Governance within the Far North*, London: Routledge, 2016, p. 25.

[②] Koivurova, T. and Heinämäki L, "The Participation of Indigenous People in International Norm Making in the Arctic", *Polar Record*, Vol. 42, 2006.

规范制定所采取的松散权力,① 使之为北极各国提供了政治互动的平台，并通过促进各利益攸关方进行磋商交流，最终能够顺利进行规范推广。

北极八国之所以认同并支持北极理事会权威性，主要出于国家地位、国家荣誉、国际认同等方面的考虑。相应而言，北极理事会的权力来源既不是国家主权的强制转移，更不是超国家的行政管辖，而恰恰是其松散、平等的协商式管理方式。

冷战结束至今，在各方进行北极规范制定这一巨大拼图中，北极理事会借助多国合作进程的力量，制定了北极规范的推广方式，逐渐具有权威地位。理解主导北极理事会制定北极规范的政治视角，以及它与北极理事会软法体系的内在联系，将有助于人们看清规范制定反映了何种政治倾向，以及北极理事会在其软法体系中深藏的强大权力。

（三）北极理事会的"硬法化"过程

北极已建立起具有不同程度履约责任的规范体系。在其首个硬法规范正式生效之前，北极理事会发布了一系列重要的软法规范，虽然这些规范缺乏法律严谨性，但仍具有一定的政治影响力。北极复杂多变的政治环境，导致了北极理事会采取循序渐进的规范"硬化"过程。2011年北极理事会努克峰会通过了第一个具有法律约束力的协议，即《北极海空搜救合作协定》，彻底改变了北极理事会的"清谈馆"面貌，迈开了走向权威规范体系的第一步。《北极海空搜救合作协定》旨在加强北极搜救行动的协调性与合作程度，对极地地区海上、陆上、太空搜救行动进行规划组织，而这需要对援救方式进行多方协调，包括北极国家的军事力量运用及国家合作。② 北极理事会搜救行动特别小组主席（2010—2011）安东·瓦西里耶夫认为："《北极海空搜救合作协定》是北极法律新篇章",③ 因为这是北极理事会成员首次共同认可北极理事会能够制定和推广强制性国际规范，并作出履约承诺。《北极海空搜救合作协定》作为一

---

① Medby. I. A., "Big Fish in a Small Pond: Regime Adherence as Status and Arctic State Identity in Norway", *The Arctic Yearbook 2015*, 2015.

② Rottem, S. V., "The Arctic Council and the Search and Rescue Agreement: the Case of Norway", *Polar Record*, Vol. 50, No. 3, 2014.

③ Camille Escude, "The Strength of Flexibility: The Arctic Council in the Arcitc Norm = Setting Process", *Arctic Yearbook 2016*, 2016.

份政治性文件，对北极有序治理作出了重要贡献，反映了北极国家共同制定强制性国际规范的能力不断提升。从这个视角来看，该协议不仅有助于协调北极各国海岸警卫队的集体行动，更为北极理事会在特定议题领域制定有约束力的协议铺平了道路。

时隔两年之后，在2013年的北极理事会基律纳峰会期间，出台了第二项硬法规范——《北极海洋石油污染预防与应对合作协议》，该协议的工作目标是加强北极国家在应对北极海上石油污染问题时的跨国协作能力，以保护北极海上环境不受石油污染。它为成员国提供了一个石油污染漏洞信息分享机制，同时也为需要帮助的国家提供协助，如提供机器设备、技术人员等。

2017年5月11日，北极理事会在美国费尔班克斯市召开第十届部长级理事会，正式出台了第三份具有强制约束力的《加强北极国际科学合作协定》。[1] 从防治海上石油污染到北极海空搜救，再到北极科考合作，北极治理制度的"硬法化"进程，已经从环保、民生等低政治敏感度领域，扩展到具有战略敏感性的极地科学领域。这种突破北极理事会不涉及传统安全事务底线的制度安排，将对北极地缘政治格局产生深远的战略影响。[2]

从2011年到2017年，北极理事会出台了三部硬法规范，并且第四部关于北极黑碳减排的强制性规范正处于最后的内部审议阶段。这些硬法规范的签订，使得北极理事会离权威国际规范体系更进一步，同时也显示了北极理事会借助可适应任何新议题的软法机制，运用议程设置与身份塑造来进行更为有效的内部协调，从而创造一种全新的管理方式。这都表明北极理事会的政治权威性正在不断增强，这将使北极理事会从一个政策协调平台向权威性规范推广体系转变。

综上所述，北极理事会成功的关键在于其软法规范的"溢出效应"。尽管北极理事会在规范制定上具有很多不足，但它仍获得了许多成功：原住民第一次参与国际合作进程；推动政治与科学的互动，并由此发布

---

[1] Arctic Council, *Agreement on Enhancing International Arctic Scientific Cooperation*, Fairbanks, U.S.A.: May 11, 2017, p.2.

[2] 肖洋：《北极科学合作：制度歧视与垄断生成》，《国际论坛》2019年第1期。

具有创新力与影响力的研究报告。北极理事会在环境保护与清理有机污染物领域,尤其是气候变化影响分析领域扮演着开拓者的角色。北极理事会的运行不以硬法规范或协议为基础,但它为政府间合作建起了规范、利益共享基础,同时大大推动了北极国家的互动与社会化进程——包括某些最不情愿参与集体行动的国家。[①] 有关环境污染、北极海空搜救、北极科考等规范已通过北极理事会实现了硬法化,并逐步适用于非北极国际行为体。从这点来看,正是北极理事会当前规范体系的灵活性成就了它的权威化。

需要指出的是,不应将北极理事会与一种理想化的治理状态进行比较,不能因为北极没有出现类似《南极条约》的宪法型国际规范,就来抨击北极理事会的软弱与低效。相对于较为封闭的北欧理事会等次区域规范体系,北极理事会的优势表现在通过软法规范与平等协商的方式来维护北极国家的决策特权,同时向非北极国际行为体扩容。这种弹性治理模式能够有效协调北极区域内外的国际政治资源,推动各国在北极理事会的规范体系下采取较为一致的行动,对于一个快速变化、具有结构性变动的时代处理北极事务尤为重要。在促进合作、社会实践并建立规范方面,北极理事会已成就颇丰。北极理事会的长处在于保持其灵活性——这得益于它的灵活性结构与软法机制。可以肯定的是,软法所具有的柔性力量,不应被视为北极理事会的弱势,而是它走向权威国际体系的核心动力所在。

---

① Oran Young, "If an Arctic Ocean Treaty is not the Solution, What is the Alternative?" *Polar Record*, Vol. 47, No. 4, 2011.

第五章

国际组织与北极治理的规范融合

在全球治理的框架下,学术界对当今国际组织互动的概念、类型与路径方面,已经获得了宝贵的学术成果。然而将视野转向北极,学界对参与北极治理秩序构建的国际组织之间的互动研究尚处于起步阶段,尤其是多个国际组织围绕某一共同治理议题所展开的规范竞争及其最终发展方向方面,为深化国际规范的绩效研究带来了宝贵的学术机遇。以国际组织为核心的国际规范体系,彼此间的互动模式不仅包括竞争,还应包括消亡,更应包括合作甚至融合。当前北极治理的规范竞争态势已现实存在,研究这种国际规范体系间的竞争结局问题,其理论价值不仅在于深化国际规范演变的进化与退化之辨,更在于探索一条新兴的辨析思路:在北极治理的过程中,国际体系之间的竞争能否规避"零和博弈"所导致的规范消亡?规范体系之间的良性互动与规范融合,能否提升北极治理规范的整体成效?

第一节 国际组织的规范互动与北极治理规范融合

长期以来,国际规范理论的研究对象,都是单个的国际规范,或是作为规范倡导与推广主体的国际组织。国际规范互动研究的出现,是学界结合全球治理的发展趋势,以及多种国际规范、国际规范体系共存的现状,与时俱进调整研究思路的结果。研究国际规范的互动问题,是对那些局限于个体规范有效性研究的超越,将学术视角更多聚焦在国际规范互动结果所产生的边际效应,以及国际规范参与全球治理所面临的外部性因素之上。① 总体而言，国际规范互动将对相关议题领域、国际政治格局，以及全球治理产生影响。

学界不仅应关注围绕特定议题领域的不同国际规范之间的互动结果，还应关注倡导这些国际规范的国际规范体系之间的互动。事实上，后者的互动结果对次区域、区域，甚至全球治理进程产生的影响更为深远。通过厘清国际规范互动的基本模式，有助于分析不同于单一规范绩效研究的特点，针对北极治理的现实图景，昭示未来国际规范互动研究的总体方向。

一 国际规范冲突研究的绩效视角

国际规范互动是指国际规范之间因治理实践所导致的相互影响与关联，包括规范合作与规范冲突两种方式。国际规范竞争属于国际规范冲突的范畴。根据本书的研究需要，我们重点研究国际规范竞争这种规范互动所导致的可能结果。国际规范互动率攀升的外部条件是大量国际规范的快速涌现，这对相应议题的治理成效产生积极或消极的影响。

国际规范绩效是研究国际规范竞争的重要概念。国际规范绩效是指国际规范体系完成规范推广的方式。② 在国际规范的演变过程中，国际规范绩效研究的焦点是结果绩效，是衡量国际规范影响国际行为体行为的重要标准，③ 因此从国际规范的推广结果来看，国际规范的绩效研究就是国际规范的有效性研究。

国际规范绩效评估分为有效、低效与无效三类。有效的国际规范，表现为国际规范能够影响国际行为体的逐利行为，以及与其他国际行为体的互动模式，国际行为体高度遵守国际规范的约束，并通过内部立法来实现对国际规范的内化。低效的国际规范，表现为国际规范对国际行为体的逐利行为与互动模式能够产生局部和有限的影响，国际行为体的

---

① Thomas Gehring, "Methodological Issues in the Study of Broader Consequences", Arild Underdal and Oran R. Young, *Regime Consequences: Methodological Challenges and Research Strategies*, Dordrecht: Kluwer, 2004, p. 221.

② 王明国：《国际制度互动与制度有效性关系研究》，《国际论坛》2014 年第 1 期。

③ Tamar Gutner and Alexander Thompson, "Special Issue on the Politics of IO Performance", *The Review of International Organizations*, Vol. 5, No. 3, 2010.

遵约度较低，且不会进行内化国际规范的行为。无效的国际规范，表现为国际规范无法改变国际行为体的行为，国际行为体没有遵约行为，更没有内化国际规范的行为。

国际规范之间的竞争，本质上是规范推广的绩效之争，即有效性之争。竞争成功的国际规范自然成为有效的国际规范，能够顺利推广并被相关国际行为体所内化；竞争失败的国际规范将成为无效或失效的国际规范，最终将被淘汰出全球治理进程。低效的国际规范是规范演变的过渡阶段，既可能通过内部改革和外部支持，逐渐增强自身的推广能力，从而向有效国际规范方向进化；又可能振兴乏力，持续弱化规范推广的能力，最终向无效国际规范退化。

如前所述，研究国际规范竞争的后果，可从水平和垂直两个层面进行分析。

水平层面的竞争，即多个规范围绕同一议题领域展开的竞争。水平层面的竞争，将产生两类结果：规范并存或规范消亡，见图5—1。规范合作的本质是共存共赢，条件是存在竞争关系的国际规范势均力敌并存在互补性，能够通过合作来提升共同议题的治理绩效。规范消亡的本质是自利独赢，条件是存在竞争关系的国际规范存在较大的竞争力差异，这种差异表现为遵约国际行为体的程度强弱与数目多少。遵约国际行为

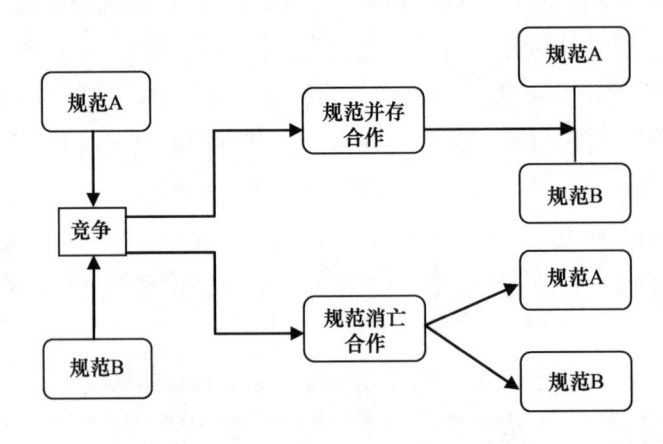

图5—1 水平层面国际规范竞争结果示意图

资料来源：笔者自绘。

体的数目多、程度深的国际规范,属于强势规范,最终成为权威规范;反之,遵约国际行为体的数目少、程度浅的国际规范,属于弱势规范,最终走向消亡。

垂直层面的竞争,即全球性国际规范体系与区域性国际规范体系、区域性国际规范体系与次区域国际规范体系之间的竞争。[1] 垂直层面的竞争,将产生三类结果:规范并存、规范交叠、规范融合,见图5—2。规范并存是指不同的国际规范体系在成立初衷、发展目标、规模大小、国际影响与规范推广能力较为相近,输出的国际规范各有所长,可以实现同时存在、独立发展。规范交叠是指两个存在层次差异与规模差异的国际体系之间,在某些治理议题的规范输出上存在交集,从而推动两个相对独立的国际体系之间,围绕共同的议题领域,开展规范竞争或规范沟通,以冲突或合作的方式提升己方相应规范的实施绩效。规范融合是指存在层次差异与规模差异的国际规范体系之间,围绕共同的治理议题展开相互学习与借鉴,从而构建一种非对抗型的规范互动关系,最终融合成一个兼具双方优势的国际新规范。

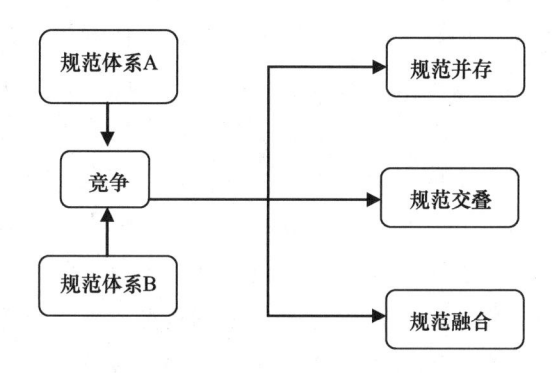

图5—2 垂直层面国际规范竞争结果示意图

资料来源:笔者自绘。

规范融合的主要特征可概括如下:规范体系之间互学互尊、管控分歧、合作共赢。规范融合具有较强的功能性特点,它的价值不仅在于尊

---

[1] Oran R. Young, *The Institutional Dimensions of Environmental Change: Fit, Interplay, and Scale*, Cambridge: MIT Press, 2002, pp. 83–138.

重不同国际规范体系在各自优势领域的影响力，从低政治敏感度的议题入手，加强规范体系间的沟通与互信，还在于通过结果导向型的具体规范合作来提升总体治理成效，避免因规范恶性竞争导致的规范缺位，更在于通过具体规范的融合化发展所产生的"溢出效应"，来推动围绕其他议题的规范融合，从而将那些在治理规模、地理覆盖面、履约标准皆有限的区域性规范体系，逐渐融入更为宽广的全球性规范体系的框架，① 最终为不同层级规范体系之间的衔接问题打开了新的思路。

二　良性国际规范互动关系：从交叠到融合

当前北极治理的"规范密度"迅速提升，以至于加速了规范之间、规范体系之间的自由竞争态势。总体而言，在北极地区，国际海事组织与北极理事会之间的竞争已日趋白热化，以这两个国际组织为核心的北极治理规范体系，彼此之间的议题设置领域已有交界，互动关系兼具合作与冲突。然而，由于国际海事组织的优势领域相对比较集中，集中于航运与海洋环境保护等方面，而北极理事会则通过其下设的工作组和任务组，将议题设置领域扩展到航运、科考、环保、原住民权益等北极非传统安全领域。整体而言，国际海事组织具有权威性和议题设置领域相对集中的特征，而北极理事会具有准权威性和议题设置领域相对宽泛的特征。从北极治理建章立制的现实需求与时代发展出发，尽管这两个不同层级、不同规模、不同影响力的国际规范体系彼此相对独立，但从发展趋势来看，二者间的互动模式将以竞争为主。学界所需研判的核心议题是：这种竞争将产生何种结果？北极治理的规范之争，能否超越零和博弈的丛林法则，抑或规避恶性竞争带来的规范缺失，或者，至少不局限于"冷漠并存"的低效运行状态。从长远来看，北极地区国际组织，都寄希望于通过增强具体规范的绩效来提升自身的权威性，不管是通过自助还是他助的方式，获益而非止损是各类国际规范体系竞争的基本底线，唯一的区别就是获益的多寡。从这点来看，获得相对收益——即通过合作来提升规范绩效的相对提升，是未来北极地区国际组织建章立制的次优目标。这也为北极治理的规范之争框定了大致的发展脉络：从规

---

① 王明国：《国际制度互动与制度有效性关系研究》，《国际论坛》2014 年第 1 期。

范交叠走向规范融合。

规范交叠源于国际规范体系之间进行的非刻意性规范竞争，正是由于国际规范体系存在异质性和差序化，在具体规范层面的竞争往往具有偶发性和低烈度，这就使得即使面临规范竞争，规范体系之间也存在沟通协调与对冲这两种可能，这取决于规范交叠的区域是议题领域的核心方面还是外围方面，以及交叠的功能是遵约义务还是知识获取。换言之，基础性原则是议题领域的核心方面，规范推广目标是获得成员国的遵约承诺；功能性事务则是议题领域的外围方面，规范推广目标是增强议题领域的知识获取路径，围绕前者的规范竞争存在冲突升级的可能，围绕后者的规范竞争，则存在彼此协调的可能。

此外，研究国际规范交叠还需考虑国际规范体系之间在发展目标和发展方向上是否具有同质性。如果国际规范体系之间的发展目标趋同，则进行规范协调的可能性就较低。例如北极理事会与北极圈论坛，两者都将规范倡导作为获取区域性权威规范体系的重要路径，因此它们之间进行规范协调的难度较大，较易形成规范对冲。[①] 在如北极经济理事会和北极理事会都存在针对北极经济开发事务进行了建章立制行为，然而，北极经济开发并非位列北极理事会议题设置的首位，却是北极经济理事会的核心议题，因此，北极理事会有可能加强与北极经济理事会就北极原住民民生基础设施建设、经济开发的环保规范等议题领域开展对话与合作，倾向于建立宣言或政策建议等软法规范。

规范融合源于存在规范交叠的国际规范体系之间所进行的主动沟通与合作。规范融合不是规范合并，一般只发生在具体的规范层面，而规范体系本身仍保持较高的独立性。因此规范融合反映出规范竞争具有明显的功能性偏好和层次性差异，并非是全面融合。理解规范融合的关键，是规范竞争能否实现规范协调的问题。当非权威国际规范体系倡导的新兴国际规范如何与既有国际规范，尤其是那些由权威规范体系倡导的既有国际规范进行良性互动？这种良性互动包括哪些方式？规范交叠之所以有可能向规范融合演化，正是由于议题领域和治理地域存在一定的包

---

① Michael Bar Nett and Martha Finnemore, *Rules for the World: International Organizations in Global Politics*, Ithaca and London: Cornell University Press, 2004, p. 12.

容性。

在全球治理的实践过程中，规范融合是真实存在的。例如，在国际贸易议题领域，世界贸易组织及其前身关贸总协定是权威性规范体系，其规范输出涉及国际贸易的方方面面，1973 年由 54 个纺织品进出口国签署的《多种纤维协定》（Multifibre Agreement，又称《国际纺织品贸易协议》，Arrangement Regarding International Trade in Textiles）是纺织品贸易治理的专业国际规范，[1] 二者在围绕纺织品进出口贸易领域的规范竞争始终呈现出积极互动的状态，关贸总协定对《多种纤维协定》并没采取竞争性压制，而是始终围绕提升国际纺织品贸易管制成效这一目标，采取指导、建议等温和方式参与《多种纤维协定》的倡导、修订、延期等事务，这种规范间的良性互动状态促进全球纺织品贸易总额不断增长，保证了全球纺织品自由贸易的有序化。在二十多年的良性互动下，1995 年世界贸易组织以《多种纤维协定》为蓝本出台了《纺织品与服装协议》（Agreement on Textiles and Clothing），完成了全球纺织品贸易规范融合，并上升为该领域的权威规范。此外，世界贸易组织与亚太经济与合作组织作为推动国际贸易发展的全球性与区域性国际组织，在推动跨国贸易、降低经济发展停滞方面，存在规范推广的竞争可能。世贸组织制定多边贸易新规范的多哈世贸谈判（Doha Round of World Trade Talks）于 2005 年陷入僵局，亚太经合组织通过削减主要成员的农业补贴、创新农业市场准入机制、降低工业制成品关税、开放服务贸易等方式，建立一揽子涉及市场准入、服务贸易便利化等规范，以推动世界贸易组织多哈协议的达成。[2] 由此可见，并非总是由权威国际规范体系主导规范融合的进程，而是呈现双向融合的态势。

随着治理议题领域的不断发展，时间尺度的长短与规范融合的可行性之间存在正相关的联系。例如，北极暖化带来的经济愿景与生态环境的演变需要较长时间才能逐渐展现，北极治理对全球治理的影响也是个

---

[1] 中华人民共和国商务部条约法律司：《国际纺织品贸易协议》（http://tfs.mofcom.gov.cn/article/date/j/ao/200212/20021200058495.shtml）。

[2] 中华人民共和国外交部：《亚太经合组织领导人关于世界贸易组织多哈发展议程的声明》（http://www.fmprc.gov.cn/web/ziliao_674904/1179_674909/t309908.shtml）。

长期互动的过程。甚至说,国际组织围绕北极治理所进行的建章立制行为,往往更多的是"就事论事"型的规范倡导,存在滞后性。由于很多北极治理议题存在长时间段特征,直接影响了相关国际规范的绩效。[①] 这虽然是国际规范倡导过程中常常面临的困境,但学界也已经从议题设置阶段开始反思国际规范构建的合理性与前瞻性,以避免因缺乏足够多维沟通和信息储备而导致议题重复设置,最终引起不必要的规范竞争。从当前国际规范互动研究的结果来看,在规范倡导的过程中,重视议题设置阶段与规范倡导阶段的多边协商,能够有效降低规范竞争所导致的内耗风险,并推动规范竞争向规范融合发展。[②]

规范融合的过程较为复杂,基本按照认知融合—承诺融合—推广融合—影响融合这四个阶段逐渐深化(见图5—3),每个阶段的融合都以上一阶段的融合结束为条件,且不存在跨阶段融合的可能。认知融合是指国际规范体系之间达成避免恶性竞争的基本共识,即避免"零和博弈"的结果,从而通过协商沟通、知识传导等方式来管理竞争关系,尤其是避免规范之间的竞争升级为规范体系之间的竞争。承诺融合是指国际规范体系之间建立促进规范融合的义务承诺,并将这种双方共同认可的义务以新的规范明确下来。推广融合是指国际规范体系在推广规范的过程

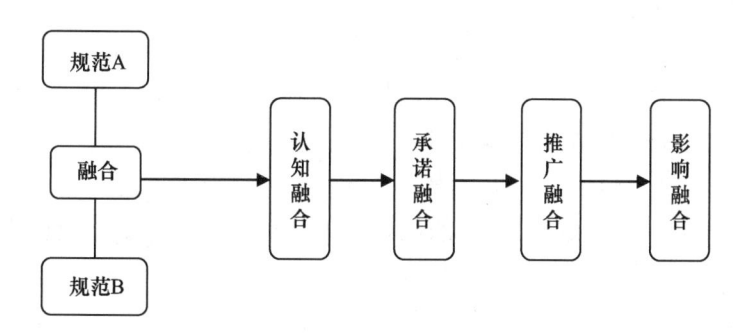

图5—3 国际规范融合的四个阶段

资料来源:笔者自绘。

[①] Regine Andersen, "The Time Dimension in International Regime Interplay", *Global Environmental Politics*, Vol. 2, No. 3, 2002.

[②] Vinod K. Aggarwal, *Institutional Designs for a Complex World*, *Bargaining*, *Linkages*, *and Nesting*, Ithaca, NY: Cornell University Press, 1998, pp. 3–5.

中，尽可能采取共同的原则立场和方式方法，以做到对国际行为体的行为约束具有同效性，避免因规范推广的差异性和非一致性而产生履约漏洞，影响总体的治理成效。影响融合是指国际规范体系之间就具体议题领域进行功能上的融合，实现规范对国际行为体的影响力从较弱的一方向较强的一方转移，从而实现规范推广效果的集聚和叠加。[①]

不同国际组织对规范推广效率的诉求差异，使得北极治理的规范融合存在合理性与可行性。在北极地区，国际组织之间的影响力与规范倡导能力差异较为明显，这使之对规范推广效果的期望与途径各有不同。有的国际组织追求静态效率，更看重规范对国际行为体的短期约束成效，倾向于制定强制性行为标准，例如国际海事组织出台的《极地规则》；有的国际组织追求动态效率，更看重规范对国际行为体的长期约束成效，更倾向于发挥"软法优势"，对内实施政策协调，对外通过规范倡导吸引更多的国际行为体参与其中，具有一定的灵活性。例如北极理事会对北极八国设置了三份有约束力的行为规范，但同时又不断向非北极国际行为体进行扩容，以不断提升自身的全球影响力。北极治理的规范融合，必将以具体议题领域的规范设置为突破口，进而扩展至国际规范体系之间的互动与合作，这一过程也必将始终伴随着国际规范竞争理念的协调。未来北极治理的规范融合理念的统一、行动标准的设置、行为规则的构建等，都取决于各个国际组织对"规范推广效率"的认知差异，这将直接决定了它们能在多大程度上达成理念妥协与规范融合共识。在北极地区国际组织之间的互动日益频繁的今天，各个国际组织都应反思"规范推广效率优先"这一理念是否符合国际组织自身的长远发展，以及北极治理的整体成效。毕竟，合作与沟通是北极秩序的稳定器。当前，国际海事组织与北极理事会在规范体系层面尚未发生全面对冲，但两者建章立制的议题领域存在一定的交集。从业务领域来看，国际海事组织倾向于海运与环境管理，北极理事会倾向于北极环境保护，两者在议题领域的交集是北极海洋环境保护。

---

① Thomas Gehring and Sebastian Oberthür, "Interplay: Exploring International Interaction", Oran R. Young, Leslie A. King, and Heike Schroeder, *Institutions and Environmental Change: Principal Findings, Applications, and Research Frontier*, Cambridge: MIT Press, 2008, p. 200.

第二节 国际组织的利基选择与北极治理规范融合

权威国际组织所倡导的国际规范往往具有明显的"基础规范"特征,[①] 可用于指导一项或多项常务治理工作,例如:构建知识体系、强化标准规范、提升治理能力、制定履约规则等。每项治理任务构成一个潜在的"利基"议题,在复杂的治理议程体系下,一套专业性规范可以围绕某个"利基"议题而进行深入发展。将这种利基导向方法应用于北极治理,有助于解释在瞬息万变的议题领域中,区域性国际规范体系与全球性规范体系之间的分工格局与规范融合的发展趋势。当前北极治理属于利基型治理,必然存在利基型议题,唯有细化研究才能提升治理成效。北极现存的很多具体规范结构,例如服务结构、法律结构都不够完善,但北极地区的地缘政治经济价值非常大,并能产生宏大的战略愿景。这也促使各个国际组织将目光转移到北极地区的治理开发上,建立适应北极地区独特条件的规范框架,调整规范竞争思路与策略,以提升北极治理的总体效果。

一 北极治理的规范互动与利基议题选择

学界对区域性规范体系和全球性规范体系之间的互动研究,往往从内容、操作和结果等角度,关注国家或其他国际行为体对某一具体规范实施绩效的影响。相对于通过构建具有法律约束力的综合性规范来推动北极治理,更应从细微处着手,对规范体系内的某些特征进行观察,分析这些特征如何产生"溢出效应"。在庞杂的国际规范语境下,特定的国际规范可以专攻于单一治理领域。这种以利基为导向的规范形式,有助于解释北极地区的主要国际组织——国际海事组织和北极理事会,为什么会在建章立制的过程中,高度关注于知识体系的建立与规范推广能力的提升。

[①] [瑞典]宾德·瑞特:《为何是基础规范:凯尔森学说的内涵》,李佳译,知识产权出版社2016年版,第8页。

区域性国际规范体系与全球性规范体系之间的互动非常重要，但尚未在北极治理研究中引起足够的重视。① 就北极地区而言，区域性国际规范体系是全球性规范体系的组成部分，其核心内涵由国际海事组织公布的《联合国海洋法公约》与一些特定的国际公约进行界定。② 此外，包括国际海道测量组织（International Hydrographical Organization）、世界气象组织（World Meteorological Organization）、国际劳工组织（International Labour Organization）所颁布的全球性规范也与海上安全和海洋环境保护有关，而许多北极区域性国际组织则着重处理类似于海上基础设施、海洋船舶污染防治以及港口国管辖的国际规则等问题。由于这些规范共同治理着北极国际关系的某一议题领域，彼此之间存在功能交叠，这就促使相关国际组织不仅关注规范有效性这一微观问题，即某一规范对目标治理议题领域是否有贡献度？还应关注相应的宏观问题，即围绕同一治理议题领域的相关规范及其规范体系能否实现分工合作？以利基理论来解决这一宏观问题，有助于确定需要强化的治理任务，并且检验给定的规范是否具有能强化该任务的独特之处。

二 治理利基的基本内涵

利基（Niche），又被译为"狭缝、壁龛、针尖"，源于生态学中的物种竞争，表示一个物种或种群在生态系统中的地位，尤其是在它超过其他本土种群的那一部分资源域（Segment of Resource）。③ 如今，利基的概念被广泛应用于市场营销学，特指那些被主导企业所忽视的某些小众市场或服务领域，亦即针对性、专业性极强的产品。那些相对弱势的企业为了避免与强势企业发生正面冲突，而选择被强势企业忽视的小块市场（即利基市场）进行全面且专业化的服务，以最终占领该市场。由此可见，利基理论的关键要素如下：竞争关系、强势方、弱势方、冲突管理。

---

① D. Vidas, and P. J. Schei, *The World Ocean in Globalization: Climate Change, Sustainable Fisheries, Biodiversity, Shipping, Regional Issues*, Leiden: Martinus Nijhoff, 2011, pp. 345-370.

② Oran R. Young, *Global Governance: Drawing Insights from the Environmental Experience*, Cambridge: MIT Press, 1997, p. 4.

③ Hannan, M. T. and J. Freeman, "The Population Ecology of Organizations", *American Journal of Sociology*, Vol. 82, 1977.

将"利基"这一概念引入北极治理研究，是一种跨学科的学术探索，旨在解决的核心问题是：在竞争关系中，后发弱势规范体系如何在不对抗既有强势规范体系的前提下，获得发展机遇。利基在国际组织研究中被用作暗喻，它强调规范特征与国际组织获取生存资源的能力之间的关系。在此，将治理分为四项任务，每一项对应着规范利基（Norm Niche）。第一项任务：获取议题领域的相关知识，并且知道处理问题时，不同的选择会造成的影响。第二项任务：为非强制型规范和强制型规范制定详细的实施标准。第三项任务：构建多边平台以加速上述标准的实施，包括设立基金会或者目标明确的能力建设计划等。第四项任务：设置履约监测机制。在北极治理过程中，由于匮乏行为监测机构、合规审查以及对违规行为的惩戒规范，因此国际行为体对国际规范的遵行效果往往并不令人满意。

在错综复杂的北极地区国际规范体系中，全球性国际组织承担了多项治理任务，就像国际海事组织在航运治理中所做的那样，然而其他地区和次区域国际组织则致力于一个或几个治理任务。国际海事组织致力于建立由五个独立机构和九个小组委员会组成的知识体系，并且向所有的成员国和观察员代表开放。当然，这些成员国和作为观察员的其他国际组织调动了可观的专业技术资源，推动国际海事组织出台了许多具有法律约束力的条约，以及非约束性决议。[①] 能力建设（Capacity-Enhancement）是技术合作项目的任务，但是规范的执行还要依靠"船旗国履约分委员会"（Sub-Committee on Flag State Implementation）来推动。相反，联合国海洋环境科学专家组（Joint Group of Experts on the Scientific Aspects of Marine Environmental Protection）是一个研究专项任务的国际机制，它的研究方向更合理，通过定期评估海洋环境建立相关知识体系，在海洋运输等方面提出详细建议。[②]

根据"竞争排斥原则"（Principle of Competitive Exclusion），没有两

---

① Olav Schram Stokke, "Regime Interplay in Arctic Shipping Governance: Explaining Regional Niche Selection", *International Environmental Agreements: Politics, Law and Economics*, Vol. 13, Issue 1, 2013.

② Joint Group of Experts on the Scientific Aspects of Marine Environmental Protection, "Scoping Activities" (http://www.gesamp.org/work/scoping-activities).

个物种能够长时间占据同一利基：物种或种群之间的竞争迫使劣势的一方或者开发其他利基，或者灭绝于生态系统。[1] 尽管竞争排斥原则也适用于北极治理规范领域，但其应用结果与在自然系统中并不一样，原因如下：北极地区规范体系之间存在相互支持的可能，每一个规范体系都有其独特性，能够使其在解决整体问题中产生独特的作用，并应用于治理任务。即使这些规范体系专注于不同的方向，但紧密的共存关系也比一个规范体系将另一个完全驱逐出北极治理进程更为常见，例如国际海事组织与北极理事会就围绕北极环境保护规范展开体系间合作。

简言之，治理利基就是一项治理任务中有待改善，甚至是可以有所作为的部分。利基选择的过程中包括了三个部分：弱势国际规范体系的相对优势、国际社会对北极治理规范需求的水平、国家对如何合理设置每个规范体系才能提升综合治理绩效的认知。

三 有效治理利基的选择

有效治理利基的选择，要求学界在复杂的治理网络中，思考规范能为解决整体问题作出何种贡献。具备何种特征能让一个规范体系高效完成上文提出的四项治理任务呢？至于知识体系的建构，大多数国际规范体系都包括一个负责鉴定各种风险评估数据的科学主体，或与其存在关联性。规范有效性研究指出：至少有三项因素影响着这些活动的问题解决潜力：可信性、合法性和卓越性。[2] 可信性是指从决策者的问题意识与专业视角来思考治理议题，科技投入能够产生最优质的可用知识。[3] 合法性是指科技投入反映出国际行为体对价值观、数据提供的利益关切。支持科技投入合法性的重要途径是广泛融入先期的资源投入过程，这也有

---

[1] Garrett Hardin, "The Competitive Exclusion Principle", *Science*, Vol. 131, 1960.

[2] R. B. Mitchell, W. C. Clark, D. W. Cash, N. M. Dickson, *Global Environmental Assessments: Information and Influence*, Cambridge: MIT press, 2006, pp. 314 – 324.

[3] Haas, P. M., "Do Regimes Matter? Epistemic Communities and Mediterranean Pollution Control", *International Organization*, Vol. 43, 1989.

助于证明科学家团体致力于倡导国际行为标准。[1] 卓越性是指科技投入直接关系到国际行为体对治理政策的认知，对成本与收益的信息公开，以及从规范选择权中所获得的益处。[2] 因此，当一种集体决策是基于知识型利基，其所选规范更能为决策产生科技投入，从而将可信性、合法性与卓越性结合起来。

适用性、行为体覆盖面（Actor Coverage）、实质力量（Substantive Strength）是理解国际规范有效性的关键，能够影响一个国际规范体系对有效治理利基的辨识与占据。适用性是指既保持与其他国际公认规范的一致性，又保持规范诠释的文本确定性和交流明晰性。[3] 文本确定性能够通过明晰的话语交流来增强规范的实施效果，之所以强调话语交流的明晰性，是基于这样一个原则：不明确、不具有约束力的规范无法有效指导行动，并且有可能在规范制定群体中产生意见分歧——每一种与治理议题无关的做法都有可能被证明是合理的，从而造成资源分散与浪费。[4] 行为体覆盖面是指在治理主体中，是否包括了重要的国际行为体，不充分的治理主体范围会严重限制治理成效。[5] 实质力量是指规范推广所必需的能力与实力。那些追求行为体覆盖面最大化的国际组织往往会为了扩充成员国规模而放弃实质力量，尤其是推广约束性国际规范的能力，从而削弱了国际规范对目标议题的解决绩效。如果以降低标准为代价追求更广的国际行为体覆盖面，那么就难以保证北极治理规范的有效性。在其他条件相同的情况下，如果一个国际规范体系比其他国际规范体系更能有效提高适应性、行为体覆盖面和实质力量，那么选择一个合适的治理利基则对扩展该国际规范体系的发展空间至关重要。

---

[1] O. S. Stokke and D. Vidas, *Governing the Antarctic: The Effectiveness and Legitimacy of the Antarctic Treaty System*, Cambridge: Cambridge University Press, 1996, pp. 13–31.

[2] A. Underdal and Oran R. Young, "Regime Consequences Methodological Challenges and Research Strategies", *Kluwer Academic Publishers*, Vol. 34, 2004.

[3] Stokke. O. S. and D. Vidas, *Governing the Antarctic: the Effectiveness and Legitimacy of the Antarctic Treaty System*, Cambridge: Cambridge University Press, 1996, pp. 13–31.

[4] Franck T. M., *The Power of Legitimacy among Nations*, New York: Oxford University Press, 1990, pp. 53–54.

[5] Barrett. S., *Environment and Statecraft: the Strategy of Environmental Treaty-Making*, Oxford: Oxford University Press, 2003, p. 356.

国际规范体系要想提升规范推广能力,通常需要核心成员国接受一个基本观念:对于某些治理领域而言,规范推广的前提是科学技术或其他国际政治资源的有效转移。促进这种转移需要三个前提条件:差异、承诺、资金。[1] 各个国际规范体系在规范倡导与推广方面存在能力差异,是选择治理利基的基本条件。促使各个国际规范体系就冲突管理和规范融合做出承诺,是实现科技与国际政治资源转移的重要保证。资金保障是最为重要的因素,因为国际规范组织扩容的实质就是从成员国到治理项目的资源转移,此时最基本的受益方是各个国家。资源转移能够使参与国重构自己的参与动机,并促使它们自愿遵守国际规范,从而提高国际规范体系的权威性。因此,提升国际规范融合的可行性,不仅需要加强规范体系之间的冲突管理,还需要促使各国就集资问题达成一致意见。

对于由弱势国际组织为核心的后发型国际规范体系而言,通过降低集体行动的标准,能够解决规范推广能力不足的难题。后发型国际规范体系的核心利益是获取权威性,这通常需要采取规范推广与规范强化等方式。因此,确保既有规范供给能够被成员国所接受和遵循,则是后发型国际规范体系的生命线。换句话说,对于这类国际规范体系而言,成员国对规范的遵循,远比规范对成员国的约束更重要。

为了降低成员国的违约风险,后发型国际规范体系必须仔细选取有效的治理利基,这需要经过能力与动机确认、复审、响应等关键环节。[2] 能力与动机确认环节需要对治理利基信息的完整性和准确性进行评估,并且确认拟倡导的国际规范与预置标准是否一致。此类评估对那些信息获取渠道相对狭窄的国际组织来说较为容易,通常能够较快实现优势能力领域与目标议题领域的有效对接。复审环节需要对那些违约国及其规范文本漏洞信息进行审查,并且能够通过遵约度来判断针对治理利基的规范有效性。响应环节是为了满足国际规范体系推广规范的能力需要,

---

[1] S. Oberthür and Stokke O. S., *Institutional Interaction and Global Environmental Change: Interplay Management and Institutional Complexes*, Cambridge: MIT Press, 2011, p. 23.

[2] Stokke. O. S, J. Hovi and G. Ulfstein, *Implementing the Climate Regime: International Compliance*, London: Eerthscan, 2005, p. 2.

这需要判断参与国是否愿意接受国际规范的制约，以防止刻意违约行为的发生。① 因此，选择一个合适的治理利基，更像是证明一个国际规范体系能否有效获得关于遵约行为的独立信息，减少相关复审工作的阻碍因素，或是减少有规不依的情况发生。

总而言之，国际规范有效性明确了能成功引导四项治理任务的条件。本书在此运用这些条件以阐释能够使一个国际规范体系有效占领相应治理利基的基本特征，这些利基能够加快治理议题的解决速度。除非既有的强势国际规范体系公开反对进行规范融合，否则无论是多么弱势的国际规范体系，都有权选择最适合自身发展的治理利基。因此，如果能证明一个国际规范体系在进行规范倡导决策时能够比其他国际规范体系更能提高科学家、高科技等人力物力资源投入的可信性、合法性和卓越性，那么以专业知识为基础的规范构建就有可能成功。相反，如果强势国际规范能够有引导性地将适应性、行为体覆盖面和实质力量结合到规范推广过程中，那么弱势国际规范体系的建章立制过程将面临巨大阻力。那些支持增强规范推广能力与成效的倡议，更像是通过资源整合，或是国际规范体系间的求同存异来吸引外来资金的支持。最终，为规范执行所做出的共同决定更像是选择一个能产生独立行为信息、接受合规审查、惩罚违规者的机制安排。按照这一理论逻辑，顺理成章的疑问在于：北极地区国际组织的建章立制行为，是否已经触碰到规范融合的机遇？答案是肯定的，错综复杂的北极航运治理领域，则是一个对北极理事会等后发型国际规范体系打开规范融合大门的治理利基。

第三节　北极航运的规范融合与《联合国海洋法公约》

气温上升、沉降的黑碳降低了北极对阳光的反射率，北极气候暖化使得北冰洋夏季几乎无冰，彻底改变了北极的航运条件。多年积冰的消

---

① Olav Schram Stokke, "Regime Interplay in Arctic Shipping Governance: Explaining Regional Niche Selelction", *International Environment Agreements: Politics, Law and Economics*, Vol. 13, No. 1, 2013.

融，加速了该地区内的自然资源开发和工业活动的增长，促进了北极邮轮观光旅游项目的繁荣，欧洲、北美洲和亚洲间横越北极的短程商业运输路线也日益繁忙起来。北极地区国际组织如何提高北极海洋运输中船员、船舶及环境的安全性？在此，国际海事组织以北极海事治理规范的利基议题为导向，考察北极理事会对完善北极航运治理所作的贡献。

一 《联合国海洋法公约》在北极地区的审慎适用

鉴于国内外学界对国际规范有效性的研究，在以《联合国海洋法公约》为核心的权威规范体系下，北极理事会作为代表性的北极区域性国际组织，为完善北极航运治理规范体系作出了重要贡献。尽管北极理事会的发展重心并不在于对北极航运活动的监管，但它能通过构建知识体系，或帮助北极国家在有争议的议题上找到共同点，来推动国际海事组织的监管。[①] 北极理事会也具有加强北极海运基础设施的实质能力，如应对石油泄漏、海空搜索和救援行动等。一旦采纳北极航运中具有约束力的区域性国际规范，北极理事会将可能对港口国采取强制性管理措施。虽然目前北极理事会的规范倡导仍以非强制性规范为主，但加强与国际海事组织的互动可以提高北极理事会选择治理利基的效率，这与北极地区治理议题领域过于繁杂有关，因为具体问题的解决，通常不只涉及一个国际组织。

当前国内外学术成果大多集中于分析北极海洋运输变化的内在动因，以及北极海运治理规范结构的发展趋势，而较少关注北极区域性国际组织与全球性海运管理组织之间的互动。北极气候的变化、非北极国家经济发展对能源与资源的需求、北极国家对北极领土的开发，都是北极航运持续增长的关键动因。国外学者霍兰德·G.、杰森·Ø、查克普·A.等分析了相应治理议题的规范真空状态。[②] 既有学术成果强调了北极海洋

[①] Stuart Chapin., Martin Sommerkorn, Martin Robards, and Kevin Hillmer-Pegram, "Ecosystem Stewardship: Aresilience Framework for Arctic Conservation", *Global Environmental Change*, Vol. 34, 2015.

[②] Holland G., "The Arctic Ocean-the Management of Change in the Northern Seas", *Ocean and Coastal Management*, 2002, Vol. 45, pp. 841 – 851. Jensen Ø., "Arctic Shipping Guidelines: Towards a Legal Regime for Navigation Safety and Environmental Protection?" *Polar Record*, Vol. 44, 2008. Chircop, A., "The Growth of International Shipping in the Arctic: Is a Regulatory Review Timely?", *International Journal of Marine and Coastal Law*, Vol. 24, 2009.

运输所面临的特殊挑战,特别是恶劣的气候条件、海冰漂移、水文地图和海底地形图的匮乏、极夜、远离搜救基础设施、海洋生态环境脆弱等。虽然学者们建议国际组织出台船舶安全和环境保护的区域性规范,但他们较少关注北极区域性国际组织对全球治理建章立制格局的影响,尤其是在全球海运治理体系中区分出北极规范的特征。

由于海洋运输是一项全球产业,全球航运大国都尽力维护国际海事组织的权威性,以防止其出台"碎片化"(Spatially-fragmented Regulation)的国际海运管理规范——尤其是在船舶设计、船舶建造、人员配置与装备等成本高、难修改的领域。这就需要沿海国家在本国所辖海域遵循普适性的国际规范。《联合国海洋法公约》的许多核心条款都适用于所有国家,包括沿岸国拥有建立200海里的专属经济区(Exclusive Economic Zone)的权利。专属经济区的概念意味着沿海国管理着大多数海事活动,包括资源开发、海洋环境保护、海事科学研究等,但不包括航运,因为《联合国海洋法公约》在"专属经济区"的条款内保留了各国拥有航行自由的权利。[①] 这样的功能分化是沿海国家多次博弈后达成的平衡,它们认为各国海事管理者们未能有效保护海洋资源,影响了各国商船、军舰航行自由权。

在一些争端多发领域,如跨界渔业资源或海洋污染,《联合国海洋法公约》设置了国际最低标准,并鼓励采取区域管理体制。但对航运事务的治理却不尽相同:当他国船舶进入一国领海时,《联合国海洋法公约》为其制定了防污管理标准——这些标准的上限越低,这些船舶离海岸线就越远。沿海国家对于港口和内水拥有和陆地一样的排他性建章立制权。在领海区域内,各国可能会"对外国船舶实施减少和控制海洋污染的相关法律规定",只要不违背"船舶无害通过"原则,或超出对于"外国船舶设计,建造人员配置和装备"的"总体国际法规和标准"。[②] 在各国的专属经济区内,国际海事组织规定:不允许沿海国设立超出"权威国际

---

① 杨显滨:《专属经济区航行自由论》,《社会科学文摘》2017年第8期。
② 《联合国海洋法公约》第211条第5款规定:"沿海国为第六节所规定的执行目的,可对其专属经济区制定法律和规章,以防止、减少和控制来自船舶的污染。这种法律和规章应符合通过主管国际组织或一般外交会议制订的一般接受的国际规则和标准,并使其有效。"(http://www.un.org/zh/law/sea/los/article12.shtml)

组织设立的规范和条例"。① 这些对沿海国管理行为的约束性规范,无论是单方面的还是区域性的,都意味着全球航运管理制度的主体规范,都由国际海事组织建章立制而成。

尽管这些全球航运管理制度得到了国际社会的认可,但在北极等政治敏感地区,仍需谨慎适用。《联合国海洋法公约》中也有特殊的规则,这些规则适用于具有特定物理和政治经济学特征的敏感性区域,例如常年冰封的地区,或是国际航行所途经的海峡。国际海事组织在《国际防止船舶造成污染公约》中明确界定了在敏感性区域中船舶污染物排放的严格标准。国际海事组织的其他国际法文件也基于极地水域的实际情况制定了相应的规范,其中包括《国际海上人命安全公约》对海事服务和冰区巡航搜救的相关规则,以及《海员培训、发证和值班标准国际公约》中对极地水域船员的培训标准。② 除此之外,从1991年起,国际海事组织开始对冰封海域船舶的建造、设计、装备等标准进行了磋商,以防出现类似埃克森·瓦尔迪兹号(Exxon Valdez)油轮漏油案等灾难性事故。③ 磋商的首要任务是为北极冰封水域的航运操作建立一个指导方针,用于补充《国际海上人命安全公约》的通用规则。国际船级社对极地航运船的抗冰、抗低温能力进行等级划分。④ 国际海事组织于2009年重新修订了《北极冰封水域船舶操作指南》,将其升级为适用南极水域的强制性规范——《极地水域船舶操作国际规则》。因此,全球航运治理需要找到全球性航运规范适用于北极地区的平衡点。然而到目前为止,国际海事组织针对北极地区制定的规范远未覆盖所有的治理议题,这就为北极理事会等区域性国

---

① 《联合国海洋法公约》第211条第6款(C)规定:"如果沿海国有意为同一区域制定其他法律和规章,以防止、减少和控制来自船舶的污染,它们应于提出上述通知时,同时将这一意向通知该组织。这种增订的法律和规章可涉及排放和航行办法,但不应要求外国船舶遵守一般接受的国际规则和标准以外的设计、建造、人员配备或装备标准;这种法律和规章应向该组织送发通知十个月后适用于外国船只,但须在送发通知后十二个月内该组织表示同意。"(http://www.un.org/zh/law/sea/los/article12.shtml)

② Heike Deggim, *International Requirements for Ships Operating in Polar Waters*, London: International Maritime Organization, 2009, p. 4.

③ D. Vidas, *Protecting the Polar Marine Environment: Law and Policy for Pollution Prevention*, Cambridge University Press, 2000, pp. 221–243.

④ Jensen, Ø., "Arctic Shipping Guidelines: Towards a Legal Regime for Navigation Safety and Environmental Protection?" *Polar Record*, Vol. 44, 2008.

际组织提供了发挥专业特长，围绕治理利基开展建章立制的宝贵机遇。

二 北极航运治理的特殊性与规范构建的知识体系

冷战期间，北极地区极少有跨越东西方界限的国际规范安排。北极的地缘战略敏感性主导着东西方关系的发展，这表现为美苏两个超级大国都在北极水域部署核潜艇、建立庞大的军事设施。然而，1987 年苏联领导人戈尔巴乔夫主动与芬兰、挪威等北极邻国开展更广泛、更深层的安全合作，这使苏联掌握了北极治理的主动权。[①] 如今，北极国家将东西方关系的缓和视作构建地区性国际组织的基础。

北极理事会于 1996 年成立后，吸纳了"北极环境保护战略"的四个常设工作组，以应对建章立制所需的知识体系建设。北极理事会采取一致同意的原则作为规范倡导的基础，这意味着任何一个成员国都具有否决权。北极理事会的轮值主席国制度也是为了长远国际合作服务，而 2011 年决定设立永久性秘书处则进一步推进了北极理事会的机制化。对北极理事会的日常监督，也是由其成员国派遣的高级官员来负责实施。由于北极理事会并没有项目预算，其具体工作依靠国家直接财政援助，以及成员国对特定项目的自愿资助。

一些北极次区域国际组织也积极参与北极航运治理。例如 1993 年设立的"巴伦支海欧洲—北极理事会"为北欧国家的政府代表、俄罗斯政府代表与欧盟委员会代表的协商提供了平台。[②] 巴伦支—北极运输区域的指导委员会（Steering Committee for the Barents Euro-Arctic Transport Area）致力于加强区域内的公路、铁路和港口体系的整合，包括沿岸航运和海洋安全的发展，并与欧盟主导的"北方地区运输和物流伙伴计划"（EU Northern Dimension Program on Transport and Logistics）紧密合作，每两年举行一次外交部部长会议。[③] 同时包括国家、原住民组织在内的双边或多

[①] Stokke, O. S. and G. Hønneland. *International Cooperation and Arctic Governance: Regime Effectiveness and Northern Region Building*, London: Routledge, 2007, p. 23.

[②] Stokke, O. S. and O. Tunander, *the Barents Region: Cooperation in Arctic Europe*, London: Sage, 1994, pp. 24–26.

[③] J. Grue and R. H. Gabrielsen, *Marine Transport in the High North*, Oslo: Det Norske Videnskaps-Akademi, 2011, pp. 25–30.

边协商机制也在巴伦支海欧洲—北极理事会框架内定期举行会议。挪威—俄罗斯环境委员会（Norwegian-Russian Environmental Commission）从20世纪80年代末期开始运行，旨在海事活动中保护海洋环境。

上述北极次区域国际组织至少有三项特征反映出其在加强北极航运治理方面的潜能。一是以倡导不具有约束力的软法规范为基础，以尽可能聚拢利益攸关方的共同利益诉求。二是成立于20世纪80年代末并由西方北极国家所倡导，旨在缓和东西方关系、将俄罗斯引入北极合作框架，以此加强北极地区稳定，减少军事对抗。三是出现规范倡导程序化的趋势。例如北极理事会下设的工作组引入了各种利益攸关方，包括议题领域的专业技术与行政能力相关的国际行为体。上述这些特征使得北极治理具有相对的特殊性，同时也影响着全球性国际海事规范在北极航运四项治理任务中的贡献力。

成立20年来，北极理事会已经建立了与北极航运管理所需的可信、合法、相对完备的知识体系，并能够推广一些具有影响力的规范措施。北极理事会下设的"保护北极海洋环境工作组"，对北极航运可能造成的环境危害进行了一系列的评估，其集大成者是2009年出版的调研报告——《北极航运评估》（Arctic Marine Shipping Assessment）。[1] 这篇报告鉴于北极地区的生态环境、气候以及海冰所带来的挑战，阐述了北极航运的历史，北极航道使用现状和未来的发展图景。同时也评估了国家、国际两个层面的治理规范框架，总结了北极海运发展可能对当地居民和生态环境造成的危害。《北极航运评估》重点强调了加强北极海事基础设施的必要性，例如航道观测图、气象系统、冰川信息系统，以及应急准备系统。[2] 此外，还针对北极国家如何独自或合作加强北极海事安全管理，提升北极原住民的民生水平，加强生态环境保护与海事基础设施建设等问题提供了政策建议。[3]

---

[1] Arctic Council Working Group on Protection of the Arctic Marine Environment, *Arctic Marine Shipping Assessment* (https://www.pame.is/index.php/projects/arctic-marine-shipping/amsa/).

[2] Working Group on the Protection of the Arctic Marine Environment, *Arctic Marine Shipping Assessment 2009 Report* (http://www.pame.is/amsa/amsa-2009-report).

[3] Koivurova. T., "Governing Arctic Shipping: Finding a Role for the Arctic Council", *Yearbook of Polar Law*, Vol. 2, 2010.

为了提升规范倡导的可信性,增强北极理事会开发北极海事治理利基的专业优势,北极理事会高度重视北极科研经费投入与合作构建知识体系。[①] 由于北极理事会从诞生之日起就以北极环境保护为议题设置的核心,因此从20世纪90年代起,北极理事会开展了一系列关于北极污染来源与扩散途径的科研项目,发布了一系列关于北极环境现状的调研报告,例如2005年的《北极气候影响评估》(Arctic Climate Impact Assessment)与2007年的《北极原油和天然气的评估》(Arctic Oil and Gas Assessment)。由于北极理事会议题设置宗旨是不涉及传统安全领域,因此北极科研被普遍认为是各国制度性参与北极治理的最佳方式,且最不易引起国际争端。同时,这些评估报告的学术成果也有助于北极国家提升北极国土治理成效,所以北极国家纷纷对上述科研报告以及环境保护活动进行了持续性投资。最后这项评估促进了环北极圈专家网络的形成、维持和创造,这些专家网络能进一步完成相关的报告,例如《北极航运评估》,同时也加强了北极国家对调研成果资政价值的认可。

《北极航运评估》的价值不仅在于缩小了北极理事会与国际海事组织在北极航运治理知识方面的差距,还在于形成了跨国专家协作网络,为北极理事会后续的建章立制奠定了智力基础,更在于北极国家对《北极航运评估》的认可证明了其拥有合理性,而合理性正是能够增加科研经费投入的必要条件。北极理事会为了提升在北极航运治理领域的影响力,还在北极国家的首都、市政厅和专业场馆举行了近百场外展项目。这些项目允许各行各业的利益攸关方针对评估报告的议题选择和研究成果提供意见反馈。除此之外,加拿大、芬兰和美国作为《北极航运评估》的主要倡导国,对北极航运面临的一些地缘政治问题存在意见分歧。这些问题包括:北极航线是否应划设特定区域作为沿岸国的主权管辖区(内陆水或领海),或是北极航道所途经的海峡能否被视作国际海峡?拥有最长北极海岸线的加拿大与俄罗斯围绕上述问题争论不休。然而,瑕不掩瑜,《北极航运评估》囊括了与北极航运相关的专业知识、利益攸关方之间互补或相斥的观点,这种在建章立制过程中存在的参与式包容理念,

---

① Stenlund, P., "Lessons in Regional Cooperation from the Arctic", *Ocean and Coastal Management*, Vol. 45, 2002.

有助于提升《北极航运评估》建言献策的合理性。

对北极航运领域相关政策知识的需求已经超过了北极理事会的机制设置，其卓越性已经十分突出。在2009年《北极航运评估》出版之后，两艘德国重型货船从韩国釜山港沿着北极东北航线驶向荷兰鹿特丹港，这段十日航程相对于苏伊士运河航线，共节省了3000英里，约为传统航线的四分之一，每艘船舶节省了约60万美元的运输成本。① 中国也从2010年起开始商业试航北极航道，并于2017年实现北极航运常态化。② 随着东北航道的商业航运愿景已然成为现实，航道沿岸国家的航运管理政策稳定性不断提升，遭遇海盗的风险也越来越低。当前每年航经北极航道的船舶有百余艘，主要包括液化天然气、冷藏货运、干散货运等。

北极各国高度关注北极理事会的卓越性，包括强调北极区域的国际合作。几乎在《北极航运评估》出版的同时，加拿大、俄罗斯与美国发布了各自的北极政策文件。③ 这些政策文件的共同特征是：北极各国十分重视《北极航运评估》所提及的议题。在国际层面上，北极国家将北极气候治理的优先议题放在船源黑碳（Black Carbon）减排等短期环境污染物治理上。随着2009年国际海事组织开始推动《北极冰封水域船舶操作指南》向《极地水域船舶操作国际规则》转变，这些北极国家作为国际海事组织的核心成员国，成功地将北极知识融入全球性航运规范的构建过程中。至此，在各方的共同努力下，一系列关于气候、商业、国家与国际发展问题被融入北极理事会对北极航运知识体系的构建过程。

由此可见，在北极航运治理方面，北极理事会凭借大规模合作性评估的成果记录、跨国专家网，以及所有支持可信性、合法性的研究成果和政策建议，占据了知识体系构建的重要利基。当北极理事会出台的专业评估报告涵盖了北极国家面临的国内外决策议题时，它们就不再唯国际海事组织马首是瞻，而是开始接受北极理事会出台的区域性航运规范，

---

① 今参：《关于北极航道的开发前景》，《港口经济》2011年第11期。

② 中远集团是中国最早探索北极航道的航运企业，从2013年"永盛轮"首航北极东北航道以来，中远集团就积极实施北极东北航道的常态化运营。2017年中远海运特种运输股份有限公司参与北极航运的船舶是"莲花松轮""大安轮""天健轮""天乐轮""天福轮"。

③ Stokke, O. S., "Environmental Security in the Arctic: The Case for Multilevel Governance", *International Journal*, Vol. 66, 2011.

或是二者并举。出于政策性考虑，北极理事会成员国开始主动资助北极理事会主导的各项研究。2017年4月6日，北极理事会出台了《北极航运交通数据合作协定》（Arctic Ship Traffic Data Cooperative Agreement），开始实施航运信息内部分享与合作。[①]

第四节 北极航运治理与北极理事会的规范融合路径

国际社会对北极地缘政治经济格局演变的持续关注，预示着北极治理必将向精细化方向发展。厘清北极治理利基的概念，有利于辨析相关议题领域治理任务的所需条件，以提升整体治理成效。基于北极治理的独有特征，验证北极地区性国际组织把握这些治理利基的实际成效，有助于检视北极理事会建章立制的知识谱系构建与国际海事组织规范体系的内在联系。

一 北极理事会航运治理与《联合国海洋法公约》的融合路径

关于北极治理机制复杂性的利基导向（Niche-Oriented）分析显示出这样一个事实：与成为北极治理磋商机构相比，北极理事会更适合成为建章立制的平台。这是由于在北极航运国际规范领域，北极理事会的成员国并没有为此出台指导性意见。

北极航运的目标十分明显，包括从北极地区输出自然资源、从非北极地区输入货物和游客，由此可以引出一个推论：港口国的司法权是加强管理手段的重要法理基础。美国、俄罗斯、挪威等北极自然资源的出口国，也许会依仗国际海事组织规定的港口国主权与管辖权，行使比国际航运规范更为严格的管辖标准，以限定北极船舶的设计、构造以及人员配备等。这种单方面港口国主权管辖的典型案例就是1990年的《美国石油污染法案》（US Oil Pollution Act of 1990），这一法案在"瓦尔迪兹"号（Exxon Valdez）油轮泄油事件后短暂实行了一段时间。该法案规定油

---

① Arctic Council, *Annex I: Arctic Ship Traffic Data Cooperative Agreement*, 2017（https://pame.is/images/03_Projects/ASTD/ASTD_Coopertive_Agreement.pdf）.

轮需采用双层船体,这一规定后来被国际海事组织采用。如果一个北极沿岸国家或国家集团试图利用其作为港口国的身份优势,即使没有获得北极理事会所有成员国的同意,这些国家一样可以单方面实施北极航运管理规制。这样一来,占据主要商业港口的北极国家所建立的区域规范就会得到广泛拓展。

相反,由于海事运输并非独立影响北极的港口,仅基于北极理事会设立的航运规范在行动者的覆盖范围和适用性方面尚不充分。由于国际海事组织成员国中,仅有8个来自北极地区,当然这8个国家也是北极理事会的成员国,所以北极理事会出台的管理规范,在国家覆盖范围上相对较窄。同时,由于北极理事会更多的是出台软法型规范,所以其规章制度也存在适用性的问题。当然,虽然北极理事会已经出台了3份有约束力的规范,但它们的合法性基础需要与《联合国海洋法公约》保持一致,这意味着北冰洋沿岸国家对北冰洋沿海地区的管辖权要弱于内水。无论是单独采取措施还是通过北极理事会等区域性国际组织,北冰洋沿岸国对专属经济区的管辖权必须得到国际海洋组织的批准,哪怕是非常小的介入调停,如领航费,或要求使用特殊的航线以减少搁浅或碰撞的风险。[①] 至于"专属经济区内的冰封水域",《联合国海洋法公约》第234条规定:在这种情况下,授予沿海国"采用并实施无差别待遇法,以阻止、减少、控制船舶的海事污染"。[②] 若是这些规则是北极航运的必要规则,那么国际海事组织所倡导的规范是否应适用于北冰洋沿岸国家专属经济区内的陆上领土?既然《联合国海洋法公约》第234条被视作北冰洋沿海国管理北极航运的国际法基础,这很可能限制国际船舶在国际航行中行使无障碍航行的权利。[③] 与国际海事组织的相关条例相比,加拿大和俄罗斯在其北极领海采用了更严格的标准以约束过往船舶的污染物排

---

① 《联合国海洋法公约》第211条第6款(http://www.un.org/zh/law/sea/los/article12.shtml)。
② 《联合国海洋法公约》第234条(http://www.un.org/zh/law/sea/los/article12.shtml)。
③ Bartenstein, K., "The 'Arctic Exception' in the Law of the Sea Convention: A Contribution to Safer Navigation in the Northwest Passage?" *Ocean Development and International Law*, Vol. 42, 2011.

放、船舶设计、建造、设备和人员配备。① 这两个国家没有完全依照《联合国海洋法公约》第234条规定，相反，它们宣称其境内的北极航道属于本国的内水。②

上述对于覆盖面和适用性的考虑解释了为何北极理事会成员国没有协商更具约束力、实质性的北极航运规范。北冰洋沿海国对外国船舶、对外港口、内水的司法权受到《联合国海洋法公约》的约束，这意味着那些意图加强航运管理的北冰洋沿岸国，需要持续关注国际海事组织对强制性《极地规则》的协商与推广进程。这些基于国际海事组织规范框架内的协商，一方面是加强现存极地指导方针中的软法规定，另一方面也是为了思考如何加强、发展新规范并使之能够发挥实质性作用，尤其是在环境保护方面。在这一过程中，北极理事会为加强区域内国家的合作设置了"联合领导"（Joint Leadership）机制。

二 北极理事会航运治理与《极地规则》的融合路径

北极理事会将有影响力的知识建构与北极地区所有港口国结合在一起，这样的结合为国际海事组织针对北极航运议题的建章立制提供了理智且结构性的领导——只有这些国家能够克服在司法管辖权和管理方式的利益争端。

在全球航运治理中，采取这种单方面措施是加强海事管理的重要途径。那些质疑国际海事组织出台更严格标准的国家，必将仔细权衡船舶改装所需的高昂成本，以及主要港口国采取更严格单边措施而造成的僵持局面。对那些无法严格按照标准操作的大多数航运商来说，管理空间碎片化的航运机制并不受欢迎，因为它们缩小了船舶货运的覆盖范围。因此，海运产业通常更关注国际海事组织针对特殊区域的建章立制，因为它们能参与规范构建过程，却不必参与环境保护等区域性制度安排。因此，单边或区域性措施能促进落后国家适应管理需求，尤其是北极航运大国明确推行的需求。

---

① Pharand, D., "The Arctic Waters and the Northwest Passage: A Final Revisit", *Ocean Development and International Law*, Vol. 38, 2007.

② Brubaker, R. D., "Straits in the Russian Arctic", *Ocean Development and International Law*, Vol. 32, 2001.

迄今为止，可以在《极地规则》中找到北极理事会有助于推动该管理规范进程的相关证据。尽管北极理事会与国际海事组织彼此并非是对方的观察员，但由于存有部分重叠的成员和相关联的专业知识，这两个国际组织在规范审议方面存在着非正式联系，这为两者间围绕北极航运问题的规范融合奠定了基础。为了完善极地地区航运标准，北极理事会通过成员国提请国际海事组织参考一些特殊的指标，包括冰雪和低温会对船体、机械、操作设备、救生装置所造成影响。例如以加拿大为首的国际海事组织"对外工作小组"（Outside Working Group）技术专家倡导了《北极指南》，8个北极国家中有6个是"冰雪任务"（Ice Operation）中环极咨询小组（Circumpolar Advisory Group）的创办国。[①]

因此，国际海事组织推行的《极地规则》，不仅是对三个北极国家共同提议的认可，[②] 同时也显示出国际海事组织采纳了北极理事会《北极航运评估》中的主要建议。[③] 这些持续的协商旨在使《极地规则》具有强制性，并且通过修改《国际海上人命安全公约》与《国际防止船舶造成污染公约》中的一些内容来提升《极地规则》的有效性。[④] 根据这些条约的默认修订程序，一旦协商成功，将很快促进船舶建造、设计、装备等新标准的生效。

以上基于可信性、合法性、卓越性、知识体系四个方面对《北极航运评估》（Arctic Marine Assessment）进行了解析，这一过程证实：北冰洋沿岸国家单方面加强北极航运的普适标准并非理智之举，这将同时阻碍国际海事组织与北极理事会在北极航运管理方面的合作成效。如果北极理事会的活动能令美国、俄罗斯、加拿大在管辖权上保持立场一致，这个区域性国际组织就可以推行一些条例或其他行为，尤其是单边港口国的措施，以此动员决策层，进而影响协商结果。然而，当协商涉及强

---

① D. Vidas, *Protecting the Polar Marine Environment: Law and Policy for Pollution Prevention*, Cambridge: Cambridge University Press, 2000, p. 250.

② Heike Deggim, *International Requirements for Ships Operating in Polar Waters*, London: International Maritime Organization, 2009, p. 7.

③ Working Group on the Protection of the Arctic Marine Environment, *Arctic Marine Shipping Assessment 2009 Report*, 2009（https://www.pame.is/amsa/amsa-2009-report）.

④ International Maritime Organization, *Outcome of DE 55 - Legal opinion on making the Polar Code mandatory: Note by the Secretariat*, MEPC 62/11/4/Add.1, London: IMO, 2011, p. 4.

制性条款而非自愿性条例时，则是北极理事会需要加强政策协调的工作重点。

　　虽然《北极指南》是各利益攸关方自愿协商的结果，但无法要求各国通过国内立法以实现国际规范的内化，因此无约束力的《北极指南》通常不如有约束力的《极地规则》有效。[1] 需要指出的是，虽然《极地规则》具有强制力，但其限制对象并不包括渔业和海军舰队。例如，该规范的地理适用范围并不包括俄罗斯摩尔曼斯克西海岸的航运交通。摩尔曼斯克是俄罗斯最重要的北极不冻港，虽然该海域也有结冰的可能，但不属于冰封区域。这避免了俄罗斯公开反对《极地规则》的可能，使那些达成共识的议题免受恶意中伤。[2] 因此，国际海事组织为了尽可能让全体成员国接受《极地规则》，的确需要在建章立制过程中做出一定的技术性处理。

　　《极地规则》可能会涉及北冰洋沿岸国家管辖权的地缘政治争端。就此事协商而言，北极理事会所发挥的建设性作用将变得更为重要。负责开发《极地规则》的工作小组由25个国家组成，其中包括北极八国。非北冰洋沿岸国将《极地规则》视作北极地区的最高标准（Maximum Standard），因为基于《联合国海洋法公约》第234条，沿海国可能会在它们的专属经济区和冰封区域中采用这些特殊规定。[3] 这种局面也许会成为刺激其他非北冰洋沿岸国接受并采纳《极地规则》的主要原因。加拿大与俄罗斯对此持不同观点，两国在北极水域的航运管理规范已经高于国际海事组织的相关标准，因此它们力主凭借《联合国海洋法公约》第234条来保障它们在北极领海的主权，或者以《极地规则》替代《联合国海洋法公约》第234条作为北极航运管理的最高标准，它们还会坚持认为：任何多边同意的规范标准都不能比单边采取的规范宽松，这样有

---

[1] R. Bernhardt, *Encyclopedia of Public International Law*, Amsterdam: Elsevier, 2000, pp. 452 – 460.

[2] E. L. Miles, A. Underdal, S. Andresen, J. Wettestad, J. B. Skjærseth and E. M. Carlin, *Environmental Regime Effectiveness: Confronting Theory with Evidence*, Cambridge: MIT Press, 2002, pp. 3 – 45.

[3] J. Grue and R. H. Gabrielsen, *Marine transport in the High North*, Oslo: Det norske vitenskapsakademi, 2011, pp. 82 – 83.

可能使《极地规则》与《联合国海洋法公约》第234条规范出现标准设置的差异，但北极理事会对此则表示支持国际海事组织设立一个强制性的北极航运规范。①

严格的规范标准对北极各国的影响并不均衡，难以建立共同的政策立场。如果国际海事组织对北极治理，或特殊区域船舶污染物排放问题采用比国际标准更严格的标准，就会修订《国际防止船舶造成污染公约》，这很可能对北极国家造成不均衡的影响，从而难以形成共同的立场。这是因为各国在船舶改装或其他方面的投资成本存在差异，北极各国对商业舰队制定的技术标准也不尽相同。而且，部分国家还不能提供足够的污染物处理设施，用以在其北极港口转运石油、有毒物质和其他废弃物，②而这一点是《国际防止船舶造成污染公约》中针对特殊区域明确规定的环保要求。即使是北极最繁忙的港口摩尔曼斯克，也无法接收含化学物质的油类混合物；同样，俄罗斯第二大北极口岸阿尔汉格尔斯克（Archangelsk）也无法接收燃油净化器产生的废油和泥污。

尽管这些管理手段产生的不均衡影响有所扩大，在北极设立特别敏感海域（Particularly Sensitive Sea Area）也会涉及政治上的挑战，当前国际海事组织在全球划设了13个特别敏感海域，但北冰洋没有被包含在内。③ 在北极国家中，对于将特别敏感区域的概念应用至北冰洋海域一事，俄罗斯持高度谨慎的态度，并且确保了波罗的海特别敏感海域不包括俄罗斯的领海。④ 与《极地规则》一样，北极理事会举办了一个论坛，旨在讨论各国管辖权以外的海域治理，推动北极国家达成一致立场。北极理事会北极海洋环境保护工作小组在国际海事组织的规范框架下，加

---

① 这些宣言包括：1998年的《伊魁特宣言》（Iqualit Declaration）、2000年的《巴罗宣言》（Barrow Declaration）、2009年的《特罗姆瑟宣言》（Tromsø Declaration）、2011年的《努克宣言》（Nuuk Declaration）。

② Det Norske Veritas, "Port Reception Facilities in the PAME Region", *Technical Report* 2006 - 1517, Høvik: Det Norske Veritas, 2006, p. 2.

③ 特别敏感海域是指具有公认的生态学、社会经济学或科学的特性，且该特性可能易受来自国际航运活动的影响，因而需要通过国际海事组织采取特别保护性措施的区域。现有的特别敏感海域主要集中于欧洲水域、非洲西部、北部水域、美洲中部水域，以及澳大利亚东部和北部水域，亚洲、北冰洋、南极地区则无任何水域被指定为特别敏感海域。

④ I. Davies, *Issues in International Commercial Law*, Aldershot: Ashgate. 2005, pp. 232 - 242.

强北极某些海事区域的保护。①

总体而言，鉴于有限的行动覆盖面，以及由于缺少司法能力导致的北极理事会无法充分获取北极航运治理的规范构建利基（Norm-Building Niche），在全球协商中获取优势地位的条件尚未成熟。这也再次证明了北极理事会确实需要出台更严格的规范，首要议题则是一方面加强北极沿岸国对其北极港口的主权与管辖权，另一方面探索在国际海事组织磋商框架下，寻求强制性的《极地规则》与基于"特定区域措施"（Specific Area-Based Measures）之间的共同点。

三 海事基础设施建设与北极理事会获取治理利基的能力短板

凝聚成员国的共同利益有助于开拓北极理事会潜在的扩容利基，尤其是重要区域的海空搜救与应对石油泄漏工作。仅应对海上突发性事件的资源储备一项，北极各国的搜救能力就差别很大。区域性行为不仅能够促进成员国间的协作，也有助于发挥北极理事会的协调作用。

长期以来，所有的北极国家根据国际法一直担负协助遇险船舶与人员的义务，这些国际法文件包括国际海事组织和国际民航组织所颁布的规范。这些国际规范所设定的操作标准，加剧了北极航运治理中基础设施不足的状况，其中很大一部分原因是越来越多的散货船参与资源开发项目和船基旅游业。②

在北极运营的所有船舶中，大型散货船与游轮最可能使用或携载大量燃油，因此它们泄漏燃油的风险也最大，一旦燃油泄漏，将对北极生态环境造成灾难性破坏。③ 游轮为了让乘客欣赏到北极独特的景观，经常行驶于高危冰川附近，而且，游轮上有大量未接受过专业应急训练的中、老年乘客，这些都证明了加强防污、搜救等应急措施刻不容缓。在北极

---

① Working Group on the Protection of the Arctic Marine Environment, *PAME Work Plan* 2015 – 2017（https：//www.pame.is/images/01_PAME/Work_Plan/PAME_Work_Plan_2017 – 2019.pdf）.

② Working Group on the Protection of the Arctic Marine Environment, *Arctic Marine Shipping Assessment*, 2009（https：//www.pame.is/images/03_Projects/AMSA/AMSA_2009_report/AMSA_2009_Report_2nd_print.pdf）.

③ Det Norske Veritas, "Heavy Fuel in the Arctic", *Technical Report 2011 – 0053*. Høvik, Norway: Det Norske Veritas, 2011, pp. 38 – 42.

的很多地区，尤其是加拿大和俄罗斯的北部海域，应对石油泄漏的应急响应能力十分有限，飞机、船舶、搜救设备极为缺乏，[1] 格陵兰岛附近海域的搜救能力也亟待加强。[2] 北极船舶交通量仍在增加，如俄罗斯的北冰洋沿岸，尤其是东、西边境线上的游轮通行量最为密集。随着北极旅游业的兴旺发展，在北极旅游线路中，格陵兰岛西海岸的繁忙程度仅次于挪威的斯瓦尔巴德群岛。[3] 因此，那些应急措施匮乏的地区将迎来更频繁的航运活动。

尽管北极理事会现有的制度框架对北极航运活动的管理相对宽松，但成员国之间的能力差异、协作潜力、扩容能力不足，仍然是制约北极理事会把握航运治理利基的关键节点。紧急、预防、准备和反应工作组已经发布了一些较有成效的规范文件，如《北极水域应对溢油现场指南》（Field Guide for Oil Spills Response in Arctic Waters）、《海岸线清理评估技术手册》（Shore-Line Cleanup Assessment Technique Manual），以及包含国家应急系统和相关信息的《北极指南》。

然而，应急训练和能力建设是北极理事会成员国合作效率最低的领域。[4] 这是因为：在广阔的环北极地区，北极国家的跨区域应急训练和能力建设的相关配合水平远低于邻国间的配合。搜救和应对石油泄漏的国际合作大多位于次区域水平。挪威—俄罗斯搜救合作可以追溯到20世纪50年代，而在应对石油污染的准备工作则始于20世纪80年代。同样，巴伦支海欧洲—北极理事会的成员国进行了一系列的巴伦支海救援训练活动，并在紧急情况的告知、共同协助与越境等方面的相关程序与触点上，制定了国际协定。加拿大、俄罗斯和美国自20世纪80年代起也在这些领域建立了合作机制。因此，与次区域机制相比，北极理事会也存在着搜救和应对石油泄露的能力建设利基。

---

[1] Arctic Monitoring and Assessment Programme, *AMAP Assessment 2015*: *Temporal Trends in Persistent Organic Pollutants in the Arctic*, 2016.

[2] Stefan Steinicke, Sascha Albrecht, "Search and Rescue in the Arctic", *Stiftung Wissenschaft und Politik Workting Paper*, FG 2, 2012/Nr. 05.

[3] Kåre Hendriksen, "Mineral Exploitation and Development in Greenland: Engaging Local Workforce and Planning Flexible Settlements", *Arctic Yearbook 2014*, 2014.

[4] Kankaanpää, P. and O. R. Young, *The Effectiveness of the Arctic Council*, Rovaniemi, Finland: Arctic Centre, 2012, p. 4.

现在，北极理事会正在这些领域强有力地推进规范构建。根据《北极航运评估》的建议，2011 年，北极国家采用了具有约束力的《北极海空搜救合作协定》。这是北极理事会协商达成的首个具有法律约束力的国际规范，它明确了搜救责任的空间划分，促进了北极国家间的沟通，也为救援行动中的跨界行为设立了规范程序。

因此，这个协议涉及了海事基础设施的相关条款，并出台了建设搜救基础设施的具体措施，成立了北极海洋油污防治任务组，旨在协调环北极国家共同应对石油污染的基础设施与资源准备。

简而言之，在北极航运治理的能力建设利基上，次区域国际组织及其规范安排占有优势地位，但如今北极理事会试图掌握整个北极地区的能力建设利基。这一发展趋势恰好符合本书基于利基导向的分析：应急响应促使北极国家面临着合作良机——共享稀缺资源能够促成搜救成本的下降，致力于提高整体区域海事基础设施的规范承诺。

通过检查和验证，国际海事组织的适应性系统比较分散，成员国中存在大量的"有规不依"现象，例如《北极指南》的实施成效往往依赖于国家的自我评估报告，[①] 而由于缺乏强制性的核实与检验程序，一些国家拖延或拒绝提供相关数据，迫使国际海事组织开始发展外部的适应性机制。1978 年"阿莫科·加的斯"号油轮的石油泄漏，以及某些利益攸关国对现存协议的执行效果不佳，使得各国要求通过区域性谅解备忘录组织（Memorandums of Understanding）来负责相应地区的港口国检查（Port State Control）。[②] 这些国家间海事管理协定为审查靠港船舶提供了系统性途径，从而确保各国相关的管理规制与《联合国海洋法公约》在各区域性谅解备忘录组织中建立的国际标准相一致。

[①] Ringbom, H. Regulatory Layers in Shipping. in D. Vidas and P. J. Schei, *The World Ocean in Globalization: Climate Change, Sustainable Fisheries, Biodiversity, Shipping, Regional Issues*, Leiden: Martinus Nijhoff, 2011, p. 367.

[②] 这些区域性的谅解备忘录组织包括：巴黎谅解备忘录组织（负责欧洲和北大西洋）、东京谅解备忘录组织（负责亚洲和太平洋）、维尼亚德尔马谅解备忘录组织（负责拉丁美洲）、卡塔赫纳谅解备忘录组织（负责加勒比海）、阿布贾谅解备忘录组织（负责西非和中非）、黑海谅解备忘录组织（负责黑海）、瓦莱塔谅解备忘录组织（负责地中海）、果阿谅解备忘录组织（负责印度洋）和利雅得谅解备忘录组织（负责海湾阿拉伯国家）。

巴黎谅解备忘录组织（Paris MOU）与北冰洋航运密切相关。[1] 巴黎谅解备忘录组织适用于所有成员国的港口，不存在任何的地理限制，其范围甚至包括了北极国家的港口。巴黎谅解备忘录组织的成员是除了美国之外所有的北大西洋沿岸国，[2] 北极理事会成员国如加拿大都是巴黎谅解备忘录组织的成员。东京谅解备忘录组织是唯一适用于那些与北极圈相邻的亚太国家间协议，加拿大和俄罗斯的海事管理部门建立了合作关系，但美国是东京谅解备忘录组织的唯一观察员国。迄今为止，已经有27个国家签署这项协议，它同时也促进形成了各主要海域的相似管理办法。它要求签约国在其港口实施更高质量的检查，并对不合格的船舶采取管理措施。[3]

加拿大和俄罗斯为北极航运设计了专门的国家安全和环境标准，与国际海事组织采用的国际标准并不一致。俄罗斯使用船舶检查系统来监测通过北方海航线的所有船舶，加拿大要求船舶在航经北极水域之前，其船舶构造和其他指标应符合《北极水域污染防治行动》的相关标准。[4]

港口国之间协调管理效果明显，因为在船舶的单程航线中，一艘船通常需要在一个地区的几个港口停泊。港口国的海事管理机构一旦认定船舶的违规行为将威胁海员的安全或生态环境，这艘船就会被停止运营直到其缺陷得以弥补。

无论是协商建立北极地区的谅解备忘录组织，还是与周边港口国进行政策协调，二者都可能牵涉巴黎谅解备忘录组织和东京谅解备忘录组织对北极航运船舶的规范安排，因此后者更具可行性。[5] 因为现存的谅解备忘录组织都是建立在强制性规范的基础上，由于参与国广泛，也确实取得了一些效果。例如，巴黎谅解备忘录组织以船舶被检查和扣押的频

---

[1] Institute of Maritime Law, *The Ratification of Maritime Conventions*, London: Lloyd's Press, 2003, p. 32.

[2] 尽管美国拥有自己的港口管理系统，但也与巴黎谅解备忘录组织有合作关系。

[3] Molenaar, E. J. "Port State Jurisdiction: Towards Comprehensive, Mandatory and Global Coverage", *Ocean Development and International Law*, Vol. 38, 2007.

[4] Canada Government, *Arctic Waters Pollution Prevention Act*, Ottawa: Canada Government, 1985, p. 24.

[5] Molenaar, E. J., "Arctic Marine Shipping: Overview of the International Legal Framework, Gaps and Options", *Journal of Transnational Law & Policy*, Vol. 18, 2009.

率为基础，为每艘船制定了"靶向因子"（*Targeting Factor*）[①]。高针对性的靶向因子增加了后续检查的可能性，而后续检查可能会引起船舶进行全面修缮或改装，并将船舶经营者的信息透露给全世界的船舶中介、保险公司和租船者，能够有效影响其竞争力。巴黎谅解备忘录组织的这个定向机制充满活力，不仅被各国船级社和租船者作为重要的参考消息来源，同时也有助于提升船舶经营者对国际标准的适应能力。

需要指出的是，尽管巴黎谅解备忘录组织设置的"靶向因子"机制，目前尚在谅解备忘录体系甚至更小范围内扩散，但能够有效提升违规者成本，国际海事组织在极地海洋环境治理方面的相关规范安排，也逐渐参考谅解备忘录组织的这些成功做法。就北极当前相对较小的通航量而言，北极国家并没有为北极航运机制建立一个强制规则的紧迫性，除非现有谅解备忘录组织因某些原因不能有效检查、审查，及时制止违规行为。可以预测，北极理事会将加强与巴黎谅解备忘录组织和东京谅解备忘录组织之间的规范合作，依靠美国、加拿大、挪威、丹麦等海运大国，开展"靶向因子"机制在北极航道的试用。

四 北极治理规范融合的前景

从上述利基导向性分析解释了国际航运治理机制范围内的资源投放比例，可以得出以下结论：北极理事会的"软法"特征使之能够构建北极航运知识体系，强化规范倡导能力。尽管北极理事会可以支持另外两项治理任务：规范构建和强化标准，但这两项治理任务也可以通过国际海事组织等覆盖面更广的全球性权威国际组织来高效完成。

《北极航运评估》的出台，预示着北极理事会的建章立制必将从"软法"走向"硬法"，从区域性准权威国际规范体系走向区域性权威国际规范体系。因此世界主要国家都对北极变暖所带来的风险和挑战进行了大量细致的研究。由于北极国家期望通过东西方合作得到有形资产和实际结果，而公认的方法就是构建知识体系，为此北极理事会通过向非北极国家扩容等方式，吸引了必要的国内外资金支持，并产生了稳定的科学

[①] Tan, A. K. -J., *Vessel-source Marine Pollution: The Law and Politics of International Regulation*, Cambridge: Cambridge University Press, 2006, pp. 91 - 92.

家网络，以及利益攸关方评估北极理事会建章立制可行性与合法性的程序。在航运方面，目前这些以知识为基础的影响力驱动因素已经发挥作用，因为北极地区各个利益攸关方，都着手构建与北极航运有关的国内外监管程序。

从 2017 年 1 月 1 日起，国际海事组织颁布的《极地水域船舶操作国际规则》正式生效，标志着第一份全球性北极海运监管程序的诞生。足够多的成员国以及《极地规则》广泛的适用性，使得国际海事组织成为最具权威性的规范倡导平台：因为北冰洋允许任何国家或地区的民用船舶进入，而北极理事会只有 8 个成员国，并且缺乏有足够法律约束力的规则。因此，北极理事会选择了融合而非对抗的发展思路，通过坚定、持续地支持国际海事组织的《极地规则》，来换取深耕北极航运治理利基的机遇。当前，北极理事会对《极地规则》只起到辅助性支撑的作用，毕竟北极理事会的主要资源投放重点是北极环境保护领域。除此之外，北极理事会允许那些受北极航运管理约束最强的几个成员国，共同检验各种保护北极海洋环境的区域性措施。

可以肯定的是，北极海事基础设施是国际海事组织留给北极理事会的一项治理利基，而后者对此心知肚明，这从某种层面来看，也是北极理事会与国际海事组织良性互动、有效沟通的结果。北极理事会深知：唯有通过合作的方式加强北极海事基础建设，才能促进北极国家的协同发展。长期以来，以巴伦支海欧洲—北极理事会为代表的次区域国际组织一直致力于提高防备、检查和应对石油泄漏的能力。既然《北极海空搜救合作协定》已经正式实施，应对突发性石油泄漏的基础设施也在建设中，那么北极理事会在把握治理利基的能力建设上应当更有自信。[1] 这意味着，一些区域性国际组织在同样的治理利基下也能够兴盛发展，毕竟在北极治理实践中，地理向心性是非常重要的因素。

最后，在规范强化利基（Norm-Enforcement Niche）中，北极区域性国际组织起到的是监察、检验和应对的作用，但实际上，北极国家倾向于采纳巴黎谅解备忘录组织和东京谅解备忘录组织现有的完备的相关规

---

[1] Rottem Svein Vigeland, "The Arctic Council and the Search and Rescue Agreement: The Case of Norway", *Polar Record*, Vol. 50, No. 3, 2013.

范。因为这些规范更利于用昂贵的应对措施来减少违规事件的发生。通过解析国际海事组织与北极理事会在北极航运治理规范的融合态势，进一步证明了国际规范体系之间存在良性竞争的可能。在航运方面，对劳动力的分配反映出了北极理事会成员国与各类国际组织参与国之间存在的意识利基。需要说明的是，本书的学术发现不局限于北极区域。如果一个国际组织在内部合作、规范倡导与推广能力上比其他国际组织更强，其解决问题的效果也更高，其必然结果是，那些处于事故多发区域的国家很容易参与由该国际组织倡导的一项或多项治理任务，正如当前北极理事会所倡导的共享北极搜救、防污基础设施建设一样。

第六章

国际组织与北极治理的标准设置

国际规范中的标准设置权，是国际组织建章立制的权力基础，亦是国际规范体系之间围绕权威性展开博弈的核心议题。从深层次来看，国际组织之间的规范竞争，日益向技术标准的主导权之争集聚。[①] 国际规范体系的生命线，不仅在于规范推广的成效，更在于规范实施标准的推广。国际规范的标准设置权，不仅决定了某一治理议题领域的主导权归属，更内化为某一国际规范体系的权威性与可持续竞争力，作为对其他国际规范体系设置竞争障碍的载体。国际海事组织倡导的强制性国际规范《极地水域船舶操作国际规则》，不仅稳固了国际海事组织对北极航运治理的绝对权威，还进一步抬升了北极理事会设置并推广北极航运技术标准的门槛，使得不同国际组织的建章立制实践，都开始围绕争夺北极科学家团体与北极科学技术信息而逐渐深入发展。

第一节 国际组织的权威护持与北极治理标准设置

北极治理看似有诸多国际行为体参与其中，但在建章立制的实践中，始终呈现出由全球性国际组织主导，将区域和次区域国际组织裹挟其中

[①] 国际行为体在落实国际规范的过程中，往往需要遵循特定自然科学领域的行业标准，这也说明了自然科学在国际组织中是能够与国际规范相嵌套的，自然科学家在国际组织建章立制的过程中，发挥着举足轻重的作用。因此，在本章的学术语境下，作者采取最广义的理解，将"科技标准设置"简化为"标准设置"。需要说明的是，"标准"与"科技标准、技术标准"的涵盖面是有差异的，前者远大于后者。

的非对称状态。如果说全球气候变暖,"抹平"了北极之上的冻土冰山,那么,将北极带入有序世界的却是另一种看不见的力量,这种力量就是国际规范及其推广的科技标准。标准由谁而设?自然是各类权威型国际规范体系。标准为谁而设?自然是所有的北极利益攸关方。标准推广与规范推广是相辅相成的关系,规范推广必然带动标准推广,标准推广必将固化规范推广的成效。事实上,全球性国际组织往往利用其科技整合优势与人才储备优势,将规范倡导向标准倡导转型,甚至不惜通过约束性国际规范的方式,强制成员国内化其国际标准。可以说,标准竞争才是国际规范竞争的核心,标准战略才是国际规范体系的核心竞争战略。

一 国际行为标准化对北极地区国际组织的现实价值

北极治理的现实图景,已经远非大航海时代圈地建城般的简单粗放,而是融入既有行业标准和知识产权网络的指标化进程。全球治理进程并非是国家和市场的针锋相对,而是两者的相互融合,在两者交会点产生新的正式、非正式权力监管模式。其中,国际组织设定的科技标准是关键部分。参与北极治理规范设计的国际组织,往往通过主导某一议题领域的话语权来获得规范设置优势,又通过规范构建来嵌套特定行业的技术标准,最终固化专业性国际组织的权威身份。然而,任何一个国际规范体系,无论是走向权威还是巩固权威,都遵循着一条隐秘但极为重要的铁律——那就是基于规范体系优势的科技标准全球化。国际规范的诞生初衷,本就是通过公认的指标体系来协调国际行为体的集体行动,因此可以说,国际规范推广的根本目标,是实现国际行为标准化。

在全球治理的背景下,标准、标准化、国际行为体标准化在内涵上存在必然的逻辑联系。"标准"是指为在一定范围内获得最佳秩序,由国家、国际组织的标准化机构通过协商来制定,能普遍适用并反复使用的规范性文件。[1] "标准化"是指对现存问题与潜在问题提供普遍适用并能

---

[1] ISO/IEC, Principles and Rules for the structure and Drafting of ISO and IEC Documents, 2016 (https://isotc.iso.org/livelink/livelink/fetch/2000/2122/4230450/4230456/ISO_IEC_Directives%2C_Part_2%2C_Principles_and_rules_for_the_structure_and_drafting_of_ISO_and_IEC_documents_-_2016_%287th_edition%29_-_PDF.pdf? nodeid = 17667902&vernum = -2).

反复使用的解决方法，以保障某个产业的产品与服务的产出能在统一原则要求下进行。①"国际行为标准化"（International Behavior Standardization）是指在全球治理特定议题领域和地理空间范围内，由国际组织或国家集团倡导，用于研究、制定、引导国家采取统一的行为或行业科技标准的活动。由此可知，标准代表着一个产业最佳的实践方式，标准化即制定、推广、使用标准的过程。

理解国际行为标准化，还需厘清国际标准与国际规范之间的关系。前文将"国际规范"（International Norm）界定为由权威国际组织倡导，涉及科学技术规定且具有约束力的国际法文件。在国际关系研究中，国际标准与国际规范存在概念上的交集，容易被混用，本书根据研究需要，将"国际标准"（International Standard）界定为由专业国际组织针对国际行为体在特定行业或治理议题领域的行为细节，确认并公布的一种或一系列具有强制性或主导性的科学技术指标文件，能够被国际行为体高度认可并重复使用。② 由此可知，国际标准是国际规范的内核，国际规范是国际标准的外壳。在北极治理的过程中，国际组织在获取权威性的道路上，大多沿着这样一条成长路径：科技指标设置—国际规范与国际标准嵌套—国际规范推广—成员国或规范遵约国对国际标准的内化，从而获得可持续的权威护持能力。③

无论是全球治理还是北极治理，都不应忽略一个基本事实，那就是科学技术的发展不仅提升人类社会的物质水平，更直接影响到全球治理格局的演变趋势。任何国际规范落实到履约层面，都必然涉及履约国的产业标准与国际标准的对接问题。北极治理的各个领域都涉及某种和某类行业，其规范推广也离不开相关行业的技术标准与知识体系。例如北极航运治理，就涉及船舶建造、航运导航、特种设备制造、油污处理、燃油净化、污染物治理等行业，因此北极地区国际组织建章立制的过程，实际上需要专业领域的科学家群体进行技术指标评估与设置。尽管国际

---

① 谭福有：《标准和标准化的概念》，《信息技术与标准化》2005年第3期。
② 沈治平：《船舶设计与国际法规标准网络平台》，《船舶与海洋工程》2009年第1期。
③ "国际标准"的概念界定，有着极强的专业性。对于国际关系及国际组织领域来说，科学技术标准的概念界定具有一定的适用性。本章重点研究国际组织在北极航运治理中的科技标准设置问题，因此采用北极航运领域的"国际标准"概念。

组织都积极参与北极的规范设置过程，但国际组织之间的规范倡导能力存在事实上的差异。规范倡导的效果取决于国际行为体对规范的内化程度，而最稳固的规范内化，无疑是对国际规范中具体科技指标的国内遵循。

由此可见，国际组织建章立制之所以高度重视标准输出，是因为在科技高速发展的今天，任何全球治理规范的可行性都绕不开科学技术的支持。国际规范体系之间的竞争，集中在国际标准对国家行为的约束程度。权威国际体系，必将位于标准输出的优势地位，执掌标准设置的专家网络，通过倡导强制性国际规范，推动履约国内化相关标准体系，从而获得先发优势。由于标准更迭必将带来巨大的改造成本，因此各国一旦选择内化某一国际组织推广的国际标准，就很难再接纳其他国际组织推广的标准。换句话说，国际行为标准化，是国际组织借助有约束力的国际规范，来推动国家内化某一国际标准的过程。规范推广是手段，标准内化是目标。对于全球性国际规范体系而言，国际行为标准化能够极大压缩其他竞争者的标准推广空间，削弱区域、次区域国际规范体系的本土优势与地缘优势，从而维持权威国际体系与非权威国际体系在规范推广绩效上的规模差异。这种标准推广先发优势基础上的全球治理格局，自然更利于以联合国为代表的权威国际规范体系。从某种层面来看，北极地区国际组织推广国际标准的终极目标，必定是成为北极秩序的创造者，而北极治理的建章立制过程，是基于标准权威的国际组织层级化。

二 北极地区国际组织的标准权威及其影响

既有全球性国际组织获取北极治理特定领域的标准权威，走的是一条从科研成果孵化—国际标准设置—国际规范推广—全球治理主导权的漫长道路。当科学家团队优势被某一国际组织作为获取北极治理主导权的工具，那么科学技术与科研成果作为物质生产的智慧属性就发生了异化，转变为国际政治博弈的砝码。[①] 在北极秩序的演变过程中，国际组织兴衰的时代脉络，总是围绕着标准权威的得失而展开。概言之，北极地

---

① 对外经济贸易大学国际金融战略研究中心课题组：《"新技术民族主义"还是"技术霸权主义"》，《国际商务》2006 年第 4 期。

区国际组织的标准权威，主要从地缘产业、地缘物流、地缘政治三个方面对北极治理产生深远影响。

第一，在地缘产业领域，通过设置与北极治理议题相关产业的技术标准，维护专业权威国际组织的竞争利益。北极治理的主要议题是环境保护与经济开发，二者间的关系密切相关。北极经济开发包括航运开发与自然资源开发，与之相关的产业部门包括国际航运业、采掘业、油气开采、建筑业等，每个产业都有相应的技术标准。北极自然环境的脆弱性，要求所有的人类活动都必须以不破坏北极生态环境为前提。由于各国工业化发展水平不一，同行业的国内标准存在严疏差异，因此国际组织在推广北极治理规范时，必然设定统一的科技标准，以实现跨国经济活动的联通性。这一方面促进了极地科技的全球转移，另一方面也降低了因国别标准差异所导致的突发性北极环境污染风险。全球性专业国际组织利用自身的专家网络与科技信息优势，纷纷主导北极治理规范的行业科技标准设置权，推动所有北极利益攸关方的相关产业结构升级或转型，同时打压其他国际组织出台具有约束性技术指标的国际规范。这种标准权威对北极治理格局的影响主要表现为两个方面：一是形成"垄断效应"，即某一北极治理领域通常只遵循一套国际标准，被各国广泛采用其国际标准的国际组织，就垄断了对国际行为的标准设置权。二是"捆绑效应"，即各国一旦采用了某个国际组织推广的国际标准，就必须通过立法的方式将其内化为国内标准，并要求国内相关产业进行标准遵循。由于科技标准与工业生产密切相关，科技标准一旦设立，相关的产业链就逐渐稳固。[1] 这意味着，其他国际组织要想说服国家重新遵循新的国际标准，则面临极高的改造成本与极大反弹压力。这就说明了为什么国际组织在北极治理的问题上，都要抢占标准推广的先发优势。

第二，在地缘物流领域，标准权威表现为保障北极物流"绿色化"。这主要包括三个方面：一是设立北极环保标准壁垒，防止高污染船舶与航空器进入北极地区。二是针对北极水域的特殊风险，对北极物流，尤其是海运业设置极地船舶构造、电气设备、船员培训、搜救等领域的操

---

[1] Sergunin Alexander and Leonid Karabeshkin, "Unerstanding Russia's Soft Power Strategy", *Politics*, Vol. 35, No. 3 - 4, 2014.

作目标与功能要求，以及严格的废气、废水、垃圾排放标准。三是促使各国对北极航运技术标准实施国内立法与行业履约检查机制。由于北极地区的发展建立在跨国物流的基础上，以国际海事组织为代表的权威性国际规范体系，针对北极物流设置的行业标准，防止北极航运过快发展所带来的环保压力，但同时也限制了北极自然信息相对匮乏的非北极国家合理参与北极经济发展的权力。

第三，在地缘政治格局，标准权威表现为北极国家在北极治理中的身份优越性。全球性国际组织所倡导的北极标准通常具有广泛的国际认可度，是规范国家行为的核心因素。然而，北极国家大多为发达国家，不仅拥有先进的极地装备制造业基础和庞大的科研人才队伍，而且在北极理事会和国际海事组织等国际组织中具有较大的影响力。北极国家往往通过国际组织之手，将严格的国内科技与环保标准转化为国际标准，从而获得通过标准优势换取地缘政治优势的合法性。这不仅能够使北极国家通过国际海事组织强制推广大多数国家都难以达到的航运、环保等领域的北极标准，促使非北极国家内化这些标准体系，而且能削弱非北极国家参与北极事务的物质能力，实现"北极国家治理北极"的目标。尽管国际组织在建章立制的过程中，也会倡议国家间进行科技合作，但是非北极国家由于地理位置、信息储备、工业制造能力等诸多限制因素，不得不依靠北极国家的科技装备贸易和技术转移。在北极国家和非北极国家之间的极地科技不对称依赖关系下，国际组织进行规范倡导的吊诡之处在于：在国际规范构建中嵌套了强制性的极地技术标准体系，却没有配套相关的极地科技国际转移机制，更妄论强制性的技术转移机制。可以说，既然无力阻挡非北极国家参与北极治理事务，那么北极国家就通过各级国际组织抬升进入北极地区的科技标准，将科技优势转化为地缘政治优势，从而维持既有的战略收益。

综上所述，北极地区国际组织的标准权威源自其庞大的专业人才网络与科技资源优势，形成路径是北极国家极地科技标准体系的国际化，表现形式是国际社会对相关北极科技标准的认可与持续依赖，终极目标是实现各国在北极地区行为的标准化与趋同化，当然还包括北极国家的可持续科技优势。由此可见，国际组织在国际规范中嵌套国际标准的行为，是科学技术政治化在超国家层面的演进，亦是国际组织巩固国际规范体系权威性的有力支撑。明乎此，自然会提出以下疑问：既然科技标准设置是国际组织权威性的基础，那么在北极治理向精细化纵深发展的现状下，如何洞悉北极地区国际组织建章立制的标准设置初衷？以及各类国际组织参与北极治理标准竞争的核心策略？

三 北极地区国际组织进行标准设置的基本路径

规范推广，标准先行。北极地区国际组织建章立制的前提工作是对相关技术标准的评估与设置。一般而言，国际组织的标准设置过程遵循三个步骤：知识整合、标准构建、规范嵌套。

知识整合是标准设置的初级阶段。国际组织通过下设的专业委员会或工作组等组织机构，进行所需知识的议题设置与信息获取，凭借专业的专家网络和成熟的多轨协商平台，将涉及北极治理议题的行业技术资源、物质资源进行有机整合，最终将北极地区与相关行业的原始数据及指标转化为具有一定公信力，且能够提升国际组织权威性的知识产品。

如表6—1所示，《极地规则》的内容与国际海事组织专业委员会的相关国际规范保持一致。众所周知，《国际海上人命安全公约》是《极地规则》推行强制性安全条款的最佳国际法文件，并且《国际防止船舶造成污染公约》为《极地规则》设置强制性海洋环保标准提供了合法性依据。上述两大公约中，都有适用性条款、正式批准和修正程序，所以《极地规则》的内容框架可划分成两部分——航运安全措施与污染预防措施。海上安全委员会和海洋环境保护委员会同步通过和采纳《极地规则》内容以及相关的《国际海上人命安全公约》《国际防止船舶造成污染公约》的修正案。

国际海事组织下属的"海上安全委员会"（Maritime Safety Committee）是国际海事组织的最高技术机构，负责对北极信息进行整理。海上安全委员会为了提高《极地规则》相关科技标准的准确性，成立了七个向所有成员国开放的技术分委会来协助其知识搜集与整合工作。每个技术分委会都负责《极地规则》中相关章节的技术标准设置工作，例如船舶设计和结构分委会（Sub-Committee on Ship Design and Construction）负责设置极地类船舶的船壳抗冰强度标准，即统一的冰级标准；污染预防和应对分委会（Sub-Committee on Pollution Prevention and Response）负责设置极地船舶的废气排放、污水与垃圾排放、动力燃油使用等环保标准；船舶系统和设计分委会（Sub-Committee on Ship System and Equipment）负责设置极地船舶主机能效标准；航行—无线电和搜救分委会（Sub-Committee on Navigation, Communication, Search and Rescue）负责设置极地救生设备的试验标准与远程医疗救助标准；国际海事组织法律文件分委会（Sub-Committee on Implementation of IMO Instruments）负责设置《极地水域操作手册》及其相关航行事项；人为因素、培训与值班分委会（Sub-Committee on Human Element, Training and Watchkeeping）负责设置极地航运船员的培训标准；货物运输分委会（Sub-Committee on Transport of Cargoes）负责对极地运输石油与液化天然气、危险化学物品等设置物流安全保障标准。[1] 由于各个技术分委会的专家团队大都来自包括北极国家在内的西方航运大国，因此国际海事组织构建《极地规则》的标准设置离不开西方国家的技术支持。由于《极地规则》明确提出相关专家应具备专业资质标准，这就使得中、日、韩等非北极国家无法通过经济优势来弥补在极地科技领域的劣势，更无法提升在国际海事组织技术分委员会中的专家数量与话语权。

表6—1　　国际海事组织专业委员会构建的极地海事规范一览

IMO专业委员会	卷宗号	批准的国际规范名称	采纳日期
海上安全委员会	385（94）	《极地水域船舶操作国际规范》	2014年11月12日
海上安全委员会	386（94）	《1974年国际海上人命安全公约》修正案	2014年11月21日
海洋环境保护委员会	264（68）	《极地水域船舶操作国际规范》	2015年5月15日
海洋环境保护委员会	265（68）	《国际防止船舶造成污染公约》附件一、二、三、四修正案	2015年5月15日

资料来源：笔者综合相关信息绘制。

标准构建是标准设置的中级阶段。这表现为国际组织将下属的专业委员会或工作组起草的标准体系上升到国际组织的决策层面。国际组织

---

[1] 宋巍：《国际海事组织重组各技术分委会》，《中国海事》2013年第6期。

推广何种标准体系，往往由核心成员国的科学家团体决定。例如北极理事会就会在特定时间内，成立任务组（Task Force）来针对北极国家高度关注的治理议题及履约标准体系进行研究，最终将相关技术标准提请北极理事会高官会议和部长级理事会审议。一旦审议通过，则成为北极理事会建章立制的重要决策依据，为下一步的相关国际规范构建奠定了指标化基础。在北极理事会体系内，无论是政策性较强的任务组，还是专业性更强的工作组，其成员都由来自北极八国的权威科学家和政府高官组成。因此在技术标准体系的构建过程中，来自北极八国的权威性专家具有非北极国家科学家难以超越的话语权优势。工作组与任务组的科研工作需要庞大的科学家团队支撑，再辅之北极八国高官代表的政策把关，使之经过北极理事会决策秩序后，具有高度合法性与权威性。事实上，正是由于北极理事会的机构设置原则决定了北极国家在专业标准构建层面和决策层面的特权优势，才导致北极八国往往能够对各自国内规范进行内部协商与整合，实现在成员国内部的意见统一和标准统一，通过北极理事会将这些国内标准上升为国际标准，从而抬升非北极国家参与北极事务的行业科技标准壁垒。由于国际海事组织具有庞大的成员国，建章立制的具体事务由理事会负责。理事会是国际海事组织的重要决策机构，由40个成员国组成，分为 A、B、C 三类理事国，其中 A 类理事国10个，为国际航运大国；B 类理事国10个，为海上贸易大国；C 类理事国20个，为重要的区域性海运国家。[①] A 类理事国的权限最重、话语权最大，不仅能有效影响理事会的决策议程，同时也有向各委会，尤其是最高技术机构"海上安全委员会"及其分委会推荐专家和行政领导的优先权。[②] 技术标准草案经过国际海事组织各委员会和分委会的内部协商，最终文件由委员会提交给国际海事组织大会审议。总而言之，在技术标

[①] International Maritime Orgnazation, "council" (http://www.imo.org/en/About/Pages/Structure.aspx#2).

[②] 国际海事组织2018—2019理事会中，A 类理事国包括：中国、日本、意大利、巴拿马、希腊、韩国、俄罗斯、英国、挪威、美国。B 类理事国包括：澳大利亚、巴西、加拿大、法国、德国、印度、荷兰、西班牙、瑞典、阿拉伯联合酋长国。C 类理事国包括：巴哈马、比利时、智利、塞浦路斯、丹麦、埃及、印度尼西亚、牙买加、肯尼亚、利比里亚、马来西亚、马耳他、墨西哥、摩洛哥、秘鲁、菲律宾、新加坡、南非、泰国、土耳其（http://www.imo.org/en/About/Pages/Structure.aspx#2）。

准构建阶段，国际组织核心成员国都致力于本国标准的外化，即通过本国在国际组织中的话语优势与影响力优势，将本国技术标准上升为国际标准，从而实现在国际标准体系中的权威。

规范嵌套是技术设置的高级阶段。主要表现为北极地区国际组织将技术标准嵌套进所倡导的国际规范文本之中，从规范构建的层面确定北极国家，尤其是北极大国在北极治理与科学研究领域的技术权威。通常而言，北极地区国际组织将具体的技术标准列入国际规范文本的附件部分，这样做的目的有三：一是提升国际规范倡导的成功率，解决"有规可依"的问题。通过弱化国际规范主体部分的自然科学指标化特征，避免技术水平较低的成员国因履约难度大而反对该国际规范。二是提高修订附件文本的可行性，解决"遵规必严"的问题。通常而言，在不大幅改变国际规范主体文本的前提下，对于附件文本的修订，其难度相对较低，逐步提高技术标准，甚至可以采取同时修订强制性和非强制性标准的方式，逐步为各国的遵约行为设定相对严格的技术标准。三是提升修订国际规范主体文本的可行性，解决"违规必究"的问题，为提升国际规范的约束力。通过提高技术标准，倒逼国际组织对规范主体文本进行修订，从而逐步提升国际规范的约束力与权威性。正是看到国际组织能够将北极国家的技术优势转变为话语权优势，北极国家才大力支持本国科学家与政府高官参与国际海事组织和北极理事会的基础研究与高层决策，从参与撰写强制性技术标准的提案，到主导规范推广实践，实现从议题设置到人事安排的全程掌控。实现在国际规范中嵌套技术标准，其最大受益方是极地科技发达的北极国家。需要指出的是，由于近年来日、韩等东亚国家的极地科技发展迅速，且接连发布了各自的北极战略，使得北极国家对非北极大国全面参与北极事务的忧虑不断加深。当技术标准壁垒难以阻挡非北极国家走近北极的步伐，北极国家在区域性国际组织议事制度层面，设置了针对非北极国家的组织机构准入门槛。以北极理事会为例，非北极国家不经工作组的邀请，无权参与工作组和任务组的专题会议，更无权知情和参与技术标准的撰写工作。北极理事会工作组对非北极国家开放的科研项目较少，且多为低政治敏感度且资金需求巨大的议题领域，例如北极动植物保护、北冰洋环境保护等，而负责制定技术标准的任务组，则完全不向非北极国家开放。北极国家凭借对北极理事会决策权的集体垄断，通过"技术优势+组织优势"的双重利好，以逐渐出台强制性国际规范的方式，来维护北极国家在北极治理中的既得利益。

由此可见，北极国家积极参与相关国际组织建章立制的实践，是为了在规范推广的实际操作层面，牢固把持既有的技术优势。换句话说，相对于规范倡导，北极国家更在意技术标准的设置。就目前北极治理而言，国际海事组织出台的《极地规则》，其附件中的技术标准，分为强制性和非强制性两类，目前实现了"有规可依"向"遵规必严"的转变，并没有过多涉及违约行为的监督与惩戒机制。反观近年来北极理事会出台的三份强制性文件，即《北极海洋油污防治与应对合作协定》《北极海空搜救合作协定》《加强北极国际科学合作协定》，虽然约束对象只限于北极八国，但其技术标准皆具有强制性，为了尽可能降低北极国家违约的可能性，北极理事会采取"内部互保"+"协商一致"的方式，逐步从"遵规必严"向"违规必究"转变。事实上，北极理事会在向区域性权威国际规范体系演变的过程中，始终采取以技术标准设置推动国际规范倡导的策略，通过技术标准推广产生的"溢出"效应，逐步提升北极理事会在北极治理中的专业技术权威，大有与国际海事组织平起平坐的长远趋势。无论是北极理事会还是国际海事组织，北极国家都从知识生产到规范设计两个方面，竭力派遣本国技术精英和政治精英参与这些国际组织的科研与管理工作，同时阻碍非北极国家的科技代表深度参与其中，牢固把持在这两个国际组织中的科研话语权与决策权。就北极当前的国际形势来看，谁拥有北极科技优势，谁就有可能主导北极治理规范的倡导权，北极国家与非北极国家已经全面拉开北极科学知识竞赛的序幕，而北极科技战略则成为双方构建北极大战略的核心要素。

第二节　国际海事组织与北极航运治理的标准设置

一　国际海事组织设置《极地规则》的动因分析

出于加强对南北极海事活动的管理需要，以及提升国际规范有效性的现实考虑，国际海事组织具有制定强制性技术标准——《极地水域船舶操作国际规则》的内在动力，以此来应对其他国际海事管理文件尚未充分涉及的北极航运风险。总体而言，国际海事组织为极地航运管理设置强制性技术标准主要源于以下四个因素：冰区面积萎缩、北极航运开发、北极目的地运输、极地旅游的发展。

（一）冰区面积萎缩

北极海冰覆盖面积呈现出持续减少的趋势。尤其是夏季，海冰覆盖面积逐年下降，每十年缩减10%。多年冰的厚度和浓度也在减少，即使是在冬季，2017年12月北极海冰面积为1175万平方千米，是2007—2017年有卫星记录以来的第二低。[①] 其中，由于北太平洋暖流和阿拉斯加暖流向北极地区带来源源不断的温热海水，使得楚科奇海和白令海的冰区面积持续缩小。随着更多的船舶进入北冰洋，不仅可以大规模开采自然资源，还能进入偏远地区进行游轮旅游。每年九月，北冰洋海冰范围达到最低点。表6—2统计了自1979—2017年，北极海冰面积最低的十个记录。2017年9月13日，北极海冰面积为464万平方千米，是有卫星记录以来的第八低点，[②] 楚科奇海、东西伯利亚和喀拉海的海冰面积持续缩小，北极东北航道基本上全线无冰或微冰，而波弗特海、拉普捷夫海的海冰面积稍有扩大，北极西北航道则冰雪覆盖率较高，尤其是阿蒙森地区的冰雪覆盖率高达50%，由白令海峡经由麦克卢尔海峡进入西北航道北部的航线，仍存在坚固厚实的多年冰山。

北极地区的融冰存在区域差异。例如，在加拿大群岛附近，海冰往往会长时间停留在阻塞点附近，但会更早消退；而俄罗斯北极海岸则海冰生成相对较慢，但融化速度较快。

---

① National Snow & Ice Data Center, "Baked Alaska and 2017 in Review" (http://nsidc.org/arcticseaicenews/).

② National Snow & Ice Data Center, "Arctic Sea Ice at Minimum Extent" (https://nsidc.org/arcticseaicenews/2017/09/).

表6—2　　北极海冰面积最低的十个记录（1979—2017）

序号	年份	冰区面积（百万平方千米）	日期
1	2012	3.39	9月17日
2	2016	4.14	9月10日
3	2007	4.15	9月18日
4	2011	4.34	9月11日
5	2015	4.43	9月9日
6	2008	4.59	9月19日
7	2010	4.62	9月21日
8	2017	4.64	9月13日
9	2014	5.03	9月17日
10	2013	5.05	9月13日

资料来源：美国冰雪数据研究中心，https://nsidc.org/arcticseaicenews/2017/09/。

（二）北极航运开发

在竞争激烈的航运市场中，北极航道能够大幅缩短传统温水航线的航运里程，从而节省燃料、规避海盗风险，因此对船东有着吸引力。当前，北极地区存在四条具有较强经济愿景的航道。

1. 北方海航道：北方海航道横跨了连接亚洲和北欧市场的俄罗斯北极地区。它是第一条全线通航的夏季无冰航道。自从2012年俄罗斯改革了北方海航线管理机制后，北极海上交通迅速沿着北方海航道进行拓展。

2. 西北航道：西北航道大部分航段位于加拿大北极群岛水域。迄今为止，一些干散货船和邮轮已成功试航，西北航道将于2025年实现定期通航。①

3. 北极桥：北极桥是连接加拿大马尼托巴（Manitoba）北部丘吉

---

① 中华人民共和国海事局：《北极航行指南（西北航道）》，人民交通出版社股份有限公司2016年版，第14—20页。

尔港（Churchill Port）与俄罗斯、斯堪的纳维亚半岛西部地区的潜在航道。丘吉尔港在夏季无冰雪，是加拿大国家铁路系统与北极航线的连接枢纽。

4. 横越北极点航线：跨越北极点航线能够连接白令海峡与北大西洋。这条路线的开通前提是北冰洋无冰，因此目前还处于设想阶段。

（三）北极目的地运输

北极圈北部存在大量未探明的石油和天然气资源，为了推进油气资源开发和矿产采掘活动，需要进行目的地运输。目前北极国家高度重视资源开发。2017年4月28日，美国总统特朗普签署《美国优先海上能源战略》（America First Offshore Energy Strategy），取消了奥巴马政府签署的《北极租赁禁令》（Arctic Leasing Ban），开放阿拉斯加北部楚科奇海域的油气勘探与开采。[①] 2017年12月8日，俄罗斯总统出席了世界最大的液化天然气项目——亚马尔LNG项目的首批液化天然气装船仪式。[②] 丹麦则在格陵兰岛进行了大规模的矿产资源勘探。[③] 然而，由于这些偏远地区大都缺乏存储、转运等基础设施，而夏季北冰洋油气勘探运动，就需要将数十艘船舶带入北极水域，并且当这些项目达到生产和开采阶段，将会需要专门定制的船队。例如，俄罗斯在亚马尔半岛进行的液化天然气出口项目，就预定了15艘最先进的抗冰级液化天然气运输船。

受到全球对原材料和矿物庞大需求的驱动，北极地区的矿业开发有了进一步发展。加拿大巴芬岛（Baffin Island）的优质铁矿石项目已经处于试开采阶段。美国阿拉斯加的大型锌铅矿开发已经成为该州的主要出口创汇项目。一些北极矿业项目在冬季贮存大量矿石，或是租借专业破冰散货船将产品运往全球市场，或是等到夏季港口无冰时，依靠租船将

---

① White House, "Remarks by President Trump at Signing of Executive Order on an America-First offshore Energy Strategy" (https://www.whitehouse.gov/briefings-statements/remarks-president-trump-signing-executive-order-america-first-offshore-energy-strategy/).

② Президент России, "Совещание по вопросам развития проектов производства сжиженного природного газа" (http://www.kremlin.ru/events/president/news/56339).

③ 吴雷钊：《北极格陵兰岛矿产及油气资源勘查开发现状及中国参与的相关建议》，《国土资源情报》2017年第9期。

其出口国外。随着矿业开发的持续进行,这将吸引更多的船舶在北极海域作业。

(四) 极地旅游

极地水域的邮轮旅游,是北冰洋沿岸国家和那些缺乏必要航运基础设施和搜救能力去应对极地地区航运事故的国家最关注的事件之一。在过去的 15 年里,北极和南极地区的游船交通量持续增长,并且不断有新的运营商进入北极旅游市场。虽然油轮、散货船和海上船舶运营商出于航运安全的考虑,通常避开有冰和偏远地区,但邮轮公司却为了迎合旅客一睹极地原始景观、独特野生动物、海冰、冰川和冰山的愿望,选择人迹罕至的极地偏远地区。每年夏天,成千上万的游客乘船来到北极,而在南极的夏季,游览项目就包括近距离观赏冰川,这无疑升高了航运安全风险水平。

(五) 基于安全风险的规范框架

国际海事组织"以规避安全风险为基础的方法,来划设《极地规则》的适用范围",并使用"目标导向标准"(Goal-Based Standards)作为规范构建框架,见图6—1。"目标导向标准"含有至少一个目标,以及相关的功能要求和符合性验证——《极地规则》是否符合既定目标的功能要求。为此,国际海事组织改变了对船舶设计规则的温和立场,开始为推广"目标导向标准"理念出台了一些新规则和支撑文件。"目标导向标准"主要体现在对船舶结构的目标设置上:"由于环境负荷和航运条件存在差异,船舶结构的材料和尺寸要保持完整性。"[1] 该目标被进一步划分成功能需求,其解决了对极地水域船舶结构构成风险的两大危害——低温与海冰。为了应对北极的低温,"所用材料应适用于船舶极地低温作业";为了应对海冰,"船舶的结构应设计成能够抵抗预期海冰状况下的全球和局部结构荷载"。[2] 在一些情况下,《极地规则》借鉴了国际通用标准或分类要求,如国际船级社协会(International Association of Classifi-

---

[1] 中国船级社:《极地船舶指南》,2016 年 3 月(http://www.ccs.org.cn/ccswz/font/fontAction! article.do? articleId = ff8080815330b37701533a31cb520059)。

[2] 同上。

cation Societies）的冰级分类标准。① 通过获得船旗国或相关认证组织的同意，来遵守功能性要求。在这些认证组织中，船舶材料和尺寸应符合相关类型的要求或其他"提供相等安全等级"的标准。此方法倾向于为备选设计和安排提供足够的灵活性。它使《极地规则》的技术标准具有可塑性，允许其他被公认的最佳方式来确保《极地规则》的推广效果。

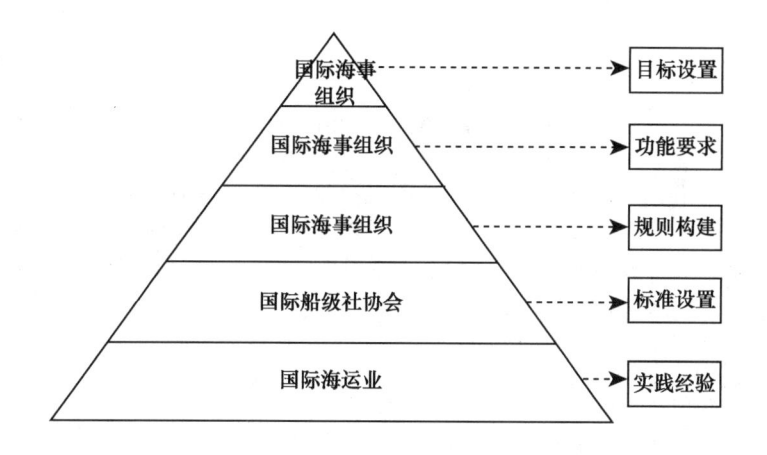

图 6—1 目标导向标准等级示意图

资料来源：笔者自绘。

在《极地规则》中制定目标和功能需求的技术基础是一系列与极地水域船舶作业相关的安全风险列表。如表 6—3 所示，该安全风险列表是国际海事组织进行严谨审议的结果，涵盖了极地船舶可能遇到的所有安全风险，其精细化程度超越了《国际海上人命安全公约》中所罗列的航运安全风险，被列在了《极地规则》的介绍部分。

---

① 国际船级社协会的冰级分类最初来源于《芬兰—瑞典冰级规则》（Finnish-Swedish Ice Class Rules），《芬兰—瑞典冰级规则》将冰级分为 4 类：超一 A 级（Ice Class IA super），一级（Ice Class IA, IB, IC），二级（Ice Class Ⅱ），三级（Ice Class Ⅲ）。Finnish Maritime Administration, *Finnish-Swedish Ice Class Rules*, Helsinki：Bulletin, 2002, p. 5.

表6—3 《极地规则》中的极地航运安全风险列表

风险因素	安全隐患
海冰	影响船舶稳定性、机械系统、导航设备、室外工作环境、维护和应急准备任务,还可能导致安全设备和系统故障
船楼结冰	降低船舶稳定性与外部设备的功能
低温	影响工作环境和船员工作、维护和应急准备、材料性能和设备效率、船员生存时间以及安全设备和系统的性能
极昼极夜	影响导航设备和人员操作
高纬度	影响导航系统、通信系统,由于卫星覆盖范围有限,还会影响到海冰图像信息的质量
水文信息匮乏	降低了助航设备和航标的可用性,而地理上的偏远又增加了船舶留港停航的可能性。此外还限制了搜救设施的建设,限制了通信能力和危机应对能力
船员极地操作经验不足	发生人为操作失误
极地应急设备匮乏	限制减灾措施的有效性
天气条件恶劣	导致海事灾难升级
生态环境敏感	船源有害物质泄漏导致长期生态灾难

资料来源：笔者根据《极地规则》相关安全风险论述综合所制。

撰写《极地规则》中强制性文件的工作主要由国际海事组织下属的分委会具体负责。例如船舶设计和结构分委会负责设置船舶抗冰等级的技术标准，船舶系统和设计分委会负责极地船舶技术标准的认证和命名。航行—无线电和搜救分委会，人为因素、培训与值班分委会，污染预防和应对分委会等其他技术分委会的任务是在各自专业范围内撰写相应章节，并进行内部多次反馈修改。

海上安全委员会和海洋环境保护委员会负责审议这些分委会所提交的研究成果，并将最终规范草案提请国际海事组织大会和理事会审议，经全体会员国表决后予以通过（见图6—2）。在船舶设计和结构分委会确定最终内容后，海上安全委员会和海洋环境保护委员会通过并采纳《极地规则》的安全措施部分与环境保护部分、《国际海上人命安全公约》第ⅩⅣ章"极地航行船舶安全措施"，以及《国际防止船舶造成污染公约》附则Ⅰ、Ⅱ、Ⅳ、Ⅴ修正案。2016年，海上安全委员会正式采纳《海员培训、发证和值班标准国际公约（修正案）》。

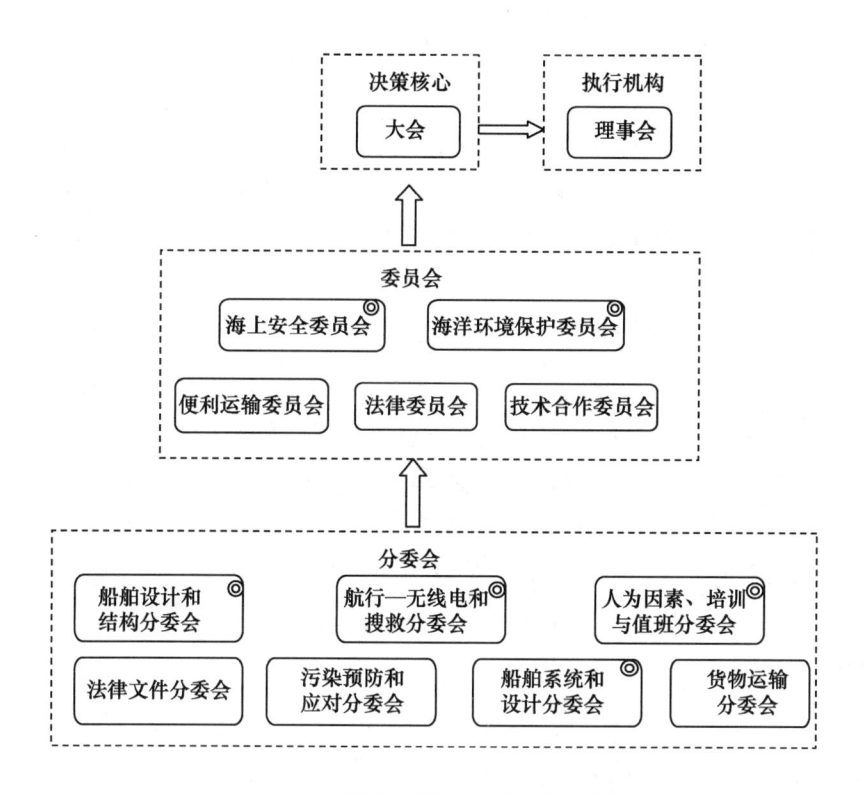

图6—2 国际海事组织决策机构示意图

注：其中带有◎的委员会和分委会，都参与了《极地规则》的构建过程。
资料来源：笔者自制。

《极地规则》提出了原则、目标、核心概念界定和危险源辨识，大致可分为两部分。第一部分为航运安全措施，分为11个领域的强制性安全标准，① 并提供了非强制性的海运安全建议标准。航运安全措施对于所有行驶于北极水域的船舶都具有强制性，并且它们也受《国际海上人命安全公约》的约束，无论它们是否参与国际航行。这意味着在地理范围内行驶的任何船舶都要携带客船安全或货船安全证书。《极地规则》中涉及安全事务的章节，都以既定目标和安全风险防控功能需求开篇。每个功能需求作为确保签约国遵约的手段，受到特定法规的支持。

第二部分为环境保护措施，分为 4 个领域的强制性环境保护标准，并提供了非强制性的污染预防建议标准。② 这些强制性标准与《国际防止船舶造成污染公约》附则Ⅰ、Ⅱ、Ⅳ、Ⅴ保持一致，并且超过《国际防止船舶造成污染公约》所规定的额外排放限制。例如，《国际防止船舶造成污染公约》附则Ⅰ（海上油污污染）适用于 400 载重吨以上的船舶，而《极地规则》则适用于 500 载重吨及以上的船舶和载客数超过 12 名乘客的客船。③

综上所述，《极地规则》设置技术标准的基本理念是人命安全第一，通过防止或减少海难事故来实现极地航运安全与环境保护，进而考虑因极地救援能力薄弱导致的船舶发生事故之后应该具备的必要残存能力，该残存能力的保障因素来自船舶破损稳定性和设备冗余。④ 通常而言，北极日益严峻的航行安全情况，会导致国际社会广泛应用《极地规则》。对于极地船舶的设计者、船东和操笔者来说，不仅应进行有关船舶计划作业的决策，更应尽早与船旗国或国际海事组织沟通，以准确理解《极地规则》的技术要求。

---

① 《极地规则》关于海运安全措施的 11 个强制性技术标准领域包括：船舶结构、船舶稳定性、船舶密封性、极地水域航运操作、机械装置、消防设备、救生设备、航行安全、通信设备、航次计划、人员培训。

② 《极地规则》关于环境保护措施的 4 个强制性技术标准领域包括：石油污染防治、有毒液体污染防治、船舶污水防治、船舶垃圾污染防治。

③ 需要指出的是，分级规则、国别标准和其他有效做法被用来证明《极地规则》中所有替代性条款的正当性。这包括应对某些风险的操作程序，而不是所规定的设备要求。船东需要在设备规格和操作实践之间寻找平衡点。

④ 王德岭、郑剑：《〈极地规则〉生效下的船舶设备配备和履约》，《航海技术》2017 年第 4 期。

二 《极地规则》中的船舶设计与建造标准

（一）极地船舶的结构标准

所有在国际海事组织定义的极地区域内航行的船舶，都需要遵守《极地规则》设置的强制性技术标准，不论它们是新船还是旧船，进行的是国际航行还是国内航行。[①]《极地规则》规定：龙骨铺设日期在2017年1月1日或之后的船舶为"新造船舶"，需遵守《极地规则》的技术标准。在2017年1月1日之前建造的船舶为"既有船舶"。既有船舶可以暂时不用遵循下列技术标准要求：（1）船舶遭受海冰碰撞的稳定性；（2）极地船员的逃生路线安排；（3）安装两部独立的回声测探系统；（4）封闭桥楼两翼；（5）油箱与船壳分离。但在2018年1月1日之后的船舶中期检查或更换极地证书时，既有船舶也需满足《极地规则》的技术要求。[②] 需要指出的是，与大多数国际海事组织文件一样，没有参与商业服务的政府船舶不受《极地规则》的约束，然而，国际社会强烈要求各国政府船舶采取表率作用，以达到《极地规则》的技术要求。

极地船舶和普通船舶的区别在于船艏所承受的冰载荷（Ice Load）撞击的概率差异，极地船舶的船艏会遭受多次且连续性的浮冰撞击，而普通船舶则多为偶发性。冰载荷是指船舶挤压碰撞浮冰时，能够有效吸收撞击动能的负荷。[③]《极地规则》对极地船舶的设计进行了明确要求。一是结构要求。设计极地船舶的结构尺寸，应以典型船体和浮冰擦碰模型为基础来确定冰载荷的计算方法，同时参考冰的厚度与强度、船舶类型与尺寸、船舶速度，具有破冰能力的极地船舶的冰载荷计算还需考虑冲撞破冰模式。[④] 二是机械要求。在冰载荷作用下，极地船舶的螺旋桨强度计算需与船舶冰级相匹配。

[①] 《极地规则》的适用范围是北纬60°以北或南纬60°以南的水域，该地理界定是国际海事组织围绕船舶交通、海冰覆盖面积、安全考虑和环境生态系统开展广泛国际协商的结果。

[②] 符合《极地规则》的船舶需要申请一个极地证书，并进行相关评估，以获取《极地水域操作手册》。

[③] 陈聪、张健：《冰载荷作用下船舶耐撞性能研究进展》，《中外船舶科技》2014年第1期。

[④] 耿厚才、于瑶、周鑫元、朱彦：《冰区加强船冰载荷计算与轴系设计》，《船舶工程》2015年第11期。

对那些能承受极地环境负荷，且能维持结构完整性的造船材料和构件尺寸设置了技术标准，要求极地船舶和设备能够具备抵御极地水域恶劣环境风险的能力。这主要包括五个方面的要求：（1）船体结构和动力系统要符合相应的冰级要求。（2）极地船舶的机械设备能够在有冰水域进行移动。（3）极地船舶的机械设备能够在严寒和结冰状态下正常运行。（4）船舶导航设备能够在极地地区正常运转。（5）极地船舶的应急救援设备能够适用于极地地区。为了实现上述五个目标，《极地规则》要求船舶的设计方和船东配备《极地水域操作手册》、编制极地航次计划、配备具有极地航运资质的船员。

《极地规则》参考了国际船级社协会针对极地船舶的《统一要求》（Unified Requirement I1、I2），对船舶结构的厚度和材料种类（即危险程度），最低钢材等级等进行了明确要求。[①] 国际船级社协会颁布的极地船舶规定是全球公认的船舶建造标准，但它还是个相当新的技术标准，仍需要时间去逐渐拓展到极地类船舶的建造过程。

《极地规则》对极地船舶的界定范围基于以下三个条件：计划在海冰区作业的船舶、计划在低温中作业的船舶、计划在可能出现积冰地区作业的船舶。因此，《极地规则》将极地船舶分为 A、B、C 三类，并为冰上导航提供了有关船舶能力的指标体系。

A 类船舶是指：设计用于在中等厚度（即海冰厚度 > 70 厘米）当年冰，或可能夹杂多年冰的极地水域中作业的船舶。通常而言，A 类船舶的抗冰性最强，能够独立在极地海冰条件下进行全年作业，A 类船舶建造尺寸至少符合国际船级社协会极地类 PC5 级的标准。

B 类船舶是指：设计用于在低厚度（即海冰厚度 > 30 厘米）当年冰，

[①] 国际船级社协会的《统一要求》是对所有协会成员共享的最低技术要求。除非特定申请日期，否则《统一要求》将在国际船级社协会采用后的一年内，作为各协会成员的内部规范。《统一要求》是个规范体系，针对不同技术领域设置相应的标准，例如 URC 是集装箱标准，URN 是导航标准，URL 是载重线标准等。URI 是极地类标准。UR I1 是极地级的描述与应用（Polar Class Descriptions and Application），UR I2 是极地级船舶的结构要求（Structural Requirements for Polar Class Ships），这两条标准都于 2017 年 7 月 1 日实施。IACS, *Polar Class Descriptions and Application*, 2016（http://www.classnk.or.jp/hp/pdf/info_service/iacs_ur_and_ui/ur_i1_rev.2_apr_2016ul.pdf）. IACS, *Structural Requirements for Polar Class Ships*, 2016（http://www.classnk.or.jp/hp/pdf/info_service/iacs_ur_and_ui/ur_i2_rev.3_apr_2016ul.pdf）.

或可能夹杂多年冰的极地水域中作业的船舶。通常而言，B类船舶的抗冰性比A类船舶要弱，能够独自或在破冰船的协助下，在极地海域进行季节性（通常为夏季）作业。B类船舶建造尺寸至少符合国际船级社协会极地类PC7级的标准。①

C类船舶是指：设计用于在无冰或低密度海冰水域中作业的船舶。根据所计划的作业和海冰条件，船旗国要求C类船舶具有符合适当标准的抗冰性。②

A类和B类的新建船舶必须能够承受由冰害事件造成的海水渗透，其中《极地规则》对冰害事件的管理措施具有强制性。大体而言，执行该标准的阻力相对较小，但由于《极地规则》适用于所有长度的船舶，因此它可能导致抗冰性能较弱的中小型船舶更改设计。

（二）极地船舶设计的防结冰标准

《极地规则》适用于行驶在日均低温在-3℃以下的区域和时节的船舶，这使得"计划要在可能会出现积冰的区域和时节中行驶的船舶"面临应对结冰问题的技术门槛。当气温降低时，浸湿甲板、上层建筑和船舶或设备其他外露部分的海水会导致船舶出现积冰。总体而言，在结冰温度中和有波浪引起海雾的开放水域条件下，积冰最为严重。

船舶积冰严重程度取决于许多因素。低气温、低水温、低盐度、高风速、船体较小、船舶慢速行驶，以及与海风、海浪和大洋涌浪反向而行，都是造成船舶积冰严重程度的因素。大体而言，在同样的环境条件下，当船舶迎着风浪更快前进，或船舶体型偏小，船舶干舷高度偏低时，会有更多海雾到达船舶甲板、上层结构等的地方，从而造成结冰。

甲板上的结冰可能会对船舶，尤其是小型船舶的稳定性产生负面影响，并且妨碍关键安全设备的运转，降低甲板机械的功能性，对逃生路

---

① 在同等安全水平下，船旗国也能接受另一种冰级类别，例如《芬兰—瑞典冰级规则》超一A级和一A级。

② 关于海冰作业C类船舶的尺寸批准一直是个具有争议的议题，并在国际海事组织中受到重点讨论。目前许多用于作业的船舶能够安全地航行于薄冰区域或其周围而不用进行任何的抗冰性强化，在开阔水域亦是如此。国际海事组织对其决定，对于要求极地水域的每艘船舶进行抗冰性强化而言，是不具合理性的约定俗成。相反，该规定强调了航海人员的最低训练要求，以及明确和清楚记录的船舶具体操作限制。另外，至关重要的是，C类船舶设计者、船东明确建立起了船舶的冰区操作图，目的是适当选择抗冰性强化的程度。

线和其他露天通道也构成了安全隐患。《极地规则》规定了露天甲板、过道和侧面计划区域上所允许的具体积冰程度，其必须包括在完整稳定性的计算中。为此，《极地规则》为极地船舶设置了防止结冰的技术标准。

（1）船舶受外力作用发生倾斜时，应具备保持完整稳定性（Intact Stability）的能力。（2）船舶应具备密封防水性。（3）保护动力机械不受积冰损坏。（4）保护消防安全系统不受积冰损坏。（5）船舶应明确逃生路线、集合地点、登船区、救生艇、下水装置以及登上救生艇的资格。（6）保护导航与通信天线不受结冰损坏。（7）保护冰情监测与除冰设备不受结冰损坏。

《极地规则》对新老船舶采取了不同的稳定性标准要求。对于新造船舶而言，需将"容许结冰量"（Validity of the Ice Accretion Allowances）包括在稳定性手册（Stability Booklet）中。[①] 这包括在海雾多发区域，为最小化容许结冰量而设计船艏外壳轮廓，即将艏楼包裹起来，减少了外在设备的侧面、稠密度以及海冰能依附其上的复合表面，提升干舷高度、强化桥面排水系统，以避免积水。

对于既有船舶来说，如果先前的船舶设计方没有考虑到容许结冰量，那么就需重新提交稳定性手册。如果船舶不能遵守《极地规则》的技术要求，可能会引起积冰易发区的操作限制。《极地规则》还设置了监测积冰程度和除冰设备使用的程序要求，明确提出了除冰用的电气或气动装置、蒸汽系统以及手动除冰的工具配备。对于在积冰区域作业的船舶来说，必须采取措施防止或移除舱口盖和门附近的积雪积冰。《极地规则》建议在密封装置周围安装少量加热电缆，以防止密封装置和舱盖之间结冰。

（三）极地船舶设计的极地服务温度标准

低温是季节性现象，往往发生在极地地区的冬季。由于北极地区夏季（7—11月）气温接近0℃，海冰开始融化，是主要的航运季节，但需要在船舶设计过程中遵循相关的抗低温标准。《极地规则》是国际海事组

[①] 国际海事组织将其于2009年颁布的《完整稳定性规则》（Intact Stability Code）所规定的船舶结冰容许量标准纳入《极地规则》之中。结冰容许最初适用于那些航行在北大西洋、挪威海、白令海峡和纽芬兰岛近海冰区的渔船。《极地规则》工作组要求所有极地船舶都执行同样的标准。

织第一份采用"设计温度"(Design Temperature)概念的国际法文件,明确界定了在遭遇低温的情况下,极地船舶的机械设备和人员操作可能面临的安全风险。在《极地规则》出台之前,"设计温度"就已经是国际船级社倡导的"冬化处理"(Winterization)规则和指南的组成部分之一。然而,由于各国的计算方法并不一致,还经常存在误读现象,这使得《极地规则》明确界定了极地船舶的"极地服务温度"(Polar Service Temperature)。极地服务温度由船东或船舶设计者根据船舶预定极地作业区域的日均低温确定,并在《极地船舶证书》中逐一列出。

《极地规则》为"低温航行船舶"(Ships Operating in Low Air Temperature)设置的技术门槛,是以预定作业区域和时节的"日均低温"(Mean Daily Low Temperature)为基础。平均日低温以十年为一个周期,统计该阶段中每一年每一天的日常低温。在日均低温低于 -10℃ 的区域和时节中航行的船舶,则被认为是低温航行船舶。如果缺乏预期日均低温的数据,那么极地船舶的极地服务温度应取最低日均低温以下至少 10℃。在正常情况下,北极东北航道的夏季气温不会低于 -10℃。

按照《极地规则》的要求,在极地服务温度下,应确保以下技术标准能够实现正常运转:(1)制造极地船舶船体结构和设备、甲板机械、电气装置、消防设施、救生设备的材料,其设计服务温度取决于船东或船舶设计方确定的极地服务温度。(2)双向便携式无线通信设备应具有可操作性。[1]

对于船舶设计者和船东来说,明确合适的极地工作温度十分重要。这不仅需要清楚认识船舶作业期间可能经过的地理区域和时节,还需要正确设计操作计划。低于或高于《极地规则》技术标准的船舶设计方案,都会带来极其严重的后果。一方面,在船舶下水之后,为了降低极地服务温度而进行的船舶改装成本将极其高昂。另一方面,如果不切实际地选择了超低温的极地服务温度,那么就会出现因过度设计导致的设备冗余,所需费用不仅高昂,而且设备供应商的数量也会受限——这不仅会影响初始成本,也会影响整个船舶使用期间的零部件供应。因此,船舶设计方不仅要着眼于船舶的未来作业环境,还需要适当的数据支撑来对

---

[1] 王德岭、郑剑:《〈极地规则〉生效下的船舶设备配备和履约》,《航海技术》2017年第4期。

接《极地规则》的技术标准。

（四）极地船舶设计的冰级标准

在北冰洋海岸附近，海冰可能会被海岸线或接地压力固定住，成为固定陆地冰。在固定陆地冰的边缘可能会出现由浮冰群相互碰撞挤压造成的"剪切带"（Shear Zone）。[①] 剪切带是北极最危险的高频冰层断裂带，直接威胁船舶运输的安全，尤其是当浮冰群处于运动状态之时，甚至是最强力的破冰船也会被困在其中。在剪切带里，抗冰能力较差的船舶会因冰层挤压而受损或沉没。

在北冰洋中，浮冰群通常由各种不同密度、类型、厚度、大小的冰块混合而成，并有可能出现"凌汛"现象。因为浮冰群彼此间进行相向运动，人们甚至能在北极冬季的浮冰群中发现绵延的无冰水面。当浮冰和片状冰在风力和其他驱动因素的压力下聚合时，它们可能会随波逐流，形成脊状突起，这使得浮冰往往比一年冰更厚。[②] 脊状突起长几十米高，船舶只能通过反复撞击才能将其穿透，增加了海上运输的困难。

冰的"土地起源"一般是冰川，而这些冰川通过积雪的堆积与再结晶，经过几千年形成。冰岛和冰山从冰川和冰原进入大海，依次"崩裂"成较小的冰山屑和稍露水面的冰山，它们的出水高度较低，无论是在部分冰盖水域，还是在中度海况的无冰水域，都非常难被发现，通常在冰山附近漂荡，而冰山本身就预示着潜在风险，即有可能遭遇较大冰山碎片。

《极地规则》采纳了国际船级社协会的《极地船舶统一要求》（UR I2），该标准适用于 A 类和 B 类极地船舶，以及常年在冰海航行的船舶。《极地规则》明确规定：船东负责选择极地船舶的冰级。[③] 其中 PC1 为最高级，PC7 为最低级，见表 6—4。

《极地规则》对计划在海冰中作业的船舶提出如下增强抗冰性的技

[①] 剪切带是指地壳运动过程中由剪切应变造成的岩石变形带。在北极地区则指的是浮冰与浮冰之间因撞击、挤压造成的剧烈变形的地貌。

[②] 孙晓宇、沈辉等：《基于我国第七次北极科学考察——2016 年夏季北极海冰厚度观测与特征分析》，《海洋预报》2017 年第 4 期。

[③] 《极地规则》明确规定：船东或/和设计方基于极地船舶的用途、类型、预期操作水域等因素，确定船舶设计的四项基本特征：选择冰级、确定极地服务温度、最高操作纬度、最大待救时间。

要求：(1) 极地船舶的结构和尺寸应强化抗冰性；(2) 保护机械装置，以防其被海水中的冰块侵蚀；(3) 保护导航设备不被海冰损坏；(4) 配备覆冰水域的安全疏散装置；(5) 对船长、大副、导航员进行冰区操作培训。除此之外，《极地水域作业手册》（Polar Water Operational Manual）需要包含更多有关船舶冰区作业的限制性规定。

表6—4　　　　　　《极地规则》中极地船舶的冰级分类

船舶类型	冰级	冰型	极地船舶操作限制		
			冰的厚度	航运季节	航运模式
A	PC1	所有冰型	无限制		
A	PC2	中等厚度多年冰	3 米	全年	独立且连续行驶
A	PC3	两年冰，夹杂多年冰	3 米	全年	独立且连续行驶
A	PC4	厚当年冰，夹杂多年冰	2 米	全年	独立且连续行驶
B	PC5	中等厚度当年冰，夹杂多年冰	1.2 米	全年	独立且连续行驶①
B	PC6	中等厚度当年冰，夹杂多年冰	0.95 米	夏秋季	独立且连续行驶②
B	PC7	薄当年冰，夹杂多年冰	0.7 米	夏秋季	独立且连续行驶

资料来源：笔者根据《极地规则》相关内容绘制。

三 《极地规则》中的极地船舶资质标准

对于极地船舶的合适选择以及《极地规则》船舶种类的确定都应该基于预定航行区域的冰况。所有将进行北极航行的船舶，需经过专业机构检验，被确认符合《极地规则》相关技术要求之后，由船旗国主管机关签发或授权船级社签发《极地船舶证书》，③ 方可进入极地水域。

---

① 多年冰是经过了一个或多个融化季节的冰，它包括二年冰和多年冰。多年冰的含盐度较低，因此比一年冰更加坚固。

② PC 级船舶如果能够实现独立且持续行驶，并满足《极地规则》的相应技术标准，则可被授予"Icebreaker"的标志。PC6 和 PC7 级船舶，如果采用的是球鼻式船艏结构，则受到操作限制，避免以冲撞方式应对浮冰。

③ 《极地船舶证书》又被译为《极地船舶认证》，中国船级社选择《极地船舶证书》的译法，本书译法与中国船级社保持一致。对于 C 类船舶，如果其操作评估结果符合《极地规则》的技术要求，且该船舶不要求增加设备或更改船体结构，则可被签发《极地船舶证书》，在下一次换证检验时，只需进行登船检查，以确认《极地船舶证书》继续有效。

（一）《极地船舶证书》

《极地船舶证书》是极地船舶符合《极地规则》相关技术标准的资质证明文件，不仅受到港口国和北极航道沿岸国的评估，也会被船东、船舶租赁人用于评估船舶的极地航行能力和技术限制。《极地船舶证书》是国际海事组织认证的强制性文件，要求所有进入极地水域的船舶必须携带。《极地船舶证书》包括四个部分：船舶种类和冰级信息、适用法规的其他门槛（船舶类型、海冰作业、低气温）、替代性设计和安排的预先准备、操作限制（海冰条件、温度、高纬度）。[①]

《极地船舶证书》有设备补充记录（Supplemental Record of Equipment），罗列了《极地规则》超出《国际海上人命安全公约》最低要求的设备补充记录，包括有关救生器械、导航设备以及通信设备等信息。

国际海事组织在《极地船舶证书》的发放问题上，采取了与《国际海上人命安全公约》相关证书相协调的策略（见表6—5）。原则上，《极地船舶证书》需经过实际调研并确定船舶符合《极地规则》相关技术条件的前提下才能发放。

表6—5　《极地规则》与《国际海上人命安全公约》在法定证书上的协调

《国际海上人命安全公约》的法定证书		《极地规则》的法定证书	
证书	章节	证书	章节
《货船构造安全证书》	Ⅰ/12、Ⅱ-1、Ⅱ-2、Ⅻ[②]	《极地船舶证书》	PI-A/Ch3、4、5、6、7
《货船设备安全证书》	Ⅰ/12、Ⅱ-1、Ⅱ-2、Ⅲ、Ⅴ	^	PI-A/Ch7、8、9
《货船无线电安全证书》	Ⅰ/12、Ⅳ	^	PI-A/Ch10
《货船安全证书》	Ⅰ/12、Ⅱ-1、Ⅱ-2、Ⅲ、Ⅳ、Ⅴ	^	PI-A/Ch3、4、5、6、7、8、9、10
《客船安全证书》	Ⅰ/12、Ⅱ-1、Ⅱ-2、Ⅲ、Ⅳ、Ⅴ	^	

资料来源：中国船级社：《极地船舶指南》，2016年，第14页。

---

① American Bureau of Shipping, *IMO Polar Code Advisory*, Houston: ABS, 2016, p. 20.
② Ⅰ/12表示第Ⅰ章第12条，Ⅱ-1表示第Ⅱ-1章，Ⅱ-1/19表示第Ⅱ-1章第19条。

需要指出的是：在一定条件下，也有可能出现不经实际调查的符合性验证。例如一些 C 类船舶可能会偶尔进行单程极地航行，作业水域为无冰或少量海冰的开阔水域。目前在美国阿拉斯加的红狗（Red Dog）锌矿地区、俄罗斯的摩尔曼斯克地区、加拿大的丘吉尔港地区每年都有近百余艘船舶从事海上运输，这些船舶来自近 20 个船旗国。由于《极地规则》并不要求 C 类船舶进行结构性修改或添加额外设备，因此对于 C 类货船而言，为了降低那些偶尔途经极地港口且不会遭遇任何重大海冰风险的船舶的管理成本，可以放弃实际调查，而是选择"书面验证"，以证明该船符合《极地规则》的所有标准要求，但仍需在船上携带一本《极地水域操作手册》。①

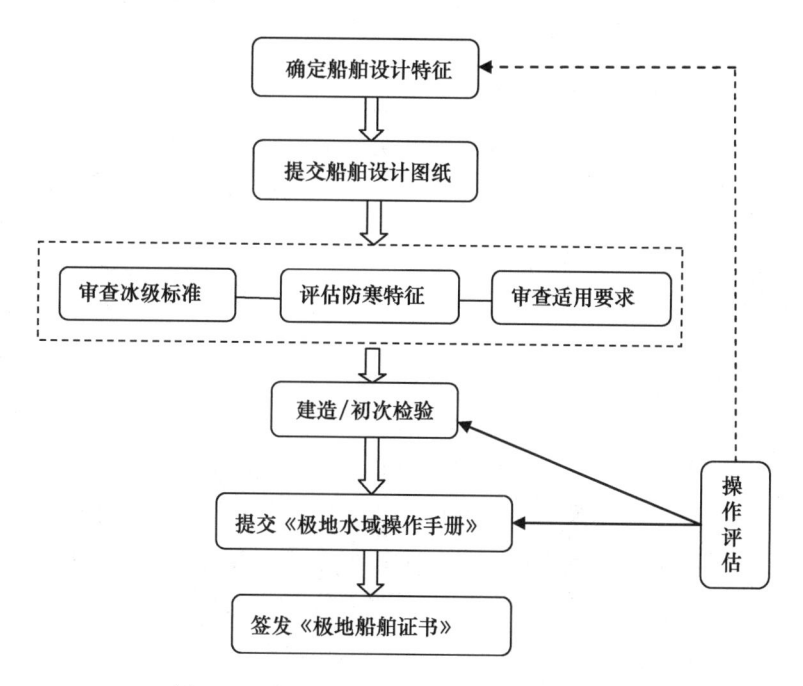

图6—3　新建船舶的《极地船舶证书》流程

资料来源：中国船级社：《极地船舶指南》，2016 年，第 26 页。

---

① 刘昭青：《美国海岸警卫队制定有关极地船舶证书新规则》，《中国海事》2016 年第 12 期。

如图6—3所示，新建船舶获取《极地船舶证书》需要经过严格的审查过程。第一，在确定船舶设计蓝图时，需接受关于船舶冰级和预期操作区域的匹配度审查。第二，提交船舶设计图纸的资料，包括船体结构和设备、动力系统与机械系统、通信设备与安保设备等信息。第三，审查船舶冰级与设计图纸的匹配度评价、防寒设施、其他适用性的技术要求。第四，对建成的船舶的船体结构、设备、防寒措施等进行检验。第五，授予该船舶冰级认证和/或防寒附加标志，提交《极地水域操作手册》。第六，由所在国航运管理部门或委托部门（通常为船级社）签发《入级证书》和《极地船舶证书》。此外，在船舶设计和建造阶段、《极地船舶证书》签发阶段都需要进行操作评估，任何阶段的操作评估不合格，都导致该船舶无法获取《极地船舶证书》。

（二）《极地水域操作手册》

国际海事组织在制定《极地规则》期间，成员国普遍认为行驶于极地水域的船舶需要拥有种类齐全的安全证书，以便在特定情况下给予船东、船长和船员有关极地水域操作安全方面的培训与指导，确保极地船舶的操作控制在其设计能力与限制范围内。《极地规则》第2章要求所有极地船舶都应配备一套《极地水域操作手册》，以支持船长在船舶作业期间的危机决策。

《极地水域操作手册》是对《极地船舶证书》的补充，是针对极地环境安全风险的操作程序集合。《极地水域操作手册》按照安全风险发生的概率制定出有效应对安全风险的操作程序，主要包括五个方面：一是制订航次计划，以避免极地船舶遭受超出船舶设计能力的冰况或低温；二是接收极地环境信息预报；三是取消任何限制气象、水文和航行资料的措施；四是严格遵照《极地规则》的设备操作规范；五是在低温、结冰环境下，实施保障设备和操作系统正常运转的特别措施。

从本质上来看，《极地水域操作手册》类似于国际海事组织《国际安全管理规则》针对所有被《国际海上人命安全公约》认证的船舶的安全管理文件。① 当前，大多数极地船舶营运企业愿意按照《国际安全管理规则》的审核和验证程序来建立一套科学、系统和差序化的极地操作安全

---

① 李伟芳、黄炎：《极地水域航行规制的国际法问题》，《太平洋学报》2017年第1期。

管理体系，但推广时间较晚的《极地水域操作手册》并不容易被船旗国认同和遵循。

《极地水域操作手册》的有效性来自有着丰富极地海域操作经验的公司和操笔者。事实上，每艘极地船舶的《极地水域操作手册》不一定包含相同的内容或遵循相同的模式。例如，为应对突发性漏油事件，油轮在进入极地区域或不同海冰密度区域时，不需要遵循与乘客安全相关的具体程序；又如负责夏季进入北极地区单程航行的 C 类货船可能不需要遵循相对烦琐的程序。在大多数情况下，分享既有极地操作经验以及知识储备更符合极地航运的需要。因此对于新造极地船舶的船东和操笔者而言，要想为本船舶的《极地水域操作手册》制定合适的操作程序，就必须与上述经验丰富的人员建立密切关系。

由《极地水域操作手册》列出，并被《极地船舶证书》参照的"操作限制"（Operational Limitations），是《极地规则》有效性的核心。如前所述，《极地船舶证书》参照了《极地水域操作手册》所罗列的三方面操作限制——破冰能力、低温操作、高纬度通信。

第一，《极地水域操作手册》规定了极地船舶设计方和船东应向船长提供该船破冰能力的相关资料，以确保能够在冰区持续航行。不同用途的极地船舶，被设计为具有首向破冰能力、尾向破冰能力，或不具破冰能力，相关数据来自对冰池试验、冰区试航的结果分析。从结构风险的视角来看，极地船舶的类别和海冰类型只提供了评判极地船舶在海冰情况下破冰能力的基本指标。《极地规则》参照了《极地水域操作手册》中更为详细的程序认证。国际海事组织已经采用"极地操作限制评估风险标引系统"（POLARIS）作为冰区操作能力与有限性的评估方法。[①] 对于常年在极地水域作业的船舶，《极地船舶证书》要求其提供作业领域的冰况资料，要求船长调整航线以避开可能超出船舶抗冰能力的危害冰。

第二，当极地船舶的设计作业温度在最低日均气温 -10℃以下，那么《极地水域操作手册》应保持与《极地船舶证书》一致的极地服务温

---

① Polaris Applied Sciences, "IMO/REMPEITIC/GI-WACAF Related Projects"（http://www.polarisappliedsciences.com/en/about/project-experience/9/#spill）.

度。极地船舶的作业温度限制与该船的极地服务温度——安全系统和材料要达到的技术标准有关。极地地区的温度变化是高度动态的，即使是在几个小时内，气温会迅速变化而难以预测，因此极地船舶的船东和操笔者无意受限于《极地船舶证书》预先限定的作业温度。① 在低于极地服务温度的环境下作业，有可能造成船舶安全性能的逐步退化。《极地水域操作手册》不仅罗列了极地船舶在低温作业环境下有可能失效或受损的装备与操作系统，以及避免低温情况下设备失效的应对措施清单，而且要求极地船舶提供预定作业水域的日均低温气象资料，以避免在低于船舶极地服务温度的环境中作业。

第三，《极地海域操作手册》中罗列了船舶在高纬度地区作业时，其海事数字通信和导航系统面临的功能性限制。大多数海事数字通信系统的设计工作范围并未涵盖极地水域。例如地球同步轨道（Geostationary Earth Orbit）卫星系统在高于南、北纬70°的地区可能会出现信号不稳或信号丢失问题；船用甚高频（Very High Frequency）通信系统通常只用于短程语音通信，在高纬度地区存在功能性限制；岸基船舶自动识别系统（Automatic Identification System）只能进行低数据率的通信，但在极地地区的基站很少，而卫星船舶自动识别系统只能进行数据接收；船载 HF 和 MF 组合电台多用于紧急通信。② 此外，船舶高纬航行的设备功能限制还包括导航设备误差增大和失灵的可能。《极地水域操作手册》要求船舶配备通信和导航设备的功能限定与应对措施清单，包括配备非磁性导航设备、能在北纬75°以上地区使用的铱星电话、高频（121.5—123MHz）航空通信系统、连接备用电源的全球导航卫星系统（Global Navigation Satellite System）等。③

四 《极地规则》中的人员培训标准

操作极地船舶的船员应具备专业技能，以确保船舶操作安全。《极地

---

① 王德岭、郑剑：《〈极地规则〉生效下的船舶设备配备和履约》，《航海技术》2017 年第 4 期。

② 王振江、刘宝安、殷永红：《〈极地规则〉生效背景下北极航线船舶通信研究》，《科技创新与应用》2016 年第 31 期。

③ 张弛、张笛、孟上等：《极地冰区船舶航运的发展动态与展望——POAC 2017 国际会议综述》，《交通信息与安全》2017 年第 5 期。

规则》要求极地船舶的高级船员必须通过强制性基础培训（见表6—6），[1] 培训内容包括7个方面。

表6—6　《极地规则》对不同类型极地船舶高级船员的培训要求[2]

冰况	船舶类型		
	油轮	客轮	其他
无冰	不需培训	不需培训	不需培训
开阔水域	对船长、大副和负责航海值班的高级船员进行基本培训	对船长、大副和负责航海值班的高级船员进行基本培训	不需培训
其他水域	对船长和大副进行高级培训。对负责航海值班的高级船员进行基本培训	对船长和大副进行高级培训。对负责航海值班的高级船员进行基本培训	对船长和大副进行高级培训。对负责航海值班的高级船员进行基本培训

资料来源：American Bureau of Shipping, IMO Polar Code Advisory, Houston：ABS, 2016, p.47。

一是辨识海冰的能力培训。包括熟悉海冰的构造特征与辨别知识；能够掌握各类冰情图和预报图；了解极地不同区域不同季节的冰况变化信息；理解海冰压力与摩擦力对极地船舶的影响，以及甲板结冰对船舶稳定性的影响；能够识别浮冰群和冰山，以及浮冰的漂移规律。

二是掌握极地船舶的基本信息。熟悉极地船舶的类型、结构与抗冰能力；掌握极地航线沿岸国家或地区对船舶低温系统性能、防寒设备和抗冰等级的特殊规定。

三是掌握相关国际法知识。熟悉《国际海上人命安全公约》《国际防止船舶造成污染公约》《国际船舶压载水和沉积物控制与管理公约》、《国际海上搜寻救助公约》等国际法文件；熟悉极地航行沿岸国和地区的管

---

[1] 陈悦：《关于极地水域航行船员的特殊培训要求的国际动态》，《珠江水域》2013年第1期。
[2] 无冰水域是指不存在任何种类的冰的海域。开阔水域是指可供自由航行的大面积水域，其中海冰密度小于1/10，且海冰并非源自陆地。其他水域是指任何冰密度高于1/10或包括流冰和大冰块的流动冰的存在。

理规范。①

四是掌握冰区操作技能。熟悉在不同冰密度海域的船舶航行速度与操控技能；了解破冰船引航/助航的相关知识，以及护航编队之间的通信要求。

五是了解高纬度航行的能力限制。了解极地水域导航与海图资料的局限性；获取必要的预定作业海域的水文数据；了解极地水域搜救通信设施的局限性；掌握处理突发性事故的技能；掌握弃船逃生的操作程序和低温冰区的自救知识；明晰船舶通信导航设备在高纬地区的功能局限性。②

六是掌握航运环保知识。了解极地生态环境敏感区和防污特殊区域的禁航、限航规定；遵守国际防污规定，不将生活污水和垃圾、压舱水排放到极地水域；了解防污设备在冰区的功能局限性。

七是突发性事件的应急操作能力。了解航道沿岸国的应急搜救组织与救助设备情况；掌握与各搜救组织与救助船舶的联系方式；了解搜救联系设备在高纬地区的功能局限性。

《极地规则》结合了加拿大北极冰区航行系统、俄罗斯冰区证书、北方海航道水域航行规则所规定的引航员冰区协助等相关经验，要求极地船舶雇请"冰情顾问"（Ice Advisor）或冰区引航员（Ice Navigator），为极地船舶管理者提供专业的冰情咨询。③《极地规则》要求这些冰区引航员通过培训获得资质证书，极地船舶应配备足够的极地引航员，以实现全天候值班。

五 《极地规则》中的防污染标准

北冰洋属于环境敏感型水域，一旦发生污染物泄漏，则会造成难以

---

① 马建文：《北极航行船员培训相关国际公约规定综述》，《中国远洋航务》2016 年第 9 期。

② 白春江、李颖、赵健、王庆武等：《"极地规则"强制实施下的极区船舶操作人员配备及培训》，《航海技术》2015 年第 5 期。

③ 冰情顾问需有工程学士以上学位，冰区引航员则需要有丰富的冰海航行经验与引航资历。顾维国、黄常海、白响恩等：《极地（冰区）航行船员培训及我国的实施建议》，《航海教育研究》2015 年第 1 期。

恢复的生态灾难。《极地规则》以《国际防止船舶造成污染公约》的防污染附则Ⅰ、Ⅱ、Ⅳ、Ⅴ为基础,设置了针对油类、散装有毒液体、生活污水、垃圾四类污染物的强制性污染预防措施,但《极地规则》的防污染标准设置高于《国际防止船舶造成污染公约》的相关规定。① 此外,关于船舶废气污染问题,国际海事组织也围绕"禁止在北极(南极已经禁止)使用和携带重质燃料油(Heavy Fuel Oil)"的议题展开了讨论。② 重质燃料油又称为渣油,其价格低廉储量丰富,但具有较高的毒性和污染性。在北极地区使用重质燃料油的船舶,其排放的二氧化硫和黑碳会沉积在北极冰盖上,加速冰雪的融化与海水的升温,从而进一步推动全球暖化。然而禁止极地船舶使用重质燃料油,会提高船舶的燃料成本,因而国际海事组织并没将其纳入《极地规则》的防污染治理对象。

1. 防止油类污染。《极地规则》全面禁止任何船舶在极地水域将油或油性混合物排入海洋。在极地水域的作业过程中,应将《国际防止船舶造成污染公约》附则Ⅰ所要求的油类记录簿、船上油污应急计划或船上海洋污染应急计划考虑在内。A 类和 B 类的新造极地油轮需将油管与外部船壳保持 760 毫米的距离。③

2. 防止散装有毒液体污染。《极地规则》完全禁止在极地水域排放有毒液体物质或含此类物质的混合物。在极地水域的作业过程中,应将《国际防止船舶造成污染公约》附则Ⅱ所要求的船舶货物记录簿、船载有毒液体物质海洋污染应急计划或船上海洋污染应急计划考虑在内。④ A 类和 B 类的新造极地船舶被要求将有毒液体物质管道与外部船壳保持 760 毫米的距离。

3. 防止污水污染。极地水域的污水排放限制比《国际防止船舶造成污染公约》附则Ⅳ的规定更为严格。极地船舶排放经过粉碎和消毒的生

---

① 需要说明的是,国际海事组织对《国际防止船舶造成污染公约》附则Ⅲ(防止海运包装形式有害物质污染)和附则Ⅵ(防止船舶造成空气污染)是否适用北极展开过论证,但最终认为这两项防污染规范暂不适用于极地水域。

② 宋振寰、霍恒昌、D. 斯蒂芬:《燃油性质对船用中速柴油机排放的影响》,《大连理工大学学报》2001 年第 3 期。

③ 受机械空间的限制,船长小于 20 米的小型油轮不用遵循此规定。

④ 蔡骥:《关于执行〈国际防止船舶造成污染公约〉几个附则的探讨》,《航海》2015 年第 4 期。

活污水，排放地点必须距离任何冰架或固定冰 3 海里以上，远离海冰密集度大于 1/10 的海域。排放未经粉碎和消毒的生活污水须距离冰架或固定冰 12 海里以上。严格禁止 2017 年 1 月 1 日及以后建立的 A 类和 B 类船舶，以及客船直接将生活污水排入极地海域。[1] 在海冰密集度大于 1/10 的海域作业的 A 类和 B 类船舶，可排放经过由主管机关核准的生活污水处理装置处理后的生活污水，但该装置的操作需遵守《国际防止船舶造成污染公约》附则Ⅳ第 9.1.1 条或第 9.2.1 条的要求，其排放处理后的生活污水也需遵守《国际防止船舶造成污染公约》附则Ⅳ第 11.1.2 条的要求，并尽可能远离陆地、任何冰架或固定冰且海冰密集度大于 1/10 的海域。

4. 防止船舶垃圾污染。在极地水域作业的船舶要实施食物和垃圾排放限制。船舶垃圾排放和生活污水排放一样，都应该远离海冰密集度超过 1/10 的海域。垃圾只有在其被粉碎（能够通过不超过 25 毫米的粗筛），且排放地点必须距离最近陆地、最近冰架或固定冰 12 海里之外才能被排放。食品垃圾不能被其他类型的垃圾污染，且不得排放在浮冰上。不能排放动物尸体。此外，极地水域中的作业应考虑到《国际防止船舶造成污染公约》附则Ⅳ所要求的垃圾管理计划和垃圾记录簿。

此外，《极地规则》还要求极地船舶参考 2017 年 7 月生效的《国际船舶压载水和沉积物控制与管理公约》的 D 部分：压载水管理标准和 D-1：压载水置换标准以及 D-2：压载水性能标准，[2] 并采取措施以减少船底耐磨涂层和防污涂层的降解，以尽量减少入侵水生物种通过生物沉积的方式向极地水域转移。

六　《极地规则》的技术标准推广前景

由于北极冰雪覆盖面积的逐年减少，北极航运带来的自然资源开发

---

[1] 中国船级社：《极地船舶指南》，2016 年，第 83 页。
[2] D-1 压载水置换标准规定，船舶进行置换压载水的水量应为其所载压载水总量的 95%，D-2 压载水性能标准规定，每毫升船舶排放的压载水中，尺寸大于或等于 10—50 微米的活体微生物少于 10 个。黄加亮、李品芳：《IMO 国际船舶压载水和沉积物控制与管理公约介绍》，《航海技术》2006 年第 1 期。信凯：《从海事管理看〈压载水公约〉生效应对》，《中国海事》2017 年第 10 期。

与极地旅游等经济活动,必将推动北极海上交通的迅猛发展。为了避免出现滞后治理的可能,需要构建一个现代且有效的国际监管框架。《极地规则》适时出现,展现了国际海事组织促进极地航运安全,减少船舶对极地环境造成污染的决心。《极地规则》已于2017年1月1日正式生效,推出了一整套强制性技术标准,涵盖了船舶使用寿命的所有阶段,包括设计、建造、操作、维护与船员培训。《极地规则》作为第一部完整的极地综合治理规范,再次展示了国际海事组织在全球航运治理领域的绝对权威,而且拉开了极地造船技术国际博弈的序幕。

对于国际海事组织而言,《极地规则》的技术标准推广,其战略意义主要表现为两个方面。一方面,国际海事组织通过在《极地规则》中嵌套极地船舶结构与设备配置、船舶资质检验、船舶操作、防止污染等技术标准,以及其他既有强制性国际海事管理规范,提升了《极地规则》推广过程的不可逆性。另一方面,《极地规则》的强制性标准,保持与《国际海上人命安全公约》《国际防止船舶造成污染公约》《海员培训、发证和值班标准国际公约》的修正案同步生效。这强化了国际海事组织主导的《国际防止船舶造成污染公约》《国际海上人命安全公约》《国际船舶压载水和沉积物控制与管理公约》等既有强制性国际规范在极地地区的法律覆盖能力,从而建立起足以支撑国际海事组织作为全球性权威规范体系的"硬法群",同时也主动收窄了北极理事会在北极航运和海洋环保领域另立技术标准的操作空间,从而削弱了北极理事会对国际海事组织权威性的挑战能力。

当前国际海事组织推广《极地规则》的最大障碍在于各国需要较长的时间才能达到相关的技术标准。虽然北极国家具有极地航运的丰富经验与较强的履约能力,但对于非北极国家而言,则需按照《极地规则》来对极地船舶的设计、建造、营运、管理进行系统性调整。此外,关于《极地规则》的履约监管规范尚不健全,跨国行业间的合作尚未完成。从长远来看,及时反馈各国对《极地规则》技术标准的内化信息,有助于提升《极地规则》的推广成效。因此,国际海事组织将加强与国际船级社协会和各国航运管理部门的沟通与合作,以进一步推动各成员国对《极地规则》的贯彻执行。未来国际海事组织围绕《极地规则》的推广成效的工作重点包括四个方面:(1)制定极地操作限制评估风险标引系统在不同冰况下的操作限制；（2）为 A 类和 B 类船舶建立对等冰级标准的指导程序；（3）为船舶操作评估提供指导意见；（4）更新设备认证的测试与验收标准。

综上所述，北极暖化带来的北极治理结构的重组，并未改变北极地缘政治博弈的权力属性。未来的北极治理实践，必然以科学技术为中心。《极地规则》将被船舶设计者、船东和运营商以及船旗国政府视为获得极地航行资质认证的必备纲领。按照《极地规则》所罗列的技术标准，任何一个参与北极航运与经济开发的国家，都必须主动提升在极地船舶制造、北极航运管理、北极环境保护等领域的技术积累与知识学习。由此看来，国际海事组织主导的北极科技标准体系，已经成为各国能否有效介入北极事务的决定性砝码。

第三节　北极理事会与北冰洋溢油治理的规范演化

海洋环境保护是迄今为止北极理事会设置的三大约束性治理议题之一。北极环境提出了一系列在世界其他地方不常见的溢油污染应对挑战，这些挑战包括恶劣天气、地理偏远、基础设施匮乏等。因此，有效的防漏措施对于保护北极海洋环境免受石油污染事件至关重要。长期以来，北极国家都希望通过多边协商、跨国合作的方式，来共同应对北极海上石油开采工程所可能造成的溢油污染问题。[①] 由于历史原因，北极国家之间的政治互信度相对较低，跨国海上环保合作的实践经验相对较少，如何在北极溢油事故发生时，明确北极各国的责任分工但又不涉及各国的主权利益，如何通过海上溢油治理来促进北极国家的相互理解与合作共赢，则为北极理事会围绕北极溢油治理议题的建章立制提出了新的使命。相关的治理规范，也必然经历从建议性的操作指南，向约束性政府间协议的演化进程。

---

① 董跃、刘晓靖：《北极石油污染防治法律体系研究》，《中国海洋大学学报》（社会科学版）2010 年第 4 期。

一 《北极海域成品油与石油产品转移指南》

2004 年，北极理事会下属的海洋环境保护工作组制定了《北极海域成品油与石油产品转移指南》（Guidelines for Transfer of Refined Oil and Oil products in Arctic Waters）。该指南适用于北极地区所有的冰层覆盖海域，旨在防止船舶在运送货物及燃油过程中所造成的石油泄漏事故。《北极海域成品油与石油产品转移指南》界定了一整套关于北极海上石油勘探、开采、运输等各个作业环节的技术标准，以推动北极国家监管机构间的协调立法与执法活动，采取共同的管理政策与操作流程。《北极海域成品油与石油产品转移指南》设置的防止北极海事石油泄漏的方法包括：保证船舶或钻井平台已经使用了有效的预防措施；保证在意外情况发生时能够有充足的应急能源；保证在成品油与石油产品运输过程中，管理者与员工能够安全、谨慎地工作。[1]

《北极海域成品油与石油产品转移指南》设置的技术标准，属于推荐使用，虽不具有约束性，但其出台的初衷有三：一是采取非约束的规范，尽可能推动北极理事会成员国对此议题达成共识；二是检验北极海上石油开发实践对该套标准的接纳程度；三是为进一步推广北极油气开发设置标准奠定基础。尽管《北极海域成品油与石油产品转移指南》的技术标准并未被北极国家进行内化处理，但在实际操作层面，所有北极海上油气勘探作业的经营者普遍采纳并执行了该套标准的要求。北极理事会设置的这套相对已经较为严格的北极防止海上溢油技术标准，其最终目标是以此标准为基础，促进北极国家出台相同或更为严格的标准，从而尽可能地保护北极海洋环境。

二 《北极海上石油和天然气指南》

为了进一步加强对北极海上油气开发，推广操作进程的标准化，2009 年 4 月 29 日，北极理事会海洋环境保护工作组出台了《北极海上石

---

[1] Arctic Council, *Guidelines for Transfer of Refined Oil and Oil Products in Arctic Waters*, 2004 （https：//oaarchive. arctic-council. org/bitstream/handle/11374/64/TROOP_English_2. pdf? sequence = 1&isAllowed = y）.

油和天然气指南》(Arctic Offshore Oil and Gas Guidelines),协助各国管理者制定标准,供所有北极海上油气开采作业的管理者参照使用,并贯穿北极海上油气开采活动的始终。《北极海上石油和天然气指南》设置了北极海上油气活动所有阶段的技术标准,但不包括海上油气运输环节。该指南所设置的技术标准虽然也属于非强制性,但相对于《北极海域成品油与石油产品转移指南》,其标准设置出现了两大明显变化:一是将天然气纳入北极海上能源开发的标准设置过程。这与2007年9月北极第一个海上天然气开发项目——挪威斯诺赫维特(Snohvit)液化天然气项目正式投产直接相关。二是将保护北极原住民的文化传承与生存资源作为北极能源开发的前提条件。[1]

《北极海上石油和天然气指南》可以在产业规划石油和天然气活动时提供帮助,也可以帮助公众了解海上石油及天然气活动的北极环境问题和实践措施。《北极海上石油和天然气指南》确定了一系列建议措施,并在《联合国海洋法公约》等现有国际公法的允许范围内,向所有北极海上石油及天然气活动提供战略措施概要,从而推动北极国家协商制定适用于北极地区的能源开发标准。

三 《防止北极泄油的操作建议》

2013年的北极理事会基律纳峰会,紧急预防、准备和反应工作组提交了《防止北极海域石油污染的建议与总结报告》(Summary Report and Recommendations on the Prevention of Marine Oil Pollution in the Arctic),旨在解决北极海上石油和天然气活动、石油运输和陆地活动所造成的海洋石油污染问题。[2] 这份报告本质上是一份分析当前各个国际组织或北极国家预防溢油措施、规范、技术标准、准则的文献综述,确定了一些相关的现行标准、规定、计划和经验,以及潜在的合作和专业知识共享领域,从而为北极国家在这一领域的未来合作奠定基础。

---

[1] Arctic Council, *Arctic Offshore Oil and Gas Guidelines*, 2009 (https://oaarchive.arctic-council.org/bitstream/handle/11374/63/Arctic-Guidelines-2009-13th-Mar2009.pdf?sequence=1&isAllowed=y).

[2] 这份报告只包括北极所独有的情况,对北极之外其他地区处理海上溢油问题的最佳方案只进行了简要论述。

《防止北极海域石油污染的建议与总结报告》提供了减少石油泄漏风险的最佳措施或建议行动方案。"最佳措施"（best practices）是指有效的预防管理措施，旨在完全消除污染物泄露到海洋环境中的事故发生可能性。① 通常而言，最佳措施并非是强制性措施，但操作方之间共享最佳措施有利于构建安全的操作环境。② 主要包括以下几个方面：（1）提供更加准确可信的当地冰川及海洋气象情况的信息；（2）对现实操作中的主要隐患进行确认，并指导风险分析；（3）实施大量措施来减轻风险；（4）维持一个健康、安全、环境管理系统，根据实际操作环境对系统进行定期更新；（5）根据管理系统的更新来同步加强对职员的能力培训；（6）通过对程序的监督、更新以及培训，不断促进系统的发展；（7）创建全方位的安全环境；（8）实施研究数据与成果的共享。③

《防止北极海域石油污染的建议与总结报告》提议北极理事会建立一个包括研究成果与传统经验的数据库，其中涵盖北极理事会所有成员国的科研项目、参考资料、研究报告、科研人员信息等，所以新的研究和发展就可以在已有项目的基础上进行，从而促进项目研发的效率。数据库还包括了各种条件下的最佳实践方案，为各产业及官方组织提供有价值的资源。实际上，规范的发展通常滞后于技术的发展。《防止北极海域石油污染的建议与总结报告》设置了更多的目标导向型规范，以适应防止泄油污染的技术发展。

四 《系统安全管理与安全文化：避免北极离岸油气操作大事故》

北极国家管理和影响着北极地区的石油及天然气产业。在此基础上，2014年3月，北极理事会"北极海洋环境保护工作组"发布了《系统安

---

① Emergency Prevention, Preparedness and Response Working Group, *Recommended Practices for Arctic Oil Spill Prevention*, Gylling: Narayana Press, 2012, p. 12.

② 在工业领域，最佳措施一般是在操作过程中使用的，但却很少以文件形式规范到程序中，这使得研究者很难找到并记录下来。其中，关系到企业文化的最佳措施又难以被发现。北极国家要求构建预防海上石油污染建议措施及最佳措施包括六个方面：指导规范与标准、防污项目设计、项目执行经验、事故报告、风险评估与缓解措施分析、人力资源管理。

③ Emergency Prevention, Preparedness and Response Working Group, *Summary Report and Recommendations on the Prevention of Marine Oil Pollution in the Arctic*, Gylling: Narayana Press, 2013, pp. 10 – 11.

全管理与安全文化：避免北极离岸油气操作大事故》（Systems Safety Management and Safety Culture: Avoiding Major Disasters in Arctic Offshore Oil and Gas Operations），旨在通过设置油气生产操作的管理制度和北极标准，防止北极海上石油及天然气产业因操作失误而导致重大事故。北极海洋环境保护工作组在撰写该报告的过程中，对深水地平线（Deepwater Horizon）事件的相关调查和建议进行了研究，包括调查、听证及利益相关群体研讨会的意见。[1] 最终文本分发给北极理事会成员国、观察员、学术界、非营利性国际组织和行业协会等其他利益相关方参考使用。

需要指出的是，该报告的出台受美国的影响较大。由于美国政府在2015—2017年作为北极理事会轮值主席国，且加强海洋环境保护成为奥巴马政府北极政策的重要举措。为此，美国出于为此施政目标提前作好铺垫的初衷，一方面主导北极海洋环境保护工作组的相关工作，撰写了《系统安全管理与安全文化：避免北极离岸油气操作大事故》；另一方面于2014年3月同步出台了《北极离岸油气治理：美国的领导角色》（Offshore Oil and Gas Governance in the Arctic），提出将主导北极油气开发的标准设置，作为美国增强北极治理话语权的重要途径。[2]

第四节　北极理事会与北冰洋溢油治理的标准设置

2017年5月11日，北极理事会第十届部长级会议在阿拉斯加的费尔班克斯召开，会上出台了《标准化：北极防止石油泄漏的工具》（Standardization as a Tool for Prevention of Oil Spills in the Arctic），[3] 提出了具有一定约束力的预防北极石油泄漏的技术标准。至此，北极理事会围绕北极

---

[1] Protection Arctic Marine Environment Working Group, *Systems Safety Management and Safety Culture: Avoiding Major Disasters in Arctic Offshore Oil and Gas Operations*, 2014（https://oaarchive.arctic-council.org/bitstream/handle/11374/418/Systems%20Safety%20Management%20and%20Safety%20Culture%20report.pdf? sequence=1&isAllowed=y）.

[2] Charles Ebinger and John P. Banks and Alisa Schackmann, *Offshore Oil and Gas Governance in the Arctic: A Leadership Role for the U. S.*, Washington, D. C.: Brookings Institution, 2014, p. 4.

[3] Emergency Prevention Preparedness and Response, *Standardization as a tool for prevention of oil spills in the Arctic*, Tromso: Arctic Council, 2017, p. 3.

海上石油污染治理问题所进行的建章立制活动,终于从建议性规范走向强制性规范,反映出北极理事会已经认识到标准设置对增强自身权威性的支撑作用。然而,北极理事会并非专业性国际组织,其设置的技术标准不仅面临是否具有专业权威性的考验,同时还面临既有北极海上溢油治理标准体系的竞争。因此,北极理事会选择的并非独树一帜、另起炉灶,而是博众所长,在标准设置的各个阶段,融入既有各个标准体系的制定方,从而使得北极理事会出台的这份技术标准,成为集体智慧的结晶。不仅最大限度减少了标准体系间的竞争性,而且提升了北极理事会在北极海上泄油治理方面的话语权。这种"借势融合"的标准设置策略,在减少标准设置成本的同时,无形之中加快了北极理事会迈向标准设置权威主体的步伐。

一 北极理事会选择"借势融合"策略的原因

顾名思义,"借势融合"策略是指新兴国际组织为了提升自身的国际影响力与权威性,在特定治理时机下借助其他国际组织的美誉度或权威性,将这些优势合理地融入自身的标准设置过程,以便提升规范推广成效。"借势融合"策略并非是简单的"拿来主义"或"拼凑主义",而是注重融合与沟通,通过跨国际组织沟通与协调,从而将其他国际组织彼此相关但功能分离的既有规范,整合为一套为特定治理议题服务的规范与标准体系。"借势融合"策略的优势不言而喻,一方面尽可能减少来自既有国际规范体系的标准竞争压力,另一方面有助于降低新建标准体系的推广成本。最为重要的是,能够实现一个新兴国际组织在技术标准设置权方面的"零突破"。

标准设置权是各个国际组织走向权威的奠基石。任何国际组织都希望自身独立构建的标准体系,能够获得最大范围的国际认同与遵守。这也说明了,在某些全球治理领域,即使已经出现了标准供给过剩的现象,也会有国际行为体继续出台相关的技术标准。然而,技术标准的推广与国际规范的推广一样,不仅需要巨大的构建成本,还需强大的推广能力保障。对于北极理事会而言,其区域性国际组织的身份定位,以及政策沟通平台的职能限定,再加上长期以"软法"为主的规范倡导模式,决定了其即使选择独立构建一套北极泄油治理的技术标准,在实际的推广过程中，也会面临来自国际海事组织、国际标准化组织，甚至某些北极大国国内标准体系的压力。因此，北极理事会选择"借势融合"的标准推广策略，就是在北极海上泄油污染治理的技术标准已呈现出相对过剩的现状下，探索出的一条创新思路。

当前，有多个国际组织在国际海洋油气开发的标准化过程中发挥了作用，主要分为三类。一是负责标准设置的非政府国际组织。包括国际标准化组织（International Standardization Organization）、国际船级社协会（International Association of Classification Societies）、国际油气生产商协会（International Association of Oil and Gas Producers）、北极海上监管机构论坛（Arctic Offshore Regulators Forum）、国际钻井承包商协会（International Association of Drilling Contractors）、国际航标协会（International Association of Lighthouse Authorities）、石油公司国际海事论坛（Oil Companies International Marine Forum）。二是负责标准设置与规范推广的政府间国际组织，包括国际海事组织、北极理事会。三是地区性标准化组织。包括欧洲标准化委员会（European Committee for Standardization），欧亚标准化、计量与认证委员会（Euro-Asian Council for Standardization, Metrology and Certification）等。虽然，目前尚没有防止北极地区石油泄漏的专门标准体系，但上述国际组织根据各自的行业优势，颁布了防止石油泄漏的工业安全标准，并且在北极地区得到普遍认可。[①] 因此，在北极地区海上油气操作标准缺位的情况下，尚有一些标准体系可用于防止北极地区泄油事故的实践。

在北极地区泄油治理的标准设置问题上，北极理事会面临的最大竞争对手是国际标准化组织与国际海事组织。虽然国际标准化组织是个非政府组织，但它在国际标准化领域具有重要地位，负责油气、船舶、人工智能等垄断性行业的标准化行动。国际标准化组织公布的《油气工业

---

① 需要说明的，一些北极国家的政府机构与非政府组织，同样被北极理事会作为信息参考来源。这些政府机构和非政府组织包括：美国石油学会（American Petroleum Institute）、美国安全及环境管理局（Bureau of Safety and Environmental Enforcement）、美国海岸警卫队（U. S. Coast Guard）、加拿大能源委员会（Canadian National Energy Board）、丹麦国防部（Defence Command Denmark）、德国联邦外事办公室（Federal Foreign Office of Germany）、荷兰标准化协会（Netherlands Institute for Standardization）、挪威海事局（Norwegian Maritime Authority）、挪威石油天然气协会（Norwegian Oil and Gas Association）、挪威石油安全局（Norwegian Petroleum Safety Authority）、挪威船东协会（Norwegian Ship-owners Association）、标准挪威（Standards Norway）等。

北极海上构筑物标准》（ISO 19906：2000 – Petroleum and Natural Gas Industries—Arctic Offshore Structures），对北极石油装置的设计和建设至关重要。[1] 除此之外，国际标准组织还通过下设的"巴伦支2020项目"（Barents 2020 Project），为制定北极操作标准（Arctic Operations）奠定基础。当前正在制定的六个北极油气开发操作标准为：ISO 35101—工作环境标准、ISO 35102—海上设施的撤离与救援标准、ISO 35103—日常排放与严重原油泄漏的监测标准、ISO 35104—结冰管理标准、ISO TS 35105—北极操作的材料标准、ISO 35106—北极气象、冰川及海底数据标准。[2]

全球政府间国际组织颁布的公约、准则等国际法文件，得到国际社会的普遍遵守，对所有在国际海域航行的船舶都具有法律约束力，就此而言，国际海事组织的权威地位不言而喻。国际海事组织所制定的《极地水域船舶航运国际规范》，是北极海事活动中防止石油泄漏的中心文件，并且在实践中被作为一项具有公信力的强制性国际标准。如前所述，国际海事组织以《国际海上人命安全公约》和《国际防止船舶造成污染公约》的相关标准为基础，将其融入《极地水域船舶操作国际规则》的标准设置过程中，从而实现标准设置与规范推广的有效结合。

由此可见，其他国际组织为防止非极地水域石油泄漏事故所制定的技术标准，得到了国际社会的认可与遵守，为北极理事会在相关治理领域的标准设置，提供了宝贵思路与借鉴经验。在北极治理日益多边化的现实背景下，北极理事会有机会通过与其他国际组织的良性互动，学习、借鉴对方的经验，从而制定并应用相关标准、指导思想和最佳方案，以解决北极石油污染问题。虽然将这些标准应用在北极地区，需要进行一定修改和补充，或是需要制定附加标准，但这为北极理事会带来了机遇。因此，北极理事会选择"借势融合"策略具有较强的现实性与可行性。其制定《标准化：北极防止石油泄漏的工具》的重点目标是：对既有防止海上石油开采活动和海事活动污染的相关国际标准进行合理整合，从

---

[1] ISO 19906：2010 当前正在被修订，将被替换为 ISO/ DIS 19906. International Standardization Organization，ISO 19906：2010 Petroleum and Natural Gas Industries-Arctic Offshore Structures（https：//www.iso.org/standard/33690.html）.

[2] Emergency Prevention Preparedness and Response, *Standardization as a tool for prevention of oil spills in the Arctic*, Tromso：Arctic Council，2017，p.9.

而制定出防止北极石油污染的专门标准。

二 北极理事会防止北极溢油的标准化进程

由于北极理事会重点关注北极海上油气开采和海洋产业的油污防治。因此，相关的标准化过程，也围绕这两个活动领域逐渐展开，但北极理事会对二者的资源投入量是不均衡的。这是因为关于北极石油开采活动的信息相对多于其他海事活动的信息。国际海事组织与国际标准化组织都专门为北极海洋的海事活动制定了标准体系与国际规范，并得到国际社会的普遍认可。因此，北极理事会在海事活动的标准化工作相对简单，而将重点放在了北极油气开发活动的标准设置上。

（一）北极海上油气开发的防溢油标准化

油气开采活动包括勘探、钻井和生产；内部及外部运输管道铺设；海上储存和卸货装置建设等。其中，移动式离岸钻井装置（Mobile Offshore Drilling Units）所进行的石油钻探活动或静止活动都属于石油开采活动。北极理事会作为初次设置此领域技术标准的国际组织，前期经验相对薄弱，因此遵循了国际通用的标准构建"三步走"原则——标准倡议、标准制定、标准确立。

如图6—4所示，北极理事会采取了较为谨慎的标准设置流程，从倡议阶段—立项阶段—反馈阶段，都关注标准设置的专业性与协商一致性，这反映出北极理事会不仅重视成员国的意见，而且关注其他利益攸关方的意见，尤其是企业、行业协会等非政府标准化组织的专业性建议。尽管北极理事会对标准草案进行意见征询与反馈整理的过程相对较长，[①] 但保证了标准具有较高的国际认可度与可操作性。

在标准倡议阶段，由北极理事会成员国、观察员以及从事北极油气开发的企业或相关产业联盟、行业协会等，提出建立一个新的操作标准或对原标准进行修订的需求。例如挪威油气联盟（Norwegian Oil and Gas Association）提出建立挪威海上油气工业技术标准，挪威政府由此委托挪威外交部（Norwegian Ministry of Foreign Affairs）与挪威海岸管理局（Nor-

---

[①] 国际组织的标准化工作都是基于成员国共识的自发行为。制定一项新的国际标准需要三年到五年，考虑到科技的进步，对标准的修订周期通常为每隔五年进行一次。

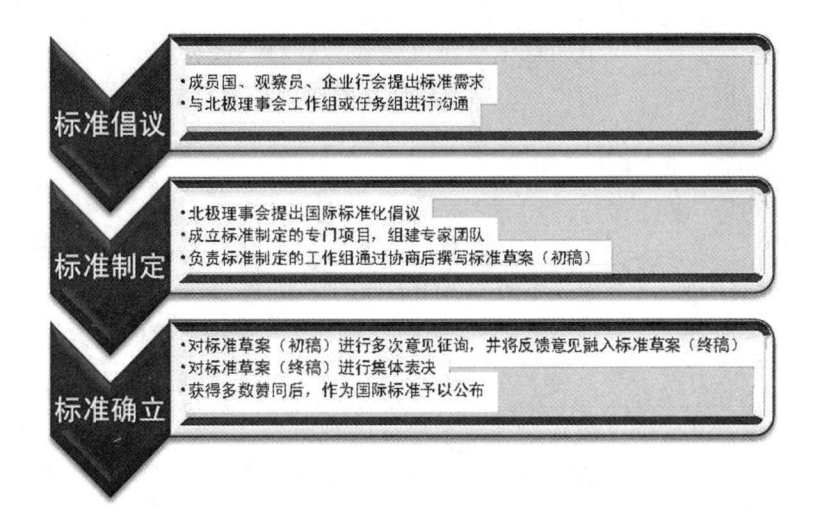

图6—4　北极理事会标准设置"三步走"示意图

资料来源：笔者自绘。

wegian Coastal Administration）将该标准需求告知北极理事会。[①] 当北极理事会收到这些制定新标准的建议后，需进行内部讨论与外部调研，以考察标准制定是否与北极地区现行的相关标准或国际治理形势相冲突。

在标准制定阶段，如果通过专家委员会的可行性论证，则北极理事会就可提出制定该标准的倡议，为标准制定设置专门项目，并配备专家团队。该项目所需的资金，通常由存在高度利益关切的北极国家予以资助，例如美国和挪威作为仅有的两个事实上进行北极海上油气开发作业的北极国家，就共同对《标准化：北极防止石油泄漏的工具》进行了资助。[②] 北极理事会的工作组负责制定标准，而工作组与专家团队的成员大多来自北极理事会成员国，以确保在标准协商过程中能兼顾本国利益。此外，来自观察员、非政府组织、工商业代表也能经获准后参与标准制定过程，但话语权较为有限。当工作组草拟出一份标准后，则会提供给北极理事会成员国、工商业协会等利益攸关方审阅。

在标准确立阶段，北极理事会工作组在听取和整理各利益攸关方的

[①] Emergency Prevention Preparedness and Response, *Standardization as a tool for prevention of oil spills in the Arctic*, Tromso: Arctic Council, 2017, p.16.

[②] Ibid., p.2.

反馈意见后，将有价值的意见与建议融入标准草案（初稿）之中，并经过多次征询意见与反馈信息整理之后，最终明确标准草案（终稿）。在北极理事会部长级会议中，该标准草案（终稿）被提请各个成员国审议并投票表决，在投票完成并获得了多数赞成票之后，该标准草案（终稿）将会得到北极理事会的法理认定，成为各利益攸关方必须遵循的国际标准，同时强制成为北极理事会成员国的国内标准。

通常而言，北极理事会的标准化工作是成员国和利益攸关方自愿参与并且以既有共识为基础。在北极石油天然气工业领域，很多利益攸关方都意识到北极缺乏应对海上泄油事故的规范性方法。因此，北极理事会制定离岸油气开采防污标准的过程，是建立在广泛的风险评估基础之上，而风险评估与相关知识和经验密切相关，如图6—5所示。

图6—5 标准与知识构建与经验整合的互动关系
资料来源：笔者自绘。

（二）北极海洋产业的防溢油标准化

北极地区的海洋产业的相关活动，包含了客船、散货船、油轮、渔船、集装箱船运输等所有航运类型，以及运输移动式离岸钻井装置。在推动北极海洋产业的防溢油标准化进程中，北极理事会选择了国际海事组织的相关标准作为法理基础。[①] 毕竟使用北极航道的船旗国与港口国，

---

① 这种由其他专业性国际组织代为进行标准设置的案例并不少见，例如挪威船级社委托国际标准化组织和国际电工委员会（International Electrotechnical Commission）为"巴伦支2020项目"（Barents 2020 Project）设置极地船舶的结构设计与设备标准，以符合国际海事组织《极地规则》中所设置的标准要求。

都遵循国际海事组织颁布的规范、公约及国际船级社协会所倡导的标准体系。北极理事会主动从国际海事组织所颁布的技术法规中汲取相关的标准分类细节，服从行业评定，制定功能规范。国际海事组织也参与了北极理事会标准设置的相关环节，例如提交制定标准的类别、制定操作导则、参与北极理事会负责标准制定的工作组、出版获批标准、出台建议型标准、实现标准与规范的合并等。[1] 如图 6—6 所示，由于北极理事会成员国皆为国际海事组织成员国，因此在制定北极海洋产业防溢油标准的过程中，仍然遵循国际海事组织的基本方针，倾向于建立只有基本原则性要求的技术规范，而操作细节则大体按照国际海事组织的相关标准来实施。

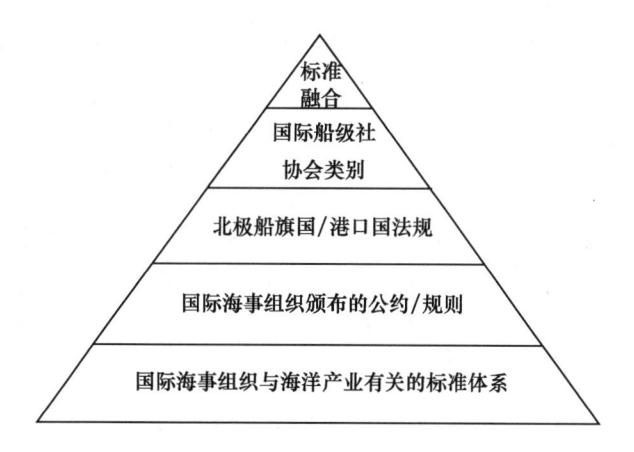

```
                    标准
                    融合
              国际船级社
              协会类别
         北极船旗国/港口国法规
      国际海事组织颁布的公约/规则
   国际海事组织与海洋产业有关的标准体系
```

图 6—6　北极理事会构建北极海洋产业的防溢油标准化示意图
资料来源：笔者自绘。

综上所述，防止北极油气开发与海洋产业中石油泄漏的标准制定，是北极理事会实施"借势融合"标准化策略的重要组成部分。值得肯定的是，《标准化：北极防止石油泄漏的工具》首次提出：应针对北极地区的石油开采和生产活动制定防溢油标准与最佳实践方案。这些建议包括：通过提高极地船舶与海上钻井平台的设计标准，进行运输管控，发展相

---

[1] Emergency Prevention Preparedness and Response, *Standardization as a Tool for Prevention of Oil Spills in the Arctic*, Tromso: Arctic Council, 2017, p.19.

关海洋服务，同时降低运输、储存及重燃油使用过程的风险、建设防溢油装置、完善操作技术来达到防止海上溢油污染的目的。

　　同时也应认识到，目前这些产业中已经制定了大量标准，虽然不能直接应用到北极地区，但也为防止北极地区石油泄漏提供帮助。因此，北极理事会所颁布的《标准化：北极防止石油泄漏的工具》，虽然针对北极海域中可能对海洋环境造成石油污染的任何石油项目和海事活动进行了规范，但从实践层面来看，象征意义高于实际意义。然而，国际组织之间围绕标准设置权展开的博弈，从来就不是科学技术领域的争锋对决，因为科技标准与国际规范的结合，必然导致遵约国的技术依赖与政治依赖。明乎此，不难理解为何北极理事会明知面临来自既有强势标准体系的竞争压力，也要尽可能参与北极治理的标准设置进程，哪怕是为了获得存在感。科技标准才是工业革命4.0时代北极治理的权力源泉，无论是国际海事组织，还是北极理事会，都不敢妄称把握了标准制定的时间节点。从"北极治理"到"北极智理"，需要国际组织提供"标准倡导"与"规范对接"的双重支持，作为北极治理的后来者，中国不仅需要政策构建与战略指导，还需选取制度性参与的合适路径，更应从人类命运共同体的宏大视野出发，为北极治理作出中国贡献。

第 七 章

国际组织与中国在北极治理中的规范性话语权

随着北极治理规范化进程的不断加速,任何在北极地区存有战略诉求的国家,都开始对国家利益与国际责任进行审慎权衡。北极地区国际组织的建章立制行为,深刻影响了北极秩序的演变。中国不仅是北极事务的"利益攸关方",也是北极治理的后来者,要融入以西方国家主导的北极治理格局,道路不可谓不艰险,这就需要借助北极地区国际组织来维护中国的北极利益。中国国际地位的提升与北极治理环境的转变,使得中国对北极地区国际组织的需求不断扩大。因此,深入解析北极地区国际组织对中国参与北极治理的战略价值,具有较强的现实意义。

第一节 国际组织与中国的北极治理规范性话语权

对于中国参与北极治理的思想体系构建而言,最具影响力的贡献不是提供"就事论事"的对策,而是能够在北极治理的理念版图与议题框架中,留下中国的印记。[①] 中国参与北极治理的进程,已经将实践重点从研究北极航运与自然资源开发愿景的经济获益问题,转向获取以北极治理的规范话语权为基础的管理理念问题。这种深刻的转变,促使中国重新思考与北极地区国际组织的互动模式及其战略价值。获取并提升规范

---

① Kuhn Thomas, *The Structure of Scientific Revolutions*, Chicago: University of Chicago Press, 1962, pp. 4–10.

性话语权,是中国参与北极治理的重要目标。北极地区国际组织的战略价值在于能够从话语平台、话语资源、话语对象、话语内容四个方面,有助于中国实现这一目标。

一 国际组织对中国获取北极治理规范性话语权的话语平台供给

太空、深海、互联网、极地被称为全球治理的"新疆域"(New Frontiers)。[①]"新疆域"是国家间进行合作与博弈的新舞台,以新疆域治理为核心的研究体系,推动了探析国家与北极关系问题上的一次重大话语改变。这种新的话语必将经历长期且复杂的发展过程,促使各国重新评估和判断北极治理所蕴藏的权力与利益。中国改变参与北极事务的思路与范式,是近年来中国重视北极治理中的国际规范因素的必然结果。因此,有必要审视北极地区国际组织的规范构建问题,这是中国在北极治理的相关活动中,确定自身话语地位的基础。

北极地区国际组织是中国获取北极治理规范性话语权的重要平台。所谓北极治理"规范性话语权"是指:国际行为体通过话语博弈对北极治理所需的国际规范体系与具体国际规范产生支配性影响。简言之,获取北极治理规范性话语权,就是获取影响和主导北极治理规范构建、革新进程的能力。北极治理规范性话语权的概念,包括两方面的含义:一是有权发表对北极事务的利益关切、观念主张、议题倡议,并且这种权力受到国际法保护;[②] 二是能够影响北极治理涉及的国际规范构建过程以及国际组织的改革过程。在此,以中国在北极治理中的规范性话语权为研究目标,认为中国获取并行使此种权力,能够为北极治理提供有效和稳定的国际规范性公共产品,以应对与其他利益攸关方在北极经贸、环保、产业布局等领域的竞争与合作,最大限度地实现中国的北极权益。

国际海事组织、北极理事会等不仅是北极治理的主要参与者,还是相关国际规范的核心供给者。这些国际组织经常成为负责设置议题、管

---

① 杨剑、郑英琴:《"人类命运共同体"思想与新疆域的国际治理》,《国际问题研究》2017年第4期。

② Robert O. Keohane, "International Institutions: Two Approaches", *International Studies Quarterly*, Vol. 32, No. 4, 1988.

理国家行为、制定国际规则等决策过程的重要行为体。这些议题设置和决策过程是国际规范性话语权的重要特征。因此,中国参与北极治理,需要高度重视国际组织建章立制与国际规范性话语权之间的关系。对于北极地区而言,相关国际组织的建章立制行为,是有效产生并运转治理规范的必要条件。例如,北极航运、环境保护等跨国治理议题领域,依靠全球性或区域性权威国际组织,也可以对北极经济开发、航道使用、搜救与科研资源分配等制定出高水平的国际规范安排。[1] 此外,北极地区国际组织的建章立制活动,也足以保证在当前复杂的北极地缘政治环境下,国际规范能够得到有效且公正的贯彻实施。

二 国际组织对中国获取北极治理规范性话语权的话语资源供给

国际规范性话语权通常表现为国际行为体掌握了一定的话语资源之后,能够影响国际舆论的导向以及国际规范的设置过程。在北极治理的语境下,话语资源是指国际行为体获取规范性话语权的来源和依据。[2] 话语资源往往蕴藏在国际组织之中,从广义上来看,国际组织的权威性越高、覆盖地理范围越广,其话语资源的蕴藏量就越多。一国在国际组织中获得的话语资源多寡,则与该国的综合国力成正比。虽然学界往往将话语权列为国家软实力的范畴,但从其产生的根源来看,规范性话语权离不开经典现实主义与新制度主义一再强调的物质要素,离开这个理论框定,就容易造成对规范性话语权的理解偏差。但需要肯定是,国际组织所供给的话语资源,对政治权力而言,是一种相对于物质性资源的引力。

中国在参与北极治理的过程中,其获得规范性话语权的重要路径,就是积极参与北极地区国际组织的建章立制活动。中国在北极治理规范构建过程中的话语权力,受制于中国在相关国际组织中的地位及其附属资源,包括中国对该国际组织的信息资源占有情况、中国的国际公信力、

---

[1] Berkes, F., "Community-Based Conservation in a Globalized World", *Proceedings of the National Academy of Sciences*, Vol. 104, No. 39, 2007.

[2] 陈伟光、王燕:《全球经济治理制度性话语权:一个基本的理论分析框架》,《社会科学》2016年第10期。

中国参与国际规范构建的经验积累与技巧应用等。事实上，北极地区国际组织蕴藏着大量的话语资源，这是中国获取北极治理规范性话语权力的基本保障与来源。

然而，北极地区国际组织的话语资源，存在明显的稀缺性和非均衡性特征。国际组织同样存在层级化的权力格局。通常而言，一个国家在国际组织中获得话语资源的多寡，取决于它在该国际组织权力结构中的位置高低。相对于国家对话语资源的需求总量而言，国际组织的话语资源供给总是呈现出相对不足的状态。尤其是某些具有全球影响力的大国或大国集团，往往依靠自身超强的资源获取能力，占据着国际组织中的核心地位，能够凭借身份优势逐渐垄断话语资源的分配。国际话语资源是可以量化的有形资源，表现为国际治理的议题倡议权、表决权、否决权，关键管理岗位的人事任命权或推荐权，专家团队的领导权与成员派遣权，关键决策信息的知情权，物质资源的分配权与管理权等，这都是国际行为体在国际组织内部获取规范性话语权、实施战略目标的重要资源。由于中国并非北冰洋沿岸国家，获取话语资源渠道较窄且困难重重，因此，依靠那些能够涉及北极治理规范议题的国际组织，并充分发挥在这些国际组织中的地位优势，是有效获取话语资源的可行路径。

三　国际组织对中国获取北极治理规范性话语权的话语对象供给

北极治理是国际行为体群策群力的过程。中国作为域外国家，在参与北极治理时，需要借助国际组织等多边平台来选择话语对象。话语对象的选择，不仅要考虑目标对象对中国倡议的预期期望，同时还应汇聚话语对象对中国的身份认同与观念支持，最终形成以中国为主导的话语联盟。[①] 通常而言，国家选择话语对象都极为审慎，通常坚持有效性原则，即哪些国家能有助于中国获取话语资源，哪些国家可能因核心利益分歧巨大而不利于缔造稳固的话语联盟。可以说，中国针对单一北极利益攸关方的话语外交实践，都是经过严格利害权衡后的战略性行为。话语对象的取舍权衡，一方面基于两国就北极治理议题的关注点差异与妥

---

① 苏长和：《中国的软实力——以国际制度与中国的关系为例》，《国际观察》2007年第2期。

协空间，研判是否能通过双边缔结伙伴关系等建设性良性身份联系来协调或化解矛盾。另一方面基于北极地缘权力结构的动态变化，如北极大国对特定北极治理议题的强干预能力、北极原住民族群的反全球化运动、某些北极国家民族政策对中国有效参与北极事务的负面影响等。

　　北极地区国际组织的成员国数量众多，彼此之间的利益诉求并非一致，对中国参与北极治理的议题倡议与话语构建，也存在不同的认知视角和予以观念支持的可能。例如，即使是北极理事会这样的区域性国际组织，其八个成员国虽然在合作主导北极事务问题上达成战略一致，但在如何看待域外国家参与北极事务的利益诉求上，存在明显的认知差异。例如俄罗斯、加拿大等北极大国，对中国等域外国家参与北极事务长期存有警惕和戒心，担忧域外国家通过加入北极理事会等方式来参与北极事务，会加速"北极治理的全球化"，从而削弱北极国家，尤其是俄、加两国在北极理事会中的主导作用，同时损坏俄、加两国的主权权益。相反，瑞典、芬兰、冰岛等中小型北极国家，则对中国参与北极事务持欢迎态度，一方面希望借助中国的投资促进本国北极地区的发展，加大双方经贸合作；另一方面也希望通过吸纳域外大国参与北极治理，来平衡俄、加、美在北极理事会和北极治理中的强权行径。因此，2013年北极理事会第八次部长级会议在讨论扩容的问题上，多次出现分歧与波折。冰岛、芬兰等北欧国家支持中国等域外国家加入北极理事会，俄罗斯、加拿大等北极大国则持谨慎态度，最终设定了"三个必须承认"作为北极理事会观察员的晋级标准。[①] 中国在多个场合表示愿意参与北极治理的国际合作，冰岛、芬兰等国表示出较大的兴趣与支持力度，例如冰岛积极邀请中国参加每年的"北极圈论坛大会"，并开设中国专题会议，给予中国政府展示北极政策主张的国际舞台。[②] 2017年4月17日，芬兰在即将成为北极理事会轮值主席国之际，邀请中国领导人访问芬兰，欢迎中

---

① 北极理事会为中国等域外国家设置的"三个必须承认"是指：必须承认北极国家在北极地区的主权权利、必须承认北极国家在北极地区的管辖权、必须承认《联合国海洋法公约》等国际法文件在北极地区的适用性。Arctic Council, *Senior Arctic Officials Report to Ministers*, Nuuk: Arctic Coucil, May 2011, p. 50.

② 中华人民共和国外交部：《外交部副部长张明在"第三届北极圈论坛大会"中国国别专题会议上的主旨发言》（http://www.fmprc.gov.cn/web/wjbxw_673019/t1306852.shtml）。

国参与北极事务,首创北极理事会成员国与观察员之间的合作倡议——建立"中国—北欧北极合作机制"。[①] 由此看来,在北极理事会的框架下,中国对话语对象的选择,采取循序渐进、从小到大的策略,坚持互利共赢、平等相待的原则,以北欧国家为重点话语对象,发挥其作为中国参与北极事务的"中间人"角色,先实现"走进门"的身份突破,再逐渐向"走进去"的权利突破迈进。

四 国际组织对中国获取北极治理规范性话语权的话语内容供给

话语内容的供给是指国际组织能够为国际行为体提供治理议题的选择机会,以及规范构建的文本与流程。在北极地区国际组织中,北极域内外国家都有权进行议题倡导,但最终的决策文本通常由核心成员国提供。以北极理事会为例,无论是北极防止油污造成污染的技术标准,还是北极域外国际行为体的准入规定,又或是北极海空搜救的区域划设,甚至北极理事会工作组的研究项目设立和资金分配、原住民权益保护等,其议题的设置方与规范草案的提供方都是北极国家。当然,随着越来越多的域外国家和非北极国际组织参与事务,尤其是北极圈论坛大会作为北极理事会的竞争对手,对非北极国际行为体持开放立场,这就使得北极理事会在提供话语内容与磋商文本时,不能完全按照北极国家的意愿,而要兼顾其他北极事务利益攸关方的诉求进行适度调整,以维护议题内容的公正性。

话语内容实际上是中国参与北极事务的价值观、利益诉求、目标等的信息集合。中国在北极治理中的规范性话语权,需要一个能够承载中国传播这些话语内容的多边平台,北极地区国际组织能够为中国参与北极治理提供必需的议题选项与规范构建机遇。凡是中国关注的北极治理议题,或是中国倡导的北极治理议题或规范构建的内容,甚至包括自身权益的诉求,都需要北极地区国际组织予以支持。中国将经贸合作作为中国参与北极治理的优先议题,体现出中国在探索话语内容构建方面的政治理性。经贸合作是北极各国的共同需求,也是中国发挥资金优势、

[①] 中华人民共和国外交部:《习近平同芬兰总统尼尼斯托举行会谈》(http://www.fmprc.gov.cn/web/ziliao_674904/zt_674979/dnzt_674981/xzxzt/xjpdfljxgsfw_689445/xgsp_689449/t1451592.shtml)。

市场优势与基础设施建设优势的重要领域。中国与北极国家的经贸合作能够产生明显的"溢出价值",起到加强双方交流与相互了解的作用,有助于中国逐渐扩展参与北极治理的议题范围,从经贸交流促进政治互信,不断提升中国北极治理话语内容的影响力。

话语内容是中国规范性话语权的重要组成部分,具有可变性,需要根据中国参与北极治理的话语传播目标与话语客体的反馈意见进行调整,因此它的调整是动态完善的过程。这里要说明的是,话语内容的调整,是个多次互动的过程,其中一个重要环节就是话语反馈,即话语客体对话语内容的认知,包括积极反馈和消极反馈。积极反馈是指话语客体认同并接受中国的话语内容;消极反馈是指话语客体否认并拒绝中国的话语内容。[①] 由于话语主体无法干涉话语反馈的过程,只能从反馈意见中进行自我调整。因此,中国要根据话语客体对中国话语内容的反馈意见,进行话语内容修改或完善,甚至重新选择话语平台和话语客体,从而产生新的话语内容并进行再次传播和再次反馈,在进行多次"传播—反馈—调整—再传播—再反馈—再调整"之后,能够产生最符合中国北极的利益诉求,且最接近话语对象接受度的话语内容(如图7—1所示)。

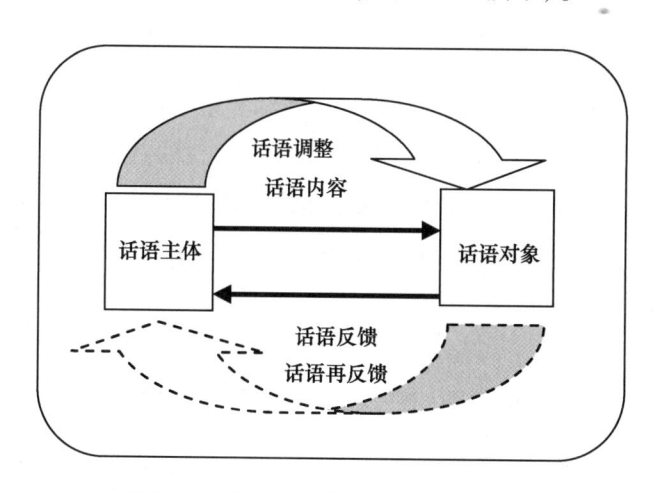

图7—1　话语内容的反馈与调整示意图

资料来源:笔者自绘。

---

① 梁凯音:《论中国拓展国际话语权的新思路》,《国际论坛》2009年第3期。

然而，正是由于话语内容具有较强的偏向性，使得其被误读的可能性较高。当前，北极国家和其他域外利益攸关方或多或少地对中国参与北极的动机与最终目标存有疑虑，中国与北极国家的总体互信程度相对较低，根据"建立信任措施"（Confidence Building Measures）的理论假设，文本误读是导致国家间安全困境和敌意倍增的重要原因，而信任关系的建立，首先应该防止信息误判、增信释疑，通常由信息宣示与机制性沟通作为保障。[①] 在北极地区国际组织之中，中国构建话语内容应注重措辞的严谨性，尽可能减少被误解的可能。同时也可选取环境保护、科考合作等非传统安全议题来宣示中国的主张与原则，采取"双边+多边""务虚+务实"的灵活策略，尽可能结合相关国际组织的议题设置导向，通过公布北极政策白皮书、加强中国与北极国家或其他利益攸关方的沟通机制、遵守国际海事组织的极地航运规则、开展联合北极科考与信息共享等方式，实现中国参与北极治理实践活动的信息开放性与透明性，消除某些北极国家和其他利益攸关方对中国的猜忌。总而言之，北极地区国际组织能够为中国提供一个通过话语内容构建来取信于人的重要平台，实现中国与北极国家建立互信的三步走——避免冲突、建立信任、促进合作。

五 中国规范性话语权在北极地区国际组织中的运作机理

北极地区国际组织能够为中国规范性话语权的获取与运作，提供资源保障、平台保障、受众保障、议题保障等话语要素。中国参与北极治理话语博弈，需要在国际组织框架下合理配置这些话语要素，以提升规范性话语权的实施效果。

[①] 建立信任措施是指通过经济、政治、外交、军事领域的机制化交流与信息沟通，建立起在政府、商界、学界和民众间全方位、多领域的良性互动，以减少冲突隐患、削弱国家间各个层面的猜忌为根本目标的一系列安排与措施。可参见曹云霞、沈丁立《试析欧洲的信任建立措施及其对亚太地区的启示》，《世界经济与政治》2001年第11期。滕建群：《中国建立信任措施的实践与展望》，《国际问题研究》2008年第3期。美国史汀生中心柯瑞蓬（Krepon）将建立信任措施分为4类：沟通性措施（communication measures）、透明性措施（transparency measures）、限制性措施（constraint measures）、检证性措施（verification measures）。Emichael Krepon, Amit Sevak, *Confidence Building Measrues in South Asian*, Washington D. C.：Henry L. Stimson Center, 1995, p. 9.

话语资源是中国规范性话语权的生成要素。① 可以说,国家想要获取国际组织所蕴含的话语资源,还是需要增强本国的综合国力。一方面要苦练内功,增强本国的硬实力;另一方面也要依靠国际组织等多边平台,提升本国的国际影响力与号召力;因此,获取话语要素需要进行长期的资源投入。

话语平台是中国规范性话语权的施展要素。中国参与北极治理,可依托国际组织,就共同关心的议题阐述中国主张与中国方案。在区域性国际组织中处于磋商困境的议题,中国可以在全球性国际组织中提出相关议题的磋商,如果能产出有效成果,则会产生示范作用和指引作用,从而促进国际规范体系之间的规范融合,提升中国话语权的实施成效。②

话语对象是中国规范性话语权的目标要素。让国际社会认同中国参与北极治理的话语内容,需要谨慎选择话语对象的数量与现实影响力。③规范性话语权的施用目标是通过主导国际规范的构建来引导多个国际行为体的集体行动,因此,从节约成本与提高效果的视角来看,北极地区国际组织兼具话语对象供给与规范构建机遇供给的双重角色。对规范性话语权的主体而言,话语对象的意见反馈与立场变化,是判断自身规范性话语权有效性的重要依据。

话语内容是中国规范性话语权的载体要素。话语内容具有建构性,如前所述,只有符合特定国际组织运转规则和大部分成员国认同需求的话语内容,才有可能得以推广,从而促使规范性话语权的效用;④ 反之则仍然是语言层面的叠加,无法上升到国际政治的层面。

综上而言,中国在北极治理的话语博弈中,需要高度重视上述四大话语要素的综合运用(如图7—2所示)。中国可以通过对自身话语角色的准确定位、对话语对象的谨慎选择、对话语内容的精心设计、对话语

---

① M. J. Shapiro, *Language and Political Understanding*: *The Politics of Discursive Practices*, New Haven: Yale University Press, 1981, p. 218.

② John Bayliss and Steve Smith eds., *The Globalization of World Politics*: *an Introduction to International Relations*, New York: Oxford University Press, 2005, p. 54.

③ Lene Hansen, *Security as Discourse*: *Discourse Analysis and the Bosnian War*, London and New York: Routledge, 2006, p. 18.

④ Jennifer Milliken, "The Study of Discourse in International Relations: A Critique of Research and Methods", *European Journal of International Relations*, Vol. 5, No. 2, 1999.

平台的高效参与，甚至包括对话语时机的有效把握，以及对话语方式的妥善调整等途径，来提升在北极治理中的规范性话语权实施效果。对于中国而言，在已经获得了一定的话语资源的情形下，提高话语博弈技巧、充分利用话语平台所提供的机遇、发挥中国作为话语主体的角色优势，克服传统上双边外交重于多边外交的行为惯性，对于提升中国在北极地区国际组织中的规范性话语权实施效果至关重要。

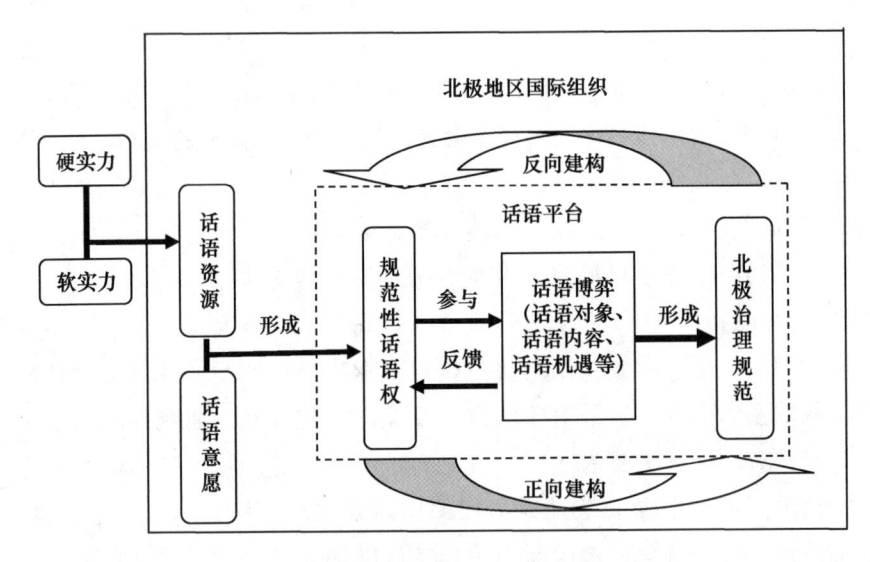

图 7—2 北极治理规范性话语权的逻辑结构

资料来源：笔者自绘。

第二节 中国在国际海事组织的规范性话语权解析

《联合国海洋法公约》是北极治理的基础性国际法文件，得到域内外国际行为体的一致认同。2017 年 12 月 1 日，中国以最高票第 15 次连任国际海事组织 A 类理事国，表明中国作为全球海运大国的地位得到国际社会的一致认可。随着《极地规则》的正式实施，国际海事组织在北极治理中的地位将进一步提高。坚持在联合国框架下开展北极治理，是中国参与北极事务的基本方针。因此，联合国及其附属机构不仅能带给中国充足的话语资源，同时也是中国施展规范性话语权的重要平台。随着北极航运安全与环境保护成为国际海事组织建章立制的重要议题，中国在国际海事组织中的规范性话语权也需要加强政治关注与议题规划。中国在国际海事组织中的规范性话语权，可从以下三个维度进行判断：一是身份维度，即中国是否拥有决策职位及活跃程度；二是参会维度，即中国参与国际海事组织及下属分委会的会议情况；三是提案维度，即中国的提案数目与被采纳数目。

一 中国在国际海事组织的决策身份

与国际海事组织规范构建相关的权力单位包括三个层面：一是决策机构层面，是否担任理事会主席，是否为 A 类理事国；二是行政机构层面，是否在秘书处高级管理委员会担任职务；三是基层委员会层面，是否在核心技术委员会担任领导职位。

第一，国际海事组织的决策机构为大会，每两年召开一次，由所有成员国组成，负责制订工作计划、财务预算与支出、选举理事会，其主要管理岗位是大会主席和副主席。理事会是国际海事组织的重要决策机构和建章立制的核心机构，每年召开两次，负责审议国际海事组织的战略规划、重要国际规范的修订、人事安排、财政预算等重要议题。由 40 名成员国组成，分为 A 类、B 类、C 类理事国。理事会的核心管理职位是理事会主席与副主席。近年来，随着中国连续 15 次当选 A 类理事国，中国代表也开始问鼎理事会的最高管理岗位。例如在 2016 年 7 月 4 日和 2017 年 12 月 9 日召开的国际海事组织理事会第 116 届和第 119 届理事会会议上，中国交通运输部国际合作司副司长张晓杰先后当选理事会副主席、主席，这是中国人首次担任理事会的最高管理者岗位，[1] 有助于中国深入参与国际海事组织的建章立制工作。

第二，国际海事组织秘书处是常务行政机构，由秘书长、副秘书长和 300 名左右的国际公务员组成，秘书长是国际海事组织的行政首脑，从 2011 年至今，已有两任秘书长来自亚洲国家，现任秘书长是来自韩国的

---

[1] 中华人民共和国交通运输部国际合作司：《中国代表首次当选 IMO 理事会主席》（http://zizhan.mot.gov.cn/sj/guojihzs/duobianhz_gjs/201712/t20171226_2960066.html）。

林基泽（Kitack Lim），其前任是来自日本的关水康司（Koji Sekimizu）。[①] 秘书处下设六个司，即：海上安全司（Maritime Safety Division）、海洋环境司（Marine Environment Division）、法律与对外关系司（Legal Affairs and External Relations Division）、行政司（Administrative Division）、会议司（Conference Division）、技术合作司（Technical Cooperation Division）。秘书处通过上述各司来履行以下职责：保存国际海事组织制定的各类国际法文件和会议纪要，召开会议，起草文件，实施国际海事组织强制性国际规范的履约培训与技术支持。秘书处与国际海事组织大会、理事会、专业委员会共同构成一个管理团队，如表7—1所示。

表7—1　国际海事组织秘书处与其他机构的对应关系

秘书处及下属各司	对接单位
秘书长	国际海事组织大会、理事会
海上安全司	海上安全委员会
海洋环境司	海洋环境保护委员会
技术合作司	技术合作委员会
法律与对外关系司	法律委员会

资料来源：笔者根据国际海事组织机构设置信息绘制而成，http://www.imo.org/en/Pages/Default.aspx。

秘书处的权力核心是高级管理委员会（Senior Management Committee），通常由秘书长、副秘书长、各司司长、内部监督与道德规范管理办公室主任等组成，人数为11人，[②] 有时会根据总体行政需要，增加特别顾问或特别代表。[③] 其中，海上安全司和海洋环境司是秘书处负责国际海

[①] 国际海事组织的历任秘书长多来自西方国家，历任秘书长为：Ove Nielsen（丹麦）、William Graham（英国）、Jean Roullier（法国）、Colin Goad（英国）、Chandrika Prasad Srivastava（印度）、William O'Neil（加拿大）、Efthimios E. Mitropoulos（希腊）、Koji Sekimizu（日本）、Kitack Lim（韩国）。由此可见，中国人未当选过国际海事组织秘书长。

[②] International Maritime Organization, *Secretary-General*（http://www.imo.org/en/MediaCentre/SecretaryGeneral/Pages/Default.aspx）.

[③] 例如关水康司组建的高级管理委员会为13人，增加了"环境保护标准特别顾问"和"海上安保和打击海盗项目秘书长特别代表"。

事安全规范相关事务的部门,地位十分重要。① 各司司长可以平级轮岗,也有机会升级为副秘书长,从而在秘书处不断增强自身及母国的影响力。例如在2016年由林基泽领导的秘书处中,副秘书长兼海洋环境司司长的斯蒂芬·米可洛夫(Stefan Micallef),就曾任海洋环境司和行政管理司司长。目前国际海事组织秘书处高级管理委员会还没有中国人任职。

第三,海上安全委员会是国际海事组织最核心的技术委员会。负责制定船舶管理的国际规范,并有权设置操作船舶与离岸基础设施的技术标准。海上安全委员会主席是该机构的领导者,人选通常来自现任海上安全委员会主席、下属技术分委会主席和技术权威。例如澳大利亚海事局局长布莱德·格鲁福斯(Brad Groves)连续当选海上安全委员会第96、97、98届主席,② 他从2001年就参加海上安全委员会的各类会议,并担任船员培训与值班标准分委会主席。目前尚未有中国人担任海上安全委员会主席一职,但多次担任分委会会议主席。例如中国海事局谢辉在2012—2016年,连续当选国际海事组织集装箱及货物运输分委会会议主席。③

由上述分析可知,中国已经跻身于国际海事组织理事会决策层,但在国际海事组织大会和秘书处层面的决策影响力较为有限。可以预见,随着中国国际影响力的不断提升,中国人在不久的将来,有可能在秘书处高级管理委员会出现明显的职位突破。

二 中国在国际海事组织的参会实践

在北极环境治理研究领域的论点设置中,国家是政府间国际组织建章立制的主导性力量。然而,如何确定国家参与国际组织建章立制过程中的影响力格局?该格局是否会因时间的推移而发生变化?厘清这些问题,方能辨识中国是否有效且可持续地参与国际组织的规范构建过程。

在此选取的观察指标是"中国在国际海事组织的参会情况"。这里的

---

① 浦宝康:《国际海事组织的秘书处》,《交通环保》2000年第1期。
② 张仁平:《国际海事组织海上安全委员会第98届会议(MSC 98)简报》,《世界海运》2017年第12期。
③ 赵晨:《2016年中国海事十大亮点》,《中国海运》2016年第12期。

会议是指由国际海事组织及其委员会举办且与北极治理规范构建相关的正式会议。在北极海运治理的议题框架下，这些会议包括：国际海事组织大会和理事会会议，以及历次海上安全委员会会议、海洋环境委员会会议等。由于中国海事局负责参加国际海事组织会议的事宜，因此，在此选取了近五年来（2013—2017 年）中国的参会信息作为分析样本，了解中国最关注的会议类型与规模是什么，以及近年来中国在国际海事组织的参会次数是否发生改变。

表 7—2 　　　中国出席国际海事组织会议一览表（2013—2017）[①]

年度	大会	委员会					分委会						
		MSC	MEPC	LEG	TC	FAL	NCSR	III	SDC	SSE	PPR	CCC	HTW
2017	1	1	1	1	1	1	1		1				1
2016		1	1	1	1	1	1	1	1	1		1	
2015	1	1	1	1	1	1	1		1		1		
2014		2	2	1	1	1						1	
2013	1	1	1	1	1	1							

注：2013 年国际海事组织进行分委会改革，最终形成七个分委会，分委会召开第一次会议的时间皆为 2014 年。本表统计的是 IMO 机构改革后这七个分委会的中国参会情况。

资料来源：笔者综合中华人民共和国海事局、中国船级社和 IMO 的相关参会名单统计所得。

根据表 7—2 所示并结合历年中国参会信息，可以总结出近五年来，中国在国际海事组织的参会实践存在以下三个特点。

第一，中国高度重视国际海事组织大会，全勤参会。一是中国代表团规格高、规模大。代表团团长为部级官员，代表团成员来自相关部委、

[①] 当前国际海事组织有五个委员会：海上安全委员会（MSC）、海洋环境保护委员会（MEPC）、法律委员会（LEG）、技术合作委员会（TC）、便利运输委员会（FAL）。七个技术分委会：航行、通信与搜救分委会（NCSR）、综合履约分委会（III）、船舶设计与建造分委会（SDC）、船舶系统与设备分委会（SSE）、污染预防与应对分委会（PPR）、货物运输与集装箱分委会（CCC）、人为因素、培训和值班分委会（HTW）。2013 年国际海事组织进行分委会改革前，中国还于 2007 年、2011 年、2012 年参与了无线电通信与搜救分委会（COMSAR）的会议，于 2007 年参与了消防分委会（FP）的会议，于 2008 年参与了船舶设计与设备分委会（DE）的会议。

中国船级社、国家级行业协会、高校等官产学研各界的精英，人数规模在 10 人以上。二是派遣部级高官在大会上发表主旨演讲，有效提升了中国在国际海事治理领域的话语实力。例如 2015 年 11 月 23 日和 2017 年 11 月 27 日，交通运输部副部长何建中出席国际海事组织第 29 届、第 30 届大会，明确提出在践行"极地规则"、海运温室气体减排等国际规范的基础上，中国愿为全球海事治理贡献智慧与力量。① 2013 年 11 月 25 日，交通运输部副部长翁孟勇参加国际海事组织第 28 届大会，提出中国愿为维护国际航运安全、打击海盗和武装抢劫等提供中国智慧和力量。② 事实上，进入 21 世纪以来，中国派遣部级高官参加国际海事组织大会并发表公开演讲就成为中国积极参与全球海事治理的有效途径。例如在 2008—2013 年，时任交通运输部部长李盛霖于 2011 年 11 月 22 日出席国际海事组织第 27 届大会并发表演讲，支持国际海事组织维护核心国际航道安全的倡议，宣布向发展中国家的海事能力建设提供技术与资金援助。③ 2007 年 11 月 19 日、2009 年 11 月 26 日，时任交通运输部副部长徐祖远出席国际海事组织第 25 届、第 26 届大会，提出中国支持在联合国框架下，就打击海盗、船源温室气体减排等问题上加强国际合作。④

第二，中国重视五个委员会的会议，基本实现全勤参会。一是中国重视参与海上安全委员会和海洋环境保护委员会的相关会议，五年来参加 MSC 会议和 MEPC 会议各 6 次。⑤ 二是参会代表团团长职级多为局级官员，代表团人数变化较大，具有较为明显的选择偏好。例如 2017 年，中

---

① 中华人民共和国交通运输部：《何建中出席国际海事组织第 30 届大会为全球海事治理贡献中国智慧中国力量》（http：//www. mot. gov. cn/jiaotongyaowen/201711/t20171128_2941996. html），《我国连续 14 次当选国际海事组织 A 类理事国何建中出席大会并作发言》，（http：//www. mot. gov. cn/jiaotongyaowen/201511/t20151130_1940353. html）。

② 中华人民共和国中央人民政府：《国际海事组织向中国船员颁发海上特别勇敢奖》（http：//www. gov. cn/gzdt/2013 - 11/27/content_2535854. htm）。

③ 中华人民共和国交通运输部：《李盛霖提出"共克时艰共谋发展、实现安全绿色高效航运"》（http：//www. mot. gov. cn/tupianxinwen/201510/t20151015_1903805. html）。

④ 中华人民共和国中央人民政府：《国际海事组织第 26 届大会在伦敦开幕——徐祖远出席》（http：//www. gov. cn/jrzg/2009 - 11/24/content_1471816. htm），《国际海事组织第 25 届大会在伦敦开幕查培新主持》（http：//www. gov. cn/jrzg/2007 - 11/20/content_809927. htm）。

⑤ 海上安全委员会和海洋环境保护委员会每年至少召开会议一次，也可以根据需要增开会议。因此，每年参会一次即可视为全勤。

国参加便利运输委员会第 41 次会议的人员仅为两人,即中国驻英国大使馆海事参赞(Maritime Counsellor)杨赞和中国海事局副局长李宏印,[①] 而 2016 年中国参加海洋环境保护委员会第 69 次会议的代表团则为 22 人,其中正式代表 4 人,顾问 18 人。[②]

第三,对七个分委会的参会状况呈现断续性和非均衡性特征。一是对各技术分委会的重视程度存在差异,参会次数不一。例如参会次数最多的分委会是航行、通信与搜救分委会,人为因素、培训和值班分委会,船舶设计与构造分委会,实现满勤共四次参会。参会次数最少的分委会是污染预防与应对分委会、货物运输与集装箱分委会、综合履约分委会,仅为两次。二是参会代表团人数较少,职级为处级,影响力较为有限。例如在污染预防与应对分委会第 2 次会议的核心议题之一就是如何界定北极航运的黑碳排放所造成的环境影响,这直接关乎中国船舶参加北极航运是否面临"黑碳减排"的环境壁垒,但中方不仅没能主持相关会议,更无法提出有效的议案。[③]

由上述分析可知,中国已经认识到参会是获取国际组织话语资源的有效途径。中国积极参加国际海事组织的各级会议,有效提升了中国在全球海事管理领域的软实力,但也存在以下问题:一是高度重视大会和委员会的会议,对技术分委会的会议重视度不够。技术分委会虽然不是决策机构,但直接与议题设置和规范构建相关,也是各国开展科技标准博弈的核心领域。通过对国际海事组织各分委会历年来的提案国和会议主席的国籍进行梳理,可以明显看出英国、丹麦、挪威、法国等西方海运大国长期把持着分委会的议题设置权、会议组织权和提案权。时至今日,欧美科技标准仍然是国际海事组织的主导标准,即使涉及北极航运议题亦是如此。反观中国在各分委会的参会记录不仅存在缺席情况,还

---

① IMO Facilitation Committee, *List of Participants*, FAL 41/INF. 1, London:IMO, 2017, p. 6.
② 此次代表团团长为杨赞,成员为交通运输部国际合作司副司长张晓杰、中国海事局副局长李世新、外交部条法司处长孙国顺,顾问来自外交部、科技部、国家发改委、交通运输部、中国船级社、大连海事大学、清华大学、中国远洋海运集团有限公司、中国船舶重工集团公司第 702 研究所、上海船舶设计研究院等单位。IMO Marine Environment Protection Committee, *Provisional List of Participants*, London:IMO, 2016, pp. 7 - 8.
③ 《中国海事》编辑部:《IMO 污染预防及响应分委会第 2 次会议概况》,《中国海事》2015 年第 4 期。

有参会人员人数偏少,职级多为中级官员,象征意义大于实际意义,虽然参与相关议题的讨论,但较少提出提案。二是采取"重大轻小、逐层降级"的参会原则,难以全面了解和影响国际海事组织建章立制的进程。由于国际海事组织大会两年召开一次,各委员会会议每年至少召开一次,分委会的会议甚至可以达到每年多次,因此中国按照重要程度派遣相应级别的官员参会,例如部级官员参加国际海事组织大会,局级官员参加委员会会议,处级官员参加技术分委会的会议。这样虽然在形式上节约了人力资源,但也造成了中国出席基层会议的意愿较弱,导致参会效果不佳,难以全面且高效地提出中国倡议与方案。

三 中国在国际海事组织的提案情况

国际海事组织关于修订技术标准与法律事务的建章立制工作,都由五个委员会和七个分委会负责。中国参与国际海事组织建章立制的重要表现形式是提交书面提案和口头辩论,通常后者以前者为依据。每次会议的辩论结果往往成为下一次会议的提案基础,直至提案上升为国际规范。因此,提案是中国表达政策立场与利益诉求的重要方式,是影响国际海事组织涉北极规范设置的重要方式。

国际海事组织的提案分为四类:报告型提案、一般型提案、信息型提案和评论型提案,其中报告型提案影响力最大。[1] 国际海事组织的提案报送,通常按照分委会—委员会—理事会—大会的流程来进行。判断中国在国际海事组织中的提案效果,可以从"量"和"质"这两个方面入手。"量"是指一国对国际海事组织建章立制的参与程度,主要考察中国提交提案的数量以及年均提案量是否位居国际海事组织各成员前列。"质"是指一国对国际海事组织建章立制的参与效果,主要考察有多少项中国提交的提案被国际海事组织采纳后成为国际规范。

第一,中国提案总数较多,位居各成员国前列,但与西方大国相比仍有较大差距。一是近年来中国积极提交提案,国际影响力不断提升。从2006年到2016年,中国共提交书面提案387项,位居第六,年均提交

---

[1] 姜波:《高质量提案对国际海事组织立法的影响力》,《水运管理》2014年第6期。

提案数约为 35 项，是国际海事组织提交提案最多的成员国之一，但与美国 1080 项、日本 904 项、英国 699 项等海运强国相比还存在较大差异。① 二是中国提案以评论型提案和信息型提案为主，报告型提案为辅，较少针对某一议题提出系统性的解决方案。例如中国在 2016 年向国际海事组织提交的提案中，评论型提案和信息型提案占比 74.32%，报告型提案占比 8.11%。② 三是中国提案的议题设置能力较弱。中国提案多为中微观的实用性和操作型议题，包括海运碳减排和硫减排、外来海洋生物入侵等海洋环保议题，以及船舶远程监控与通信、远洋捕捞等海运安全议题。西方大国的提案则重点关注国际海事治理规范的履约成效与新规范构建，具有前瞻性和宏观性特点。主要议题包括国际海事组织成员国对强制性国际规范的履约审核机制、北极航运管理规范、极地水域船舶构造标准、极地航运的环保标准、打击海上武装抢劫等。四是中国多为独立提出提案，较少与日、韩等海运强国共同提出提案，不仅较难提高中国提案的总数，而且难以打破英、美、挪等传统海事大国在规范构建、标准制定等领域的话语霸权。反之近年来日、韩多次采取共同提案的策略，提案总数和采纳率直追英国和挪威，国际影响力快速上升，最近两任国际海事组织秘书长来自日、韩即为明例。中、日、韩都是世界海运与造船大国，在国际海事治理领域存在共同的利益诉求，若能在提案领域采取合作，则会产生共赢的结果。

第二，中国提案被采纳的数目总体较少，提案质量参差不齐，但在科技标准提案方面有所突破。一是中国提案被采纳时间较晚，但近年来开始逐渐增多。进入 21 世纪，中国提案才开始被国际海事组织采纳。③

---

① 由于国际海事组织各个委员会和分委会 2017 年的提案数目信息并非同步公布，在此选择的完整数据采集时间段为 2006—2016 年。提案总数排名前八的国家依次为：美国 1080 项，日本 904 项，英国 699 项，挪威 631 项，韩国 447 项，中国 387 项，意大利 257 项，希腊 205 项。数据来源：国际海事组织各委员会及分委会 2006—2016 年的国别提案数据。也可参见章汉清《以提案为例探索中国海事增强国际影响力的对策》，《中国水运》2017 年第 11 期。

② 章汉清：《以提案为例探索中国海事增强国际影响力的对策》，《中国水运》2017 年第 11 期。

③ 2002 年 7 月 26 日，中国的"改进储备浮力分布的措施"提案，被国际海事组织"稳定性、载重线和渔船安全分委会"第 45 次会议采纳，最终写入《1966 年国际载重线公约》修正案。《国际海事组织第一次采纳中国提案》，《水运工程》2002 年第 9 期。

从 2010 年至今，随着中国稳居世界第二大经济体，国际海事组织对中国提案的采纳数目也逐渐增多。如表 7—3 所示，2016 年有 6 份中国提案被采纳，具历年之首。二是中国提案涉及国际海事管理规范的较少，影响力有限。除了 2002 年中国提出关于修正船舶高度测算公式的提案被纳入《1966 年国际载重线公约》修正案后，至今尚未有新的提案被纳入其他强制性国际规范的制定或修订过程。三是中国关于海事科技标准的提案开始被国际海事组织采纳，逐渐扭转长期追随西方科技标准的不利状况。例如，2015 年中国关于修改 2008NOX 技术规则的提案被国际海事组织采纳。[①] 2017 年 6 月 7 日，中国海事局提交的《针对 INS（综合导航系统）性能标准新模块草案的建议》提案由海上安全委员会第 98 次会议批准后生效，标志着中国北斗导航系统正式进入全球海运导航标准体系。[②]

表 7—3　　国际海事组织采纳中国提案统计表（2008—2017）

年度	采纳部门	中国提案名称	提案被采纳的会议场次	采纳数目
2017	航行、通信与搜救分委会	《针对 INS（综合导航系统）性能标准新模块草案的建议》	第 4 次会议	4
	航行、通信与搜救分委会	《关于实施船载多无线电导航系统说明》	第 4 次会议	
	船舶设计与构造分委会	《关于明确 SOLAS 公约舵机舱耐火完整性要求的建议》	第 4 次会议	
	综合履约分委会	《关于修正主管机关授权被认可组织协议范本》	第 4 次会议	
2016	海上安全委员会	《有效利用事故经验教训，改进海员培训教育》	第 96 届会议	

---

① 中国船级社:《IMO 污染预防及响应分委会第 2 次会议（PPR2）要点快报》，2015 年 1 月 30 日（http://www.ccs.org.cn/ccswz/font/fontAction! article.do? articleId = ff8080814a708fd6014b386d6514054c）。

② 中华人民共和国海事局:《深圳海事局着力加强国际海事研究成效明显》（http://www.msa.gov.cn/html/haishizhichuang/HSDT/20180109/C2A152AF-4383-44C4-9039-6F844326D237.html）。

续表

年度	采纳部门	中国提案名称	提案被采纳的会议场次	采纳数目
2016	海上安全委员会	《关于新增下穿通道 CO_2 输送管路布置要求》	第 96 届会议	6
	海上安全委员会	《船载网络安全准则》	第 96 届会议	
	综合履约分委会	《关于在全球范围内实施船舶能效 PSC 检查导则的建议》	第 3 次会议	
	综合履约分委会	《对"授权被认可组织协议范本"进行修订》	第 3 次会议	
	航行、通信与搜救分委会	《综合导航系统性能标准新模块草案建议》	第 3 次会议	
2015	船舶系统与设备分委会	《关于低压燃油管路双套管保护的反对性提案》	第 2 次会议	2
	污染预防与应对分委会	《对 2008NOX 技术规则的修订》	第 2 次会议	
2014	航行、通信与搜救分委会	《对成山角船舶定线制的修订》	第 1 次会议	2
	航行、通信与搜救分委会	《对成山角船舶报告制的修订》	第 1 次会议	
2013	航行安全分委会	《船载北斗系统接收机设备性能标准》	第 59 次会议	1
2012	无线电通信与搜救分委会	《促进 AIS-PLB 研究》	第 16 次会议	1
2011	航行安全分委会	《AIS 航标新标识符》	第 57 次会议	1
2010	国际海事组织	《非强制性实施船员体能健康标准》	《海员培训、发证和值班标准国际公约》缔约国外交大会	2
	国际海事组织	《关于非强制性要求向其他缔约方提供独立评价报告》	《海员培训、发证和值班标准国际公约》缔约国外交大会	

资料来源：笔者根据中华人民共和国海事局的公开信息进行自主统计所得，http://www.msa.gov.cn/page/search.do?event=Search。

综上所述，从 20 世纪 90 年代至今，中国一直积极参加国际海事组织的各级会议，尤其是近五年（2013—2017 年）的数据表明：中国更为积极主动地参与国际海事组织建章立制实践，尤其是参会次数、提案数目和质量、话语身份都发生了明显的提升，这与中国连续 15 次当选国际海事组织 A 类理事国的地位基本相称。上述可喜趋势反映出中国已经充分认识到发掘国际海事组织话语资源的重要性，有利于中国在国际海事组织中的规范性话语权构建。

坦言之，在国际海事组织框架下，中国在北极治理领域的规范性话语权尚处于弱势状态，但中国始终积极参加北极航运安全与北极海洋环境保护的相关会议。中国全面参与了《极地水域船舶操作国际规则》的构建工作，并围绕极地水域船舶的船员培训问题，提交了两份提案，并最终被相关修正案所采纳。[①] 在与北极航运密切相关的卫星导航问题上，中国经过多年的努力，终于获得国际海事组织对北斗卫星导航系统的认可，使中国自主产权的卫星导航标准，从此拥有了国际公认的合法地位。[②] 北斗卫星导航系统得到国际海事组织中的权威认证，不仅打破了中国北极航运受制于发达国家卫星导航系统的技术壁垒，展示了中国在极地航运治理领域的发展成就，而且标志着在北极海事治理的科技标准设置方面，中国从西方标准的追随者，向中国标准的倡议者转变，为中国在相关领域发挥作用奠定了良好基础，对维护中国的北极权益具有战略性意义。

第三节 中国在北极理事会的规范性话语权解析

北极理事会观察员制度，明确规定域外国家永远不能晋升为拥有决策权的成员国。但这一制度也赋予中国参与该地区性国际组织相关会议的基本权益。在这种权利和身份双重受限的状态下，为了尽可能利用北

---

① 这两份提案被纳入 2018 年 7 月 1 日实施的《1978 年海员培训、发证和值班标准国际公约》A 部分的修正案，对极地航行船舶的高级船员和船长提出培训要求。中国船级社：《近期生效的文件清单》（http://www.ccs.org.cn/ccswz/font/fontAction! moudleIndex.do? moudleId = 2c988e9252f1df050152f24a191d0018）。

② 《北斗系统海事应用获重大进展》，《世界海运》2017 年第 4 期。

极理事会的话语资源，潜移默化地促使北极理事会的建章立制进程向有利于中国利益的方向发展，都需要中国充分利用永久观察员的有限参会权。本节对中国晋升为永久观察员这五年来（2013—2017 年）参与北极理事会各级会议的数据进行大跨度观察，以探析中国对北极治理的实际贡献与提升规范性话语权的内在联系。

一　北极理事会的决策架构与中国的合法权利

虽然北极理事会更像是一个"政策协商"与"规范构建"并行的国际组织，[1] 但它仍然是商讨北极环境保护、经济开发与人类发展等议题的重要政治平台。准确掌握北极理事会建章立制的基本流程，明晰中国作为永久观察员的权力范围，是提升中国在北极理事会规范性话语权的基本要求。

北极理事会的决策架构由不同层次的会议系统构成。北极理事会的会议系统分为三个层次：部长级会议、高级北极官员会议、工作组会议。如图 7—3 所示，部长级会议是高层会议，每两年召开一次，通常由北极八国的外交部部长举办，部长级会议的重要职责是启动北极理事会的终极决策程序，例如审议并批准国际规范、吸纳新的观察员、公布最新发展纲要等。高级北极官员会议是中层会议，每年举行两次会议，通常由北极八国派遣相关部长围绕特定的议题展开交流，[2] 高级北极官员会议负责起草呈送部长级会议审批的具体议案，并指导附属机构的工作。工作组会议是基层会议，每年至少召开一次会议。北极理事会通过常设的六个工作组进行北极知识生产管理，[3] 每个工作组负责执行北极理事会高级

---

[1] Molenaar E. J., "Current and Prospective Roles of the Arctic Council System within the Context of theLaw of the Sea", *International Journal of Marine and Coastal Law*, Vol. 27, No. 4, 2012.

[2] Bloom E. T., "Establishment of the Arctic Council", *American Journal of International Law*, Vol. 93, No. 3, 1999.

[3] 这六个常设工作组是：北极污染物行动计划工作组（Arctic Contaminants Action Program, ACAP）、北极监测与评估计划工作组（Arctic Monitoring and Assessment Program, AMAP）；北极动植物保护工作组（Conservation of Arctic Flora and Fauna, CAFF）、紧急预防、准备与响应工作组（Emergency Prevention, Preparedness and Response, EPPR）；北极海洋环境保护工作组（Protection of the Arctic Marine Environment, PAME）、可持续发展工作组（Sustainable Development Working Group, SDWG）。具体信息参见北极理事会工作组简介（http://www.arctic-council.org/index.php/en/about-us/working-groups）。

北极官员会议确定的科研项目。

北极理事会之所以采取这种三层决策架构，是为了尽可能准确地识别北极地区社会经济发展的核心利益关切。按照这种自下而上的议事原则，北极理事会的规范构建流程如下所示：工作组负责特定议题的调研和草案撰写工作，并将调研结果与国际规范草案提交至高级北极官员会议；高级北极官员会议对这些国际规范草案进行评估，将达成共识的国际规范草案呈送给部长级会议审批。[①]

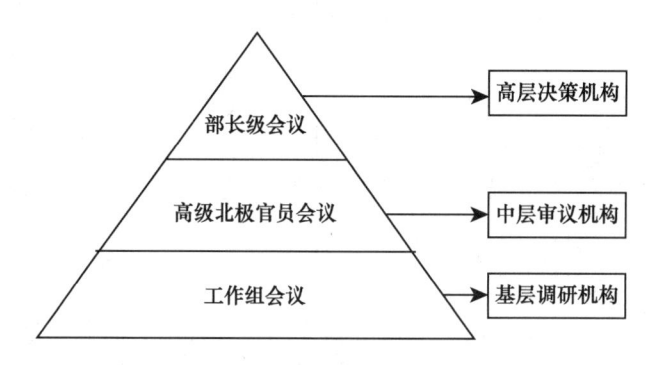

图7—3 北极理事会的决策架构示意图

资料来源：笔者自制。

那么，中国作为北极理事会观察员，拥有何种权利？能在建章立制的哪个阶段发挥作用？按照《北极理事会观察员手册》的规定，观察员的基本权利有：列席会议权、陈述权、项目参与权、分论坛倡议权。[②] 列席会议权是指观察员在获得会议主席的同意后，能够参会并获得会议文件。虽然观察员没有决策的权力，但能够通过列席各级会议，向北极八国随时表达己方的意见和看法，潜移默化地影响北极理事会的规范构建进程，从而部分维护和实现中国的北极权益。

陈述权是指观察员在获准参会后，有权陈述自身的观点。参会权是

[①] Jensen L. C. and Hønneland G., *Handbook of the Politics of the Arctic*, Cheltenham: Edward Elgar, 2015, pp. 298–327.

[②] Arctic Council Secretariat, *Observer Manual for Subsidiary Bodies*, May 15 2013（https://oaarchive.arctic-council.org/bitstream/handle/11374/939/EDOCS-3020-v1B-Observer-manual-with-addendum-finalized_Oct2016.PDF?sequence=8&isAllowed=y）.

陈述权的基础，但参会不一定能够陈述，这都需要会议主席来决定观察员能否陈述，以及采取何种方式陈述己方观点。陈述权分为口头陈述和书面陈述两类。事实上，在高级北极官员会议，观察员就没有陈述权，除非涉及自身核心利益，观察员可向北极理事会提出陈述申请，经批准后方可进行书面陈述。在工作组层面，如果会议主席决定中国代表可以口头发言或提交书面声明，则中国代表的发言顺序排在成员国和永久参与方之后即可。在部长级会议，中国只能进行书面陈述，且参会权也受到一定限制。

项目参与权，是指观察员有权参与执行北极理事会工作组的科研项目，并有权为项目运行提供资金支持。观察员也可与成员国或永久参与方共同提出立项申请，并通过提供项目资金的方式获取话语权。由此可见，项目参与权是中国能够发挥资金优势，获取北极理事会议题设置、话语客体支持等规范性话语权要素的重要权利。

分论坛倡议权是指观察员可根据自身的利益诉求，在北极理事会部长级会议主议题的框架内，有权倡导子议题分论坛。由于北极国家数目有限，难以包揽所有议题的组织工作，因此交由观察员发起分论坛。分论坛倡议权的价值在于：中国可根据自身利益诉求和规范话语权需要，灵活参与或倡导特定议题的分论坛，加强与其他利益攸关方之间的沟通与政策协调，推动北极理事会的议程和话语导向，朝着有利于中国利益的方向发展。

由此可见，工作组的相关会议，是北极理事会建章立制的基础。工作组负责北极国家气候环境、经济活动、原住民健康事务、可持续发展等议题的评估报告和政策议案的调研与撰写工作，不仅是北极理事会必不可少的机构职能，而且与中国的北极权益密切相关。因此，在中国作为观察员的权益难以实现较大提升的现状下，参与北极理事会工作组的相关会议，是中国争取规范性话语权的重要平台，亦是参与北极理事会建章立制的有效途径。

二 北极理事会观察员制度对中国的权力限制

从成立伊始，北极理事会就准许非北极国家、全球政府间组织和非政府组织等成为观察员。① 进入 21 世纪以来，国际社会开始高度关注北极事务，越来越多的非北极国际行为体开始申请北极理事会观察员地位。北极国家为此也一再修订观察员的入会门槛与权利范围。2011 年，北极国家修订了北极理事会的议事规则，并于两年后的基律纳部长级会议上，接纳中国、印度、意大利、日本、韩国和新加坡为永久观察员。

鉴于大量对北极事务感兴趣的域外国家进入北极理事会，北极理事会出现了"门罗主义"化的趋势，即加强北极国家内部合作，共同管理北极理事会的建章立制进程，同时严格限制观察员的权利与影响力。其中的规范性文件就是《附属机构的观察员手册》（简称《观察员手册》）。

《观察员手册》规定：观察员只有在受到邀请后，方能列席北极理事会所有级别的会议，同样也需经过批准，才能在列席的会议中陈述己方观点。② 北极国家限制观察员权利的制度设计，既不会打消观察员的积极性，又不能增大观察员对北极理事会规范构建的影响力，可谓是煞费苦心。这种"排他性开放"的制度设计，主要包括五个方面。

一是开放基层会议系统。这是因为工作组、专案组和专家小组主导着北极理事会规范构建的初级阶段，无论是议题设置还是项目可行性论证，都需要巨额资金支持，并且工作组的研究成果也不一定都能成为规范制定的参考依据。因此，鼓励观察员参与工作组的相关会议与项目，不仅体现了北极理事会的"包容与开放"，为北极域内外国家"提供一个开放交流的平台"，而且让观察员分担议题设置的"验错成本"（Trial and Error Costs）与规范构建的"前期成本"（Upfront Costs）。在工作组会议中，观察员可以积极参加讨论，用更广泛的方法去影响谈判。例如与北极国家或永久参与方合作起草项目议案、通过资金或实物偿付方式来贡献和主持一个与项目相关的研讨会等。

二是通过独揽人事任命权来监管观察员的活动。观察员在工作组的活动，需接受工作组管理/指导委员会的领导，工作组管委会成员全部来

---

① 当前有 13 个国家为北极理事会观察员，它们是：法国、德国、意大利、日本、荷兰、中国、波兰、印度、韩国、新加坡、西班牙、瑞士、英国。Arctic Council, *Observers*（http：//www.arctic-council.org/index.php/en/about-us/arctic-council/observers）.

② Arctic Council Secretariat, *Observer Manual for Subsidiary Bodies*, Kiruna: Arctic Council, 2013.

自北极理事会成员国和永久参与方,工作组成员则来自成员国政府部门的专家级代表和科研人员。由于每个工作组的科研成果,都是一份向北极理事会介绍各自议程和政策议案的战略切入点。控制了工作组的管理层,就有权将最符合北极国家利益的政策议案,作为小组最具代表性的成果,提交高级北极官员会议和部长级会议审议。

三是限制观察员对高级别会议的参与。北极理事会越高级别的会议,观察员的参会权和陈述权越少,北极国家借此能控制相关会议的议程和规范决策的正式程序。北极理事会部长级会议和高级北极官员会议有一套严格的组织规定和紧密的议事日程,所以在大多数场合下,观察员至多能发表书面陈述或者在茶歇等休息时间举行一场非正式谈话。工作组等基层会议的形式相对自由开放,允许观察员参会,甚至发表口头陈述。

四是限制观察员对北极理事会的资助额,避免出现"以钱量权""以钱谋权"的可能。北极理事会所有工作组的研究计划需得到北极八国的共同认可后,由北极理事会秘书处提供经费支持与统筹管理。《观察员手册》明确规定观察员对北极理事会的资助额不得超过成员国,这就使得中、日、韩、德等观察员难以通过经济优势来提升在北极理事会的科研权限。

五是将观察员的权利与贡献率挂钩。北极八国设置了对观察员的考评机制,观察员的鉴定合格标准取决于它们在工作小组层面是否有显著的贡献,并且只有在它们不违反北极理事会成立宣言或者议事规则的基础上,才能继续享有观察员身份和权利。[1] 如果观察员被发现有违背北极理事会集体利益的行为,或是无法促进工作组的项目实施,就有可能被终止观察员身份。

由此看来,永久观察员的身份只是中国获取北极理事会参会权的敲门砖,其本身并无太大价值。为了让中国的倡议能够被其他利益攸关方所周知,尽可能开发北极理事会的国际规范话语权资源,中国就必须在权利受限的不利情境下,积极参加并利用北极理事会的各级会议。

---

[1] Sebastian Knecht, "The Politics of Arctic International Cooperation: Introducing a Dataset on Stakeholder Participation in Arctic Council Meetings, 1998–2015", *Cooperation and Conflict*, Vol. 52, No. 2, 2016.

三 中国在北极理事会的参会实践

参会记录能否作为规范性话语权研究的支持材料？观察员的出席或缺席对于北极理事会的建章立制有何影响？学界对此留下了探索空间。回答这些问题，则需研究中国从 2013 年成为永久观察员至今参加北极理事会的会议实践，来判断中国在北极理事会的规范性话语权现状。

第一，中国在北极理事会框架下，积极参加所有面向观察员的政府间会议。一是参加北极理事会所有的中高层会议。从 2013 年至今，中国参加了 3 届北极理事会部长级会议、9 届高级北极官员会议，[①] 以及北极理事会成立 20 周年大会等。二是积极参加北极理事会成员国与观察员的沟通会议。中国参加了北极理事会成员国、观察员和外国科学团体第五、第六届国际会议，第一届怀特豪斯北极科学部长级会议（1st White House Arctic Science Ministerial Meeting），以及旨在推动北极理事会观察员与成员国之间开展务实对话与磋商的"华沙模式会议"（Warsaw Format Meeting）。[②] 三是任命高官出任中国在北极理事会的特别代表。2017 年，中国外交部任命高风为北极事务特别代表，同时也是中国参与北极理事会高级北极官员会议的首席代表，以进一步扩大中国在北极的影响力。

第二，中国有限参加了北极理事会工作组的相关会议。一是北极理事会有选择性地对中国开放工作组会议，开放会议主题主要包括北极环境保护和北极候鸟保护等跨区域治理议题。如表 7—4 所示，中国参会记录在 4 次以上的是北极海洋环境保护工作组、北极动植物保护工作组。二是对于涉及污染物减排的技术标准设定和北极国家进行内部搜救合作的会议，则极少向中国开放。中国参会记录在 2 次及以下的是：负责北极海空搜救规范设置的紧急预防、准备与响应工作组；负责黑碳减排等污染物管控规范的北极污染物行动计划工作组；负责北极航运导航科技标准设置的北极监测与评估计划工作组；负责北极经济开发规范与原住

[①] 北极理事会高级北极官员会议文件中只列出 2013 年 10 月 21—23 日在加拿大怀特霍斯（Whitehorse）举办的秋季会议参会名单，没有列出该年 3 月举办的春季会议参会名单。

[②] Piotr Paszkowski,"Warsaw Meeting of Arctic Council Observer States"（www.mfa.gov.pl/en/news/aktualnosc_34660）.

民权益保护的可持续发展工作组。

表7—4　　中国参加北极理事会各级会议情况（2013—2017）

年度	部长级会议	高级北极官员会议	工作组会议						任务组会议		
			ACAP	AMAP	CAFF	EPPR	SDWG	PAME	SCTF	TFBCM	TFOPP
2017	1	2			1			1			
2016		2		1	1			1	1		
2015	1	2				1					
2014		2	1		1			1			1
2013	1	1		1		1	1	1	1		

资料来源：笔者综合北极理事会及其工作组会议信息自制而成。

第三，中国参与了北极理事会任务组的相关会议，但影响力有限。北极理事会任务组在特定时间内针对北极国家高度关注的特定议题进行研究，[①] 其成员来自工作组中的权威型专家和北极八国的高官代表，任务组的研究成果往往直接作为北极理事会的决策文件并被强制执行。[②] 因此，能够参加北极理事会任务组的会议，是中国提升规范性话语权的宝

[①] 北极理事会当前有两个任务组正在运行：北极海洋合作任务组（Task Force on Arctic Marine Cooperation），改进北极联通性任务组（Task Force on Improved Connectivity in the Arctic）。已经有11个任务组完成了科研任务，停止运行。包括：北极电信基础设施任务组（Task Force on Telecommunications Infrastructure in the Arctic, TFTIA）、科学合作任务组（Scientific Cooperation Task Force, SCTF）、北极海洋油污防治任务组（Task Force on Arctic Marine Oil Pollution Prevention, TFOPP）、搜救任务组（Task Force on Search and Rescue, TFSR）、黑碳和甲烷任务组（Task Force on Black Carbon and Methane, TFBCM）、短期气候因素任务组（Task Force on Short-Lived Climate Forcers, SLCF）、推动圆桌商业论坛任务组（Task Force to Facilitate the Creation of a Circumpolar Business Forum, TFCBF）、机构事务任务组（Task Force for Institutional Issues, TFII）、北极海洋油污防备与响应任务组（Task Force on Arctic Marine Oil Pollution Preparedness and Response, AMOPPR）、北极海洋合作任务组（Task Force on Arctic Marine Cooperation, TFAMC）、改善北极联通任务组（Task Force on Imprived Connectivity in the Arctic, TFICA）。参见北极理事会任务组简介（http://www.arctic-council.org/index.php/en/about-us/subsidiary-bodies/task-forces）。

[②] 例如北极理事会出台的三份强制性文件：《北极海洋油污防治与应对合作协定》（Agreement on Cooperation on Marine Oil Pollution Preparedness and Response in the Arctic）由北极海洋油污防治任务组起草，《北极海空搜救合作协定》（Agreement on Cooperation on Aeronautical and Maritime Search and Rescue in the Arctic）由搜救任务组起草，《加强北极国际科学合作协定》由科学合作任务组起草。

贵机遇。迄今为止，中国主要参加了与北极海洋环境保护和北极科考治理有关的任务组会议。例如：中国于2016年参加了科学合作任务组的会议，此外，中国于2014年参加北极海洋油污防治任务组会议，2013年参加黑碳和甲烷任务组会议。虽然中国高度重视参与任务组会议的机会，但由于任务组的研究项目直接与北极理事会的规范构建紧密相关，因此，中国受邀参会的概率较低，影响力也较为有限。

第四，中国积极向北极理事会工作组推荐专家，并参与相关项目的研究。中国向北极理事会工作组推荐了近30位专家，其中已有8位专家参与了特别项目：2位参与了PAME主持的"全球海洋酸化观测网络"项目（Global Ocean Acidification Observing Networks），2位参与了北极污染物行动计划工作组的研究报告撰写，3位参与了北极动植物保护工作组主持的"北极候鸟倡议"（Arctic Migratory Birds Initiatives）项目，1位参与了北极监测与评估计划工作组主持的"应对北极变化的适应行动"项目（Adaptation Actions for a Changing Arctic）。[①] 来自中国专家的一些建议和贡献也被相关工作组所采纳。

第五，中国主持了与北极治理相关的一系列会议。例如2016年举办的"新奥尔松科学管理委员会研讨会"（Ny-Ålesund Science Managers Committee Seminar）、"北极地区的亚洲贡献会议"（Asia's contribution in the Arctic Frontier Meeting），以及围绕北极原住民可持续发展问题的系列研讨会，并参与了"北极理事会与原住民故事地图"（A Story Map of Indigenous Peoples and the Arctic Council）项目。

综上所述，从2013年成为北极理事会永久观察员至今，中国始终积极参与北极理事会的各级会议，取得了明显成效。然而，在北极理事会现有组织框架下，中国的身份劣势难以撼动北极国家对规范性话语权的垄断，在北极理事会框架下获取话语平台、话语对象、话语资源的难度较大。因此，目前中国难以对北极理事会的建章立制过程产生实质性影响，只能通过充分利用参会权来提升中国对北极理事会建章立制的知情

[①] Arctic Council, *Observer Report of People's Republic of China*, 25 November 2016（https：//oaarchive.arctic-council.org/bitstream/handle/11374/1860/EDOCS-4018-v1-2016-11-26_China_Observer_activity_report.pdf? sequence=1&isAllowed=y）.

能力。从长远来看，北极理事会仍将是北极地区最大的区域性规范体系，在中国作为永久观察员的身份劣势难以发生根本性改变的前提下，中国仍需借重北极理事会，逐步扩展中国在北极治理进程中的影响力。这主要包括三条参与路径：一是全程跟踪北极理事会各级会议的议程设置，细致观察北极国家对话语资源的投放重点。二是加强对北极理事会工作组会议的参与力度，建立针对北极理事会6个工作组的专家库，[①] 有的放矢地增强对相关项目的参与力度。三是以北极环保与科技合作为切入点，提升中国在北极科研领域的影响力。

随着北极治理成为全球治理的一部分，世界大国都加入了北极理事会，这一趋势促使北极国家开始正视域外国家的利益诉求，难以完全垄断北极理事会的话语权。北极国家如果继续采取"对内开放、对外排斥"的管理思维，必将削弱北极理事会的合法性与权威性，毕竟北极地区还有其他可以替代北极理事会的区域性国际组织，例如冰岛主导的"北极圈论坛"（Arctic Circle Forum）、挪威主导的"北极前沿国际会议"（Arctic Frontiers International Conference）和俄罗斯主导的"北极—对话区域：国际北极论坛"（International Arctic Forum on Arctic: Territory of Dialogue），都是北极理事会的竞争对手，并采取对域外国家更为开放和平等的政策立场。事实上，中国也积极参加上述三个机构的会议，参会规格也高于北极理事会。例如2017年3月，汪洋出席第四届国际北极论坛；[②] 2015年10月，外交部部长王毅率团参加第三届北极圈论坛大会。[③] 从长远来看，北极理事会观察员的权利将会有限扩大，主要集中在参会权和表决权领域。中国以负责任的态度参与北极理事会的各项事务，不仅对北极科研与环保领域作出突出贡献，而且有助于改善北极理事会话语权格局的失衡状态。

[①] 按照中国政府的规划，北极理事会6个工作组所设立的专家库共有45人：针对PAME的13位专家，针对AMAP的18位专家，针对CAFF的3位专家，针对ACAP的5位专家，针对SDWG的4位专家，针对EPPR的2位专家。Arctic Council, *Observer Report of People's Republic of China*, 25 November 2016（https://oaarchive.arctic-council.org/bitstream/handle/11374/1860/EDOCS – 4018 – v1 – 2016 – 11 – 26_China_Observer_activity_report.pdf? sequence = 1&isAllowed = y）.

[②] 中华人民共和国中央人民政府：《汪洋出席第四届国际北极论坛》（http://www.gov.cn/guowuyuan/2017 – 03/30/content_5182239.htm）。

[③] 中华人民共和国外交部：《王毅部长在第三届北极圈论坛大会开幕式上的视频致辞》（http://www.fmprc.gov.cn/web/wjbzhd/t1306854.shtml）。

第八章

中国参与北极地区国际组织建章立制的路径选择

北极是当今大国提升国际话语权所必然关注的区域,建立对己有利的北极治理规范是增强软实力的最佳标记。基于此认知,参与规范塑造成为中国与北极地区国际组织的互动要义。作为在北极地区具有较大利益关切的域外大国,中国塑造北极治理规范的实践路径,将在以国际海事组织为代表的全球性国际组织和以北极理事会为代表的区域性国际组织等两个层面同时展开。在北极治理规范的演化进程中,选择"建设性参与"策略,更符合中国的国情与北极治理的现实需要,同时也有助于在"稳健务实、合作共赢"的理念指引下,构建"中国—北极命运共同体"。[①] 从长远来看,中国在北极地区国际组织中的规范性话语权提升,必将遵循的是一条复合型参与道路。

第一节 中国建设性参与北极治理规范构建的理念意涵

北极治理的全球化趋势,不仅考验着北极国家捍卫主权的决心,而且为新兴国家带来了集体发声的舞台。国际海事组织、北极理事会等声名日隆,展现出一幅国际组织构建北极秩序的图景。坦言之,无论是北极战略地位的抬升速度,还是国际行为体对北极治理的参与热情,都超

[①] 丁煌、朱宝林:《基于"命运共同体"理念的北极治理机制创新》,《探索与争鸣》2016年第3期。

出中国先前的国际形势预判。北极国家开始集体讨论实现"北极域内自理"的行动路线图，日本、韩国、法国、德国等非北极国家也先于中国开展了北极科研、经贸、环保等实践活动，面对这种全球性参与北极事务的竞争态势，对于国家实力与国际声望都跃居世界顶端的中国而言，自然不可缺位。然而在进行北极政策构建的过程中，仍需回答如下问题：中国应全面参与还是有侧重地参与北极事务？中国应采取进取型策略还是稳健型策略？在国际关系史的长河之中，随处可见回应上述问题的智慧浪花。新兴大国在国力强盛时，其利益边疆也会随之拓展，然而德国两次崛起的失败经验告诉我们，国力的强盛与域外战略的实施效果之间，并非是必然的正相关联系。正因为任何国家都存在国力投射的极限，新兴大国参与陌生区域的治理事务，如果不经细致研判就贸然采取全面开花的冒进策略，则极易导致国力损耗和战略失效，甚至面临来自既得利益集团的联合反制。中国人向来珍视经得起时间检验的历史经验，五千年的文化积淀塑造了中华民族的沉稳性格，当北极第一次与中国的国运联系在一起，无论是他国的历史教训还是智者的字字诤言，都一再告诫中国要警惕"盛骄衰馁"的崛起怪圈。就此而言，"建设性参与"策略的提出，恰逢其时又实属必然。

一 "建设性参与"的现实依据

"建设性参与"是指中国以负责任的方式主动参与北极地区国际组织的规范构建过程，提出中国主张，作出中国贡献，提升中国在北极治理中的规范性话语权。提出"建设性参与"策略，不仅基于中国在既有北极秩序中的全新身份定位，还源于对中国的北极利益诉求与北极治理之间矛盾关系的深刻研判。

中国作为域外国家参与北极治理进程，本质上是主动融入集体行动的社会行为。北极治理之所以能够引导国家自愿参与国家间集体协作，是因为这种集体协作的愿景具有共赢性与公益性。就中国参与北极事务的政策基调而言，需重点考虑中国北极战略诉求与北极治理环境之间的契合程度。换言之，即如何处理好中国参与北极治理所面临的四对矛盾关系。

一是中国的"北极利益攸关方"身份与话语权有限之间的矛盾。① 北极事务具有跨区域影响,中国的发展与北极密切相关。如果说中国外交多年来所坚持的韬光养晦政策,是为了获取西方国家对中国崛起的容忍,那么在中国稳居世界第二大经济体的今天,一个不容回避的问题就是:中国能否在西方国家长期把持的北极治理话语权领域"有所作为"? 当前北极地区国际组织的规范构建体系,具有显著的身份差异与不平等的权力结构。中国的国力优势并不能有效弥补远离北极的地理劣势,亦不能转化为参与北极规范构建的政治优势。大国的影响力终究存在地理极限,从北极被纳入中国国际利益新疆域的那一刻起,中国外交就增添了一份新的使命——如何在中国国力几乎从未触及的北极地区,妥善提出中国的权益主张。

二是中国合理的利益诉求与北极国家权益主张之间的矛盾。中国在制定北极参与政策的过程中,需要分析北极国家与域外国家在北极治理问题上的思维差异。虽然北极治理是国家间的集体行动,但仍然存在主导方与追随方的位次之分。北极治理的无政府状态,并不会提升国家间合作的热情,相反,北极国家出于国家安全与主权完整的考虑,更愿意维持北极治理的排他性,中国等域外国家由于在北极没有领土,只能在得到相关北极国家认可的情况下,有限参与北极事务,并且随时面临北极国家以国家安全和主权管辖为由所导致的合作中止风险。尤其是北冰洋海域划界争端,直接关乎作为"人类共同继承财产"的北极海底区域归属问题。② 因此,北极国家的主权权利与域外国家参与权之间存在明显的强弱差异,中国护持北极事务参与权的合法性依据,不外乎《斯瓦尔巴德条约》③《联合国海洋法公约》等国际法文件,而北极国家的主权权益则源于领土管辖。可以说,在北极秩序处于无政府状态的情况下,地理要素仍然保持着相对于国际法的强势地位。

三是中国北极权益的护持与既有北极治理规范体系不健全之间的矛

---

① 孙凯:《中国北极外交:实践、理念与进路》,《太平洋学报》2015 年第 5 期。
② 程保志:《北极治理论纲:中国学者的视角》,《太平洋学报》2012 年第 10 期。
③ Adam Grydehøj, "The Globalization of the Arctic: Negotiating Sovereignty and Building Communities in Svalbard, Norway", *Island Studies Journal*, Vol. 7, No. 1, 2012.

盾。坚持在多边框架下参与北极事务，是中国北极政策的基本方针。北极地区国际组织作为北极治理规范体系的核心，是中国护持本国合理北极权益的重要平台。然而，当前北极地区国际组织的规范供给明显滞后于北极治理实践的需要，并且不同层面的规范体系之间，还存在因议题设置重叠所导致的规范竞争。当前北极地区国际组织的建章立制，始终局限于低级政治的议题领域，无论是北极理事会还是国际海事组织，涉及北极治理的规范构建过程长期被北极大国所把持。中国等广大非北极国家难以将自身合理的权益申索有效融入相关的国际规范，从而处于弱势话语状态。北极国家这种试图集体垄断北极事务的做法，落实到实践层面，就表现为北极国家对北极理事会决策权的垄断，以及域外国家不能升级为成员国的歧视性规定。因此，北极地区尚没有一个能够有效协调域内外国家利益的国际规范体系。

四是中国参与北极经济开发与北极环境保护之间的矛盾。北极经济开发是北极治理的主要内容，亦是中国介入北极事务的最佳切入点之一。随着北冰洋航道实现常态化通航，北极大陆架石油和天然气的开采成本不断下降，以资源开发为代表的经济利益成为中国最现实的北极利益。[①]虽然北极地区的经济潜力巨大，当地人民向往美好生活的愿望十分强烈，但北极生态环境的脆弱性与北极国家严苛的环保规范，要求中国在北极地区的任何经济实践，都必须严格遵守环保标准的要求。事实上，北极地区的环境保护，也是北极地区国际组织竞相进行规范供给的核心议题领域。中国参与北极经济开发并非是一个牧歌式的进程，恰恰相反，这不仅与北极原住民崇尚自然的传统文化相冲突，同时也面临来自国际组织和北极国家相关环保规范的双重约束。"既要金山银山，又要冰海雪原"，北极地区环保与发展之间的矛盾，对中国进行极地作业的科技实力与标准对接提出了更高要求，促使中国在竞逐北极经济利益的同时，必须实现生态优先、绿色开发。

上述四个矛盾之所以难以解决，其根本原因在于：无论是北极国家还是非北极国家，都没有做好共同应对北极变化的协作准备，尚处于彼

---

① Brosnan, I. G., Leschine, and Miles E. L., "Cooperation or Conflict in a Changing Arctic?" *Ocean Development & International Law*, Vol. 42, No. 1, 2011.

此试探、谨慎接触、有限合作的动态调适过程。当前中国参与北极治理的能力提升尚不充分，外界战略环境不容乐观。由此观之，中国要想有效参与北极事务，就应避免面面俱到地构建北极政策，而是遵循稳健且实事求是的立场，在困境中开拓思路，在矛盾中探寻机遇，采取建设性参与的策略，融入北极治理的规范构建过程。

二 "建设性参与"的逻辑脉络

中国与国际组织的互动关系发生了深刻变化，促使中国将北极地区国际组织视为提升自身在北极治理规范话语权的重要平台，相关的时代背景有四：一是后冷战格局与全球化浪潮，提升了国际组织在全球治理中的权威性。二是中国对既有国际组织的功能认知，从"西方大国制度霸权的傀儡"转变为"提升中国制度性话语权的重要平台"。三是中国的国际战略视野从亚太地区转向包括北极在内的"新疆域"。四是中国参与国际事务的力量凭借，从重点依靠硬实力转变为软实力和硬实力并举。上述这四个基本判断，促使中国在既有国际组织中的身份从"旁观者"与"追随者"，向"建设者"和"引领者"转变，搭建了中国与北极地区国际组织进行互动的思路框架。

"建设性参与"的提出，立足于中国近年来海外利益护持的实践经验，以及全球治理离不开中国身影的现实，直面回答了长期困扰中国外交理论界的难题：如何在西方国家主导的国际组织中谋求中国的规范话语权。具体在北极治理的语境下，则表现为如何缓解北极国家的地缘政治思维与中国倡导的"人类命运共同体"之间的紧张关系。中国"建设性参与"北极事务的根本目标是增信释疑、共存共赢，其逻辑脉络可总结为"知晓、理解、赞同、接受"，即让其他北极利益攸关方知晓中国参与北极的意图、理解中国的北极利益诉求、赞同中国倡导的北极治理新理念、接受中国提出的北极治理新方案。[①]

有效交流是打破观念壁垒的有效方式。中国深入参与北极事务引起其他北极利益攸关方的高度关注。由于中国是最晚公布北极政策的域外

---

① 白佳玉：《中国北极权益及其实现的合作机制研究》，《学习与探索》2013年第12期。

大国（如表8—1所示），① 一些国家对中国参与北极治理的战略意图心存疑虑，担心中国"以航行自由之名行战略干涉之实"，它们或将中国看成是威胁本国主权权利与国家安全的域外国家，或是将中国视为本国参与北极事务的竞争对手。北极地区国际组织基本容纳了所有的北极利益攸关方，是中国公开展示本国北极政策的最佳平台，中国"建设性参与"北极地区国际组织的相关事务，就是通过主动且有效的交流，让国际社会知晓中国参与北极事务的和平意图，淡化因信息不足导致的误解。2018年1月，中国政府倡导的"冰上丝绸之路"被正式列入《中国的北极政策》白皮书，② 引起国际社会的高度关注，得到俄罗斯、芬兰等北极国家的积极响应。

表8—1　　　　主要非北极国际行为体的北极政策一览表

国家	北极政策名称	公布年份
英国	《适应变化：英国对北极的政策》	2013
	《应对变化中的北极》	2015
法国	《法国北极科学计划2015—2020年》	2015
德国	《德国北极政策指导方针》	2013
意大利	《意大利北极战略的国家指南》	2015
波兰	《波兰的北极政策：关键地区与优先行动》	2015
欧盟	《欧盟的北极综合政策》	2016
日本	《北极治理与日本的外交战略》	2012
	《日本的北极政策》	2015
韩国	《韩国北极政策的总体规划》	2013
	《2015年北极政策执行计划》	2015
印度	《印度与北极》	2013
中国	《中国的北极政策》	2018

资料来源：笔者综合相关官方文件自制而成。

---

① 王晨光、孙凯：《域外国家参与北极事务及其对中国的启示》，《国际论坛》2015年第1期。
② 中华人民共和国国务院新闻办公室：《中国的北极政策》，2018年1月（http://www.scio.gov.cn/ztk/dtzt/37868/37869/index.html）。

理解来自沟通。"建设性参与"就是以渐进式的多次沟通,来增强中国与其他利益攸关方对彼此利益关切的认知与尊重,在求同存异的基础上,理解中国参与北极事务的合理性与必要性,逐渐构建出让其他国际行为体,尤其是北极国家理解中国作为北极利益攸关方的政治框架:一方面,中国深受北极气候变化的影响;另一方面,作为21世纪的强国,中国需要在国际组织中拥有话语权以表明本国的政策立场、维护合法权益。需要说明的是,为了避免让北极国家担忧中国参与北极治理会危及它们的主权,中国可选择不具备"政治外溢效应"(Political Outflow Effect)的国际组织,特别是北极理事会作为"建设性参与"的目标平台。

能够提出被广泛认同的政治理念是一国软实力的重要表现。中国参与北极地区国际组织的规范构建,本质上就是将中国传统政治思想的精华凝聚成其他北极利益攸关方能够普遍接受的政治理念。在西方现实主义国际关系理论仍然主导北极治理思维模式的今天,即使在国际组织内部,北极利益攸关方之间也难以摆脱地缘政治与实力政治的束缚。因此,国际社会渴望听到来自中华文明的智慧之声。中国在北极地区国际组织中倡导的治理理念,不仅应解释北极范围内的区域社会现象,还应解释全球范围内的国际社会现象,这才能符合国际关系理论的通则性标准。[1]因此,中国选择"建设性参与"北极地区国际组织的建章立制过程,就是要在看似汹涌的西方政治话语浪潮中注入一股清流,于万千阻力中弘扬共建共享、共存共荣的中国正义。尤其是"人类命运共同体理念"已获得北极利益攸关方的广泛赞同,逐渐成为撬动北极治理合作障碍的重要理念力量。

当理念被广泛接受,则会用于规范构建。[2] 北极地区国际组织的建章立制,就是将某一得到共识的理念转化为国际规范。中国"建设性参与"北极治理的历史使命,就是在国际组织层面形成具有中国特色的知识体

---

[1] 秦亚青:《国际关系理论的核心问题与中国学派的生成》,《中国社会科学》2005年第3期。

[2] Barnett, Michael N. and Duvall, Raymond, *Power in Global Governance Cambridge*, Cambridge: Cambridge University Press, 2005, pp. 18 – 23.

系，提出凝聚中国智慧、面向北极治理公共议题的中国方案，其中最具代表性、且得到其他利益攸关方积极响应的是共建"冰上丝绸之路"。①"建设性参与"的最终目标，是确保"中国方案"能够与国际规范相结合，实现中国与其他北极利益攸关方相互学习、共同遵守，为中国提升在北极地区国际组织中的规范性话语权奠定了坚实基础。

综上所述，当今西方主导的北极地区国际组织，在规范构建问题发生了变迁，即合法性原则由"民主与合作原则"向"主权与垄断原则"偏移，中国理应对此做出策略调整。由于中国长期位于北极地区国际组织建章立制的边缘地位，面对来自外界的指责和误解，常常呈现出"被动应对"的状态。"建设性参与"从理念、操作、态度三个层面出发，提出增强中国在北极地区国际组织中规范性话语权的指导性思路：将"人类命运共同体"理念落实到北极治理实践之中，立足于全球性国际组织的新兴涉北极规范构建，采取"增量改进"的渐进方式。② 需要指出的是，"建设性参与"未必能迅速改变中国在北极治理结构中的相对弱势地位，中国获取北极治理的规范性话语权，也绝非将其作为效仿西方"规范霸权主义"（Normative Hegemonism）的利器，③ 而是中国为北极善治提供公共产品的能力准备。

第二节　中国建设性参与北极治理规范构建的政策构架

北极地区海陆兼备，其特殊的地理位置与独特的气候环境，决定了北极对环境保护、物流运输、资源开发、气候变化等方面能够产生不可忽视的重要影响。因此，北极治理绝非北极国家的"专属事务"，而是超越了地理边界，具有跨区域的联动意义。中国是近北极国家，国内生态系统安全、经贸体系安全、气候系统安全等深受北极环境变化的影响，

---

① 中华人民共和国外交部：《习近平会见俄罗斯总理梅德韦杰夫》（http://www.fmprc.gov.cn/web/zyxw/t1506584.shtml）。

② 苏长和：《中国与国际体系：寻求包容性的合作关系》，《外交评论》2011年第1期。

③ Thomas Diez, "Normative Power as Hegemony", *Cooperation and Conflict*, Vol. 48, Issue 2, 2013.

具有参与北极治理的合理需求。中国建设性参与北极治理规范构建，其政策制定需要回答以下四个基本问题：一是地理上远离北极的中国，以何种身份参与北极治理？二是作为北极治理的后来者，中国的目标设置应掌握何种分寸？三是在全球化的时代，中国参与北极事务应坚持哪些基本原则？四是中国作为负责任的大国，应倡导何种政策理念来推动北极治理？上述这四个问题，可理解为如何明确中国参与北极治理的身份定位、目标设置、原则底线、理念秉持。在此以这四个问题为导向，阐述中国北极政策的基本架构。

一 中国建设性参与北极治理规范构建的身份定位

中国需要以合理的身份参与北极治理。长期以来，北极国家始终塑造"北极是北极国家的北极"这一门罗主义式的话语逻辑，这就逐渐形成了"北极国家"与"非北极国家"的二元对立。在地缘政治仍然发挥重要影响的今天，北极国家刻意划设的身份鸿沟，导致中国等域外国家在争取合理的北极利益诉求时，时常面临身份歧视。[1] 坦言之，中国唯有构建既符合中国利益，又不偏离国际道义的身份标识，方能跳出北极国家预设的话语陷阱。由此观之，坚持以"近北极国家""北极事务的重要利益攸关方""负责任的伙伴"来塑造中国的北极身份，有助于促进中国参与北极治理的深度与广度，实现国家利益与全球责任的平衡。

"近北极国家"（Near-Arctic State）的身份源于中国与北极之间的地缘联系。中国是地理上最接近北极圈的北半球国家之一，易受北极自然环境变化的影响。虽然北极国家对北极治理的权益申索都源于部分领土位于北极圈之内的地理优势，例如俄罗斯和加拿大作为北冰洋沿岸的两个大国，坚持以"扇形原则"与丹麦、美国、挪威共同瓜分北冰洋。[2] 中国坚持的"近北极国家"身份，则是源于北极气候变化导致的跨区域生态环境连锁反应。"近北极国家"的身份，凸显出中国与北极地区存在密切的自然地理与气候环境的联系，同时也暗示中国与那些在地理上更加远离北极的国家存有身份差异，毕竟离北极越远，受到北极气候变化的

---

[1] 张胜军、李形：《中国能源安全与中国北极战略定位》，《国际观察》2010年第4期。
[2] 柳思思：《"近北极机制"的提出与中国参与北极》，《社会科学》2012年第10期。

直接影响就越小，以气候安全为由参与北极事务的说服力就越弱。因此，近北极国家的身份界定，表明中国有权参与北极事务，与北极国家共同开展北极治理。但"近北极国家"存在一个软肋，那就是缺乏一条类似于北极圈这样的地理信息作为概念界定的标准，这就有可能导致"非北极国家"身份的滥用，从而削弱中国参与北极事务的合法性与合理性。换句话说，"近北极国家"的法理基础，集中在域外国家对北极气候变化的关切，但中国参与北极事务的决策视野，必然超出环境政治的范畴，这就需要中国提出更充足的支撑理由，以完善政治性参与北极事务的身份。

"北极事务的重要利益攸关方"（Important stakeholder in Arctic affairs），这一身份源于中国与北极跨区域治理议题之间的多维联系。所谓利益攸关方，是指具有利益相关性、有权参与那些可能影响自身利益的议题领域或决策过程的国际行为体。[①] 北极事务具有能够产生跨区域影响的特性，尤其是北极环境、科学研究、自然资源开发、航运管理、地缘冲突等议题，都关系到包括中国在内的域外国家的共同利益。如果说"近北极国家"身份的概念短板是地理界限不清，那么"北极事务的重要利益攸关方"的提出，则将中国与北极的关系，从自然地理层面，上升为国家利益层面，直接明确了中国拥有参与北极事务的合理诉求与重大利益关切。此外，这一概念还超越了北极国家与非北极国家、国家行为体与非国家行为体之间的界限，从而具有更强的适用性，能够整合所有与北极事务有利益联系的国际行为体，达成共同善治北极的全球共识。然而，只讲利益诉求，会引起北极国家对域外国家参与北极事务的目标产生疑虑，造成逐利与担责之间的失衡，这就需要中国进一步思考如何优化参与北极事务的国家形象，以实现权责统一，赢得国际公信力。

"负责任的伙伴"（Responsible Partner），这一概念源自新时代中国外交所坚持的社会主义义利观，是中国参与北极事务身份定位的指导原则。中国参与北极事务，本质上是中国成长为全球性大国的必然要求，如果仅仅以捍卫国家利益为名来界定中国参与北极的合法性，未免落入"零

---

① 阮建平：《"近北极国家"还是"北极利益攸关者"——中国参与北极的身份思考》，《国际论坛》2016年第1期。

和博弈"的思想桎梏。因此，中国应坚持国际责任与国家利益的辩证统一，强调"义高于利"的原则，来处理好与其他国际行为体之间的关系。①"负责任的伙伴"这一身份的提出，是中国参与北极事务过程中，践行社会主义义利观的时代需要。"负责任的伙伴"，不仅体现了中国是坚守国际正义、立信守诺的负责任大国，而且表达了中国愿与所有北极事务利益攸关方建立平等和睦伙伴关系的良好愿望。这一概念是中国参与北极的角色创新，是中国智慧为构建平等、公正的北极治理秩序提供的思想贡献。

中国参与北极事务的身份选择，不仅应考虑国际政治语义学的修辞问题，更应兼顾本国传统义利观与北极治理的利益结构。因此，当前中国参与北极事务的身份，必然是对"近北极国家""北极事务的重要利益攸关方""负责任的伙伴"进行辩证统一的结果。唯有如此，方能化解北极国家和国际社会对中国参与北极事务的疑虑，规避西方国际政治理论所坚持的"国强必霸"的逻辑陷阱，从而为中国参与北极事务提供合理性依据。

二 中国建设性参与北极治理规范构建的目标设置

身份决定观念、观念决定行为。中国参与北极治理的目标设置，既不能缺位，也不能越位，更不能独行。不缺位，指的是中国不能缺席北极治理的建章立制过程，而应积极参与有关中国利益的议题领域，发出中国倡议，提出中国方案，作出中国贡献。不越位，指的是中国在追求本国北极利益的同时，不会做逾越"近北极国家"身份权限的事情，不会超越国际法和国际道义赋予中国的权利，不会谋求改变现有北极治理秩序。不独行，指的是中国与其他国际行为体合作治理北极。中国参与北极治理的目标设置，应按照循序渐进的原则，分为了解北极、保护北极、发展北极三个阶段。

了解北极是中国参与北极的近期目标。了解北极是为了充实中国对北极自然、人文知识的积累，为深入参与北极奠定信息基础。了解北极

---

① 秦亚青：《正确义利观：新时期中国外交的理念创新和实践原则》，《求是》2014年第12期。

的基调是尊重北极，这包括尊重北极国家在北极地区的主权权益，尊重北极原住民的传统文化，尊重其他国际行为体在北极的利益关切。受到联合国《新的征程和行动——面向2020》（Transforming Our World by 2030: A New Agenda for Global Action）文件精神的启发，中国了解北极的目标在于：评估北极地区（包括北极居民）可持续发展和社会生存能力的状况，[①] 主要关注点集中在北极经济、环境、人口三类问题。[②] 这需要持续增强北极科学研究的物力、人力、财力的支持力度，探索北极自然环境与人文环境变化的规律，为提升中国参与北极事务的有效性创造有利条件。可以说，在相当长的一段时期内，中国的北极科考实践都将担负着中国全面了解北极的时代重托。

保护北极是中国参与北极的中期目标。保护北极是为了积极应对北极气候变化带来的全球性影响，保护北极的自然环境与生态环境，提升北极对全球气候变化的适应力。中国参与保护北极的目标，一是以《联合国气候变化框架公约》（United Nations Framework Convention on Climate Change）的基本原则为导向，切实履行中国在《巴黎气候协定》（Paris Climate Agreement）中的减排承诺，以实际行动延缓和阻止北极生态环境的持续恶化。二是保护北极原住民的文化多样性。从区域和全球的视角，提高对北极地区人类社会—自然环境互动影响的认知深度，研究北极原住民政治地位的提升对全球文化多样化发展的贡献力。[③] 三是保护北极动植物资源。持续参与包括候鸟、迁徙型海洋哺乳动物等北极物种的保护合作。

发展北极是中国参与北极的长期目标。积极推动北极地区的可持续发展，是中国参与北极事务的重要使命与长远目标。发展北极的内涵有二：一是依照国际法合理参与北极经济发展，重点领域包括北极航运、

---

① United Nations, *Transforming Our World: the 2030 Agenda for Sustainable Development*, 2015 (https://sustainabledevelopment.un.org/content/documents/94632030%20Agenda_Revised%20Chinese%20translation.pdf).

② 需要说明的是，中国了解北极的议题领域非常广阔，包括北极地区的人口、社会、文化、政治、经济、国别法律、国际关系、自然资源、医疗健康、教育水平等。在很多情况下，围绕经济、环境、人口的相关研究往往彼此影响，难以明确划分彼此间的学科界限，因此是广义上的分类。

③ 北极问题研究编写组：《北极问题研究》，海洋出版社2011年版，第60页。

矿产与油气资源开发、渔业资源和旅游资源开发等。二是通过与其他国际行为体进行平等协商，共同推动北极的可持续发展。三是推动北极治理的有序发展，在联合国框架下与有关各方围绕北极治理的规范构建进行协商与合作，营造健康的北极治理国际环境。①

中国参与北极治理的目标设置，源于国家实力、国家利益、国际义务三大动因。从国家实力来看，中国虽然是具有全球性影响力的世界大国，但在北极事务上的影响力较为有限，造成这种差异的核心原因，不仅在于中国与北极国家在地缘位置上的差异，更在于两者在北极信息搜集与储备能力方面的差异。因此，了解北极，获取必需的北极知识，是中国参与北极事务的基础目标。从国家利益来看，北极与中国的经济、环境、安全三大利益相关，在充足且准确的知识储备基础上保护北极，就是最有效地捍卫中国的北极利益。从国际义务来看，中国的发展离不开北极的发展，中国参与北极的经济开发与建设，将为北极人民带来宝贵的发展机遇与真实福祉。因此，中国积极参与北极地区的经济建设与社会发展，是让北极人民共享中国发展成就的宝贵奉献，是中国"美美与共、共赢共存"世界观的最佳表现。因此，中国参与北极治理的三个目标，不仅在逻辑上相互衔接，而且在理念上层层递进，具有可行性与有效性。

三 中国建设性参与北极治理规范构建的原则秉持

综观冷战后的北极地缘政治格局，可用"整体稳定、局部动荡；自助为主、合作为辅"来概括。北极治理秩序的构建之所以相对困难，不仅在于深受"冷战后遗症"的影响，更源于既有北极治理"核心—外围"格局中的权力差。当前，由北极经济愿景推动的北极治理格局，出现了一个新的特点，那就是北极国家在北极治理格局中的核心地位，逐渐被处于外围地位的非北极国家所动摇，一个国际社会共同治理北极的时代已经来临。中国作为具有全球影响力的域外国家，在参与北极事务的过程中，应划设原则底线。既要正视北极国家在北极治理问题上的先发优

---

① 柳思思：《差序格局理论视阈下的"一带一路"——从欧美思维到中国智慧》，《南亚研究》2018年第1期。

势，又要兼顾其他域外国家在北极地区的利益诉求，更要护持中国合理的北极权益。由此观之，中国参与北极治理的基本原则，至少包括两根支柱：坚持多边主义和坚持共生主义。

坚持多边主义（Multilateralism），就是坚持"普惠性原则"，[①] 反对单边主义，重视联合国等政府间国际组织对北极治理与国家间互动的作用。[②] 多边主义原则的核心，就是尊重与合作。

尊重是中国参与北极事务的基本原则。在北极治理的语境下，尊重的内涵包括三个方面：一是要尊重权威性国际组织及其国际规范安排。中国是联合国安理会常任理事国，坚持在北极治理中倡导和践行多边主义，是中国尊重《联合国宪章》、维护联合国权威的负责任表现。北极治理不能由某个北极国家或北极八国来决定，而应在联合国框架下，由所有的利益攸关方共同协商来决定。二是要尊重所有利益攸关方的合理关切。这包括尊重北极国家在北极地区的主权与管辖权，尊重北极原住民的文化传统，尊重其他北极域外国家进行北极活动的权利，尊重北极区域性和次区域国际组织建章立制的权力。三是相互尊重。只有在相互尊重的基础上，中国才能获得平等参与北极治理的身份，才能在各个层次的国际舞台上，展示中国参与北极事务的合理诉求与政策初心，加强中国与其他北极利益攸关方的相互了解，方能释放善意、淡化敌意、建立互信，营造和睦的关系，从而推动北极治理格局进行良性调整。

合作是中国参与北极事务的有效路径。"联旌者襄胜，众行者易趋"，北极治理所需的资源绝非北极国家所能承担，唯有依靠国际社会的整体力量，才能有效应对北极气候变化带来的调整。中国开展北极合作的内涵包括两个方面：一是合作对象的多元性，中国愿与北极域内外国家与非国家行为体等共同开展合作。二是合作层面的多维性，中国将在全球性、区域性、次区域的多边和双边舞台开展北极合作。三是合作议题的

---

① 在北极治理的语境下，坚持"普惠性原则"，是指坚持"普遍性原则"与"互惠性原则"，让尽可能多的北极利益攸关方受益。

② 多边主义在个体与体系层面存在两种含义：一是作为国家对待国际关系的基本方式，通过谈判和多边外交的方式寻求解决方案；二是作为一种国际互动的方式，强调从地区或全球层面考虑制度性因素对国家间互动的影响。秦亚青：《多边主义研究：理论与方法》，《世界经济与政治》2001年第10期。

多样性，中国将围绕航运管理、环境保护、科学研究、资源开发、人文交流等议题领域开展全方位合作。[①]

坚持共生主义（Conviviality），就是坚持"求同存异"原则，在利益关注、文化传统、参与目标等方面都存在差异的北极利益攸关方之间，通过平等协作与良性交流来实现共存共赢。[②] 共生主义原则的核心，就是共赢与可持续。

共赢是中国参与北极事务的核心价值观。当今北极治理所面临的国际争端，以及人与自然环境的紧张关系，其源头是自利主义指导下的独赢思维。[③] 北极事务的全球性影响与北极治理的碎片化现状，推动国际社会必须反思个体主义与自助主义对国际社会稳定健康运行所造成的危害。换言之，中国坚持互助共赢的新价值观，是一种能摆脱北极治理困境的新理念。在北极治理中坚持共赢原则，主要体现在两个层面：一是国际社会层面，实现北极利益攸关方在各个议题领域中的协同共进，寻找并扩大彼此间的共同利益与合作基础，确保实现域内外利益攸关方能够普遍性获益。二是北极"人—地"关系层面，实现北极地区的人类活动与生态环境的和谐统一，构建北极社会发展与自然环境保护的协同系统。[④]

可持续是中国参与北极治理的实践底线。参与北极治理，是中国推动北极地区可持续发展的基本路径。北极治理既有的理论指引，存在三大缺陷：侧重"非传统安全"、服务于"北极国家"、追求"一事一议"。在全球化理论与生态政治学的基础上，重构北极治理理论的基本思路，应该重视北极地区的可持续发展，这就需要通过正式和非正式的国际规

---

① 王传兴：《北极治理：主体、机制和领域》，《同济大学学报》（社会科学版）2014年第2期。

② "共生"的字面意思是"共同生存"，对应的英语词汇为"Symbiosis"和"Conviviality"。Symbiosis是指生态学层面的"双方受益的共栖"，旨在通过与他者的协作实现自我生存；Conviviality是指社会学层面的"相互欣赏，共同合作"，旨在通过求同存异实现和谐共处。张永缉：《马克思主义共生理论探微》，《理论导刊》2014年第12期。

③ 喻名峰：《全球正义：罗尔斯正义理论的国际拓展》，《湖南师范大学社会科学学报》2011年第3期。

④ ［德］哈肯：《协同学：大自然构成的奥秘》，凌复华译，上海译文出版社1995年版，第79页。

范安排，统筹协调不同利益攸关方之间、人与北极自然环境之间的冲突。① 中国在参与北极实践的过程中坚持可持续性，主要体现在两个层面，一是实行北极生态环境、资源开发的可持续性，致力于北极地区的良性发展。二是实现经济活动与管理规范、环境保护之间的协调，实现北极权益的代际传承。

中国参与北极所秉持的原则底线，可总结为平等、尊重、互惠、共赢、可持续性。紧密的国际合作已经有效维护了中国的北极安全、环保和能源利益。坚持这些原则，有助于推动中国与其他北极事务利益攸关方在和平、稳定和高效的合作环境中实现创新和可持续发展。中国作为北极治理的参与者与建设者，必将持久秉持共商、共享的理念，推动构建北极治理新秩序。中国的北极政策构架，反映出一个明确的信息：中国将坚定不移地在多边主义框架下，参与北极治理的规范制定。由此而言，北极地区国际组织的建章立制过程，与中国提升在北极治理中的话语权、促进在北极的经贸发展、增强与相关国家的互信、捍卫自身合法的北极权益等战略需求密切相关。

四 中国建设性参与北极治理规范构建的理念秉持

北极治理的规范构建，是政治理念转化为政治制度的过程，不同理念指导下构建的国际规范，必然对国家行为产生不同的影响。当前北极治理的规范构建，本质上是不同政治理念之间争夺合法性和有效性的过程。北极现有三种治理理念：地缘政治理念、区域治理理念、全球治理理念。② 地缘政治理念的核心是"地理因素决定国家行为"，强调国家实力和国家利益，忽视他国利益和全球化时代的国家间相互依赖，主张北极各国"自扫门前雪"，对域外国家的合理北极利益诉求采取敌视和抵制的态度。落实到规范设置实践，则表现为北冰洋沿岸国家瓜分北极的"扇形原则"。③

---

① Lafferty William. M., "Governance for Sustainable Development: The Challenge of Adapting Form to Function", *Canadian Journal of Political Science*, Vol. 38, No. 3, 2004.

② 丁煌、朱宝林：《基于"命运共同体"理念的北极治理机制创新》，《探索与争鸣》2016年第3期。

③ 柳思思：《"近北极机制"的提出与中国参与北极》，《社会科学》2012年第10期。

区域治理理念的核心是"域内协调",即实现以北极理事会为平台的域内国家联合治理。在这种理念指导下的规范构建,以维护北极八国的既得利益为目标,实现"北极国家治理北极",严格限制域外国家在北极理事会中的影响力与话语权。然而,即使是在北极理事会内部,北冰洋沿岸五国提倡更小范围内的区域治理合作,极力将芬兰、冰岛、瑞典排除在规范设置议程之外。[1]

全球治理理念的核心是"全球共管北极事务"。虽然全球治理理念认为北极事务具有全球效应,北极治理应该是全球治理的一部分,因此域外国家有权知晓并参与北极治理的过程,北极国家也不能以主权安全为由私自管理北极事务。全球治理理念试图将北极视同于人类共同财,主张构建具有强制约束力的《北极条约》来管理北极。[2] 全球治理理念的坚定践行者是一些国际环保组织,它们将北极视为全球公域并要求北极国家限制主权、出让既得利益的倡议,无疑会引起北极国家的反感和反对,在实践过程中很难取得成效。

由此可见,上述三种治理理念及其规范塑造虽然能够产生相应的治理成效,但始终无法解决北极域内外国家之间的利益诉求冲突,更无法调和北极环境保护与北极资源分配之间的矛盾。这就为中国提出新的北极治理理念做好了舆论准备。

在联合国宪章及其基本原则的基础上,与其他北极利益攸关方共建"中国—北极命运共同体",维护共生型的北极秩序,是中国"建设性参与"北极治理规范构建的核心理念。"中国—北极命运共同体"的提出,是源于"人类命运共同体"理念与北极治理相结合的实践需要,向其他北极利益攸关方提供了合作共赢的"中国方案"。

"中国—北极命运共同体"对北极治理规范设置的指导价值,体现在以下三个方面。

一是提出北极治理新型权力观,体现了国际社会的共同价值。"中

---

[1] Carina Keskitalo, "International Region-Building: Development of the Arctic as an International Region", *Cooperation and Conflict*, Vol. 42, No. 2, 2007.

[2] 王传兴:《北极治理:主体、机制和领域》,《同济大学学报》(社会科学版) 2014 年第 2 期。

国—北极命运共同体"理念认识到北极秩序是共生型而非独存型的秩序，北极社会发展规律的结果必然是域内外国家相互依赖关系的进一步深化，因此提倡北极域内外国家应相互尊重彼此的合理关切，各国应超越地缘政治理念所倡导的"以武压服"权力观，通过既有国际组织和规范安排来构建"共克时艰"的新型权力观，[1] 维护彼此之间的共生共存的合作关系。

二是提出北极治理的新型利益观，奠定北极治理的共同伦理基础。国际社会之所以对北极地区国际组织建章立制的理念存在分歧，是因为难以处理国家私利与国际公利之间的矛盾，导致北极治理缺乏核心价值取向。"中国—北极命运共同体"理念承认北极利益攸关方存在利益诉求的多元化和差异化，但认为它们之间的利益关系具有共同性和非零和性。中国与其他在北极地区拥有利益诉求的国际行为体一样，都是北极利益链的组成部分，彼此之间的利益交融形成了共同的利益关切，并塑造出同为北极利益攸关方的共有身份。在这种身份认知下，建设和平稳定的北极就是承载各国共同北极利益的基石，各国必然采取有利于北极总体发展的举措来妥善处理利益分歧，在维护自身利益的同时，促进共同利益扩展，从而奠定北极治理的共同伦理基础。[2]

三是提出北极治理的新型责任观，奠定北极治理的共同义务基础。责权是有机统一体，如果参与北极事务只讲权益不讲责任，那么北极治理的成效必将大打折扣。北极治理需要北极域内外国家的共同参与。在保护北极、发展北极的国际合作过程中，有关各方存在不同侧重的利益考量，出现集体协作不一致的情况。这就需要各国求同存异，合理化解可能的威胁，共同承担北极治理的责任。当然，共同责任不是平摊责任，而是各国根据参与北极事务的深度与广度的不同，承担相应的责任。"中国—北极命运共同体"的中国责任，就是承担力所能及的碳减排和北极环保义务，做到言必出，行必果。

总而言之，北极地区的政治经济发展，为中国带来了宝贵的发展机

---

[1] 曲星：《人类命运共同体的价值观基础》，《求是》2013年第4期。
[2] 杨剑、郑英琴：《"人类命运共同体"思想与新疆域的国际治理》，《国际问题研究》2017年第4期。

遇。然而，无论是北极国家还是非北极国家，都无力独自承担北极治理所需的国际公共产品的成本，为了规避"金德尔伯格陷阱"，[1] 中国提出了与相关国家共建"冰上丝绸之路"的倡议、作出自主减排承诺，为北极社会发展与人民生活提供了强大动力与美好愿景，这是中国承担国际责任、提供力所能及的国际公共产品的建设性举措，有助于增强中国与北极国家的互利共赢。[2] 因此，"中国—北极命运共同体"的提出并非是空穴来风，而是基于坚实的实践经验与时代呼唤，将形成中国与北极各国互利共赢的机制，构筑一个北极国家搭乘中国发展快车、协力促进北极善治的共同体。

第三节 中国建设性参与北极治理规范构建的路径选择

北极地区国际组织的建章立制，一方面推动利益攸关方采取相对统一的行为模式，另一方面也逐渐推动北极治理规范性话语权的分化与集聚。如何从获取规范性话语权的视域下维护中国在北极地区的权益是本书研究的基本目标。中国在既有北极地区国际组织中的话语实力尚不足以有效影响相关规范的构建过程，同时非北极国家的身份劣势，以及在参与北极事务过程中受到不公正、不客观的评价，都要求中国必须面对来自国际舆论压力和竞争压力，重点关注中国实施北极政策的路径有效性。这就表明中国参与北极地区国际组织建章立制的过程，必将遵循综合性和全局性的路径选择思路。本节从理念对接、议题设置、标准推广、国际合作四个维度出发，探讨中国建设性参与北极治理规范塑造的路径策略。

一 中国建设性参与北极治理规范构建的理念对接路径

后冷战时代的北极治理发生根本变化的原因究竟是什么？答案是理

---

[1] 金德尔伯格陷阱，是指没有国家有能力或有能力却没有意愿来领导世界、承担国际公共产品的成本的一种领导力真空局面。蔡昉：《金德尔伯格陷阱还是伊斯特利悲剧？——全球公共品及其提供方式和中国方案》，《世界经济与政治》2017年第10期。

[2] 胡鞍钢、张新、张巍：《开发"一带一路一道（北极航道）"建设的战略内涵与构想》，《清华大学学报》（哲学社会科学版）2017年第3期。

念,即从传统的冲突理念转变为和平理念。二战和冷战的国际关系史让北极国家深刻认识到敌对和封闭虽能维持一时的国家安全,但无法独立应对全球气候暖化和经济全球化带来的冲击,也无法真正开展有效的国际合作。北极理事会等国际组织的建立与发展,则是落实北极治理和平理念的基本途径。当代北极治理理念的时代呼唤,就是实现国家利益与北极共同利益之间的平衡。随着近年来中国以更积极的姿态参与北极事务,提出能够与当代北极治理理念进行有效对接,并且能够被国际社会广泛接受的理念,是中国建设性参与北极治理规范构建过程的重中之重。先进理念必能提高治理成效,北极治理的理念创新必然需要汲取国际社会的共同智慧。中国在践行北极政策的过程中,需要创新"北极治理理念的中国主张",阐明中国作为北极利益攸关方,高度关注北极治理规范构建的民主化与公正化,在北极地区国际组织中构建具有中国特色的北极规范话语体系。

在北极地区国际组织框架下,中国建设性参与北极治理规范构建的理念对接路径应包含以下三个方面。

(一)提倡"共同但有区别的责任",塑造中国负责任的北极利益攸关方形象

就北极治理的规范话语权而言,积极履行相关国际责任是中国优化北极利益攸关方形象的战略需求。虽然中国在北极地区的活动受到了较多限制,但作为具有全球影响力的负责任大国,国际社会普遍认为中国有义务维护北极秩序与可持续发展,并根据相应的国际责任调整本国的北极政策。[1] 因此,中国针对北极治理规范的制定与实施领域,倡议北极地区国际组织应坚持"共同但有区别的责任"原则。共同的责任是指所有北极利益攸关方在合理谋求北极利益的同时,都肩负着保护北极生态环境的共同责任,尤其是碳减排责任和极地航运防污责任领域。有区别的责任是指承担共有责任的同时要考虑到各方履约能力存在的现实差异,在责任分配方面有所区别,在履约流程和操作细节需要相关各方进行协商与合作。北极国家应该担负北极治理的主要责任,并在极地科技转移

---

[1] [英]赫德利·布尔:《无政府社会:世界政治秩序研究》,张小明译,世界知识出版社2003年版,第162页。

领域向域外国家有所倾斜，域外国家也应尊重北极国家的主权权利，为北极可持续发展作出力所能及的贡献。

中国作为发展中大国，一方面应基于北极生态系统的整体性影响，强调北极治理责任的共同性，各利益攸关方不论强弱，都具有保护和改善北极生态环境、促进北极可持续发展方面的责任。另一方面，需要在国力允许的范围内承担北极责任，反对"责任平摊"主义。北极地区的环境污染主要是相关北极国家造成的，北极国家理应承担更多的责任。[①] 尤其在技术合作与标准推广方面，更应发挥带头作用。中国应在正确义利观的指导下，处理好本国利益与其他北极利益攸关方共同利益之间的关系，树立负责任的北极利益攸关方的优质形象，通过与北极国家进行平等协商与合作，实现优势互补、责任共担。

（二）倡导"共存共建"，塑造中国作为北极和平的建设者形象

以"联合共存"（United Survival）换取和平与繁荣是战后北极治理的时代主题。[②] 和平与发展既是中国实现国家富强的理论指导，亦是北极治理理念的创新需求。冲突与对抗的北极治理旧秩序虽然瓦解，但合作与共赢的北极治理新秩序却迟迟没有建立起来。当前北极地区不仅存在局部安全形势紧张的风险，而且一些北极国家之间也存在互信赤字、爆发冲突的可能。中国作为联合国安理会常任理事国，有责任维护北极的和平与稳定。

中国作为北极和平的建设者，需要倡导"共存共建"原则。共存是指北极域内外国家作为一个整体而存在，彼此包容而非排斥。共建是指北极的未来应该由域内外国家共同建设。中国作为北极和平的建设者身份塑造，可从两个方面入手：一是坚定支持在《联合国宪章》精神的指导下化解北极地区的冲突风险，按照相关国际法妥善处理各利益攸关方之间的利益分歧；二是在北极地区国际组织等多边平台上，积极宣传中国和平发展道路的理论与成就，化解各种质疑中国和平参与北极事务的

---

① Berkman, P. A. and Oran R. Young, "Governance and Environmental Change in the Arctic Ocean", *Science*, Vol. 324, 2009.

② LeivLunde, "The Nordic Embrace: Why the Nordic Countries Welcome Asia to the Arctic Table", *Asia Policy*, Vol. 18, 2014.

不谐之音。

（三）倡导"共赢共享"，塑造中国作为北极繁荣的贡献者形象

中国参与北极事务的前提是不挑战北极国家主导的北极治理秩序，以既有国际规范为行动基础。北极地区的人类实践活动，都应以"人类共同利益"为出发点，实现共赢共享。共赢是指北极利益攸关方在共同参与北极治理的过程中互利互惠，实现共同利益；共享是指北极利益攸关方共同拥有参与北极治理的权利，共同享有北极善治所带来的收益。北极治理已经将各利益攸关方紧密联系在了一起，唯有将各方的地缘毗邻优势、政治经济优势转化为确实的可持续合作动力，才能扩大共同利益，打造北极利益共同体。[1]

中国作为北极繁荣的贡献者，应坚持"共赢共享"的理念，将中国的发展成就惠及北极人民和其他利益攸关方。一是坚持"可持续发展"理念，不仅实现当代人的整体利益，还要兼顾子孙后代的共同利益；不仅要发掘北极的资源潜力，还要考虑北极生态环境的承载力。二是坚持与其他北极利益攸关方进行平等协商，实现共同利益的最大化，营造合作共赢的局面。三是倡导民主与开放理念，为不同利益攸关方平等参与北极治理规范构建提供机制保障。[2] 四是以北极航运与能源开发为依托，倡导多方共建"冰上丝绸之路"，在北极基础设施与信息化建设领域作出中国贡献。

二　中国建设性参与北极治理规范构建的议题设置路径

如今，以国际海事组织和北极理事会为代表的北极地区国际组织，已经成为北极规范制定的核心平台。随着北极事务的日益繁杂，北极治理规范的议题范围也不断扩展。将新兴治理问题列入北极地区国际组织的议题设置过程，不仅能够提升中国的国际声望，而且有助于增强中国的规范性话语权。鉴于中国在北极地区国际组织中的决策权有限，在建设性参与相关规范的议题设置过程中，应着重思考三方面的问题：北极

---

[1] 孙凯、张亮：《北极变迁视角下中国北极利益共同体的构建》，《国际关系研究》2013年第1期。

[2] 何影：《利益共享的政治学解析》，《学习与探索》2010年第4期。

地区国际组织历年来所确定的优先议题是什么？中国在哪些议题领域具有倡议优势？中国对北极地区国际组织决策层的影响力度如何？即议题设置的范围选择问题、能力匹配问题和规范转化问题。由于中国在国际海事组织和北极理事会的身份存在差异性，因此需要分别从这两个国际组织层面进行有针对性的策略构建。

（一）中国在国际海事组织的议题设置路径

国际海事组织是能够有效维护中国北极权益的权威国际组织，亦是中国能够有效获取北极治理规范性话语权的核心平台。中国在国际海事组织的相关议题设置，不仅要考虑国际海事组织建章立制的核心业务领域，还要从中国在北极航运的实践需要出发。具体可从以下三个方面着手。

第一，以北极航运安全作为议题设置的核心领域，有针对性地围绕船舶操作安全、船员培训、北极海洋环境保护等进行议题设计。一是北极海上人命安全保障，包括《国际海上人命安全公约》及其附件的适用性问题、北极航运安全预警系统构造、待援船舶的避难地划设、北极航道疏浚等。二是北极船员管理，包括北极船舶的船员培训科目、船员工作与生活设施等。三是北冰洋环境保护，包括北极船舶大气污染物减排、船源油污治理、防污船底漆管理、极地压舱水治理、船源固体废物防污治理等。

第二，加强中国对国际海事组织《极地规则》的修订能力建设，做好充分的提案准备。一是培养参与国际海事组织极地事务的专业人才，制定国家极地海事高端人才战略，扩大中国在国际海事组织的人力资源储备。二是发挥 A 类理事国的身份优势，密切跟踪《极地规则》的推广进程，评估各国的履约成效，细致梳理《极地规则》中存在的修订领域，做好相应的知识储备。三是加强对北极海运的前瞻性议题研究，重点关注北极船舶的硫化物与黑碳减排、极地特种船舶建造标准等，为增补《极地规则》相关细则做好提案论证工作。

第三，加大对国际海事组织各级机构负责人的推荐力度。随着全球海运市场与船舶制造格局的重心不断东移，亚洲国家在国际海事组织的话语权不断提升，中国人担任相应高级管理岗位能够有效引导北极议题的走向。一是努力推荐中国人当选国际海事组织秘书长。推荐人选应至少在国际海事组织轮岗工作 30 年以上,[①] 具有丰富的管理经验;国家相关部委对其进行联合助选;引导候选人参与国际海事组织重点议题研究和区域事务管理,培养其公共影响力。二是加大对国际海事组织的委员会和技术分委会的参与频率,积极推荐中国专家担任委员会主席,提升中国提案的被采纳率。三是对国际海事组织有关极地技术合作项目提供资金支持,撰写高质量的报告型提案,提升中国的国际声誉。

(二) 中国在北极理事会的议题设置路径

北极理事会是最具权威性的区域性国际组织,其国际规范的国际约束力不断提升。中国作为永久观察员的身份,虽然不能直接参与相关规范的决策过程,但仍有机会在议题设置层面维护中国的北极利益。鉴于北极理事会的组织结构缺陷及其对中国获取规范性话语权的限制,中国建设性参与该国际组织的议题设置进程,理应采取稳健的方针策略。

第一,以北极环境保护与可持续发展作为核心议题设置领域,围绕北极海上油污治理、北极资源开发、北极科考合作开展议题设计。一是北极离岸石油污染治理,包括北极离岸油气开发的有效管辖、离岸勘探设备操控与突发性污染事件应急措施、离岸油气开发的环境影响监控措施等。二是北极资源开发管理,包括矿产资源开发对北极原住民传统生活模式的影响、北极海洋生物资源保护、资源开发的基础设施建设问题。三是北极科考合作,包括北极气候系统变迁对东亚气候的影响机理、北冰洋环流系统对亚太海洋循环的调控作用、北极海冰退缩对亚欧大陆生态系统的影响、全球碳减排与北极碳循环的贡献等。[②] 这些议题的政治敏感度低,属于北极理事会的传统议题范畴,有助于开展国际合作。

第二,以北极理事会工作组为核心平台,积极提升中国议题设置的综合能力。一是提升议题分析能力。积极参与工作组的相关会议,收集

---

① 来自亚洲的国际海事组织秘书长,通常在国际海事组织的工作年限都在 30 年左右。例如日本的关水康司从进入国际海事组织到当选秘书长,历时 32 年;而现任来自韩国的秘书长林基泽,则历时 30 年。两人在国际海事组织秘书处及相关岗位,拥有丰富的管理经历,并直接参与了《极地水域船舶操作国际规则》《国际船舶压载水和沉积物控制与管理公约》生效等重大建章立制活动,具有良好的国际声誉。

② Bennett M., "North by Northeast: Toward an Asian-Arctic Region", *Eurasian Geography and Economics*, Vol. 55, No. 1, 2014.

和整理会议资料与相关文件，研判北极国家在议题设置领域的倾向性，提出符合中国与北极国家共同利益诉求的议题。二是提升议题设置的项目转化能力。区别对待工作组设立的科研项目，主动参与具有广泛关注度、且有可能上升为国际规范的项目，定期向北极理事会提供"观察员活动报告"（Observer Activities Report）和"观察员评论报告"（Observer Review Report）。三是提升项目执行能力。发挥中国的资金优势与成果转化平台优势，围绕北极理事会工作组的相关项目，为北极理事会提供可靠、准确的科学建议。四是提升议题倡导能力。积极参加北极理事会"观察员参与特别会议"（Special Session on Observer Engagement），努力发出中国科学家的集体声音。

第三，利用北极理事会的机制，推动《联合国海洋法公约》和《斯瓦尔巴德条约》等国际公法在北极地区的适用。中国应寻找国际公约与北极理事会既有国际规范之间的共性，设计有利于中国北极利益的议题提案，尤其应强调联合国框架内的国际条约在北极治理中的合法性与权威性，例如北极气候治理应遵循《联合国气候变化框架公约》，北极生物资源开发治理则应遵循《生物多样性公约》等。

三　中国建设性参与北极治理规范构建的标准推广路径

将有利于本国的北极科技法规、行业标准嵌入国际规范，是北极国家获取北极科技主导权基础，也是造成中国在内化相关北极治理规范的过程中，履约成本居高不下的根本原因。中国在既有北极科技标准体系中的影响力相对有限，大多数时候只能被动遵循北极国家设计的技术路线。在信息化时代，北极高科技领域的国际标准设置与推广，必将成为各国战略力量激烈博弈的主战场，决定着一国在北极治理中的实际地位，因此中国不应缺席。为了打破北极国家的标准霸权与技术壁垒，在北极地区国际组织中树立中国标准的权威，唯有坚定不移地推动中国标准国际化，将中国科技标准作为北极治理所需的公共产品，满足北极治理的科技所需。

（一）在国际海事组织推动北斗导航系统标准化

以北斗导航系统与国际海事组织的标配化为切入点，实现北斗科技的国际化，有助于中国获取在全球导航通信领域的标准话语权。一是全面参加国际海事组织海洋安全委员会的相关会议，主动宣介北斗卫星导航系统的服务性能、应用政策与管理要求，以促进各成员国对北斗卫星导航系统标准的认可。二是促进北斗卫星导航系统在北极海事领域的推广，开展船载北斗设备在北极地区的抗电磁干扰测试，并向航行、无线电、搜寻和救助分委会递交测试数据与调研报告，以提升北斗系统的全球应用价值，完善北极黄河站北斗基准站的导航定位服务数据库。① 三是结合国际海事组织关于全球卫星导航系统的性能指标，加强北斗系统服务标准与国际海事组织相关标准的互操作研究，详尽公布北斗导航系统的服务规范，以及应用于海事领域的性能评估报告。② 四是培育北斗卫星导航系统的国际需求市场，鼓励"一带一路"和北极航道沿线国家低价或免费采用北斗系统，引导应用预期，做好国际市场的需求链管理。

（二）在北极理事会开展中国标准国际化的科技外交

由于北极理事会工作组对观察员的约束性较低，并且直接负责相关科技活动，这为中国向其他利益攸关方推荐本国标准提供了平台。一是积极派遣科学家参与北极理事会的各类学术会议，尤其是关于北极船舶黑碳减排、离岸能源开采防油污泄漏等新兴规范性议题的会议，提升中国科技型提案的数量与质量，在北极理事会高官会议期间举办平行会议，增强中国科学家的国际影响力。二是组织北极利益攸关方行业标准会议，邀请各国负责北极相关行业标准设置的团体参会，探讨如何互相支持以提升对北极理事会科研工作的程序参与度。三是通过设置谅解备忘录项目的方式，加强与来自东北亚、欧盟的观察员开展标准对话与合作，鼓励其在制定本国相关极地科技标准时参考使用中国标准。四是对有意愿采用中国标准的北极利益攸关方，提供技术转移培训和标准化专家交流项目。五是加强与芬兰、冰岛等北欧国家的北极科技合作，③ 积极拓展中

---

① 北斗卫星导航系统：《北极黄河站北斗基准站开通运行》（http://www.beidou.gov.cn/yw/xydt/201710/t20171023_3341.html）。

② 周玉霞、康登榜：《北斗在国际海事组织开展标准化工作初探》，《中国标准化》2014年第1期。

③ 中华人民共和国外交部：《中华人民共和国和芬兰共和国关于建立和推进面向未来的新型合作伙伴关系的联合声明》（http://www.fmprc.gov.cn/web/ziliao_674904/1179_674909/t1451490.shtml）。

国参与北极理事会工作组的项目范围，共建北斗卫星导航基站，提升中国科技标准在北极国家内部的认可度。六是明确以标准咨询、服务供给、项目应用、规范嵌套作为中国标准在北极理事会中的功能定位优先顺序。

四 中国建设性参与北极治理规范构建的国际合作路径

坦言之，在当前北极治理格局下，中国难以独力改变北极地区国际组织的规范构建过程。开展基于共同利益的国际合作与协调，是中国塑造北极治理规范的有效路径。中国建设性参与北极地区国际组织的规范构建，不仅应坚持"合作共赢"的战略原则，还应有针对性地选择合作对象、合作领域、合作路径。中国应从双边和多边两个层面开展多元议题领域的合作，逐渐形成中国主导的"利益共同体"，从北极国家、非北极国家、北极原住民组织三个层面，推动国际组织的规范构建向有利于中国利益的方向发展。

（一）加强与北极国家的务实合作，拓展中国规范性话语影响力

无论是国际海事组织还是北极理事会，中国都应认识到北极国家并非铁板一块，避免刻意强调域外国家与北极国家之间的身份对立。一是以中国与北极国家在北极治理问题的共同观念为基础，实现双方从功能性合作向制度性合作的纵向发展，以及从板块式向整体式的横向融合，达成构建"中国—北极命运共同体"的共识，提出双方深化北极治理合作的路线图与机制化倡议。二是对北极国家公益性议案予以支持。北极国家在国际海事组织内的提案并非都具有完全的自利性，尤其是在涉及北极海洋环境保护、人员搜救等提案，具有一定的公益性，中国对此应予以相应的支持，以表达合作的善意。[①] 三是重视在具体领域的合作与话语权行使。加强与俄罗斯、加拿大等国在矿产和能源开发领域的合作，以推动双方在北极理事会有关资源开发防污治理的规范合作；加强与北欧五国在北极渔业和候鸟保护等北极科考领域的合作，以促进中国参与《加强北极国际科学合作协定》框架下的相关项目，尝试构建中国观察员

---

① Rottem Svein Vigeland, "The Arctic Council and the Search and Rescue Agreement: The Case of Norway", *Polar Record*, Vol. 50, No. 3, 2013.

贡献度与话语权的对接机制;加强与美国在北极航运、环境保护、通信、能源基础设施建设等领域的合作。①

(二)加强与非北极国家合作,倡导和塑造新的北极治理规范

倡导和塑造新的北极治理规范,其本质是推动特定北极治理议题的规范化,即针对非北极国家共同关注的某项北极治理权益标准,从理念倡导向软法塑造,最后上升为国际硬法规范的演进,积累从治理观念向治理规范转变的规范塑造能力。一是中国应发挥在国际海事组织 A 类成员国的身份优势,重点选择北极航运的船舶设计标准和船载卫星导航接收设备等符合域外国家共同利益的议题,作为主动提案国或联合提案的主导国,积极提交融入中国治理理念和标准设置的提案并作出融通性阐释,增强提案的凝聚力和说服力,提高提案的被采纳率。二是推动提案转变为北极地区国际组织的会议宣言,将其提升为软法性国际文件。中国应向其他非北极国家积极阐述在北极地区国际组织高级别会议中通过共同提案的现实价值与必要性,通过联合提案和多国复议等方式,影响会议议程,力促提案成为国际组织的官方表述,从观念上强化国际社会对中国提案的理念与支持。三是联合其他观察员在北极理事会工作组和任务组层面设计跨域区北极治理规范。北极跨域区治理是北极域内外国家合作的重要基础,中国应与相关亚欧观察员合作设计北极跨区域海洋与大气环境观测、候鸟保护等提案,通过北极理事会工作组的采纳与推介,形成对北极环保议题的补充性或竞争性解释,缩小与北极国家的话语差距。

(三)加强与北极原住民组织的合作,提升原住民群体对中国的好感度

北极原住民组织在北极治理中的话语权不断提升,尤其是在北极理事会权力结构中处于和成员国相似的"永久参与方"地位,尽管北极原住民整体社会发展水平较低,但拥有较高的政治经济自主权。② 根据北极

---

① 杨振姣、周言:《中国参与北极理事会利弊分析及应对策略》,《理论学刊》2015 年第 12 期。

② Jerry McBeath, Carl Edward Shepro, "The Effects of Environmental Change on an Arctic Native Community: Ealuation Using Local Cultural Perceptions", *American Indian Quarterly*, Vol. 31, No. 1, 2007.

原住民组织的政治影响力,中国应重点发展与萨米人和因纽特人的合作,获取原住民组织对中国参与北极事务的理解与支持。① 一是在北冰洋暖化背景下加强对北极原住民权益保护与文化传承领域的研究,密切关注"因纽特人北极圈理事会"(Inuit Circumpolar Council)等因纽特人政治群体参与北极理事会海洋生态治理的议题选择与提案采纳率。二是研究北极矿产资源开发对原住民生活模式的影响,关注"萨米理事会"出于保护传统文化和生活方式而采取的重置土地利用倡议。② 三是尊重北极原住民组织在北极治理中的参与权以及对惯常土地的拥有权,③ 与北极原住民跨国组织建立适当的协商与沟通机制,尊重其参与国际规范构建过程的权利,对关乎原住民切身利益护持的提案予以支持。四是研究北极资源开发对原住民生产生活的补偿措施、收益分享措施,撰写调研报告型提案,树立中国友好共赢的负责任大国形象。

综上所述,中国选择"建设性参与"北极治理的规范构建,不仅源于当前中国国力与国际规范性话语权之间存在的差异现实,亦是中国建立新型国际关系、推动全球善治的理念所致。"建设性参与"不是一种短期的权宜之计,不会因时间的推移而重蹈西方国家"国强必霸"的单边主义路径,而是始终在平等、协作、互尊、互利的基础上,共同推动北极地区的长治久安,其路径设计也必然是一整套兼顾各方利益诉求的综合性方案。中国谋求北极治理的规范性话语权,不仅是为了维护自身合理的北极权益,更是为了确保北极善治的"中国方案"能够有效施行,而绝非是为了转化成中国的话语霸权。中国积极参与北极地区国际组织的建章立制,也是从"人类命运共同体"的宏大叙事背景下,能够为北极地区的和谐发展作出更全面的建设和更大的贡献,引导北极治理格局向更为积极的方向演进。

---

① Wilfrid Greaves, "Arctic (in) Security and Indigenous Peoples: Comparing Inuit in Canada and Sami in Norway", *Security Dialogue*, Vol. 47, No. 6, 2016.

② Jan Erik Henriksen, "Participatory Handling of Conflicts in Sami Areas", *International Social Work*, Vol. 59, No. 5, 2016.

③ 彭秋虹、陆俊元:《原住民权利与中国北极地缘经济参与》,《世界地理研究》2013年第1期。

参考文献

一 中文著作

曹文振:《经济全球化时代的海洋政治》,中国海洋大学出版社2006年版。
于炎平:《国际海洋法知识》,海军出版社1987年版。
[美] G. J. 曼贡:《美国海洋政策》,张继先译,海洋出版社1982年版。
韩文:《林林总总话北极》,延边大学出版社2004年版。
陆俊元:《中国北极权益与政策研究》,时事出版社2016年版。
潘敏:《北极原住民研究》,时事出版社2012年版。
北极问题研究编写组:《北极问题研究》,海洋出版社2011年版。
郭培清:《北极航道的国际问题研究》,海洋出版社2009年版。
杨令侠:《战后加拿大与美国关系研究》,世界知识出版社2001年版。
杨剑:《北极治理新论》,时事出版社2014年版。
杨剑:《亚洲国家与北极未来》,世界知识出版社2015年版。
傅崐成:《北极航道加拿大法规汇编》,上海交通大学出版社2015年版。
[美] 奥兰·杨:《世界事务中的治理》,陈玉刚、薄燕译,上海人民出版社2007年版。
中华人民共和国海事局:《北极航行指南(西北航道)》,人民交通出版社股份有限公司2016年版。
中华人民共和国海事局:《北极航行指南(东北航道)》,人民交通出版社股份有限公司2014年版。
位梦华:《最伟大的猎手:阿拉斯加北极的爱斯基摩人》,商务印书馆2000年版。
[美] 贾雷德·戴蒙德:《枪炮、病菌与钢铁——人类社会的命运》,谢延光译,上海译文出版社2006年版。

国际劳工组织：《2006 年海事劳工公约》（中英对照），张铎译，大连海事大学出版社 2013 年版。

刘华秋：《军备控制与裁军手册》，国防工业出版社 2000 年版。

［挪威］奥拉夫·施拉姆·斯托克、盖尔·荷内兰德：《国际合作与北极治理：北极治理机制与北极区域建设》，王传兴等译，海洋出版社 2014 年版。

贾宇：《极地法律问题/极地法律制度研究丛书》，社会科学文献出版社 2014 年版。

赵隆：《北极治理范式研究》，时事出版社 2014 年版。

陈奕彤：《国际环境法视野下的北极环境法律遵守研究》，中国政法大学出版社 2014 年版。

陈红霞：《中国极地科学考察水文数据图集——北极分册》，海洋出版社 2015 年版。

王泽林：《北极航道法律地位研究》，上海交通大学出版社 2014 年版。

刘惠荣、杨凡：《北极生态保护法律问题研究》，知识产权出版社 2010 年版。

刘惠荣：《北极地区发展报告（2014）》，社会科学文献出版社 2015 年版。

潘增弟：《中国第六次北极科学考察报告》，海洋出版社 2015 年版。

张占海：《北极海冰快速变化：观测、机制及其天气气候效应》，海洋出版社 2016 年版。

张占海：《快速变化中的北极海洋环境》，科学出版社 2011 年版。

张海生：《北极海冰快速变化及气候与生态效应》，海洋出版社 2015 年版。

李振福：《北极航线问题的国际协调机制研究》，清华大学出版社 2015 年版。

朱伟林、王志欣等：《环北极地区含油气盆地》，科学出版社 2013 年版。

丁宏：《北极民族学考察笔记》，中央民族大学出版社 2009 年版。

［美］罗伯特·吉尔平：《全球政治经济学：解读国际经济秩序》，杨宇光、杨炯译，上海人民出版社 2003 年版。

於世成、胡正良、郏丙贵：《美国航运政策、法律与管理体制研究》，北京大学出版社 2008 年版。

柳思思：《突破与创新：国际关系理论的新研究》，时事出版社 2013 年版。

柳思思:《俄罗斯外交的文化阐释》,知识产权出版社 2012 年版。

肖洋:《管理规制视角下中国参与北极航道安全合作实践研究》,清华大学出版社 2017 年版。

肖洋:《冰海暗战:近北极国家战略博弈的高纬边疆》,人民日报出版社 2016 年版。

肖洋:《大国无疆:中国崛起动能论》,时事出版社 2013 年版。

二 中文期刊

曹云霞、沈丁立:《试析欧洲的信任建立措施及其对亚太地区的启示》,《世界经济与政治》2001 年第 11 期。

程保志:《试析北极理事会的功能转型与中国的应对策略》,《国际论坛》2013 年第 3 期。

邓贝西、肖琳:《北极协同合作:政策与最佳实践》,《太平洋学报》2015 年第 6 期。

丁煌、朱宝林:《基于"命运共同体"理念的北极治理机制创新》,《探索与争鸣》2016 年第 3 期。

方精云、位梦华:《北极陆地生态系统的碳循环与全球温暖化》,《环境科学学报》1998 年第 2 期。

郭洪、毛登森:《从俄罗斯的"北极战略"解读北极地区的军事博弈》,《电光系统》2014 年第 1 期。

郭培清、管清蕾:《探析俄罗斯对北方海航道的控制问题》,《中国海洋大学学报》(社会科学版) 2010 年第 2 期。

郭培清、常晶:《简析构建加拿大北极环境政策的主要因素》,《中国海洋大学学报》(社会科学版) 2011 年第 1 期。

何铁华:《〈极地规则〉与北极俄罗斯沿岸水域的制度安排》,《中国海事》2014 年第 9 期。

和静钧:《北约展露全球野心》,《南风窗》2006 年第 10 期。

李振福:《北极航线的中国战略分析》,《战略与决策》2009 年第 1 期。

李振福:《北极航线在我国"一带一路"建设中的作用研究》,《亚太经济》2015 年第 3 期。

李振福:《中国北极航线多层战略体系研究》,《战略与决策》2015 年第

4 期。

李中海:《梅德韦杰夫经济现代化方案评析》,《俄罗斯中亚东欧究》2011年第 2 期。

连燕华:《科技安全的定义与概念》,《科技管理研究》2000 年第 2 期。

刘惠荣、陈奕彤:《北极法律问题的气候变化视野》,《中国海洋大学学报》(社会科学版) 2010 年第 3 期。

刘惠荣、董跃、侯一家:《保障我国北极考察及相关权益法律途径初探》,《中国海洋大学学报》(社会科学版) 2010 年第 6 期。

柳思思:《"近北极机制"的提出与中国参与北极》,《社会科学》2012 年第 10 期。

柳思思:《差序格局理论视阈下的"一带一路"——从欧美思维到中国智慧》,《南亚研究》2018 年第 1 期。

柳思思:《欧盟"环境友好型"北极战略的解读》,《国际论坛》2019 年第 3 期。

马艳玲:《北极旅游安全面临新挑战》,《中国海事》2010 年第 12 期。

马跃:《从加拿大诉欧盟海豹制品禁令案看动物福利壁垒及其影响》,《对外经贸实务》2012 年第 1 期。

潘敏:《机遇与风险:北极环境变化对中国能源安全的影响及对策分析》,《中国软科学》2014 年第 9 期。

钱宗旗:《俄罗斯北极能源发展前景和中俄能源合作展望》,《山东工商学院学报》2015 年第 5 期。

史春林:《北冰洋航线开通对中国经济发展的作用及中国利用对策》,《经济问题探索》2010 年第 8 期。

孙凯:《参与实践、话语互动与身份承认——理解中国参与北极事务的进程》,《世界经济与政治》2014 年第 7 期。

汪晓兵:《经国际海事组织批准的全球四个排放控制区简介》,《中国海事》2014 年第 8 期。

危敬添:《〈1996 年国际海上运输有毒有害物质损害责任和赔偿公约〉2010 年约定书》,《水运管理》2010 年第 7 期。

湘溪:《"北极和平"的终结?》,《世界知识》2015 年第 12 期。

张丽珍:《南极环境损害制度评介》,《中国海洋大学学报》(社会科学版)

2009 年第 4 期。

张侠、屠景芳、钱宗旗、王泽林、杨惠根：《从破冰船强制领航到许可证制度》，《极地研究》2014 年第 2 期。

张余庆：《MGO 特性及其在船上应用对策研究》，《天津航海》2012 年第 2 期。

舟丹：《俄罗斯将批准私营企业开采北极油气资源》，《中外能源》2013 年第 10 期。

朱晓中：《双东扩的政治学——北约和欧盟扩大及其对欧洲观念的影响》，《俄罗斯中亚东欧究》2003 年第 2 期。

朱亚宗：《地理环境如何影响科技创新》，《科学技术与辩证法》2003 年第 5 期。

邹志强：《北极航道对全球能源贸易格局的影响》，《亚非纵横》2014 年第 2 期。

肖洋：《北极理事会域内治理化与中国参与北极事务路径探析》，《现代国际关系》2014 年第 1 期。

肖洋：《北冰洋航线开发：中国的机遇与挑战》，《现代国际关系》2011 年第 6 期。

肖洋：《中俄共建"北极能源走廊"：战略支点与推进理路》，《东北亚论坛》2016 年第 6 期。

肖洋：《北极科学合作：制度歧视与垄断生成》，《国际论坛》2019 年第 1 期。

肖洋：《韩国的北极战略：构建逻辑与实施愿景》，《国际论坛》2016 年第 1 期。

肖洋：《北极海空搜救合作：规范生成与能力短板》，《国际论坛》2014 年第 2 期。

王明国：《国际制度互动与制度有效性关系研究》，《国际论坛》2014 年第 1 期。

三 外文著作

AFS Convention, *International Convention on the Control of Harmful Anti-Fouling Systems on Ships*, London: IMO, 2005.

Anderson, P, *Cracking the Code: The Relevance of the ISM Code and its Impact Upon Shipping*, London: Nautical Institute, 2003.

Brubaker, R. D., *Environmental Protection of Arctic Waters*, Stockholm: University of Stockholm, 2002.

I. Davies, *Issues in International Commercial Law* 2005, Aldershot, UK: Ashgate Publishing, 2008.

Chircop A. and Linden O., *Places of Refuge for Ships: Emerging Environmental Concerns of a Maritime Custom*, Leiden: Martinus Nijhoff, 2006.

Christophe Betrem, *The Future of Arms Control: Part 2. Arms Control and Technological Change: Elements of a New Approac*, London: International Institute for Strategic Science, 1978.

Chircop T. McDorman and S. Rolston, *the Future of Ocean Regime-Building: Essays in Tribute to Douglas M. Johnston*, Leiden: Martinus Nijhoff, 2008.

Dudley, J. R., Scott, B. J. and Gold, E, *Towards Safer Ships and Cleaner Seas: A Handbook for ModernTank Ship Operations*, Arendal: Gard AS, 1994.

Franckx, E, *Maritime Claims in the Arctic: Canadian and Russian Perspectives*, Dordrecht: Martinus Nijhoffm, 1993.

Gold, E., Gard *Handbook on Protection of the Marine Environment*, Arendal: Gard AS, 2006.

Gold, E., Chircop, A. and Kindred, H., *Maritime Law*, Toronto: Irwin Law, 2003.

A. G. Granberg and V. I. Peresypkin, *Problemy Severnogo Morskogo Puti*, Moscow: Nauka, 2006.

G. Oude Elferink & D. R. Rothwell, The *Law of the Sea and Polar Maritime Delimitation and Jurisdiction*, Hague: Martinus Nijhoff, 2001.

Institute of Maritime Law, *The Ratification of Maritime Conventions*, London: Lloyd's Press, 2003.

IOPCF, *International Oil Pollution Compensation Funds*, London: IOPCF, 2006.

J. Y. Wong, *Deadly Dreams, Opium, Imperialism, and the Arrow War in China, Cambridge: Cambridge University Press, 2002.

John, *Ice and Water: Politics, People, and the Arctic Council*, Toronto: Penguin Canada/Allen Lane, 2013.

John J. Maresca, *The Conference on Security and Cooperation in Europe 1937 – 1975*, Durham, NC: Duck University Press, 1985.

John M. Snyder, *Arctic Marine Tourism: Its History, Prospects and Management*, Centennial, Colorado: Strategic Studies, 2008.

Molenaar, E. J., Coastal *State Jurisdiction over Vessel-Source Pollution*, The Hague: Kluwer Law International, 1998.

Nordquist, M. H., S. Roseene, A. Yankovand N. R. Grundy, *United Nations Convention on the Law of the Sea 1982: A Commentary*, Dordrecht: Nijhoff, 1991.

Østreng, W., *The Natural and Societal Challenges of the Northern Sea Route, A Reference Work*, London: Kluwer, 1999.

Peter Wallensteen, *Peace Reasearch: Theory and Practice*, London: Routledge, 2011.

Pharand, D., *Canada's Arctic Waters in International Law*, Cambridge: Cambridge University Press, 1988.

Pharand, D., The *Northwest Passage: Arctic Straits*, Dordrecht: Martinus Nijhoff, 1984.

Paul Arthur Berkman, Alexander N. Vylegzhanin, *Environmental Security in the Arctic Ocean*, Dordrecht: Springer, 2013.

Rowe EW, *Russia and the North*, Ottawa: University of Ottawa Press, 2009.

Sebenius, J. K., *Negotiating the Law of the Sea*, Cambridge, MA: Harvard University Press, 1984.

Semanov, G., *Coastal Pollution Emergency Plan*, Oslo: Fridjth of Nansen Institute, 1997.

SOPF, *The Administrator's Annual Report 2006 – 2007*, Ottawa: Ship-source Oil Pollution Fund, 2008.

Svein Vigeland Rottem, *The Arctic Council and the Search and Rescue Agreement: the Case of Norway*, Cambridge: Cambridge University Press, 2013.

Timco, G. W. and Kubat, I., *Regulatory Update for Shipping in Canada's Arctic Waters: Options for an Ice Regime System*, Ottawa: Canadian Hydraulics Centre, 2007.

Vidas, D. and Østreng, W., *Order for the oceans at the turn of the Century*, The Hague/London/Boston: Kluwer International, 1999.

Vidas, D., Protecting *the Polar Marine Environment, Law and Policy for Pollution Prevention*, Cambridge: Cambridge University Press, 2000.

四 外文期刊

Agyebeng, W. K., "Theory in Search of Practice: The Right of Innocent Passage in TheTerritorial Sea", *Cornell International Law Journal*, Vol. 39, 2006.

American Bureau of Shipping, "First Joint Rules for LNG: Class Societies ABS and RS Jointly Develop Rules for Arctic Gas Carriers", *ABS Activities*, Vol. 24, 2008.

American Bureau of Shipping, "Leading Ice Experts Join ABS to Discuss Cold Weather Transport", *ABS Activities*, Vol. 17, 2007.

Albert Buixadé Farré and Scott R. Stephenson, "Commercial Arctic Shipping through the Northeast Passage: Routes, Resources, Governance, Technology, and Infrastructure", *Polar Geography*, Vol. 37, No. 4, 2014.

Alexandre Dubois and Dean Carson, "Placing Northern Development: The Case of North Sweden", *Local Economy*, Vol. 31, No. 7, 2016.

Arctic Council, "Agreement on Enhancing International Arctic Scientific Cooperation", *China Oceans Law Review*, No. 1, 2017.

Andrey Vokuev, "Russia Opens First Arctic Search and Rescue Center", *Barents Observer*, Vol. 24, 2013.

Armstrong, T., "The Northern Sea Route in 1967", *Inter-Nord*, Vol. 11, 1970.

Carin Holroyd, "The Business of Arctic Development: East Asian Economic Interests in the Far North", *Canada-Asia Agenda*, Vol. 2, 2013.

Chircop, A., "Climate Change and the Prospects of Increased Navigation in the Canadian Arctic", *WMU Journal of Maritime Affairs*, Vol. 6, 2007.

Carina Keskitalo, "International Region-Building: Development of the Arctic as an International Region", *International Relations of the Asia-Pacific*, Vol. 42, No. 2, 2007.

Doelle, M., McConnell, M. L., "Invasive Seaweeds: Global and Regional Law and Policy", *Botanica Marina*, Vol. 50, 2007.

Graca Ermida, "Strategic Decisions of International Oil Companies: Arctic Versus Other Regions", *Energy Strategy Reviews*, Vol. 5, 2013.

Franckx, E., "New Developments in the North-east Passage", *International Journal of Estuarine and Coastal Law*, Vol. 16, 1999.

Fen Osler Hampson, "Knowledge, Power and International Policy Coordination", *International Journal*, Vol. 52, No. 4, 1997.

Jensen, Ø., "Arctic Shipping Guidelines: Towards a legal Regime for Navigational Safety and Environmental Protection?", *Polar Record*, Vol. 44, 2008.

Henry P. Huntington, "Arctic Science: The LocalPerspective", *Nature*, Vol. 478, No. 7368, 2011.

Koivurova, T. and Vander Zwaag, D. L., "The Arctic Council at 10 Years: Retrospect and Prospects", *University of British Columbia Law Review*, Vol. 40, 2007.

Leiv Lunde, "The Nordic Embrace: Why the Nordic Countries Welcome Asia to the Arctic Table", *Asia Policy*, Vol. 18, 2014.

Miroslav Mares, "Oil and Natural Gas in Russia's Eastern Energy Strategy: Dream or Reality?", *Energy Policy*, Vol. 50, 2012.

Olav Schram Stokke, "Asian Stakes and Arctic Governance", *Strategic Analysis*, Vol. 38, No. 6, 2014.

Pharand, D., "The Arctic Waters and the Northwest Passage: A Final Revisit", *Ocean Development & International Law*, Vol. 38, 2007.

Phillip Cornell and Jochen, "Energy and High North Governance: Charting Uncertainty", *Journal of Energy Securtiy*, Vol. 2, 2009.

Page Wilson, "Society, Steward or Security Actor? Three Visions of the Arctic

Council", *Cooperation and Conflict*, Vol. 51, No. 1, 2016.

Øistein Harsem and Arne Eide, KnutHeen, "Factors Influencing Future Oil and Gas Prospects in the Arctic", *Energy Policy*, Vol. 49, 2011.

Rayfuse, R., "Protecting Marine Biodiversity in Polar Areas beyond National Jurisdiction", *Review of European Community & International Environmental Law*, Vol. 1, 2008.

RonWallace, "Emerging Canadian Priorities and Capabilities for Arctic Search and Rescue", *Canadian Defence & Foreign Affairs Institute*, Vol. 24, 2012.

Sebastian Knecht, Kathrin Keil, "Arctic Geopolitics Revisited: Spatialising Governance in the Circumpolar North", *The Polar Journal*, Vol. 3, No. 1, 2013.

Wessel P., Sandwell D. T., Kim S., "The Global Seamount Census", *Oceanography*, Vol. 23, 2010.

附 录

《加强国际北极科学合作协议》(2017)

加拿大政府、丹麦王国政府、芬兰共和国政府、冰岛政府、挪威王国政府、俄罗斯联邦政府、瑞典王国政府和美利坚合众国政府（以下简称"缔约方"）。

认识到维护北极和平、稳定和建设性合作的重要性；

认识到可持续利用资源、经济发展、人类健康和环境保护的重要性；

重申迫切需要采取更多行动来减轻和适应气候变化；

强调使用最佳可用知识进行决策的重要性；

注意到在这方面的国际科学合作的重要性；

充分考虑到1982年《联合国海洋法公约》的有关规定，特别是关于"海洋科学研究"的第十三部分关于"促进为和平目的开发和开展海洋科学研究"的规定；

以及2013年5月第八次北极理事会部长级会议和基于北极理事会2015年度第九次部长级会议之际的《伊加利特宣言》的《基律纳宣言》；

认识到世界气象组织执行理事会确定的国际极地伙伴关系倡议的持续发展；

认识到北极研究规划国际会议确定的研究重点的重要性；

认识到北极理事会及其附属机构的努力；

认识到非缔约方，特别是北极理事会永久参与方和北极理事会观察员正在进行的科学活动的重大科学专门知识和宝贵的贡献；

认识到北极国家和其他国家在国际极地年的财政和其他投资以及其成果，特别是新的科学知识、基础设施和技术进行观察和分析方面取得的实质性收益；

认识到许多组织和举措中已经开展的优良的现有科学合作，如北极观测网、国际北极科学委员会、北极大学、北极研究运营商论坛、国际陆地研究和监测网络北极、世界气象组织、国际海洋考察委员会、太平洋北极集团、极地早期职业科学家协会、土著知识机构、国际北极社会科学协会等；

希望为现有合作作出贡献，努力发展和拓展国际北极科学合作，同意：

第一条
术语和定义

本协议的目的：

"*便利*"是指追求一切必要的程序，包括及时考虑和尽快作出决定；

"*参与者*"是指根据本协议参与科学活动的缔约方科学技术部门和机构，研究中心、大学和学院、承包商、受助人和其他合作伙伴或代表任何缔约方的代表；

"*科学活动*"是指通过科学研究、监测和评估提高对北极的认识的努力。这些活动可能包括但不限于规划和实施科学研究项目和方案，考察、观察、监测举措、调查、建模和评估；培训人员；策划、组织和执行科学研讨会、专题讨论会、学术研讨会议；收集、处理、分析和分享科学数据，想法、结果、方法、经验、传统和当地知识；开发抽样方法和方案；准备出版物；开发、实施和使用研究支持物流和研究基础设施；

"*确定的地理区域*"是指附件Ⅰ所述的那些领域。

第二条
目的

本协议的目的是加强科学活动中的合作，以提高北极科学知识发展的有效性和效率。

第三条
知识产权等事项

在适当情况下，本协议项下的合作活动应根据缔约方或参与者之间缔结的与其活动有关的具体执行协议或安排进行，特别是为此类活动提供资金，使用科研成果、设施和设备，以及争端解决。通过这些具体协议或安排，缔约方应酌情根据适用的法律、法规、程序和政策，直接或通过参与者确保充分和有效保护和公平分配知识产权。作为有关缔约方的国际法律义务，并处理本协定项下可能产生的其他事项。

第四条
人员、设备和材料的进出

每一缔约方应尽最大努力，为促进本协定的目标，促进参与者的个人，研究平台、材料、样品、数据和设备的进入和退出。

第五条
获得研究基础设施和设施

缔约方应尽最大努力，方便参与者进入国家民用研究基础设施和设施和后勤服务，例如运输和储存设备和材料，以便根据本协定进行确定的地理区域的科学活动。

第六条
进入研究领域

1. 缔约方应促进与会者根据国际法为确定的地理区域的陆地、沿海、大气和海洋地区进行科学活动。

2. 缔约方应协助处理根据本协定进行海洋科学研究的申请，符合1982年《联合国海洋法公约》。

3. 缔约方还应促进联合科学活动，这些科学活动需要在确定的地理区域进行空中科学数据收集，并且需要缔约方或与这些活动有关的参与者之间缔结的具体执行协定或安排。

第七条
获取数据

1. 缔约方应便利获得与本协定下的科学活动有关的科学信息。
2. 缔约方应支持充分和公开地获取科学元数据，并应鼓励公开获取科学数据和数据产品，并以最短的时间延迟公布结果，最好在线和免费，或不超过复制和交付费用。

3. 缔约方应在适当情况下，在遵守普遍接受的标准、格式、方案和报告的范围内，促进分发和分享科学数据和元数据。

第八条
教育、职业发展和培训机会

缔约方应促进机会，包括各级教育学生和早期职业科学家，根据本协定进行的科学活动，促进未来几代研究人员，建立能力和专门知识，以推动有关北极的知识。

第九条
传统和当地知识

1. 缔约方应鼓励参与者酌情利用传统和当地的知识来规划和执行本协定下的科学活动。

2. 缔约方应酌情鼓励传统和当地知识持有人之间进行本协议下进行科学活动的参与者。

3. 缔约方应鼓励传统和当地知识的持有人酌情参与本协定的科学活动。

第十条
法律、法规、程序和政策

根据适用的国际法和有关缔约方的适用法律、法规、程序和政策，本协议项下的活动和义务应进行。对于具有地方政府的缔约方，适用的法律、法规、程序和政策包括其国家以下各级政府。

第十一条
资源

1. 除另有约定外，各方应自行承担执行本协议书的费用。

2. 本协议的实施须视有关资源而定。

第十二条
本协议的审查

1. 双方应在本协议生效后一年内举行会议，由保存人召集，并由缔约方决定。双方可以选举召开北极理事会会议，包括邀请北极理事会常设参与者和北极理事会观察员观察和提供信息。在审查本协定的执行情况时，可以考虑与非北极科学有关的科学合作活动。

2. 在这些会议上，缔约方应审议本协定的执行情况，包括取得的成就和实施障碍，以及如何提高本协定的有效性和执行情况。

第十三条
政府和联络场所

每一缔约方应指定一个主管国家主管部门或当局作为本协定的责任联系人。指定联络人的姓名和联系方式，见本协议附件Ⅱ。每一缔约方应通过其国家主管当局及其通过外交途径以书面形式通知其他缔约方，对这些指定作任何修改。

第十四条
附件

1. 第1条所指的附件Ⅰ构成本协定的组成部分，具有法律约束力。

2. 第13条提及的附件Ⅱ不构成本协定的组成部分，不具有法律约束力。

3. 在第十二条提及的缔约方会议上，缔约方可以通过附加的法律上不具约束力的附件。第13条提及的附件Ⅰ可以按照该条的规定进行修改。

第十五条
争议解决

双方应通过直接协商解决有关本协议的适用或解释的任何争议。

第十六条
与其他国际协议的关系

本协议不得解释为根据其他相关国际协定或国际法改变任何一方的权利或义务。

第十七条
与非缔约方的合作

1. 缔约方可以继续加强和促进与非缔约方在北极科学方面的合作。

2. 缔约方可以自行决定与本协议中描述的非缔约方合作，并与非缔约方合作采取符合本协定所述措施的措施。

3. 本协议不得影响缔约方根据与非缔约方的协议的权利和义务，也不排除缔约方与非缔约方之间的合作。

第十八条
本协议修正案

1. 本协议可经所有缔约方书面协议修改。

2. 修正案应在保存人通过外交途径收到上一次书面通知之日起30天生效，缔约方已经完成其生效所需的内部程序。

第十九条
临时申请、生效、撤职

1. 本协议可以由签署人暂时适用，向保存人提供书面陈述，意图这样做。任何此类签字人应在本协议中与其声明当日或从其声明中指明的其他日期之后的任何其他签字人的关系中暂时适用本协议。

2. 本协定自保存人收到上一次书面通知之日起三十日内通过外交途径生效五年，缔约方已经完成其生效所需的内部程序。

3. 本协议自动续期为五年，除非缔约方以书面形式通知其他缔约方至少在第一个五年期限届满之前六个月或其意图撤回的五年的后续期限在本协议中，本协议将在剩余缔约方之间继续进行。

4. 任何一方可随时至少提前六个月通过外交途径向保存人发出书面

通知，随时退出本协议，并规定其撤回生效日期。撤销本协议不影响其在其余缔约方之间的适用。

5. 缔约方撤回本协定不得影响该缔约方在撤回生效之前发生的在本协定下开展的活动的义务。

第二十条
保管方

丹麦王国政府应为本协定的保存方。

于 2017 年 5 月 11 日在美利坚合众国阿拉斯加州的费尔班克斯完成。本协议以英文，法文和俄文的单一复印件形成，所有文本均具有同等效力。本协议的工作语言应为英文，协商本协议的语言。保存人应将本协定的认证副本发送给缔约方。

附件 I 一确定的地理区域

为本协定目的确定的地理区域由下列各方描述，并包括其政府为本协定缔约方的国家行使主权，主权或管辖权的地区，包括这些地区内的土地和内部水域以及毗邻的领海，专属经济区和大陆架，符合国际法。确定的地理区域还包括北纬 62°以北的公海以外的国家管辖区域。

双方同意，所确定的地理区域仅用于本协议的目的。本协定中的任何内容均不影响任何海事权利的存在或划定，也不影响国家按照国际法界定边界。

加拿大：育空地区、西北地区和努纳武特以及加拿大毗邻的海域。

丹麦王国：丹麦王国的领土，包括格陵兰岛和法罗群岛及其海域，高于格陵兰岛专属经济区和法罗群岛渔业区的南部限制。

芬兰：芬兰及其海域的领土。

冰岛：冰岛及其海域的领土。

挪威：北纬 62°以北的海域，北极圈北部的陆地（北纬 66.6°）。

俄罗斯联邦

1. 摩尔曼斯克地区；
2. 涅涅茨自治区的领土；
3. 楚科奇自治区领土；

4. 亚马尔—涅涅茨自治区的领土；

5. 科米共和国的沃尔库塔市的领土；

6. 萨哈共和国的阿尔克洛夫、阿纳巴尔、布伦、乌斯季延、下科雷姆斯克的领土；

7. 克拉斯诺亚尔斯克边疆区的诺里尔斯克、泰梅尔多尔干涅涅茨、图鲁汗的领土；

8. 阿尔汉格尔斯克州的阿尔汉格尔斯克、梅津、新地岛、新德文斯克、奥涅加、普里莫尔斯基、北德文斯克；

9. 1926 年 4 月 15 日苏联中央执行委员会主席团决议确定的北冰洋地区和岛屿"宣布位于北冰洋的土地和岛屿作为苏维埃社会联盟的领土"和苏联的其他立法行为，以及相邻的海域。

注：截至 2014 年 4 月 1 日，在上述项目 5—8 中列出的市政实体的领土在边界内确定。

瑞典—瑞典领土及其海域北纬 60.5°。

美利坚合众国—北极圈以北的所有美国领土，由波丘派恩河、育空河和库斯科维姆河组成的边界的北部和西部；阿留申群岛；和北冰洋相邻的海域，波弗特海、白令海和楚科奇海。

附件 Ⅱ 一缔约方政府和联络地点

加拿大

Polar Knowledge Canada, 170 Laurier Avenue West, 2nd Floor, Suite 200, Ottawa, Ontario K1P 5V5

电话：+16139438605

电子邮箱：info@ polar. gc. ca

Global Affairs Canada, 125 Sussex Drive, Ottawa, Ontario K1A 0G2

电话：+13432033208

电子邮箱：chris. conway@ international. gc. ca；EXTOTT-IGR@ international. gc. ca

丹麦国王

The Ministry of Foreign Affairs Department for Northern America and the Arctic

Asiatisk Plads2, 1448Copenhagen K

电话：+4533920000

电子邮箱：ana@um.dk

Danish Agency for Science and Higher Education

Bredgade 40, DK-1260 Copenhagen K

电话：+4535446200

电子邮箱：sfu@ufm.dk

Ministry of Education, Culture, Research and Church,

Postbox 1340, 3900 Nuuk

电话：+2993450 00

电子邮箱：nap@nanoq.gl

Ministry of Foreign Affairs and Trade

Postbox1029, 3900 Nuuk

电话：+299345000

电子邮箱：ikiin@nanoq.gl

Ministry of foreign Affairs and Trade

Gongin 7, Postbox 377, 110Tórshavn

电话：+298306600

电子邮箱：uvmr@uvmr.fo

Ministry of Education, Research and Cultrue

Hoyvíksvegur72, Postbox 3279, 110Tórshavn

电话：+298306500

电子邮箱：mmr@mmr.fo

芬兰

Ministry of Education and Culture

P.O. Box 29, FI-00023, Helsinki Meritullinkatu 10

电话：+358295330004

电子邮箱：kirjaamo@minedu.fi

冰岛

Ministry of Education, Science and Cultrure

Sölvhólsgata4, 150 Reykjavik

电话：+3545459500

电子邮箱：postur@ mmr. stjr. is

The Icelandic Center for Research

Borgartún30，105 Reykjavik

电话：+3545155800

电子邮箱：rannis@ rannis. is

挪威

Ministry of Education and Research

P. O. Box 8119 Dep，N－0032 Oslo，Kirkegata 18，Oslo

电话：+4722249090

电子邮箱：postmottak@ kd. dep. no

The Research Coucil of Norway

P. O Box 564 N－1327 Lysaker

Drammensveien 288，Oslo

电话：+4722037000

电子邮箱：post@ forskningsradet. no

俄罗斯联邦

Ministry of Eduction and Science

Tverskaya st.，11，Moscow125993

电话：+74956290364

电子邮箱：D－14@ mon. gov. ru

瑞典

Ministry of Education and Research

103 33 Stockholm

电话：+4684051000

电子邮箱：u. registrator@ regeringskansliet. se

美国

U. S. Arctic Research Commission

4350 N. Fairfax Dr.，Suite 510，Arlington，VA 22203

电话：+17035250113

电子邮箱：info@ arctic. gov

北极理事会代表于 2017 年 5 月 11 日在阿拉斯加州费尔班克斯签署。

加拿大外交部部长：克里斯蒂娜·亚历山德拉·弗兰兰，

丹麦外交大臣：安第斯·萨缪尔森，

芬兰外交部部长：蒂莫·索尼，

冰岛外交部部长：格维兹勒于尔·索尔·索尔达松，

挪威外交大臣：伊娜·埃里克森·瑟雷德，

瑞典外交大臣：马戈·沃尔斯特罗姆，

俄罗斯外交部部长：谢尔盖·拉文罗维，

美国国务卿：雷克斯·蒂勒森。

肖洋翻译

后　记

　　作为一个专注北极治理研究十余年的青年学者，深感北极的发展与中华民族的复兴紧密相连。从国际组织的视角研究北极治理，涉及面极广，北极治理国际规范体系各组成单位既错综复杂，又细小多样。为了准确、清晰地展示出北极治理规范体系之间的互动关系，绘制出北极地区国际组织之间的联动关系，我几乎将工作之余的所有时间，都用于到国家图书馆查阅、整理资料，并自费赴丹麦、俄罗斯、美国、加拿大、挪威、冰岛等北极国家进行实地调研，同时去日本、韩国、新加坡、印度等北极理事会永久观察员国，考察这些国家最新的北极研究成果。我阅读了四千多万字的外文资料和一手文献，购买了数十本多语种的北极研究学术专著，耐心细致地对海量的原文信息进行甄别和研读。在撰写本书的两年里，一直是昼夜不分、废寝忘食，常常工作到凌晨4点，斟酌每一句话、每一个字。最后身体透支到快走两步都需大口喘气的地步，并患上严重的飞蚊症和心悸症。为了获得稍显安静的工作环境，很多时候，本书的撰写是在厨房、阳台、走廊进行的，甚至和楼道里的老猫也成了朋友。

　　走进北极是中国的必然之举，中国学者的北极研究也必然走向精细化和体系化。国内一大批北极问题研究的先驱如郭培清教授、李振福教授、杨剑教授、刘惠荣教授、夏立平教授、王传兴教授、丁煌教授、张侠研究员、钱宗旗研究员、陆俊元研究员等，都是我的学术引路人。感谢亦师亦友的潘敏教授和孙凯教授，在我陷入瓶颈的时候，给予我的宝贵支持。感谢责任编辑赵丽女士对本书刊印付出的宝贵辛劳。向学界同人致敬！向您们学习！

　　我的父母和岳父母都已耳顺之年，但仍然全力支持我的学习，为了让我心无旁骛地写作，他们承担了绝大部分的家庭琐事。将自己的一切无私奉献给大国小家，让他们这一代人可敬可爱，我们心怀感恩地接过父辈的旗帜，继续奋斗。祝愿他们健康快乐，长命百岁！感谢我的贤妻柳思思教授，十五年来，她和我相濡以沫，举案齐眉，始终陪伴在我左右，不离不弃。她不仅承担着养育幼子的重担，同时毫不松懈学术，比翼双飞的爱情更能长久。随着年龄的增长，越发庆幸娶此贤妻实为此生最正确的抉择。感谢爱子肖柳师蒙，孩提之童，天真灵动。写此文时恰逢在国外访学，虽相隔万里却心中时常萦绕着那副娇憨的小模样。感谢互联网时代能让我们父子视频相见，看着小小的他故作冷漠左顾言它，一旦看不到视频中的我，却又急忙跑过来对着手机涕泪横流。传承的甜蜜，鞭策着我带着幸福感去求学问道，以期能够为国家培养一个合格的公民，这将是美不胜收的职责与位格。

感谢国家哲社办为我们这些青年教师提供了一个学习和提升的平台，让我有信心去研究北极治理的中国方案。由于作者学识有限，功力不逮，在本书付梓之前，尽量汲取国内外学术界的最新研究成果，为中国北极权益的护持贡献绵薄之力。以升量石，谬误之处在所难免，竭诚欢迎学者、读者批评赐教。

肖　洋

2019 年 1 月 澳大利亚黄金海岸